Vechtaer Beiträge zur Gerontologie

Die Gerontologie ist eine noch junge Wissenschaft, die sich mit Themen des individuellen und gesellschaftlichen Alterns befasst. Die Beiträge in dieser Reihe dokumentieren den Stand und Perspektiven aus verschiedenen wissenschaftlichen Blickwinkeln. Zielgruppe sind nicht nur Forschende und Lehrende in der Gerontologie, sondern auch in den Bezugswissenschaften – insbesondere aus der Soziologie, Psychologie, Ökonomik, Demographie und den Politikwissenschaften – sowie Entscheidungsträger in Politik und Verwaltung.

Jelena Bleja

Entscheidungsunterstützungssystem für Innovationsnetzwerke im Bereich Ambient Assisted Living

Analyse der Operationalisierung und fairen Verteilung von Effizienzgewinnen

Springer VS

Jelena Bleja
Dortmund, Deutschland

Dissertation Universität Vechta, 2023
u.d.T.: Jelena Bleja: „Entscheidungsunterstützungssystem für Innovationsnetzwerke im Bereich Ambient Assisted Living – Analyse der Operationalisierung und fairen Verteilung von Effizienzgewinnen auf Basis der kooperativen Spieltheorie".

ISSN 2570-4346 ISSN 2570-4354 (electronic)
Vechtaer Beiträge zur Gerontologie
ISBN 978-3-658-46660-2 ISBN 978-3-658-46661-9 (eBook)
https://doi.org/10.1007/978-3-658-46661-9

Die Deutsche Nationalbibliothek verzeichnet diese Publikation in der Deutschen Nationalbibliografie; detaillierte bibliografische Daten sind im Internet über https://portal.dnb.de abrufbar.

Planung/Lektorat: Daniel Rost
Springer VS ist ein Imprint der eingetragenen Gesellschaft Springer Fachmedien Wiesbaden GmbH und ist ein Teil von Springer Nature.
Die Anschrift der Gesellschaft ist: Abraham-Lincoln-Str. 46, 65189 Wiesbaden, Germany

Geleitwort von Prof. Dr. Uwe Fachinger

Die fortschreitende Digitalisierung im Dienstleistungsbereich – vor allem die Nutzung von Informations- und Kommunikationstechnologien – und den in diesem Zusammenhang erfolgenden sich im allgemeinen verkürzenden Produktlebenszyklen und damit der Innovationszyklen von Gütern und Dienstleistungen, bedingt insbesondere für kleine und mittelständische Betriebe Probleme, ihre marktwirtschaftliche Position zu halten, zu verbessern oder einen Marktzugang zu erreichen.

Dies betrifft zunehmend Produkte, die für den engeren Lebensbereich von Personen entwickelt werden und zu einem euphemistisch bezeichneten Ambient Assisted Living beitragen sollen. Derartige Produkte umfassen ein weites Güter- und Dienstleistungsspektrum. Prinzipiell ermöglichen sie eine Unterstützung im häuslichen Umfeld, sie sollen Sicherheit gewährleisten, die Privatsphäre schützen sowie Hilfe bei der Kommunikation und der sozialen Teilhabe bieten. Ein besonderes Potential wird derartigen Systemen in der gesundheitlichen und pflegerischen Versorgung, ob formell, informell, stationär oder ambulant, zugesprochen. Es zählen Mobilitätshilfen und –systeme, assistierende Technologien, intelligentes vernetztes Wohnen sowie vernetzte pflegerische und gesundheitliche (Fern-) Versorgung und Betreuung dazu.

Um entsprechende Produkte zu entwickeln und zur Marktreife zu führen, ist aufgrund deren Komplexität zunehmend Spezialwissen aus unterschiedlichen Bereichen – so u. a. aus der Informatik, den Ingenieur-, den Rechts- sowie den Wirtschafts- und Sozialwissenschaften – erforderlich. Sofern die Betriebe nicht über entsprechende Ressourcen verfügen: physische, intellektuelle, technologische, organisatorische sowie andere immaterielle Ressourcen, wie z. B.

Reputation, wäre eine Produktentwicklung im Rahmen von Kooperationen möglich. Dabei ergibt sich die Frage, ob und in welcher Form derartige Kooperationen eingegangen werden sollten.

Zur Beantwortung dieser Frage wäre ein System, das den Entscheidungsprozess unterstützen könnte, sehr hilfreich. Derartige Kooperationen – im Zusammenhang mit der Entwicklung neuer Produkte auch Innovationsnetzwerke genannt – haben neben Vorteilen, die zu Effizienz- und damit Gewinnsteigerung beitragen können, wie beispielsweise die Nutzung der Ressourcen der Kooperationspartner, auch Nachteile, die zu einer Reduzierung der Effizienz führen können, hierzu gehören beispielsweise Interessenskonflikte. Dabei stellt insbesondere die Verteilung der durch das Innovationsnetzwerk generierten Gewinne eine besondere Problematik dar.

Hier knüpft die vorliegende theoretisch-konzeptionelle Studie an. Das übergeordnete Ziel ist die Entwicklung eines Konzeptes für ein Entscheidungsunterstützungssystem, das zur Operationalisierung und fairen Verteilung von Effizienzgewinnen in Innovationsnetzwerken verwendet werden kann. Das Erkenntnisinteresse richtet sich darauf, wie gemeinsam erwirtschaftete Effizienzgewinne von Innovationsnetzwerken insbesondere im Gesundheits- und Pflegekontext operationalisiert und fair auf die Kooperationspartner verteilt werden können und wie dies in der Praxis umgesetzt werden kann.

In der Untersuchung werden eindrucksvoll und umfassend theoretisch-konzeptionell die Operationalisierung und faire Verteilung von Effizienzgewinnen analysiert. Es werden mit einem hohen Maß an Akribie und dem scharfen Blick fürs Detail die forschungsleitenden Fragestellungen behandelt, die je spezifischen Vor- und Nachteile von unterschiedlichen Lösungskonzepten herausgearbeitet und die Grundstruktur eines Entscheidungsunterstützungssystems aufgezeigt. Darauf aufbauend wird ein Leitfaden vorgelegt, der das Vorgehen zur Operationalisierung und fairen Verteilung von Effizienzgewinnen übersichtlich und nachvollziehbar erfasst.

Besonders hervorzuheben ist, dass hier erstmalig eine ausführliche und vergleichende Darstellung der theoretisch-konzeptionellen Grundlagen der spieltheoretischen Lösungskonzepte erfolgt. Hiermit wird eine Forschungslücke geschlossen und gezeigt, dass Konzepte der Spieltheorie zur Verteilung von Effizienzgewinnen in Innovationsnetzwerken sinnvoll angewendet werden und zu praxisrelevanten Ergebnissen führen können. Mit dem entwickelten Entscheidungsunterstützungssystem wird insbesondere den Entscheidungsträgern ein Instrument an die Hand geben, mit dessen Hilfe es möglich ist, das empirische Vorgehen für eine Operationalisierung und faire Verteilung von Effizienzgewinnen unter Verwendung der Lösungskonzepte transparent und nachvollziehbar zu machen.

Vechta, den 8. September 2024 Univ.-Prof. Dr. Uwe Fachinger

Geleitwort von Prof. Dr. Uwe Großmann

Die Zukunftsfähigkeit von Wertschöpfungsketten und damit von Produkten und Dienstleistungen basiert zunehmend auf Kooperationen von rechtlich und wirtschaftlich selbständigen Unternehmen. Die Stabilität solcher Beziehungen hängt i. W. davon ab, ob alle Kooperationspartner einen Vorteil (Effizienzgewinn) aus der Kooperation ziehen und der Ansicht sind, dass die jeweiligen Gewinnanteile bezogen auf die individuellen Leistungen ‚fair' verteilt werden. Erschwerend kann hinzukommen, dass alle Partner gleichrangig agieren und wichtige Entscheidungen im Konsens getroffen werden müssen.

Damit ergeben sich eine Reihe von nichttrivialen Problemen. Wie definiert und misst/berechnet man Effizienzgewinne bzw. die individuellen Leistungen der Partner? Wie berechnet und verteilt man Effizienzgewinne transparent und ‚fair' auf die Partner, ohne dass sich ein Partner übervorteilt fühlt?

Während in anderen Wirtschaftsbereichen derartige Verteilungsprobleme behandelt wurden, gibt es für den Bereich AAL (Altersgerechte Assistenzsysteme) bisher kaum Ansätze dieser Art.

Die Autorin hat sich dieser Herausforderung gestellt und den Gesamtprozess einer Kooperation einer Operationalisierung unterzogen. Methoden der Kooperativen Spieltheorie wurden auf ihre Eignung als Verfahren zur Verteilung von Effizienzgewinnen hin untersucht und bewertet. In der Literatur existierende theoretische Anforderungen an die Prozesse wurden eruiert und die Sicht von Praktikern durch Qualitative Befragungen (Experteninterviews) eingebracht.

Entstanden ist der Entwurf eines Entscheidungsunterstützungssystems, das es Praktikern ermöglichen soll, die in einer Kooperation auftretenden Anforderungen und Prozesse zu operationalisieren, geeignete Verteilungsverfahren auszuwählen und Effizienzgewinne entsprechend zu verteilen.

Anhand einer Fallstudie wird die Durchführung der Operationalisierung und Verteilung der Effizienzgewinne beispielhaft dargestellt sowie Modelleinschränkungen und -erweiterungen bezogen auf den AAL-Bereich diskutiert.

Das Buch bietet sowohl für theoretisch Interessierte als auch für Praktiker einen breitgefächerten Einstieg in die Operationalisierung und Verteilung von Effizienzgewinnen unter Verwendung von Methoden der Kooperativen Spieltheorie, in Verfahren der multikriteriellen Entscheidungsunterstützung für Bewertungs- und Auswahlszenarien sowie in Methoden der Qualitativen Befragungen.

Dortmund, den 19. September 2024 Prof. Dr. Uwe Großmann

Danksagung

An dieser Stelle möchte ich mich ganz herzlich bei all den Personen und Institutionen bedanken, die maßgeblich dazu beigetragen haben, die Vollendung meiner Dissertation möglich zu machen. Mein besonderer Dank gilt Herrn Prof. Dr. Fachinger und Herrn Prof. Dr. Großmann für die durchgehende, kompetente wissenschaftliche Unterstützung sowie die kritischen, aber stets konstruktiven Anregungen und Diskussionen. Zudem möchte ich mich für die Ermutigung und Förderung zur kontinuierlichen Vorstellung und Diskussion meiner Forschung auf wissenschaftlichen Konferenzen sowie bei der Bewerbung um ein Stipendium bedanken. Ohne die finanzielle Unterstützung der Fachhochschule Dortmund wäre meine Dissertation in dieser Form nicht realisierbar gewesen.

Meiner Familie sowie meinen Freundinnen und Freunden möchte ich für die Ermutigung und Unterstützung während dieser anspruchsvollen Zeit meiner akademischen Laufbahn danken. Insbesondere bei meinem Vater möchte ich mich für die vielen hilfreichen Gespräche sowie wertvollen Hinweise in den unterschiedlichen Phasen der Arbeit bedanken. Meinem Mann möchte ich ebenfalls dafür danken, dass er mir jederzeit zur Seite stand und mir damit die nötige Kraft zur Fertigstellung dieser Arbeit gegeben hat.

Abschließend möchte ich den vielen Promovierenden sowie Personen aus meinen Arbeitsbereichen danken, die meinen Weg begleitet haben. Insbesondere der interdisziplinäre Austausch beim Promotionskolloquium „Essener Forum“ sowie die regelmäßigen Coworking Treffen haben meine Forschung bereichert und mir die nötige Motivation gegeben, um verschiedenste Herausforderungen zu überwinden.

Zusammenfassung

Die Zukunftsfähigkeit von Produkten und Dienstleistungen hängt zunehmend von Partnerschaften zwischen Unternehmen und deren Stabilität ab. Insbesondere im Bereich von Produkten und Dienstleistungen, die älteren Menschen ein weiteres Leben in ihrer gewohnten Umgebung ermöglichen sollen, wie z. B. altersgerechte Assistenzsysteme (AAL), sind umfangreiche Fachkenntnisse erforderlich. Daher kommen immer häufiger Partner aus verschiedenen Bereichen zusammen, um gemeinsam AAL-Produkte und -Dienstleistungen zu entwickeln und anzubieten. Neben den zahlreichen Vorteilen, die sich aus dieser Zusammenarbeit ergeben können, bringen solche Kooperationen auch Herausforderungen mit sich. Eine dieser Herausforderungen ist die Aufteilung der sich aus der Kooperation ergebenden ökonomischen Vorteile.

Eine wesentliche Voraussetzung für das Zustandekommen und die langfristige Stabilität von Kooperationen zwischen Unternehmen ist, dass alle Beteiligten in angemessenem Umfang von der Zusammenarbeit profitieren und sich kein Unternehmen benachteiligt fühlt. Methoden der kooperativen Spieltheorie könnten in diesem Zusammenhang die Möglichkeit bieten, die kooperationsbedingten Vorteile zwischen den Beteiligten so zu verteilen, dass die Lösung von allen als fair bewertetet werden kann. Es ist jedoch schwierig, eine solche Lösung zu finden, und es bedarf einer vorherigen Operationalisierung des Verteilungsgegenstands. Es mangelt diesbezüglich sowohl an theoretischen Konzepten als auch an empirischen Erkenntnissen.

An diesem Punkt setzt die vorliegende Arbeit an, indem ein Entwurf eines Entscheidungsunterstützungssystems zur Operationalisierung und fairen Verteilung von Effizienzgewinnen in Innovationsnetzwerken entwickelt wird. Hierfür werden sowohl Operationalisierungs- als auch Verteilungsansätze vorgestellt und analysiert. Abschließend werden anhand einer Fallstudie die Durchführung der Operationalisierung und Verteilung der Effizienzgewinne beispielhaft dargestellt sowie Modelleinschränkungen und -erweiterungen bezogen auf den AAL-Bereich diskutiert.

Dabei liegt der Schwerpunkt der Arbeit auf einer Verbindung zwischen theoretischen Modellen und den Möglichkeiten der praktischen Umsetzung. Die Ergebnisse dieser Arbeit können einen Beitrag zur Lösung des Problems der einfachen und langfristigen Zusammenarbeit interdisziplinärer Partner in der Praxis leisten.

Inhaltsverzeichnis

Abkürzungsverzeichnis

AAL	Ambient Assisted Living, Actice Assisted Living
ACA	Alternative-Cost-Avoided
AHP	Analytischer Hierarchieprozess
ANP	Analytischer Netzwerkprozess
BMBF	Bundesministerium für Bildung und Forschung
BMFSFJ	Bundesministeriums für Familie, Senioren, Frauen und Jugend
DIN	Deutsches Institut für Normung
ELECTRE	ÉLimination et Choix Traduisant la REalité
EPK	Ereignisgesteuerte Prozessketten
ERM	Entity-Relationship-Model
ES	Erlösstrukturen
HTW	Hochschule für Technik und Wirtschaft
HWWI	Hamburgisches Weltwirtschaftsinstitut
IAO	Institut für Arbeitswirtschaft und Organisation
IEEE	Institute of Electrical and Electronics Engineers
IP	Intellectual Property
JMIR	Journal of Medical Internet Research
K	Kundensegmente
KA	Kanäle
KB	Kundenbeziehungen
KS	Kostenstrukturen
MADM	Multi-Attribute Decision Making
MAUT	Multi-Attribute Utility Theory
MAVT	Multi-Attribute Value Theory

MCDA	Multi-Criteria / Multiple-Criteria Decision Analysis
MODM	Multi-Objective Decision Making
NTU-Spiele	Spiele mit nicht transferierbarem Nutzen[1]
PB	Portalbetreiber
PD	Pflegerisches Dienstleistungsunternehmen
PROMETHEE	Preference Ranking Organisation Method for Enrichment Evaluations
RatSWD	Rat für Sozial- und Wirtschaftsdaten
S	Schlüsselpartner
SA	Schlüsselaktivitäten
SGB	Sozialgesetzbuch
SR	Schlüsselressourcen
SWEBOK	Software Engineering Body of Knowledge
TD	Technisches Dienstleistungsunternehmen
TOPSIS	Technique for Order Preference by Similarity to Ideal Solution
TU-Spiele	Spiele mit transferierbarem Nutzen[2]
W	Wertversprechen
WD	Partner aus dem Bereich der Wohnungswirtschaft

[1] Engl. nontransferable utility games bzw. NTU-Games.

[2] Engl. utility games bzw. TU-Games.

Verzeichnis der mathematischen Bezeichnungen und Symbole

Δ_i	Grenzbeitrag eines Kooperationspartners
Γ	Spiel
K, L, S	Unterkoalitionen bzw. Teilmengen der Menge der Kooperationspartner N
G	Gewichtung
W	Zielerfüllungsgrad
EF	Erfolgsfaktoren
$I(\upsilon)$	Menge der Imputationen des Allokationsergebnisses hinsichtlich der Effizienzgewinne υ
N	Anzahl / Menge der Kooperationspartner / Spielermenge
Π	Permutationen
$\|X\|$	Anzahl der Elemente einer Menge X; Mächtigkeit
$\upsilon, \ \omega$	Koalitionsfunktion bzw. charakteristische Funktion hinsichtlich der Effizienzgewinne
c	Koalitionsfunktion bzw. charakteristische Funktion hinsichtlich der Kosten
$\sigma(\upsilon)$	Allokationsergebnis hinsichtlich der Effizienzgewinne υ
$\sigma^{Kern}(N, \upsilon)$	Kernergebnis
$\sigma^{Shapley}(\upsilon)$	Allokationsergebnis hinsichtlich der Effizienzgewinne υ bei Anwendung des Shapley-Wertes
$\sigma^{\tau}(\upsilon)$	Allokationsergebnis hinsichtlich der Effizienzgewinne υ bei Anwendung des τ-Wertes
$\sigma^{\chi}(\upsilon)$	Allokationsergebnis hinsichtlich der Effizienzgewinne υ bei Anwendung des χ-Wertes

$\sigma_i(\upsilon)$	Allokationsergebnis hinsichtlich der Effizienzgewinne υ für einen Partner
$\sigma_i^{Shapley}(\upsilon)$	Allokationsergebnis hinsichtlich der Effizienzgewinne υ für einen Partner bei Anwendung des Shapley-Wertes
$\sigma_i^{\tau}(\upsilon)$	Allokationsergebnis hinsichtlich der Effizienzgewinne υ für einen Partner bei Anwendung des τ-Wertes
$\sigma_i^{\chi}(\upsilon)$	Allokationsergebnis hinsichtlich der Effizienzgewinne υ für einen Partner bei Anwendung des χ-Wertes
$\sigma_i^{ACA}(c)$	Allokationsergebnis hinsichtlich der Kosten für einen Partner bei Anwendung der ACA-Methode
x	Allokationslösung bzw. Lösungsvektor, dabei gilt: $x \in \sigma(\upsilon)$
x_i	Allokationsergebnis von einem Partner
y	Kostenlösungsvektor, dabei gilt $y \in \sigma(c)$
y_i	Kostenzuteilung von einem Partner
$i, j, k, \ldots, n$	Indizes
M_i	Auszahlungsobergrenze eines Partners
m_i	Auszahlungsuntergrenze eines Partners
s_i	Separable Kosten eines Partners
r_i	Vermiedene Kosten eines Partners
α, β	Faktoren
MB_i	Marginaler Beitrag bzw. Grenzbeitrag von einem Partner
RF	Menge aller Reihenfolgen des Zustandekommens der Gesamtkoalition N
ρ	Reihenfolge aus der Menge aller möglichen Reihenfolgen RF
$g(N)$	Nicht separable Kosten der großen Koalition N
R	Restbetrag bzw. Drohpotenzial
$AC_{i.q}$	Außenseiterkoalition
$IN_{i.q}$	Menge aller Indizes der Beteiligten innerhalb der Außenseiterkoalition $AC_{i.q}$
m	Anzahl der Mitglieder einer Außenseiterkoalition
p	Präferenzwert
$p_\kappa(A_i, A_j)$	Präferenzfunktion
κ	Kriterium bzw. Anforderung
$A_i,\ A_j$	Alternativen
d	Bewertungsdifferenz
w	Gewichtungsfaktor
$\pi(A_i, A_j)$	Outranking-Relation
Φ_i^+	Ausgangsfluss
Φ_i^-	Eingangsfluss
Φ_i^{net}	Nettofluss

Abbildungsverzeichnis

Tabellenverzeichnis

1 Einleitung

In einer immer komplexer und digitaler werdenden Lebenswelt wird die Zukunftsfähigkeit von Produkten und Dienstleistungen ganz entscheidend durch die Kooperationsfähigkeit von Unternehmen bestimmt.[1] Ein erhöhter Innovationsdruck, steigende Anforderungen, verkürzte Produktlaufzyklen und steigende Komplexitäten bei der Entwicklung und Vermarktung von neuen Produkten und Dienstleistungen übersteigen immer häufiger die Möglichkeiten eines einzelnen Unternehmens,[2] wodurch die Bedeutung von kooperativen Zusammenschlüssen zwischen Unternehmen zunimmt.[3] Dabei handelt es sich in der Regel um die freiwillige Zusammenarbeit von zwei oder mehr rechtlich und wirtschaftlich eigenständigen Unternehmen.[4]

In erster Linie versuchen Unternehmen ihre Ziele allein umzusetzen. Neben dem übergeordneten Ziel der Gewinnmaximierung können Unternehmen bspw. auch Risikominimierung, Kosteneinsparungen sowie Qualitätsverbesserungen

---

In der vorliegenden Arbeit wird allein aus Gründen der Leserfreundlichkeit auf eine explizite Benennung der weiblichen Form verzichtet.

[1] Vgl. Hauschild und Wallacher 2004, S. 1011 ff.; Hatak und Hyslop 2015, S. 52 ff.; Löher 2022, S. 9 ff.; Barth 2022, S. 321 ff.

[2] Vgl. Borchert et al. 2004, S. 1; Kammler et al. 2020, S. 1 ff.; Bönisch 2017, S. 60 ff.; Michel 2009, S. 1 f.; Bosler 2023, S. 246 ff.; Huemer und Giesswein 2017, S. 363 ff.

[3] Vgl. Guardiet et al. 2022, S. 14; Dieterle und Duchek 2020, S. 173 ff.; Sydow und Auschra 2022, S. 35; Becker et al. 2011a, S. 4. Für Beispiele zur Relevanz von Unternehmenskooperationen aus unterschiedlichen Branchen siehe z. B. Tiemann 2021, Kap. 1.1.

[4] Vgl. Killich 2011, S. 13; Hermens und Pitelis 2018, S. 777; Reck und Posset 2023, S. 616.

J. Bleja, *Entscheidungsunterstützungssystem für Innovationsnetzwerke im Bereich Ambient Assisted Living*, Vechtaer Beiträge zur Gerontologie,
https://doi.org/10.1007/978-3-658-46661-9_1

anstreben.[5] Als Alternative zu einer alleinigen Umsetzung besteht die Möglichkeit, externe Unternehmen z. B. für bestimmte Bereiche oder Aufgaben zu beauftragen oder mit anderen Unternehmen zusammenzuarbeiten. Daher wägen Unternehmen zwischen diesen drei Optionen ab und wählen in der Regel diejenige, die ihnen den höchsten Mehrwert entsprechend ihrer Ziele ermöglicht.[6] Wenn ein Unternehmen ein Produkt oder eine Dienstleistung nicht allein herstellen oder anbieten kann oder eine Zusammenarbeit (potenziell) einen höheren Gewinn ermöglicht, stellt sich die Frage nach einer Kooperation. Bei einer ganzheitlichen Betrachtung von Kooperationen sollten jedoch auch die alternativen Möglichkeiten eines alleinigen Handelns berücksichtigt werden.[7]

Abhängig von der Flexibilität der Zusammenarbeit lassen sich verschiedene Arten von Vernetzungsmöglichkeiten unterscheiden, die wiederum durch verschiedene Merkmale charakterisiert werden können. Merkmale für kooperative Zusammenschlüsse sind etwa die Richtung der Zusammenarbeit, die Bindungsintensität und die Dauer der Kooperation.[8] Im Gegensatz zu Kooperationen zeichnen sich Netzwerke durch flexiblere Strukturen und eine größere Anzahl an Partnern aus. Dadurch ergeben sich einerseits mehr Möglichkeiten für neue kreative Ideen und Erkenntnisse, andererseits sind die Ziele und Absichten der Partner innerhalb der Netzwerke oft nicht eindeutig und es bestehen weniger Verbindlichkeiten. Daher gelten Netzwerke als komplexere, kooperative Zusammenschlüsse.[9]

Innovationsnetzwerke[10] sind eine spezifische Ausprägung der Unternehmenskooperation, die sich auf die Innovationsentwicklung und erfolgreiche Einführung

---

[5] Vgl. Thommen et al. 2023, S. 51 ff.; Laux et al. 2018, S. 48 ff.

[6] Vgl. Vaudt 2022, S. 100 f.; Killich 2011, S. 13.

[7] Vgl. Killich und Luczak 2003, S. 3 ff.; Vaudt 2022, S. 100 f.; Killich 2011, S. 13.

[8] Vgl. Rotering 1993, S. 14 f.; Howaldt und Dammer 2011, S. 77 ff.; Killich 2011, S. 18 f.

[9] Vgl. Rotering 1993, S. 14 f.; Howaldt und Dammer 2011, S. 77 ff.; Killich 2011, S. 18 f.; Lyytinen et al. 2016, S. 70 f.

[10] Neben Innovationsnetzwerken existieren noch eine Vielzahl von anderen Netzwerktypen, die sich bspw. anhand des Grades der Polyzentrizität (z. B. zentrierte und dezentrierte Netzwerke), der Art der Entstehung (z. B. geplante und emergente Netzwerke), der Steuerungsform (z. B. hierarchisch, heterarchisch) dem Grund der Netzwerkmitgliedschaft (z. B. Austauschnetzwerke und Beteiligungsnetzwerke) etc. typisieren lassen. Eine Übersicht über verschiedene Netzwerktypisierungsmöglichkeiten findet sich bspw. bei Sydow 2010, S. 380. Für eine Differenzierung zwischen Netzwerken, Plattformen und Ökosystemen siehe z. B. Sydow und Auschra 2022, S. 35 ff.

der Innovationen in den Markt konzentrieren.[11] Dabei handelt es sich erstens um eine vereinbarte Koordination und Durchführung von Aktivitäten, die auf die Erzeugung von Produktinnovationen ausgerichtet sind und zweitens um rechtlich selbstständige sowie wirtschaftlich unabhängige Kooperationspartner.[12] Innovationsnetzwerke zeichnen sich in der Regel durch flexible Beziehungen zwischen den Kooperationspartnern aus und weniger durch starre hierarchische Beziehungen.[13] Die Zusammenarbeit in Innovationsnetzwerken geht dabei meist über Unternehmensgrenzen hinaus, sodass bspw. unternehmensübergreifend an Themen wie Entwicklung oder Marketing gearbeitet wird. Für die Dauer der Zusammenarbeit wird demnach in gewissen Maßen ein autonomes virtuelles Unternehmen gebildet.[14] Die Grundlage der Zusammenarbeit besteht in der Regel im wirtschaftlichen Nutzen, der durch die Kooperation erzielt wird.[15] Innovationsnetzwerke beinhalten dabei Zusammenschlüsse von Unternehmen, die unterschiedliche Ausrichtungen haben können. Innerhalb des Netzwerkes können Unternehmen derselben Wertschöpfungsstufe (horizontale Kooperation), Unternehmen auf unterschiedlichen Stufen der Wertschöpfungskette (vertikale Kooperation) sowie Unternehmen unterschiedlicher Branchen (laterale/diagonale Kooperation) zusammenarbeiten.[16] Wenn das Innovationsnetzwerk von den Beteiligten als erfolgreich bewertet wird, wird meist eine langfristige Kooperation angestrebt.[17] Die Zusammenarbeit in Innovationsnetzwerken kann oftmals auch als kollaborativ bezeichnet werden. Das bedeutet, dass die Unternehmen als gleichberechtigte Partner eng zusammenarbeiten, um eine Innovation zu entwickeln und erfolgreich auf den Markt zu bringen.[18] Bei kollaborativen wird im Gegensatz zu kooperativen Zusammenschlüssen keine klar abzugrenzende Aufgabenverteilung und –abgrenzung vorgenommen. Das Endergebnis wird demnach gemeinsam erzeugt und besteht nicht aus einer Kombination der Ergebnisse einzelner Kooperationspartner. Dadurch lassen sich jedoch innerhalb dieser Zusammenschlüsse Teilerfolge in der Regel nicht mehr einzelnen Kooperationspartnern zuordnen.[19]

---

[11] Vgl. Borchert et al. 2004, S. 7; Kammler et al. 2020, S. 207 f.

[12] Vgl. Alig 2013, S. 37 f.; Reck und Posset 2023, S. 616.

[13] Vgl. Borchert et al. 2004, S. 7 f.; Reck und Posset 2023, S. 615.

[14] Vgl. Schier und Heinrich 2020, S. 419.

[15] Vgl. Howaldt und Ellerkmann 2011, S. 26 ff.

[16] Vgl. Reck und Posset 2023, S. 615; Lyytinen et al. 2016, S. 70 f.; Killich 2011, S. 18 f.

[17] Vgl. Borchert et al. 2004, S. 7; Brendel-Schauberger 2023, S. 260 f.

[18] Vgl. Schier und Heinrich 2020, S. 419.

[19] Vgl. Ewig 2006, S. 5 ff.; Bornemann 2012, S. 77 ff.

Bei der Untersuchung von Innovationen zeigt sich, dass diese meistens durch den Austausch mehrerer Akteure entstehen und selten auf der alleinigen Idee eines Einzelnen basieren.[20] Insbesondere Innovationsnetzwerken mit interdisziplinären Partnern wird eine hohe Bedeutung bei der Generierung von innovativen Produkten und Dienstleistungen zugeschrieben. Dies zeigt sich bspw. auch im Rahmen von staatlichen Forschungsförderungen, die vermehrt disziplinübergreifende Projekte fördern.[21] Darüber hinaus sollen durch das Bundesministerium für Bildung und Forschung (BMBF) im Rahmen der *Hightech Strategie 2025* explizit sowohl nationale als auch internationale Innovationsnetzwerke gefördert werden.[22]

Die Potenziale für Innovationsnetzwerke sind vielfältig, insbesondere bei der Entwicklung innovativer Produkte und Dienstleistungen in einem komplexen Umfeld. Durch den Austausch und die Interaktion mit anderen Kooperationspartnern aus teilweise verschiedenen Bereichen und Branchen können Forschungsarbeiten realitätsnäher ausgerichtet und Innovationen in der Regel schneller und effizienter umgesetzt werden.[23] Die Bündelung von Kompetenzen innerhalb eines Innovationsnetzwerks kann zu Qualitäts- und Effizienzsteigerungen führen, was die Wahrscheinlichkeit für ein marktfähiges Ergebnis erhöht.[24] Zudem können Wettbewerbsvorteile gegenüber Konkurrenten am Markt generiert werden, da kontinuierliche Lern- und Veränderungsprozesse durch die Zusammenarbeit angestoßen werden. Dadurch zeichnet sich das Endergebnis meist durch eine höhere Qualität im Vergleich zum alleinigen Handeln aus.[25]

Innovationsnetzwerken werden noch weitere Vorteile zugeschrieben, wie die Erweiterung der komplementären Ressourcen, die Nutzung interner Ressourcen der Kooperationspartner, die Stärkung der Marktposition, eine Kostenreduzierung sowie die Generierung von Synergieeffekten durch die Zusammenarbeit.[26] Durch den Zusammenschluss verschiedener Partner können innovative Ideen realisiert werden, die ein einzelnes Unternehmen aufgrund begrenzter Ressourcen (z. B.

---

[20] Vgl. Kammler et al. 2020, S. 207; Eppler et al. 2011, S. 1323 ff.; Reck und Posset 2023, S. 616; Nambisan et al. 2017, S. 225; Lyytinen et al. 2016, S. 50 f.

[21] Vgl. Röhling 2018, S. 3; Schier und Heinrich 2020, S. 428.

[22] Bundesministerium für Bildung und Forschung (BMBF) 2018, S. 54 ff.

[23] Vgl. Borchert et al. 2004, S. 6; Kammler et al. 2020, S. 206 ff.; Schier und Heinrich 2020, S. 419.

[24] Vgl. Schier und Heinrich 2020, S. 419.

[25] Vgl. Borchert et al. 2004, S. 7; Kammler et al. 2020, S. 207 ff.; Howaldt und Dammer 2011, S. 78 f.

[26] Vgl. Kammler et al. 2020, S. 208; Koschatzky und Gundrum 1997, S. 5 ff.; Howaldt und Dammer 2011, S. 78 f.; Häußling 2020, S. 431 ff.

sachlicher, personeller, finanzieller oder informationeller Natur) nicht umsetzen kann. Im Rahmen von Innovationsnetzwerken geht es in der Regel um den Transfer und die Verknüpfung von unterschiedlichen Ressourcen, um ein innovatives Gesamtergebnis zu erzielen.[27] Die Verteilung der Aufwendungen auf mehrere Partner im Netzwerk verringert zudem das Risiko für jeden einzelnen Partner, das mit der Entwicklung und Einführung von Innovationen in den Markt verbunden ist, im Vergleich zum alleinigen Handeln.[28] Innovationsnetzwerke können auch strategisch flexibel gestaltet sein, sodass sich die Kooperationspartner im Laufe der Zeit ändern können.[29]

Neben den zahlreichen Vorteilen, die Innovationsnetzwerke bieten, stehen diese auch verschiedenen Herausforderungen gegenüber. Bei Zusammenschlüssen zur Generierung von Innovationen besteht oftmals ein hohes Maß an Risiko, Ungewissheit, Komplexität und damit Unsicherheit, was zu einem höheren Konfliktpotenzial innerhalb des Netzwerkes und damit zur Instabilität führen kann.[30] *Schier und Heinrich* identifizieren insbesondere Verbesserungspotenziale in der praktischen Gestaltung von Innovationsnetzwerken.[31] Durch die interdisziplinäre und möglicherweise intersektorale Zusammenarbeit können vermehrt Kommunikations- und Verständnisprobleme auftreten. Darüber hinaus können die Kooperationspartner unterschiedliche Interessen verfolgen, was zu Interessenkonflikten führen kann. Dies wiederum kann dazu führen, dass der Informationsfluss als unzufriedenstellend bewertet wird.[32] Gründe für eine geringe Transparenz von Kooperationspartnern innerhalb eines Netzwerkes können Ängste vor dem Verlust von Kernkompetenzen oder der Entstehung einer Abhängigkeit vom Netzwerk sein. Es wird daher empfohlen, frühzeitig Vereinbarungen innerhalb eines Netzwerkes zu treffen, die u. a. Aspekte der Geheimhaltung, Datenschutz und Schnittstellen regeln.[33] Aufgrund der komplexen und flexiblen Konstellation der

[27] Vgl. Schier und Heinrich 2020, S. 418 f.; Kammler et al. 2020, S. 208 f.

[28] Vgl. Borchert et al. 2004, S. 9; Häußling 2020, S. 435.

[29] Vgl. Kammler et al. 2020, S. 207 f.

[30] Vgl. Röhling 2018, S. 7 ff.; Howaldt und Dammer 2011, S. 79 f.; Bosler 2023, S. 346 ff.

[31] Vgl. Schier und Heinrich 2020, S. 419.

[32] Vgl. Schier und Heinrich 2020, S. 418; Suchanek 2020, S. 6 ff.

[33] Vgl. Röhling 2018, S. 7 ff.; Schier und Heinrich 2020, S. 418 ff.; Howaldt und Dammer 2011, S. 79 f.

Netzwerkpartner und der damit verbundenen Herausforderung bei der Steuerung von Innovationsnetzwerken ist das Vertrauen[34] zwischen den Partnern ein entscheidender Faktor für eine erfolgreiche und längerfristige Kooperation.[35]

Es gibt zahlreiche Beispiele für Innovationsnetzwerke mit unterschiedlichen thematischen Ausrichtungen. Der Fahrzeugtyp *smart* entstand bspw. zunächst aus einem Innovationsnetzwerk, bei dem u. a. die Mercedes-Benz AG und der Swatch-Uhren-Hersteller Société Suisse de Micoréléctronique et d'Horlogère SA beteiligt waren.[36] Auch bei der Entwicklung von innovativen Produkten im Gesundheits- und Pflegebereich kommt es zunehmend zu Innovationsnetzwerken. Das *Forum MedTech Pharma e. V.* hat sich hierbei zum Beispiel auf die Vernetzung verschiedenster nationaler und internationaler Unternehmen fokussiert, damit durch die Zusammenführung komplexere Produkte und Dienstleistungen im Gesundheitsbereich entwickelt und erfolgreich auf den Markt gebracht werden können.[37] Aus diesem Forum ist bspw. ein Pflegepraxiszentrum zur Evaluation von technologischen Innovationen im Gesundheits- und Pflegebereich entstanden sowie ein Assistenzsystem im Chirurgiebereich, bei dem ein Roboterarm die Endoskopiekamera führt.[38]

Insbesondere bei der Entwicklung und Vermarktung von hochkomplexen Produkten und Dienstleistungen, wie im Bereich *Ambient Assisted Living (AAL)*[39], ist die Expertise aus verschiedenen Disziplinen und Tätigkeitsfeldern erforderlich. Oftmals ist die Berücksichtigung von etwa technischer, betriebswirtschaftlicher, rechtlicher, medizinischer, ethischer und soziologischer Anforderungen zur

[34] Das Vertrauen der Partner untereinander kann sich auch nur auf bestimmte Bereiche fokussieren und mit einem Misstrauen in anderen Bereichen verbunden sein. Die Studie Raza-Ullah kommt u. a. zu dem Ergebnis, dass sich das Vorhandensein von gleichzeitigem Vertrauen und Misstrauen in einer Kooperation positiv auf die Leistung der Kooperation auswirken kann (vgl. Raza-Ullah 2021, S. 86 ff.). Zu einem ähnlichen Ergebnis, zumindest bezogen auf den kurzfristigen Erfolg einer Kooperation, kommen auch Ricciardi et al. 2022, S. 320 ff.

[35] Vgl. Borchert et al. 2004, S. 9; Jene 2015, S. 7; Häußling 2020, S. 432.

[36] Im Laufe des Entwicklungs- und Vermarktungsprozesses waren darüber hinaus auch noch andere Kooperationspartner beteiligt (vgl. Borchert et al. 2004, S. 17 ff.).

[37] Vgl. Schier und Heinrich 2020, S. 430 ff.

[38] Vgl. Schier und Heinrich 2020, S. 432.

[39] Ambient Assisted Living (AAL) kann definiert werden als der Einsatz von bspw. Informations- und Kommunikationstechnologien in der täglichen Lebens- und Arbeitsumgebung einer Person, um sie in die Lage zu versetzen, länger aktiv und sozial verbunden zu bleiben und unabhängig zu leben bis ins hohe Alter (vgl. Patro et al. 2021, S. 941).

Entwicklung der Produkte und Dienstleistungen sowie deren erfolgreicher Etablierung in den Markt erforderlich.[40] Bei Innovationen im AAL-Bereich können bspw. Innovationsnetzwerke aus Softwareunternehmen, Pflegediensten, Kommunen, Wohnungsunternehmen und Krankenkassen entstehen, um ein innovatives Gesamtergebnis zu erzielen. Anwendungsbeispiele könnten eine indirekte Sturzerkennung sein, bei der ein Notfall automatisch erkannt und Hilfe angefordert wird, oder ganzheitliche, altersgerechte Assistenzsysteme, die durch die Kombination mehrerer Einzellösungen den Verbleib im eigenen Zuhause auch bei Einschränkungen und dem daraus resultierenden Assistenzbedarf ermöglichen. Darüber hinaus sind eine Vielzahl weiterer Kooperationspartner denkbar, da neben der Entwicklung technischer Lösungen auch Know-how in Bereichen wie Vermarktung, Kundenansprache und bei der Identifikation von Anforderungen und Bedürfnissen der Zielgruppe erforderlich ist.[41]

Assistierenden Techniken – auch als altersgerechte Assistenzsysteme, assistierende Systeme, alltagsunterstützende Assistenzlösungen, Ambient Assisted Living bezeichnet – wird vor dem Hintergrund des demografischen Wandels eine zunehmend höhere Bedeutung beigemessen.[42] Ihnen wird das Potenzial zugesprochen, einen bedeutenden Beitrag zur zukünftigen Sicherstellung der Versorgung in Deutschland zu leisten und zur Reduzierung der Kosten beizutragen.[43] Darüber hinaus sollen sie zur zukünftigen Gestaltung altersgerechter Lebenswelten beitragen.[44] Sie bieten zudem die Möglichkeit, das Pflegepersonal zu entlasten, sodass es sich verstärkt um die zwischenmenschliche, soziale Komponente in der Pflege kümmern kann.[45]

Trotz der hohen Potenzialeinschätzung von AAL-Systemen zeigen sich Probleme, die entwickelten Lösungen nachhaltig im Markt zu etablieren.[46] Als

[40] Vgl. Schier und Heinrich 2020, S. 418 ff.

[41] Vgl. Abrantes et al. 2021, S. 1 f.; Schier und Heinrich 2020, S. 434 f.

[42] Vgl. Cicirelli et al. 2021, S. 16; Marques 2019, S. 100; Queirós et al. 2017, S. 10 f.; Memon et al. 2014, S. 4330.

[43] Vgl. Bundesministeriums für Familie, Senioren, Frauen und Jugend (BMFSFJ) 2020, S. 17 ff.; Deutscher Bundestag 2020, S. 14 ff.; Queirós et al. 2017, S. 1 f.; Cicirelli et al. 2021, S. 1 f.; Ziefle 2021, S. 455 ff.

[44] Vgl. Calderita et al. 2020, S. 2; Deutscher Bundestag 2020, S. 14 f.; Bundesministeriums für Familie, Senioren, Frauen und Jugend (BMFSFJ) 2020, S. 17 ff.

[45] Vgl. Pijetlovic 2020, S. 83 ff.; Mähs und Fachinger 2022, S. 527.

[46] Vgl. Meyer 2018, S. 164; Fischer et al. 2021, S. 58 ff.; Deutscher Ethikrat 2020, S. 8; Habel und Hengst, S. 21 ff.; Fachinger et al. 2022, S. 501 f.; Will und Raptis 2022, S. 246 f.; Remsperger-Kehm et al. 2019, S. 121 f.

Gründe hierfür werden in der Literatur bspw. das Gesundheitswesen mit seinen spezifischen Anforderungen insbesondere in den Bereichen Datenschutz und Datensicherheit, die Ängste und Schwierigkeiten sowie die mangelhafte Akzeptanz älterer Menschen bei der Nutzung technischer Innovationen genannt.[47] Zudem werden die gegebenen Versorgungsstrukturen vor Ort im Quartier oft zu wenig berücksichtigt und es mangelt an alternativen Finanzierungsansätzen zu einer direkten Finanzierung durch den Endverbraucher.[48] Es lässt sich konstatieren, dass nur bedingt Märkte für altersgerechte Assistenzsysteme existieren, charakterisiert durch ein Angebot an hauptsächlich lokalen, maßgeschneiderten Lösungen.[49] Die Märkte von AAL-Systemen sind daher als fragmentiert zu beschreiben. Es fehlt an festen Strukturen. Sie sind zudem durch hohe wirtschaftliche Risiken und Kosten für die Nachfrager und Anbieter gekennzeichnet.[50] Während die Technik auch im Hinblick auf ihre Zuverlässigkeit in den vergangenen Jahren sukzessive weiterentwickelt wurde, mangelt es insgesamt gesehen nach wie vor an adäquaten Geschäftsmodellen für AAL-Systeme u. a. mit dem Ergebnis, dass sich der Markt für AAL-Produkte bisher nicht im erwarteten Umfang entwickeln und die Technik damit ihr Potenzial nicht entfalten konnte.[51]

Die Nutzung von AAL-Technologien hängt maßgeblich von der erfolgreichen Markteinführung und diese wiederum von der Entwicklung und Umsetzung adäquater Geschäftsmodelle ab.[52] Bereits existierende Geschäftsmodellstrukturen reichen hierfür in der Regel nicht aus.[53] Durch die Kooperation mehrerer Unternehmen wird ein gemeinsames Nutzenversprechen erzeugt. Daher könnte neben den Geschäftsmodellen der einzelnen Unternehmen die Entwicklung eines gemeinsamen Geschäftsmodells, das eine übergeordnete Sichtweise auf die unterschiedlichen Beteiligten einnimmt, für die Kooperation hilfreich sein.[54] Weitverbreitete Methoden zur Beschreibung von Geschäftsmodellen, wie bspw. das Business Model Canvas nach *Osterwalder und Pigneur*[55], sind vorrangig zur

---

[47] Vgl. Kriegel 2017, S. 542; Fachinger et al. 2015a, S. 108 ff.; Meyer 2018, S. 164 ff.; Will und Raptis 2022, S. 251.

[48] Vgl. Fachinger 2022, S. 509 f.; Schelisch 2016, S. 94; Will und Raptis 2022, S. 279; Kubek 2020, S. 16 ff.

[49] Vgl. Fachinger et al. 2012, S. 4; Will und Raptis 2022, S. 247 ff.

[50] Vgl. Fachinger et al. 2012, S. 4; Fachinger et al. 2022, S. 509 f.; Will und Raptis 2022, S. 257 ff.

[51] Vgl. Nitschke 2020, S. 32; Fachinger et al. 2022, S. 509 f.; Fachinger et al. 2015a, S. 108 ff.

[52] Vgl. Höllebrand und Oppenauer 2020, S. 45; Fachinger et al. 2022, S. 509 f.

[53] Vgl. Gersch und Hewing 2012, S. 4 ff.

[54] Vgl. Hunke et al. 2019, S. 176 f.; Bleja et al. 2022, S. 114 f.

[55] Vgl. Osterwalder und Pigneur 2010.

Beschreibung der betriebswirtschaftlichen Geschäftsmodellstruktur für ein einzelnes Unternehmen und damit weniger für die Geschäftsmodellstruktur einer Kooperation von Unternehmen geeignet.[56] Es kann konstatiert werden, dass es bisher an der wissenschaftlichen Fundierung und Konzeption von geeigneten kollaborativen Geschäftsmodellen für AAL-Systeme fehlt. Hierbei stellt sich die Frage, wie die durch die Zusammenarbeit entstehenden Effizienzgewinne fair unter den Beteiligten verteilt werden können.

1.1 Wissenschaftliche Problemstellung und Forschungsfragen

Insbesondere bei der Entwicklung und Vermarktung von komplexen Produkten und Dienstleistungen, wie sie im AAL-Bereich vorliegen, hat sich in den vergangenen Jahren zunehmend gezeigt, dass eine Zusammenarbeit mehrerer Partner aus unterschiedlichen Fachdisziplinen zahlreiche Vorteile mit sich bringen kann.[57] Unternehmensübergreifende Kooperationen und insbesondere Innovationsnetzwerke haben immer mehr an Bedeutung gewonnen.[58] Studien zeigen jedoch, dass viele Kooperationen trotz der zahlreichen Vorteile der Zusammenarbeit großen Herausforderungen ausgesetzt sind und oft nicht langfristig agieren.

Das Fraunhofer Institut für Arbeitswirtschaft und Organisation (Fraunhofer IAO) hat Ende 2021 eine Studie mit dem Titel *„Innovation durch Kooperation"*[59] veröffentlicht. Im Rahmen der Studie wurden 33 Projektteams bestehend aus überwiegend kleinen und mittleren Unternehmen wissenschaftlich zwischen 2019 und 2021 begleitet und hinsichtlich Erfolgsfaktoren und Herausforderungen interviewt. Die Studie kommt zu dem Ergebnis, dass aktuell Konstellationen, bei denen ein Kooperationspartner als sogenannter Treiber der Kooperation auftritt und diese steuert und kontrolliert, besonders erfolgversprechend sind. Zudem sind laut der Studie eine „Win-win-Situation" für die Kooperationspartner sowie ein angemessenes Kosten-Nutzen-Verhältnis notwendig.[60]

---

[56] Vgl. Kortus-Schultes 2019, S. 94; Bleja et al. 2022, S. 115.

[57] Vgl. Schier und Heinrich 2020, S. 418 ff.; Fachinger 2017a, S. 474, 2017b, S. 88; Will und Raptis 2022, S. 279.

[58] Vgl. Schier und Heinrich 2020, S. 418 ff.

[59] Frings et al. 2021.

[60] Vgl. Frings et al. 2021, S. 12 ff.

Im Rahmen der deutschen *Gründer- und Innovationsstudie*[61], die in Zusammenarbeit von Gründerszene, KPMG und der Hochschule für Technik und Wirtschaft in Berlin (HTW Berlin) entstanden ist, wurden im Jahr 2020 324 Unternehmen, darunter vor allem Start-ups sowie kleine und mittelgroße Unternehmen, aber auch größere Konzerne, u. a. zu Erfolgsmerkmalen und Herausforderungen innerhalb von Kooperationen befragt. Dabei wurden besonders langfristige Kooperationen als vielversprechend eingestuft. Eine Kooperation wurde vor allem zur Produktentwicklung, aber auch zur Erhöhung der Marktanteile sowie der Kompetenzweiterentwicklung eingegangen. Das Vertrauen der Partner untereinander war für die meisten der Befragten der entscheidende Erfolgsfaktor für die Zusammenarbeit. Als Gründe für das Scheitern wurden neben fehlendem Engagement, die Unvereinbarkeit von Unternehmenskulturen und insbesondere Interessenkonflikte der Partner untereinander genannt. Insbesondere Konflikte müssten frühzeitig aufgedeckt und besprochen werden.[62]

Zu einem ähnlichen Ergebnis kommt eine Studie vom Hamburgischen *Weltwirtschaftsinstitut* (HWWI) aus dem Jahr 2018. Im Rahmen der Untersuchung wurden Erfolgskriterien und Hürden interdisziplinärer Forschungskooperationen aus verschiedenen Studien zusammengetragen. Dabei wurden vor allem organisatorische Herausforderungen, Kommunikationsprobleme sowie Differenzen bedingt durch externe Anreize als Gründe für das Scheitern einer Kooperation angeführt.[63]

Die Verteilung der entstandenen Effizienzgewinne unter den Kooperationspartnern ist insbesondere dann ein Konfliktpotenzial, wenn, wie im Rahmen dieser Arbeit angenommen, die Kooperationspartner rechtlich selbstständig und wirtschaftlich unabhängig sind und auf einer Ebene als gleichberechtigte Partner zusammenarbeiten. Dabei können unter Effizienzgewinnen u. a. Erlössteigerungen durch Kosteneinsparungen, optimierte Prozesse oder Synergien verstanden werden.[64] Da in Innovationsnetzwerken der Effizienzgewinn in der Regel durch die Kooperationspartner gemeinsam erzielt wird, ist die Durchführung einer verursachungsgerechten Verteilung der Effizienzgewinne meist nicht umsetzbar, da

[61] Wirsam und Rosalez Diaz 2020.

[62] Vgl. Wirsam und Rosalez Diaz 2020, S. 10 ff.

[63] Vgl. Röhling 2018, S. 7 ff.

[64] Vgl. Schütte und Vering 2004, S. 92 f., 2011, S. 106 f.; Jene 2015, S. 81.

gemeinsam erwirtschaftete Effizienzgewinne in der Regel nicht mehr eindeutig verursachungsgerecht den einzelnen Kooperationspartnern zugeordnet werden können.[65]

Dieses Problem hat im Laufe der Jahre immer stärker an Bedeutung gewonnen, da sich die Kosten- und Erlösstrukturen einer Vielzahl von Unternehmen verändert haben und der Anteil der nicht direkt zurechenbaren Kosten gestiegen ist.[66] Insbesondere in Bereichen, bei denen der Produktionsfaktor Information im Vordergrund steht, wie etwa bei der Entwicklung einer Software, können die entstandenen Kosten kaum den Kooperationspartnern zugeordnet werden und damit keine verursachungsgerechte Verteilung durchgeführt werden.[67] Diese Problematik verstärkt sich noch einmal, wenn neben Kosten- und Erlösstrukturen Effizienzgewinne in Form von Synergieeffekten, Imagesteigerungen etc. berücksichtigt werden sollen.

Bei der Verteilung der gemeinsam erzielten Effizienzgewinne kommt es demnach zu einem Konflikt, dessen Lösung keinesfalls trivial ist und der eine Herausforderung für die Kooperationspartner darstellt. Einerseits wollen die Kooperationspartner kooperieren u. a. zur Erschließung neuer Märkte, zur Effizienzsteigerung, Kostenreduktion und Erlössteigerung. Auf der anderen Seite handeln die Unternehmen unter der Annahme des *Homo oeconomicus*[68] gewinnmaximierend, d. h. sie konkurrieren in Bezug auf die Aufteilung der erzielten Effizienzgewinne. Jedes Unternehmen versucht dabei, seinen Anteil am Effizienzgewinn zu maximieren.[69]

Zudem besteht die weitverbreitete Skepsis, dass die Kooperationspartner mit der größten Marktmacht sich den Großteil der Effizienzgewinne zuteilen.[70] Dieser Konflikt stellt eine große Herausforderung für die Kooperation dar, da eine als unfair empfundene Verteilung der Effizienzgewinne langfristig in der Regel

---

[65] Vgl. Zelewski 2009, S. 1 ff.; Jene 2015, S. 7 ff.; Fromen 2004, S. 2 ff.; Strangmeier und Fiedler 2011, S. 15 ff.

[66] Vgl. Fromen 2004, S. 3; Strangmeier und Fiedler 2011, S. 15 f.; Will und Raptis 2022, S. 58.

[67] Vgl. Fromen 2004, S. 3; Satzger und Huther 2000, S. 479 ff.

[68] Im Rahmen von ökonomischen Theorien wird in der Regel die Annahme getroffen, dass es sich bei einer zu betrachtenden Person um einen Homo Oeconomicus handelt, der sich ausschließlich rational verhält mit dem Ziel seinen Nutzen zu maximieren (siehe z. B. Kirchgässner 2008, S. 11 f.).

[69] Vgl. Zelewski 2009, S. 16; Jene 2015, S. 7 f.; Strangmeier und Fiedler 2011, S. 1 ff.; Suchanek 2020, S. 6 ff.

[70] Vgl. Zelewski 2009, S. 17; Crook und Combs 2007, S. 547 ff.; Ketchen und Giunipero 2004, S. 53; Völkl 2006, S. 5.

dazu führt, dass die Kooperation beendet wird. Die Operationalisierung und faire Verteilung von Effizienzgewinnen scheinen demnach existenziell für langfristige, stabile Kooperationen zu sein. Denn inwiefern Kooperationen zwischen Unternehmen zustande kommen und langfristig stabil sind, hängt entscheidend davon ab, ob alle beteiligten Unternehmen von der Zusammenarbeit in angemessenem Umfang profitieren und sich kein Unternehmen benachteiligt fühlt. Darüber hinaus liegen grundlegende Probleme in der Unbestimmtheit des Begriffs „fair" und in den Bedingungen, welche vorliegen müssten, damit ein Entscheidungsunterstützungssystem in der Praxis von den Kooperationspartnern akzeptiert wird.[71]

Insbesondere bei Innovationsnetzwerken mit Kooperationspartnern aus dem Gesundheits- und Pflegebereich ergeben sich zusätzliche Herausforderungen. Denn je nach Zusammensetzung des Konsortiums ist es möglich, dass einzelne Kooperationspartner, wie bspw. Pflegedienste oder Ärzte, aufgrund gesetzlicher Regelungen ein festes Entgelt für bestimmte Leistungen erhalten.[72] Demnach ist der Anteil des Effizienzgewinns, den einige der Kooperationspartner erhalten, teilweise festgelegt. Je nachdem, ob das festgelegte Entgelt dem berechneten Anteil vom Effizienzgewinn entspricht, darüber oder darunter liegt, muss geprüft werden, inwieweit dies Einfluss auf das Verteilungsergebnis und auf die Bewertung der Fairness hat.

Darüber hinaus gibt es gerade im AAL-Bereich und im Hinblick auf alternative Finanzierungsansätze zu einer direkten Finanzierung durch den Endverbraucher indirekte Beteiligte. Diese indirekt Beteiligten, wie zum Beispiel die Pflegeversicherungen oder Sozialämter, können ebenfalls Effizienzgewinne in Form von Kosteneinsparungen generieren, wenn gegebenenfalls durch die Nutzung von technischen altersgerechten Lösungen u. a. eine längere ambulante Versorgung ermöglicht wird. Damit fungieren sie als wichtige, sogenannte indirekt Beteiligte innerhalb des Geschäftsmodells.[73] Mithilfe ihrer Beteiligung sind alternative Finanzierungsansätze denkbar, bei denen bspw. die Pflegeversicherung und die Sozialämter die Ausgaben für AAL-Produkte und Dienstleistungen

---

[71] Vgl. Zelewski 2009, S. 20 f.; Jene 2015, S. 7 f.; Strangmeier und Fiedler 2011, S. 1 ff.; Fromen 2004, S. 2 f.; Zelewski 2018, S. 211 ff.

[72] Zum Beispiel wird die Vergütung von Pflegeleistungen, die im SGB XI aufgelistet sind, zwischen den ambulanten Dienstleistern und den Krankenkassen festgelegt. Hierfür werden Leistungskomplexe von den Spitzenverbänden der Krankenkassen mit Punkten versehen und eine Vergütung pro Punktzahl zusammen mit den Pflegedienstleistern festgelegt. Diese kann je nach Bundesland variieren.

[73] Vgl. Meyer 2016, S. 8 ff.; Will und Raptis 2022, S. 279.

teilweise tragen, wenn deren Wirkung nachgewiesen werden kann.[74] Hierfür bedarf es jedoch einer Operationalisierung der Effizienzgewinne in Form von Kosteneinsparungen, die durch den Einsatz bestimmter AAL-Produkte und Dienstleistungen ermöglicht werden, um die ökonomische Relevanz hervorzuheben. Dabei stellt sich die Frage, ob und inwieweit eine Berücksichtigung oder Nicht-Berücksichtigung dieser sogenannten indirekten Beteiligten bei der Verteilung sinnvoll ist und einen Einfluss auf das Verteilungsergebnis hat.

Die forschungsleitenden Fragen lassen sich demnach wie folgt formulieren:

- Wie können die gemeinsam erwirtschafteten Effizienzgewinne, die insbesondere bei Innovationsnetzwerken im Gesundheits- und Pflegekontext auftreten, operationalisiert und fair auf die Kooperationspartner verteilt werden?
- Wie kann diesbezüglich eine praxistaugliche Gestaltung ermöglicht werden?

Demnach stehen sowohl die Operationalisierung als auch die Verteilung der Effizienzgewinne im Vordergrund dieser Arbeit.

1.2 Aufbau der Arbeit

Nach der bereits erfolgten inhaltlichen Konkretisierung der wissenschaftlichen Problemstellung sowie der Erläuterung der Forschungsfragen werden im zweiten Kapitel der Forschungsstand und die anhand der identifizierten Forschungslücke definierten Ziele und intendierten wissenschaftlichen Ergebnisse der Arbeit detailliert beschrieben.

Die Darstellung des theoretischen Hintergrunds zur Operationalisierung und Verteilung von Effizienzgewinnen ist Gegenstand von Kapitel 3 und Kapitel 4. In Kapitel 3 werden Verfahren zur Operationalisierung von Effizienzgewinnen in Kooperationen vorgestellt und verglichen. Hierbei werden sowohl Varianten der Gestaltung des Operationalisierungsprozesses erläutert, als auch verschiedene sowohl eindimensionale als auch mehrdimensionale Methoden zur Operationalisierung von Effizienzgewinnen in Kooperationen vorgestellt und miteinander verglichen. Das Kapitel 4 dient zur systematischen Darstellung und Veranschaulichung ausgewählter Lösungskonzepte zur Verteilung von Effizienzgewinnen in Kooperationen.

---

[74] Vgl. Fachinger et al. 2015c, S. 1 f.; Meyer 2016, S. 18 f.; Fachinger 2018, S. 53 f.; Mähs und Fachinger 2022, S. 542; Mähs 2022, S. 50 ff.

Der Fokus von Kapitel 5 liegt auf der Ermittlung von Anforderungen an das zu entwickelnde Entscheidungsunterstützungssystem. Basierend auf einer Literaturrecherche werden zunächst bestehende Anforderungen an Lösungsansätze der kooperativen Spieltheorie zur Verteilung von Effizienzgewinnen ermittelt und klassifiziert. Diese werden im nächsten Schritt durch praxisrelevante Anforderungen an die Modellierung eines Entscheidungsunterstützungssystems zur Operationalisierung und Verteilung von Effizienzgewinnen im Rahmen von Innovationsnetzwerken im AAL-Bereich ergänzt. Hierzu werden potenzielle Anwender im Rahmen von qualitativen, leitfadengestützten Experteninterviews befragt.

Gegenstand von Kapitel 6 ist die Entwicklung eines Ansatzes für ein Entscheidungsunterstützungssystem zur Operationalisierung und Verteilung von Effizienzgewinnen in Innovationsnetzwerken im Gesundheits- und Pflegebereich. Zur Bewertung der dargestellten Methoden zur Operationalisierung und Verteilung von Effizienzgewinnen wird im ersten Teil des Kapitels ein Kriterienkatalog, basierend auf den ermittelten Anforderungen, entwickelt. Aufbauend auf den Bewertungsergebnissen der Methoden sowie der zu berücksichtigenden Rahmenbedingungen bei Innovationsnetzwerken im AAL-Bereich erfolgt die Entwicklung eines Entscheidungsunterstützungssystems. Anschließend wird dieses anhand einer Fallstudie für ein Innovationsnetzwerk im AAL-Bereich angewendet und es werden verschiedene Modelleinschränkungen und -erweiterungen diskutiert.

Die Arbeit schließt mit einem Fazit und einer kritischen Würdigung in Kapitel 7 ab. Hierfür werden zunächst die Ergebnisse und Erkenntnisse der vorliegenden Dissertation kurz zusammenfassend dargestellt. Nach einer kritischen Würdigung sowie einer Betrachtung der Reichweite und des Forschungsbeitrags der wissenschaftlichen Ergebnisse erfolgt abschließend eine Identifizierung von weiterem Forschungsbedarf. Einen Überblick über den Aufbau der vorliegenden Arbeit gibt die Abbildung 1.1.

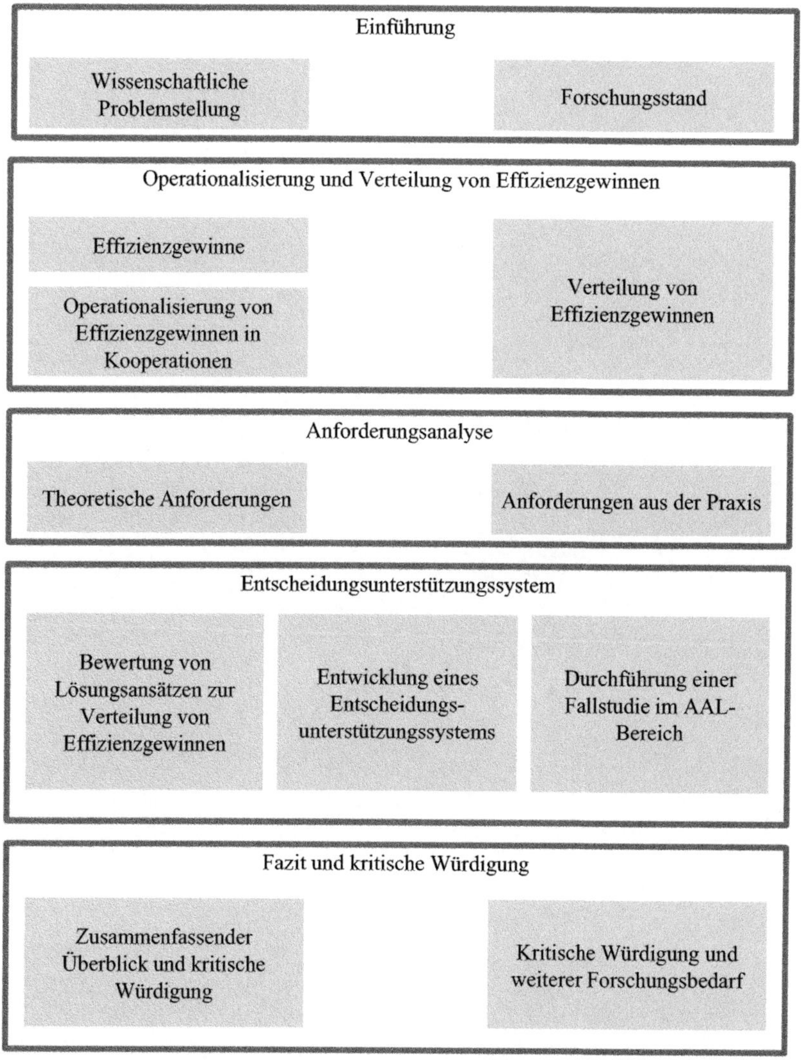

Abbildung 1.1 Aufbau der vorliegenden Dissertationsschrift. (Quelle: Eigene Darstellung)

Stand der Forschung 2

Im Folgenden werden im Hinblick auf den hier zu untersuchenden Forschungsgegenstand bisherige Erkenntnisse aus der bestehenden Forschungspraxis vorgestellt. Ziel der Darstellung des Forschungsstands ist es, den aktuellen Kenntnisstand zu dem Forschungsthema umfassend darzustellen. Dabei geht es darum, die vorhandene Literatur kritisch distanziert zu diskutieren und Forschungslücken zu identifizieren. Anschließend soll aufgezeigt werden, an welchen Stellen die vorliegende Arbeit ansetzt und die Relevanz des Forschungsvorhabens verdeutlicht werden. Eine spezifische Beschreibung und Analyse von Ansätzen zur Operationalisierung und Verteilung von Effizienzgewinnen erfolgt in den nachfolgenden Kapiteln.

2.1 Stand der Forschung zur Operationalisierung von Effizienzgewinnen

Im Hinblick auf das, im Rahmen dieser Arbeit betrachtete Verteilungsproblem ist es erforderlich, sich zuerst mit Verfahren zur Operationalisierung von Effizienzgewinnen auseinanderzusetzen. Hierfür erfolgt vorab eine Diskussion des Begriffs Effizienzgewinn im Rahmen von Kooperationen.

Für die Begriffe Effizienz und Gewinn liegen in der Fachliteratur zahlreiche Definitionen vor. Im Folgenden wird daher zunächst erläutert, was unter Effizienz und was unter Gewinn verstanden wird. Darauf aufbauend erfolgt eine Beschreibung und Erläuterung des Begriffs Effizienzgewinn.

J. Bleja, *Entscheidungsunterstützungssystem für Innovationsnetzwerke im Bereich Ambient Assisted Living*, Vechtaer Beiträge zur Gerontologie,
https://doi.org/10.1007/978-3-658-46661-9_2

Zur näheren Definition des Begriffs Effizienz wird das ökonomische Prinzip bzw. Rationalprinzip dargestellt.[1] Es beschreibt einen grundsätzlichen Zusammenhang zwischen Einsatz- bzw. Inputfaktoren und dem Ergebnis bzw. Output[2]. Hierbei wird zwischen dem Maximalprinzip und dem Minimalprinzip differenziert. Beim Maximalprinzip wird versucht, das Ergebnis, also bspw. den Output, mit den gegebenen Einsatzfaktoren zu maximieren. Dahingegen soll beim Minimalprinzip ein festes Ergebnis mit einem minimalen Einsatz der Inputfaktoren erzielt werden. Entweder soll das Ergebnis mit den vorhandenen Faktoren maximiert werden (Maximalprinzip) oder die Einsatzfaktoren sollen für die Erreichung eines gegebenen Ergebnisses möglichst geringgehalten werden (Minimalprinzip).[3]

Ebenso wie für das Wort Effizienz existieren auch für den *Gewinn* zahlreiche unterschiedliche Definitionen. Meist wird der Gewinn für einen bestimmten Zeitraum berechnet und ergibt sich durch vorab festgelegte Minuenden und Subtrahenden. Der Gewinn ergibt sich als Differenz zwischen Outputgrößen, wie Erlösen, und Inputgrößen, wie Kosten. Führt dies zu einem positiven Ergebnis, so wird von Gewinn gesprochen, andernfalls von Verlust oder einem negativen Gewinn.[4] In der Ökonomik werden zudem die Alternativ- bzw. Opportunitätskosten[5] mitberücksichtigt. Der Oberbegriff Gewinn wird in zahlreiche Unterbegriffe und Spezifikationen gegliedert, wie bspw. der bilanzielle, kalkulatorische und finanzwirtschaftliche Gewinn.[6] Je nach gewählter Definition des Gewinnbegriffs führt die Gewinnberechnung demnach zu unterschiedlichen Ergebnissen. Dies hängt damit zusammen, dass die Minuenden und Subtrahenden zur Berechnung des Gewinns, wie etwa Kosten, ebenfalls nicht einheitlich definiert sind.[7]

[1] Die von Dyckhoff und Ahn veröffentlichte Literaturanalyse zur Definition des Begriffs Effizienz kommt zu dem Ergebnis, dass unter Effizienz in den meisten der untersuchten Quellen die Verfolgung des ökonomischen Prinzips verstanden wird (vgl. Dyckhoff und Ahn 2001, S. 112).

[2] In einigen Definitionen wird nicht vom Output gesprochen, sondern von Zielen, die vorab festgelegt werden. Demnach wird versucht ein Ziel trotz knapper Ressourcen zu erreichen (vgl. Dyckhoff und Ahn 2001, S. 112; Jene 2015, S. 28; Roth 2021, S. 24).

[3] Vgl. Roth 2021, S. 24 f.; Wildmann 2014, S. 8 f.; Gebert 2023, S. 892 f.; Dyckhoff und Ahn 2001, S. 112; Siller 2019, S. 47.

[4] Vgl. Franz 2013, S. 387.

[5] Für weitere Informationen zu Opportunitätskosten siehe z. B. Wölfle 2014, S. 16; Strotebeck 2020, S. 2.

[6] Eine Übersicht zu unterschiedlichen Definitionen von dem Begriff Gewinn, findet sich z. B. bei Müller 2020, S. 38 ff.; Franz 2013, S. 387 f.; Jene 2015, S. 30 ff.; Zdrowomyslaw und Kairies 1992b, S. 49 ff., 1992a, S. 255 ff.

[7] Vgl. Bontrup 2004, S. 720.

In der Regel hängt die Wahl der Art des zu berechnenden Gewinns vom Informationsbedürfnis, d. h. vom Zweck der Verwendung, ab.[8]

Wie vorab bereits erläutert, existieren in der wissenschaftlichen Fachliteratur trotz der häufigen Verwendung des Begriffes *Effizienzgewinn*[9] kaum Definitionen. Im Rahmen von Kooperationen zeigt sich, dass neben einer Erhöhung des Gewinns eines Unternehmens auch noch andere Effekte für die Zusammenarbeit entscheidend sein können, wie bspw. Risikominimierungen, Marktzutrittserleichterungen sowie Qualitätsverbesserungen.[10] Je nach Zusammensetzung der Kooperation kann es Sinn ergeben, statt ausschließlich monetäre Größen wie Kosten, Erlöse und Gewinne auch nicht-monetäre Gewinne, die die einzelnen Kooperationspartner durch die Zusammenarbeit erzielen, zu berücksichtigen.

Eine erste detaillierte Ausführung zum Begriff Effizienzgewinn im Rahmen von Kooperationen findet sich bei *Jene*.[11] Sie definiert unter dem Begriff Effizienzgewinn jegliche Änderungen von einer oder mehreren Variablen, die die Erreichung vorab definierter Ziele[12] positiv beeinflussen und die ohne den Kooperationszusammenschluss nicht erreicht werden könnten.[13]

Mit dem Begriff Effizienzgewinn innerhalb von Kooperationen gelten zudem die folgenden Annahmen. *Erstens* gilt, dass der Effizienzgewinn langfristig[14] positiv ist. *Jene* weist jedoch darauf hin, dass der Effizienzgewinn in einigen Fällen auch negativ sein kann. Vor allem am Anfang eines Kooperationsvorhabens entstehen meist zunächst höhere Kosten, die mit dem Ziel getätigt werden, dass sich diese mit der Zeit rentieren. Es wird daher empfohlen, auch negative Effizienzgewinne zu berücksichtigen, da auch diese unter den Kooperationspartnern fair verteilt werden sollten. Negative Effizienzgewinne können entstehen, wenn sich die Kooperation negativ auf die Zielerreichung auswirkt.[15]

---

[8] Vgl. Jene 2015, S. 36; Zdrowomyslaw und Kairies 1992b, S. 49 ff., 1992a, S. 256.

[9] Zudem existieren einige Wörter, die des Öfteren synonym für Effizienzgewinn verwendet werden, wie bspw. Kooperationsvorteil (siehe z. B. Strangmeier und Fiedler 2011), Kooperationserfolg (siehe z. B. Beyer 2016, Bode et al. 2011), und Kooperationsnutzen (vgl. Jene 2015, S. 41).

[10] Vgl. Jene 2015, S. 36 f.

[11] Jene 2015.

[12] Das oberste Ziel ist die Maximierung des Effizienzgewinns. Neben diesem Ziel kann es jedoch noch untergeordnete Ziele geben, um das Oberziel zu erreichen.

[13] Vgl. Jene 2015, S. 40 f.

[14] Wie die Begriffe langfristig und kurzfristig konkret definiert werden, hängt von den Kooperationspartnern und dem Kooperationsvorhaben ab.

[15] Vgl. Jene 2015, S. 40 f.

Zweitens sollte der Effizienzgewinn nicht im gleichen Umfang durch alleiniges Handeln realisierbar sein. Hierbei wird angenommen, dass die einzelnen Kooperationspartner den Effizienzgewinn nicht durch alleiniges Handeln erreichen würden, sondern dass dieser sich nur durch den Zusammenschluss der Partner ergibt.[16]

Die vorgestellte Definition verbindet demnach die Begriffe Effizienz und Gewinn. Dabei wird, wie bereits erläutert, angenommen, dass die durch die Kooperation erreichten Effekte auf die Ziele der einzelnen Partner effizient nur durch den Zusammenschluss erzielt werden können. Hierbei ist es möglich, dass einige Ziele ohne die Kooperation überhaupt nicht umsetzbar wären und andere nicht ohne eine ineffiziente Verwendung von Ressourcen. Als *Drittes* wird angenommen, dass sich der Effizienzgewinn nicht mehr verursachungsgerecht auf die einzelnen Kooperationspartner verteilen lässt.[17] Andernfalls wäre eine faire Verteilung des Effizienzgewinns vergleichsweise trivial, da sie anhand des messbaren Beitrags zum Effizienzgewinn vorgenommen werden könnte. Die vorgestellte klassische Gewinndefinition, die sich vor allem auf rein monetäre Größen bezieht, wird im Hinblick auf Effizienzgewinne im Rahmen dieser Arbeit weiter gefasst. So können auch nicht direkt monetär messbare Werte, wie bspw. Imagesteigerungen oder Risikominimierungen, in diesem weiter gefassten Begriffsverständnis als Gewinn und dementsprechend Imageverluste und Risikoerhöhungen als Kosten angesehen werden. Sowohl die Erhöhung als auch die Reduktion einer Variablen kann demnach zu einem Effizienzgewinn führen.[18]

Die Effizienzgewinne eines kooperativen Zusammenschlusses können unterteilt werden in qualitative und quantitative Komponenten. Die Abbildung 2.1 zeigt für jede Kategorie der Effizienzgewinne beispielhafte Faktoren, die bei der Berechnung des Effizienzgewinns einer Kooperation berücksichtigt werden können. Sie dient dazu, einen Eindruck für die Vielfältigkeit der Komponenten zu bekommen, die den Effizienzgewinn ausmachen können.

---

[16] Vgl. Jene 2015, S. 40 f.

[17] Vgl. Jene 2015, S. 40 f.

[18] Vgl. Jene 2015, S. 36 f.

Abbildung 2.1 Systematisierung der Effizienzgewinne mit beispielhafter Ausprägung[19]. (Quelle: Eigene Darstellung)

Qualitative Effizienzgewinne

- Erhöhte Kundenzufriedenheit
- Erhöhte Mitarbeiterzufriedenheit
- Imagesteigerung
- Risikominimierung
- Marktzutrittserleichterung
- Verbesserte Arbeitsbedingungen
- …

Quantitative Effizienzgewinne

- Klassische Gewinnerhöhung
- Kosteneinsparungen
- Preisreduzierungen
- Qualitätsverbesserung
- Kapazitätsauslastung
- Erhöhung des Marktanteils
- …

Die qualitativen Effizienzgewinne lassen sich im Gegensatz zu den quantitativen Effizienzgewinnen nicht oder nur teilweise objektiv messen, sodass eine Ermittlung[20] der Effizienzgewinne stattdessen durch die subjektive Erfassung einzelner Werte erfolgt.[21]

Beispiele für diese Art der Effizienzgewinne sind eine erhöhte Kunden- bzw. Mitarbeiterzufriedenheit, Imagesteigerungen, Risikominimierungen, Marktzutrittserleichterungen sowie verbesserte Arbeitsbedingungen. Als quantitative Effizienzgewinne sind z. B. Gewinne, Kosteneinsparungen, Preisreduzierungen aber auch Qualitätsverbesserung, Kapazitätsauslastung und eine Erhöhung des Marktanteils zu nennen. Der Begriff Effizienzgewinn kann daher missverständlich interpretiert werden, da neben Gewinnen hierunter auch u. a. Kosteneinsparungen, Imagesteigerungen, Risikominimierungen und Qualitätssteigerungen zu verstehen sind.[22]

Bei der Operationalisierung und der Wahl eines entsprechenden Verfahrens sollte dies entsprechend beachtet werden.

[19] Die Aufzählungen in den einzelnen Kategorien sind nicht abschließend. Es sind weitere Effizienzgewinne denkbar.

[20] Eine detaillierte Beschreibung von Möglichkeiten zur Messung von Effizienzgewinnen erfolgt im Abschnitt 3.2.

[21] Vgl. Schütte und Vering 2004, S. 92 f.; Jene 2015, S. 81; Schütte und Vering 2011, S. 106 f.

[22] Vgl. Schütte und Vering 2004, S. 92 f.; Jene 2015, S. 81; Schütte und Vering 2011, S. 106 f.

Trotz der hohen Bedeutung der *Operationalisierung* wird diese im Rahmen der kooperativen Spieltheorie und insbesondere bei der Diskussion von Verfahren zur Lösung des Verteilungsproblems kaum thematisiert. In der Regel besteht der Fokus in der kooperativen Spieltheorie darin, einen bereits gegebenen Verteilungsgegenstand auf einzelne Kooperationspartner aufzuteilen.[23]

Auch gibt es im Hinblick auf Kooperationen nur wenige Operationalisierungsansätze. Es besteht darüber hinaus lediglich Konsens über die Wichtigkeit der Operationalisierung von Effizienzgewinnen, aber nicht im Hinblick auf das Vorgehen. Dies liegt u. a. daran, dass sich unternehmensübergreifende Operationalisierungen für Kooperationen deutlich komplexer gestalten als für einzelne Unternehmen. Im Rahmen von Kooperationen bedarf es teilweise einer unternehmensinternen Differenzierung einzelner Wertgrößen danach, ob sie dem Tagesgeschäft des Unternehmens zuzuordnen sind oder der zu betrachtenden Kooperation.[24]

Vorhandene Operationalisierungsansätze von Effizienzgewinnen lassen sich in eindimensional und mehrdimensional differenzieren.[25] Das Ergebnis von eindimensionalen Operationalisierungsansätzen ist in der Regel eine quantitative ökonomische Messgröße. Klassische eindimensionale Ansätze sind eher kurzfristig angelegt und orientieren sich dabei meistens an konventionellen Kennzahlen wie Kosten, Kosteneinsparungen oder Erlösen.[26] Beispiele für eindimensionale Operationalisierungsansätze sind die *Netzwerkergebnisrechnung*[27], die *Wertsteigerungsanalyse*[28] und die *aktivitätsbasierte Erfolgsmessung*[29]. Bei

[23] Vgl. Zelewski 2009, S. 62; Jene 2015, S. 43.

[24] Vgl. Jene 2015, S. 44.

[25] Vgl. Jene 2015, S. 61 ff.; Wohlgemuth und Hess 1999, S. 32 ff.; Wohlgemuth 2002, S. 172 f.; Möller 2006, S. 139; Bode et al. 2011, S. 670.

[26] Vgl. Jene 2015, S. 61 ff.; Wohlgemuth und Hess 1999, S. 32 ff.; Wohlgemuth 2002, S. 172 f.; Möller 2006, S. 139; Bode et al. 2011, S. 670.

[27] Für weitere Informationen zur Netzwerkergebnisrechnung siehe bspw. Jene 2015, S. 66; Bode et al. 2011, S. 671; Veil und Hess 2000, S. 5 ff.; Veil 2002, S. 171 ff.

[28] Die Wertsteigerungsanalyse basiert auf dem Shareholder Value Ansatz bzw. der Shareholder Value Analyse. Die Grundidee der Modifikation des Shareholder Value Ansatzes für strategische Allianzen wurde zuerst von Bronder und Pritzl 1992, S. 24 ff. vorgestellt und anschließend von Michel 1996 zur sogenannten Wertsteigerungsanalyse weiterentwickelt. Für weitere Informationen zur Wertsteigerungsanalyse siehe Abschnitt 3.2.1.2.

[29] Für weitere Informationen zur aktivitätsbasierten Erfolgsmessung siehe bspw. Hugenberg et al. 2002, S. 267 ff.; Bode et al. 2011, S. 671 ff.; Deike 2006, S. 60 ff.

mehrdimensionalen Ansätzen können mehrere Arten von Effizienzgewinnen[30] im Operationalisierungsprozess berücksichtigt werden. Demnach können in der Regel sowohl qualitative als auch quantitative Effizienzgewinne in die Analyse mit einbezogen werden.[31] Die *kooperationsbezogene Nutzwertkalkulation*[32], die *Balanced Scorecard*[33] und der *Ansatz zur kooperationsbezogenen Erfolgsmessung durch Erfolgsfaktorenerfassung*[34] stellen Beispiele für mehrdimensionale Operationalisierungsansätze dar.[35]

Wohlgemuth und Hess weisen zusätzlich im Hinblick auf die Operationalisierung hin, dass eine Operationalisierung unabhängig von der Wahl des Ansatzes entweder auf der Ebene der einzelnen Kooperationspartner, also auf der Mikroebene, oder kooperationspartnerübergreifend auf der Makroebene durchgeführt werden kann.[36]

Bei einer detaillierten Betrachtung der Operationalisierungsansätze kann festgestellt werden, dass diese überwiegend nicht speziell für Kooperationen entwickelt wurden. Zudem werden mit der Operationalisierung je nach Ansatz unterschiedliche Ziele verfolgt, sodass diese nicht alle für den Zweck einer anschließenden Verteilung des ermittelten Ergebnisses ausgerichtet sind.

---

[30] Hiermit sind unterschiedliche Effizienzgewinne gemeint, wie bspw. Gewinne, Kosteneinsparungen und Erlöse, aber auch Imagesteigerungen, Risikominimierungen, Qualitätssteigerungen etc.

[31] Vgl. Jene 2015, S. 65; Wohlgemuth 2002, S. 173; Bode et al. 2011, S. 670.

[32] Für weitere Informationen zur kooperationsbezogenen Nutzwertkalkulation siehe Bellinger 1980, S. 3 ff.; Wohlgemuth und Hess 1999, S. 41 ff.; Jene 2015, S. 70 ff.

[33] Für weitere Informationen zur Balanced Scorecard siehe bspw. Norton und Kaplan 2016, S. 1 ff.

[34] Für weitere Informationen zur kooperationsbezogenen Erfolgsmessung zur Erfolgsfaktorenerfassung siehe Abschnitt 3.2.2.3 oder bspw. folgende Ausführungen zu der Thematik: Bode et al. 2011, S. 677 ff.; Beyer 2016, S. 29 ff.

[35] Neben den ausgewählten mehrdimensionalen Ansätzen zur Operationalisierung von Effizienzgewinnen in Kooperationen existieren in der entsprechenden Fachliteratur noch eine Vielzahl weiterer Ansätze, die jedoch im Rahmen dieser Arbeit nicht berücksichtigt werden können. Für eine Übersicht weiterer Ansätze siehe z. B. Greco et al. 2016; Czarnowski et al. 2016; Wątróbski 2016; Ehrgott et al. 2010; Wohlgemuth 2002, S. 173.

[36] Vgl. Wohlgemuth und Hess 1999, S. 30.

2.2 Stand der Forschung zur Verteilung von Effizienzgewinnen

Bei einer differenzierten Betrachtung vorhandener Studien, die sich mit Verteilungsproblemen im Rahmen von Kooperationen befassen, kann festgestellt werden, dass häufiger ein negativer Verteilungsgegenstand, wie etwa Kosten[37], betrachtet wird.[38] Dahingegen gibt es nur wenige Beiträge, die sich mit der Verteilung von positiven Ergebnissen, wie bspw. Erlösen, beschäftigen.[39] Ebenso

---

[37] In der entsprechenden Fachliteratur werden diesbezüglich auch die Begriffe Kostenverteilungsspiele bzw. Kostenallokationsspiele verwendet (siehe z. B. Zelewski 2009, S. 35 f., Moretti und Patrone 2008, S. 14 ff.; Castro et al. 2008, S. 2376 ff.; Norde et al. 2002, S. 635 ff.; Wiese 2005, S. 101 ff.).

[38] Siehe z. B. Aadland und Kolpin 2004, S. 105 ff.; Albers 2000, S. 20 ff.; Alegre und Claramunt 1995, S. 26 ff.; Bjørndal et al. 2004, S. 405 ff.; Bös und Tillmann 1983, S. 244 ff.; Brânzei et al. 2006, S. 260 ff.; Casas-Méndez et al. 2003, S. 507 ff.; Castro et al. 2008, S. 2376 ff.; Castaño-Pardo und Garcia-Diaz 1995, S. 189 ff.; Cruijssen et al. 2005, S. 5 ff.; Diaz und Owen 1979, S. 325 ff.; Drechsel und Kimms 2007, S. 3 ff.; Driessen 1988, S. 1ff.; Zelewski 1988, S. 162 ff.; Lucas 1981, S. 21 ff.; Mandl 2005, S. 7 ff.; McDonald 1975, S. 266 ff.; Pickl 1999, S. 84 ff.; Potters und Sudhölter 1999, S. 83 ff.; Driessen et al. 2005, S. 13 ff.; Pickl 2001, S. 52 ff.; Mishra und Rangarajan 2007, S. 371 ff., 2005, S. 232 ff.; Moretti und Patrone 2008, S. 15 ff.; Nett 1998, S. 252 ff. Schneider und Schulz 1977, S. 52 ff.; Schulz 1979, S. 164 ff.; Sharkey 1982, S. 155 ff.; Suijs 2003, S. 156 ff.; Tijs et al. 2006, S. 122 ff.; van den Nouweland et al. 1996, S. 294 ff.; Wiese 2005, S. 152 ff.; Wißler 1997, S. 65 ff.; Yen et al. 2000, S. 283 ff.; Young 1994, S. 1198 ff.; Young et al. 1982, S. 81 ff.; Hamers 1997, S. 446 ff.; Hamers et al. 1999a, S. 154 ff.; Hartman et al. 2000, S. 26 ff.; Koster 2002, S. 144 ff.; Krabs 2005, S. 101 ff.; Krabs und Pickl 2003, S. 116 ff.; Krabs et al. 2000, S. 204 ff.; Lemaire 1984, S. 61 ff.; Littlechild 1970, S. 162 ff., 1974, S. 22 ff.; Littlechild und Thompson 1977, S. 186 ff.; Littlechild und Vaidya 1976, S. 156 ff.; Littlechild und Owen 1973, S. 370 ff.; Loehman et al. 1979, S. 195 ff.; Chun 1989; Brânzei et al. 2002, S. 359 ff.; Curiel 1997, S. 9 ff.; Driessen 1988, S. 6 ff.; Driessen und Tijs 1985b, S. 1471 ff.; Dutta und Kar 2004, S. 224 ff.; Engevall et al. 1998, S. 454 ff.; Estevez Fernandez et al. 2007, S. 150 ff.; Faigle und Kern 1993, S. 149 ff.; Fanara und Grimm 1985, S. 279 ff.; Faulhaber 1975, S. 967 ff.; Filar und Gaertner 1997, S. 272 ff.; Gately 1974, S. 195 ff.; Göthe-Lundgren et al. 1996, S. 85 ff.; Granot et al. 1999, S. 355 ff.; Heaney 1979, S. 353 ff.; Heaney und Dickinson 1982, S. 478 ff.; Holler et al. 2019, S. 284 ff.; Shubik 1962, 326 ff.; Lightfoot 2019, S. 2 f.; Eyckmans 1997, S. 314 ff.; Tijs und Driessen 1986, S. 1015 ff.; Zelewski 1987, S. 22 ff.; Norde et al. 2002, S. 636 ff.

[39] Siehe z. B. Curiel 1997, S. 1 ff.; Fromen 2004, S. 99 ff.; Curiel et al. 2002, S. 27 ff.; Curiel et al. 1987, S. A143 ff.; De Waegenaere et al. 2005, S. 85 ff.; Díaz et al. 2005, S. 484 ff.; Driessen 1988, S. 7 ff., 1991, S. 56 ff.; Borm et al. 2005, S. 502 ff.; Hamers et al. 1999b, S. 678 ff.; Hamers et al. 1995, S. 471 ff.; Lemaire 1984, S. 78 ff.; Mishra

wäre es denkbar, die Lösungskonzepte auf Verteilungsprobleme anzuwenden, bei denen noch offen ist, ob der Verteilungsgegenstand positiv oder negativ ist.[40] Effizienzgewinne im Speziellen waren bisher ebenfalls selten Gegenstand der Untersuchungen.[41]

Im Folgenden werden zuerst in der Literatur diskutierte theoretische Möglichkeiten zur Aufteilung eines Verteilungsgegenstandes in Kooperationen und anschließend in der betrieblichen Praxis durchgeführte Verteilungsansätze diskutiert.

In der *Theorie* wurde in verschiedenen Studien bereits ausführlich dargelegt, dass konventionelle Methoden, wie bspw. Verrechnungspreise[42] oder die Prozesskostenrechnung[43], zur Lösung des in Abschnitt 1.1 beschriebenen Verteilungsproblems zwar naheliegend, praktisch leicht umsetzbar und nachvollziehbar wären, aber in der Regel nicht als Lösungsverfahren geeignet sind.[44] Dabei wird kritisiert, dass bei diesen Ansätzen nicht berücksichtigt wird, dass jedem Kooperationspartner verschiedene Alternativen des Handelns zur Verfügung stehen. Ein Unternehmen hat zum Beispiel die Möglichkeit, nicht zu kooperieren, die Kooperation zu beenden oder einer alternativen Kooperation beizutreten.[45] Darüber hinaus ist die Durchführung einer verursachungsgerechten Verteilung der Effizienzgewinne meist nicht umsetzbar, da bei einer Kooperation, wie sie in der Regel bei Innovationsnetzwerken vorliegt, der Effizienzgewinn durch die Kooperationspartner gemeinsam verursacht wird und gemeinsam erwirtschaftete

---

und Rangarajan 2005, S. 232 ff.; Shubik 1962, S. 325 ff.; Slikker 2003, S. 1 ff.; Slikker 2006, S. 1944 ff.; Strangmeier und Fiedler 2011, S. 1 ff.; Jene 2015, S. 1 ff.; Jene und Zelewski 2011, S. 115 ff.; Fischer 2008, S. 1 ff.; Zelewski 2018, S. 211 ff.

[40] Diese Thematik wurde vor allem bei Fromen 2004, S. 30 f. thematisiert und bei Zelewski 2009, S. 37 noch einmal aufgegriffen. Bei einer genaueren Betrachtung der Lösungskonzepte der kooperativen Spieltheorie lässt sich jedoch feststellen, dass diese sowohl auf die Verteilung eines positiven als auch eines negativen Ergebnisses angewendet werden können. Zelewski weist diesbezüglich nur darauf hin, dass je nach Lösungskonzept leichte Anpassungen wie bspw. eine Vertauschung von Maximum- und Minimumoperatoren und Ober- sowie Untergrenzen notwendig sind (vgl. Zelewski 2009, S. 35 ff.).

[41] Siehe z. B. Jene 2015, S. 1 ff.; Zelewski 2009, S. 1 ff., 2018, S. 211 ff.; Zelewski und Heeb 2018, S. 379 ff.; Zelewski und Peters 2010, S. 1 ff., 2012, S. 149 ff. wobei lediglich Jene 2015, S. 25 ff. auf den Begriff Effizienzgewinn innerhalb von Kooperationen speziell eingeht.

[42] Für weiterführende Informationen siehe z. B. Dawid 2022.

[43] Für weiterführende Informationen siehe z. B. Horsch 2023, S. 289 ff.

[44] Siehe z. B. Fischer 2008, S. 147 ff.; Strangmeier und Fiedler 2011, S. 30; Jene 2015, S. 10 ff.

[45] Vgl. Fromen 2004, S. 2; Fischer 2008, S. 148 f.; Jene 2015, S. 11 f.

Effizienzgewinne meist nicht eindeutig verursachungsgerecht auf die einzelnen Kooperationspartner verteilt werden können, sodass Methoden, die auf dem Prinzip der Verursachungsgerechtigkeit aufbauen, nicht geeignet seien.[46] Zudem wird in der Theorie angenommen, dass das Verteilungsergebnis von den Kooperationspartnern nicht als fair eingeschätzt werden würde, da mehrere Alternativen nicht berücksichtigt würden und die Partner das Gefühl einer „Verteilungswillkür"[47] bekommen könnten, was ggf. zu einer Auflösung der Kooperation führe.[48]

Es handelt sich bei dem Problem der fairen Verteilung von Effizienzgewinnen daher vielmehr um ein strategisches Entscheidungsproblem, dessen Lösung Gegenstand der kooperativen Spieltheorie ist.[49] Der Vorteil der Lösungskonzepte der kooperativen Spieltheorie besteht darin, dass im Gegensatz zu klassischen Verfahren, explizit Rationalitätsprämissen gestellt werden, was in Bezug auf die Stabilität der Kooperation vorteilhaft ist.[50] Darüber hinaus werden mehrere Handlungsalternativen der Kooperationspartner berücksichtigt und die Fairnessanforderung anhand von Axiomen explizit formuliert.[51] Die kooperative Spieltheorie ist im Gegensatz zur *nicht-kooperativen Spieltheorie*[52] nicht strategie-, sondern auszahlungsorientiert. Sie untersucht Szenarien, bei denen die betrachteten Individuen oder Organisationen miteinander kommunizieren und Verträge untereinander abschließen können, die verpflichtend sind.[53] Dies entspricht am ehesten einer realen Kooperationssituation.[54]

---

[46] Vgl. Fromen 2004, S. 3 Jene 2015, S. 7 f.; Strangmeier und Fiedler 2011, S. 21 f.; Zelewski 2009, S. 20.

[47] Vgl. Strangmeier und Fiedler 2011, S. 31.

[48] Vgl. Strangmeier und Fiedler 2011, S. 30 f.; Fromen 2004, S. 3; Lemaire 1984, S. 63; Kolker 2014, S. 1067.

[49] Vgl. Fromen 2004, S. 2; Strangmeier und Fiedler 2011, S. 31; Jene 2015, S. 9 ff.

[50] Vgl. Strangmeier und Fiedler 2011, S. 31. Wenn bspw. allein die Bedingung der kollektiven Rationalität erfüllt ist, bedeutet das, dass das Verteilungsergebnis pareto-optimal ist und somit kein Kooperationspartner bessergestellt werden kann, ohne das ein anderer Partner schlechter gestellt wird (vgl. Fromen 2004, S. 162 f.).

[51] Vgl. Strangmeier und Fiedler 2011, S. 31.

[52] Alternative Lösungsansätze der nicht-kooperativen Spieltheorie, wie bspw. das NASH-Gleichgewicht oder die Teilspielperfektheit (siehe z. B. Güth 1999, S. 80 ff.; Nash 1951, S. 286 ff.) werden damit im Rahmen dieser Arbeit nicht betrachtet, da explizit Kooperationen betrachtet werden sollen.

[53] Vgl. Wiese 2015, S. 8 ff.

[54] Vgl. Fischer 2008, S. 63.

Im Rahmen der kooperativen Spieltheorie gibt es eine Vielzahl von Verfahren zur Lösung der unterschiedlichsten Verteilungsprobleme. Darunter scheinen, ausgehend von der entsprechenden Fachliteratur, der *Shapley-Wert*, die Alternative-Cost-Avoided-Methode (*ACA-Methode*), der τ*-Wert*, der χ*-Wert* und der *Kern* potenziell geeignete Ansätze zur Lösung des hier zu betrachtenden Verteilungsproblems zu sein, da für jeden der Lösungsansätze ein geeigneter Berechnungsalgorithmus für eine beliebige Anzahl der Kooperationspartner vorliegt.[55] Zudem sind die Ansätze von Interesse, da diese auf unterschiedlichen theoretischen Herangehensweisen basieren und bisher noch nicht einem zusammenfassenden Vergleich unterzogen wurden.

Der *Shapley-Wert* gehört zu den am häufigsten in der Theorie diskutierten Konzepten zur Lösung von Verteilungsproblemen.[56] Er basiert auf der Grundidee, dass das Allokationsergebnis eines Partners von der Höhe des Wertes abhängt, den dieser bei jeder möglichen Kooperationszusammensetzung zum Gesamtergebnis beiträgt.[57] Die *ACA-Methode*, der τ*-Wert* und der χ*-Wert* sind Lösungskonzepte, die als Kompromissvorschlag interpretiert werden können, da das Verteilungsergebnis zwischen der höchsten und niedrigsten Auszahlung für jeden Partner liegt.[58]

---

[55] Vgl. Holler et al. 2019, Kap. 6; Zelewski 2009, S. 71 ff.; Fischer 2008, S. 193; Strangmeier und Fiedler 2011, S. 33. Eine detaillierte Beschreibung ausgewählter Lösungskonzepte der kooperativen Spieltheorie erfolgt in Kapitel 4. Wenn in der vorliegenden Arbeit die Begriffe Shapley-Wert, τ*-Wert* und χ*-Wert* verwendet werden, so ist damit immer das jeweilige Lösungskonzept gemeint.

[56] Der Shapley-Wert wurde zum ersten Mal von Shapley 1953 veröffentlicht. Seitdem wurde das Lösungskonzept zahlreich in der entsprechenden Fachliteratur aufgegriffen und diskutiert: Siehe z. B. Strangmeier und Fiedler 2011, S. 36 ff.; Fischer 2008, S. 71 ff.; Tijs 2003, S. 85 ff.; Roth 1977; Roth und Shapley 1988; Wißler 1997, S. 57 ff.; Fromen 2004, S. 103 ff.; Zelewski 2009, S. 43 ff.; Jene 2015, S. 117 ff.; Potters und Sudhölter 1999, S. 89 ff.; Holler et al. 2019, S. 311 ff.; Shapley 1988, S. 31 ff.; Shapley 1971, S. 11 ff.; Moretti und Patrone 2008, S. 2 ff.; Castro et al. 2008, S. 2378 ff.; Mishra und Rangarajan 2007, S. 369 ff.; Driessen et al. 2005, S. 14 ff.; Wiese 2005, S. 222; Kolker 2014, S. 1069 f.; Bieta 2000, S. 399 ff.; Bös und Tillmann 1983, S. 244 ff.; Shubik 1962, S. 336 ff.; Hafezalkotob und Naseri 2016, S. 73 ff.; Rajasekharan et al. 2011, S. 656 ff.; Selki 2022, S. 1 ff.; Kolker 2018, S. 2095 ff.; Lightfoot 2019, S. 2 f.

[57] Vgl. Strangmeier und Fiedler 2011, S. 36 ff.; Fischer 2008, S. 71 ff.; Fromen 2004, S. 103 ff.; Zelewski 2009, S. 43 ff.; Jene 2015, S. 117 ff.; Holler et al. 2019, S. 311 ff.; Shapley 1953, S. 309 ff., 1988, S. 31 ff.

[58] Vgl. Fischer 2008, S. 74 ff.; Tijs 1981, S. 123 ff.; Wißler 1997, S. 53; Fromen 2004, S. 128 ff.; Strangmeier und Fiedler 2011, S. 38 ff.; Jene 2015, S. 205 ff.; Zelewski 2009, S. 91 ff.; Zelewski und Heeb 2018, 379 ff.; Zelewski 2018, S. 211 ff.

Während die *ACA-Methode* schon länger als Lösungskonzept untersucht wird, gehören der *τ-Wert*[59] und der *χ-Wert*[60] zu den neueren Verfahren der kooperativen Spieltheorie zur Lösung des Verteilungsproblems. Diese wurden im Gegensatz zu den anderen Verfahren vergleichsweise selten in der einschlägigen Fachliteratur diskutiert, ihnen werden aber zunehmend Potenziale zur Lösung des Verteilungsproblems zugesprochen.[61] So plädieren bspw. *Jene* und *Zelewski* für eine intensivere Auseinandersetzung mit den beiden Lösungskonzepten.[62] Im Gegensatz zur ACA-Methode, dem Shapley-, τ- und χ-Wert führt die Anwendung des Kerns nicht zu einem eindeutigen Lösungswert, sondern zu einer Lösungsmenge. Diese Lösungskonzepte werden daher als mengenbasiert definiert, während die anderen als wertbasierte Lösungskonzepte bezeichnet

[59] Das Lösungskonzept des τ-Werts wurde von Tijs 1981 entwickelt und veröffentlicht. Anschließend wurde der Ansatz von Tijs in Zusammenarbeit mit Driessen weiterentwickelt (siehe z. B. Tijs 1987, S. 187 ff.; Tijs und Otten 1993, S. 1 ff.; Driessen 1988, S. 57 ff.; Driessen und Tijs 1984, S. 252 ff.; Tijs et al. 2005, S. 7 ff.; Tijs und Driessen 1986, S. 57 ff.). In Zelewski 2009 wurde das Lösungskonzept erstmalig auf Allokationsprobleme in Kooperationen angewendet. Insgesamt wurde der τ-Wert in der entsprechenden Fachliteratur vielseitig aufgegriffen und diskutiert. Hierbei sind vor allem die folgenden Ausführungen zu nennen: Peters 2008, S. 532 ff.; Fromen 2004, S. 128 ff.; Strangmeier und Fiedler 2011, S. 38 ff.; Jene 2015, S. 205 ff.; Fischer 2008, S. 74 ff.; Zelewski 2018, S. 211 ff.; Zelewski und Heeb 2018, S. 379 ff.; Zelewski 2009, S. 91 ff.; Tijs 2003, S. 96 ff.; Peters und Zelewski 2009, S. 1 ff.; Krabs und Pickl 2004, S. 28 ff.; Zelewski und Peters 2010, S. 1 ff.; Branzei et al. 2008, S. 28 ff.; Corcho und Ferreira 2003, S. 178 f.; Brânzei und Tijs 2001, 12 ff.; Brânzei et al. 2001a, S. 9 f., 2001b, S. 311 ff.; Curiel et al. 1987, S. 157 ff.; Lucchetti et al. 1987, S. 106; Borm et al. 1992, S. 175 ff.; Muto et al. 1989, S. 219 ff.; Alidaee 1999, S. 109 ff.; Pickl 2001, S. 57 ff.; Nakabayashi und Tone 2006, S. 139 f.; Mandl 2005, S. 16 f.; Dutta und Kar 2004, S. 224 ff.; Drechsel und Kimms 2007, S. 5 ff.; Zelewski 1988, S. 157; Hafezalkotob und Naseri 2016, S. 73 ff.; Rajasekharan et al. 2011, S. 656 ff.; Zelewski 1987, S. 10 ff.

[60] Der χ-Wert wurde 1994 von Bergantiños und Massó veröffentlicht und vorgestellt und in den folgenden Jahren weiterentwickelt: Bergantiños und Massó 1996, S. 279 ff., 1994, S. 5 ff.; Bergantiños und Massó 2002, S. 272 ff.; Bergantiños et al. 2000, S. 4 ff. Die Grundidee basiert auf dem von Tijs 1981 entwickelten τ-Wert. Im Gegensatz zu den klassischen Lösungsansätzen wurde der χ-Wert bisher vergleichsweise wenig diskutiert und ist in der Fachliteratur nicht weit verbreitet.

[61] Vgl. z. B. Zelewski 2018, S. 211 ff.; Zelewski und Heeb 2018, S. 379 ff.; Jene 2015, S. 316 ff.

[62] Vgl. Zelewski 2009, S. 266 f.; Jene 2015, S. 322 ff.; Zelewski 2018, S. 211 ff.; Zelewski und Heeb 2018, S. 379 ff.

werden.[63] Von den mengenbasierten Lösungskonzepten ist der Kern, das am häufigsten auf Verteilungsprobleme angewendete Lösungskonzept.[64] Der Kern gibt die Menge der Lösungen an, bei denen das Ergebnis stabil ist, also kein Kooperationspartner durch die Bildung von Unterkoalitionen oder durch alleiniges Handeln bessergestellt ist gegenüber der betrachteten Kooperation.[65]

Neben der Darstellung unterschiedlicher Verteilungsverfahren werden in der entsprechenden Fachliteratur eine Vielzahl von Anforderungen an Lösungsansätze der kooperativen Spieltheorie zur Lösung des Verteilungsproblems diskutiert.[66] Die Untersuchungen kommen dabei teilweise zu unterschiedlichen Ergebnissen, je nachdem, welche Anforderungen, Kooperationsarten sowie Hintergründe des kooperativen Zusammenschlusses betrachtet werden. So plädiert bspw. *Fromen*[67] für die Anwendung des Nucleolus Lösungskonzeptes, *Fischer*[68] für den Shapley-Wert, *Strangmeier und Fiedler*[69] für die ACA-Methode und *Jene*[70], *Zelewski und Heeb*[71] jeweils für die weitere Betrachtung des τ-Wertes und des χ-Wertes.

Bei einer detaillierten Betrachtung der einzelnen Anforderungen an Verteilungsverfahren stellt sich heraus, dass diese vor allem eine formale Sichtweise einnehmen. Mithilfe dieser Anforderungen lässt sich die Eignung der einzelnen Lösungsansätze zur Verteilung von Effizienzgewinnen aus der theoretischen Perspektive diskutieren. Im Rahmen der bisherigen Untersuchungen wurden

---

[63] Vgl. Strangmeier und Fiedler 2011, S. 33 ff.

[64] Es lässt sich auf Gillies aus den 1950er-Jahren zurückführen. Hierbei sind vor allem die folgenden beiden Ausführungen zum Kern zu nennen: Gillies 1953, 1959. Das Lösungskonzept wurde nach seiner ersten Vorstellung z. B. von den folgenden Autoren diskutiert: Shapley 1971, S. 16 ff.; Fromen 2004, S. 96 ff.; Wiese 2015, S. 60 ff.; Wißler 1997, S. 38 ff.; Zelewski 2009, S. 193 ff.; Fischer 2008, S. 65 ff.; Strangmeier und Fiedler 2011, S. 43 ff.; Jene 2015, S. 112 ff.; Holler et al. 2019, S. 287 ff.; Edgeworth 1881, S. 38 ff.; Eichberger 1993, S. 274 ff.; Hafezalkotob und Naseri 2016, S. 73 ff.; Selki 2022, S. 1 ff.; Young 1985a, S. 8 ff.

[65] Vgl. z. B. Gillies 1959, S. 55 ff.; Jene 2015, S. 112; Fromen 2004, S. 96 f.; Fischer 2008, S. 65 ff.; McCain 2009, S. 122 ff.; Holler et al. 2019, S. 287 ff.; Eichberger 1993, S. 274 ff.; Wiese 2015, S. 60 ff.; Zelewski 2009, S. 193 ff.; Strangmeier und Fiedler 2011, S. 34 ff.

[66] Siehe z. B. Fromen 2004, S. 153 ff.; Strangmeier und Fiedler 2011, S. 50 ff.; Jene 2015, S. 12 ff.; Zelewski 2009, S. 91 ff.; Fischer 2008, S. 140 ff.; Fandel 1979, S. 19 ff.; Zelewski 2018, S. 211 ff.; Zelewski und Heeb 2018, S. 379 ff.; Wißler 1997, S. 34 ff.

[67] Siehe Fromen 2004, S. 193 ff.

[68] Siehe Fischer 2008, S. 149.

[69] Siehe Strangmeier und Fiedler 2011, S. 65.

[70] Siehe Jene 2015, S. 316 ff.

[71] Siehe Zelewski 2009, S. 265 ff.; Zelewski und Heeb 2018, S. 379 ff.

jeweils unterschiedliche Anforderungen untersucht und auch verschiedene Priorisierungen der Anforderungen vorgenommen. Während etwa bei *Zelewski*[72] und *Fromen*[73] die Praktikabilität und die Erfüllung einer Fairnessbedingung und bei *Jene*[74] die Transparenz und Anwendbarkeit im Vordergrund stehen und diese Kriterien bei der Entscheidung für einen Lösungsansatz stärker gewichtet werden, nimmt bspw. *Fischer*[75] keine Priorisierung bestimmter Anforderungen zur Auswahl eines Lösungsansatzes vor. *Strangmeier und Fiedler*[76] nehmen ebenfalls in ihrer Untersuchung keine Gewichtung einzelner Anforderungen vor. Die Eingrenzung der zu betrachtenden Anforderungen erfolgt jedoch anhand der aus ihrer Sicht eingeschätzten theoretischen Bedeutsamkeit für eine Anwendung in der Praxis.[77] Neben der Diskussion von theoretischen Anforderungen an entsprechende Lösungskonzepte gibt es bisher nur wenige Arbeiten, die sich darüber hinaus mit der Diskussion von Anforderungen, wie der Praxistauglichkeit oder Verständlichkeit sowie der softwaretechnischen Umsetzung der Lösungsansätze, befassen.[78] Auch die Wirtschaftlichkeit einzelner Lösungskonzepte zur Verteilung von Effizienzgewinnen wurde bisher selten explizit als Anforderung untersucht.[79] Bei einer Betrachtung dieser Beiträge lässt sich zudem konstatieren, dass die definierten Anforderungen zur praktischen Anwendung der Lösungskonzepte ebenfalls aus theoretischen Überlegungen abgeleitet wurden.[80]

Es existiert noch keine empirische Überprüfung der Anforderungen, die ein Konzept zur Lösung des Verteilungsproblems erfüllen muss, sowie keine Ergänzung der Anforderungskataloge durch Anforderungen von Kooperationspartnern und demnach späteren Anwendern.

Über die Lösungskonzepte hinaus gibt es zudem noch kein ausgereiftes Entscheidungsunterstützungssystem, mit dessen Hilfe die Kooperationspartner

---

[72] Siehe Zelewski 2009.

[73] Siehe Fromen 2004.

[74] Siehe Jene 2015.

[75] Siehe Fischer 2008.

[76] Siehe Strangmeier und Fiedler 2011.

[77] Vgl. Strangmeier und Fiedler 2011, S. 50. Weitere Erläuterungen zur Auswahl der zu untersuchenden Anforderungen werden nicht gemacht.

[78] Erste Ansätze hierzu finden sich z. B. bei Jene 2015, S. 122 ff.; Zelewski 2009, S. 91 ff. und Zelewski 2018, S. 211 ff.

[79] Die Wirtschaftlichkeit einiger spieltheoretischer Lösungsansätze wurde bspw. in den folgenden Arbeiten untersucht: Fischer 2008, S. 142; Fromen 2004, S. 157 f.; Zelewski 1987, S. 37. Die Wirtschaftlichkeit der ACA-Methode, des τ- Werts und des χ-Wert wurde bisher noch nicht explizit untersucht.

[80] Sie z. B. Jene 2015, S. 122 ff.; Zelewski 2009, S. 91 ff. und Zelewski 2018, S. 211 ff.

sowohl bei der Operationalisierung als auch bei der Verteilung der erzielten Effizienzgewinne unterstützt werden könnten.[81] Ein erster Ansatz bezogen auf die Operationalisierung findet sich aber bei *Jene*, die fünf Schritte einer Operationalisierung visualisiert hat.[82] Bei den Schritten der Operationalisierung handelt es sich um die Identifizierung individueller Ziele, die Festlegung gemeinsamer Kooperationsziele, die Auswahl eines Operationalisierungsansatzes, die Anwendung dieses Ansatzes und die Ermittlung eines Effizienzgewinns der Kooperation. Dabei wird jedoch nicht näher erläutert, anhand welcher Kriterien die Auswahl eines Operationalisierungsansatzes erfolgen kann.[83] In Hinblick auf die Verteilung finden sich erste Ansätze bei *Fromen*, der ein Rahmenwerk zur Lösung von Aufteilungsproblemen entwickelt hat[84] und *Zelewski*, der eine erste Überblicksdarstellung für einen mehrstufigen Algorithmus bezogen auf den τ-Wert vorgestellt hat.[85] Bei dem von *Fromen* vorgestellten Rahmenwerk, bestehend aus acht Stufen, wird das Problem der Verteilung von Effizienzgewinnen noch einmal strukturiert aufbereitet, indem die Rahmenbedingungen wie Spielermenge, Ziel der Kooperation, Regeln, erwartetes Ergebnis, Bewertung der Lösung etc. zusammenfassend dargestellt werden.[86] Dabei wird jedoch nicht auf die Operationalisierung sowie Wahl und Durchführung eines Verteilungsverfahrens detailliert eingegangen. Bei dem von *Zelewski* vorgestellten Algorithmus erfolgt eine Fokussierung auf die Verteilung mithilfe des τ-Werts. Der zu verteilende Effizienzgewinn wird hierbei als gegeben angenommen. Falls der τ-Wert im Kern liegt, so wird dieses Lösungskonzept bevorzugt, ansonsten sollte laut *Zelewski* ein anderes Lösungskonzept zur Anwendung kommen.[87]

Eine weitere Problematik stellt die Fairnessanforderung dar. Das Verteilungsergebnis sollte idealerweise fair sein und dementsprechend möglichst als solches von allen Kooperationspartnern akzeptiert werden.[88] Bisher existieren

---

[81] Jene weist diesbezüglich z. B. auf weiteren Forschungsbedarf hinsichtlich einer empirischen Überprüfung von Anforderungen sowie der Praktikabilität der Lösungsansätze in der betrieblichen Praxis hin (vgl. Jene 2015, S. 323 ff.).

[82] Vgl. Jene 2015, S. 86.

[83] Vgl. Jene 2015, S. 86.

[84] Vgl. Fromen 2004, S. 233.

[85] Vgl. Zelewski 2009, S. 260.

[86] Vgl. Fromen 2004, S. 233.

[87] Vgl. Zelewski 2009, S. 260.

[88] Siehe bspw. Zelewski 2009, S. 142 ff.; Jene 2015, S. 163 f.; Zelewski 2018, S. 222 f.; Zelewski und Heeb 2018, S. 383 f.; Fischer 2008, S. 40 ff.; Hafezalkotob et al. 2018, S. 212 ff.; Hafezalkotob und Naseri 2016, S. 73 ff.; Okamoto 2003, S. 686 ff.; Zelewski und Peters 2012, S. 149 ff. Stellingwerf et al. 2019, S. 746 ff.; Algaba et al. 2019, S. 659 ff.

grundlegende Probleme aufgrund der Unbestimmtheit des Begriffs *fair* und der Bedingungen, welche vorliegen müssen, damit ein Verfahren in der Praxis von den Kooperationspartnern als solches akzeptiert wird.[89] In der Praxis könnte der Begriff fair in Abhängigkeit von den jeweiligen Interessen, die die Kooperationspartner verfolgen, unterschiedlich interpretiert werden. Aufgrund dieser Problematik wurden bisher einige Versuche unternommen, den Begriff Fairness vor dem Hintergrund einer Verteilung von Effizienzgewinnen innerhalb einer Kooperation zu operationalisieren.[90]

Fromen versucht den Begriff *fair* anhand von siebzehn Anforderungen[91], die ein Lösungskonzept erfüllen muss, zu konkretisieren. Ein Lösungskonzept wird demnach als fair eingestuft, wenn möglichst viele dieser Anforderungen erfüllt sind.[92] Dabei wird der Anforderung der intuitiven Nachvollziehbarkeit im Gegensatz zu den anderen Anforderungen eine besonders hohe Priorität in Bezug auf die Fairness zugesprochen.[93]

Vergleichbare Vorgehensweisen finden sich bei *Fischer* und *Strangmeier und Fiedler*. Nach *Fischer* ist die aus der Anwendung eines Lösungskonzeptes resultierende Verteilung „*gerecht*“[94], wenn dieses die Kriterien der Anonymität, Austauschbarkeit und Dummy-Spieler-Eigenschaft erfüllt.[95] Nach *Strangmeier und Fiedler* stellen die Aditivitäts-, Anonymitäts, Dummy-Spieler-Eigenschaft sowie die Symmetrieeigenschaft Fairnessmerkmale dar, anhand derer der Fairness-Begriff operationalisiert werden kann.[96] Die Kriterien von *Fischer* sowie *Strangmeier und Fiedler* wurden von *Fromen* ebenfalls als Kriterien zur Konkretisierung des Fairness-Begriffs genannt.[97]

---

[89] Vgl. Jene 2015, S. 323 f.; Zelewski 2009, S. 142 ff., 2018, S. 222 f.; Zelewski und Heeb 2018, S. 384 f.

[90] Siehe z. B. Jene 2015, S. 94 f.; Fromen 2004, S. 178; Zelewski 2009, S. 142 ff., 2018, S. 211 ff.

[91] Zu den Anforderungen der Kategorie Fairness zählen bei *Fromen* die intuitive Nachvollziehbarkeit, Koalitionsrationalität, Stabilität im verhandlungstheoretischen Sinne, Vernunft-Kompatibilität, Aggregat-Monotonie, Koalitions-Monotonie, strenge Monotonie, Konsistenz, Anonymität, Dummy-Spieler-Eigenschaft, Gleichbehandlungseigenschaft/ Austauschbarkeit, Präferenz-Kompatibilität, Lokalität, Gruppenrationalität, individuelle Rationalität, Populations-Monotonie und Additivität (vgl. Fromen 2004, S. 178).

[92] Vgl. Fromen 2004, S. 159 f.

[93] Vgl. Fromen 2004, S. 178.

[94] Fischer 2008, S. 40.

[95] Vgl. Fischer 2008, S. 140 f.

[96] Vgl. Strangmeier und Fiedler 2011, S. 51.

[97] Vgl. Fromen 2004, S. 178.

Zelewski formuliert dagegen explizit eine neue Bedingung, die erfüllt sein muss, damit ein spieltheoretisches Konzept als fair bewertet werden kann.[98] Sie besagt, dass je größer die Verhandlungsstärke eines Kooperationspartners ist, desto größer sollte auch sein Anteil vom Effizienzgewinn sein. Die Verhandlungsstärke setzt sich wiederum aus zwei Komponenten zusammen: zum einen aus dem maximalen marginalen Betrag, der bei Beitritt eines Unternehmens in eine Koalition entsteht und zum anderen aus dem glaubwürdigen Drohpotenzial dieses Unternehmens, mindestens eine Außenseiterkoalition zu bilden.[99]

Das Fairness-Axiom wurde von *Zelewsi* bewusst als Proportionalitätsbedingung formuliert, damit es für alle Kooperationspartner leichter verständlich und innerhalb der Kooperation kommunizierbarer ist.[100] Es wird daher davon ausgegangen, dass diese Bedingung in der Praxis verstanden, nachvollzogen und als fair eingestuft wird.[101]

Nach *Jene* ist ein Lösungsansatz als fair zu klassifizieren, wenn bereits im Konzept selber der Aspekt der Fairness einen festen Bestandteil darstellt, dieser intuitiv verständlich und nachvollziehbar ist und grundsätzlichen Vorstellungen zur Gerechtigkeit nicht widerspricht.[102]

Nach *Hafezalkotob und Naseri* und *Hafezalkotob et al.* sind Lösungskonzepte dann als fair einzustufen, wenn diese auf einer Maximierung der Mindestzufriedenheit der Kooperationspartner mit dem Verteilungsergebnis aufbauen.[103]

Bei der Aufstellung von Fairnessanforderungen geht es bisher darum, plausible und sachliche Gründe bzw. Argumente dafür aufzuzeigen, das Verteilungsergebnis bei Erfüllung zu akzeptieren. Die Anforderungen sind theoretisch hergeleitet.[104] Eine Analyse dieser Anforderungen hinsichtlich ihrer Akzeptanz innerhalb von kooperativen Zusammenschlüssen erfolgte noch nicht. In den entsprechenden Untersuchungen wird auch darauf hingewiesen, dass der Begriff Fairness, trotz

[98] Vgl. Zelewski 2009, S. 142 ff.; Jene 2015, S. 163 f.; Zelewski 2018, S. 222 f.; Zelewski und Heeb 2018, S. 383 f.

[99] Vgl. Zelewski 2009, S. 142 ff.; Jene 2015, S. 163 f.; Zelewski 2018, S. 222 f.; Zelewski und Heeb 2018, S. 383 f.

[100] Vgl. Zelewski 2009, S. 142 f.; Jene 2015, S. 163; Nakabayashi und Tone 2006, S. 137; Cachon und Lariviere 1999, S. 1095; Eyckmans 1997, S. 315.

[101] Vgl. Zelewski 2009, S. 142 ff.; Jene 2015, S. 163 f.; Zelewski 2018, S. 222 f.; Zelewski und Heeb 2018, S. 383 f.

[102] Vgl. Jene 2015, S. 292.

[103] Vgl. Hafezalkotob und Naseri 2016, S. 83; Hafezalkotob et al. 2018, S. 212 ff.

[104] Vgl. Zelewski 2009, S. 22 f.

der durchgeführten Operationalisierungsversuche, keine Eigenschaft ist, die letztlich mathematisch abgeleitet werden kann, sondern eine subjektive Bewertung der einzelnen Kooperationspartner darstellt.[105]

Empirische Untersuchungen zeigen, dass in der betrieblichen Praxis versucht wurde, die Verteilung von gemeinsam erwirtschafteten Erlösen bzw. gemeinsam verursachten Kosten mithilfe einfacher, vorher festgelegter Regeln durchzuführen.[106] Dabei wurde der Versuch unternommen, das Problem z. B. durch Gleichverteilung[107] oder Proportionalisierung zu lösen.[108] Je nach Art des Kontextes, in dem eine Verteilung stattfinden soll, wird der Versuch unternommen, diese anhand unterschiedlicher Bezugsgrößen durchzuführen.[109] Im Rahmen von Telekommunikations- und Energieversorgungsnetzwerken wurde bspw. eine Kostenaufteilung gemäß der effektiven Nutzung bzw. Beanspruchung durchgeführt.[110] Dahingegen wurden z. B. bei gemeinsam zu nutzenden Callcentern die Kundenanzahl, die Anzahl der potenziellen Telefonate oder die geschätzte Dauer der Gespräche zur Verteilung der Kosten herangezogen.[111] Im innerbetrieblichen oder netzwerkinternen Kontext kommt teilweise auch die Kostenaufschlagsmethode[112] zur Anwendung.[113]

Konzepte der kooperativen Spieltheorie wurden ebenfalls bereits mehrfach für die Lösung verschiedenster Verteilungsprobleme angewendet.[114] Im öffentlichen Bereich wurde versucht Probleme bei der Verteilung von Fixkosten, die beim Aufbau von Infrastrukturen entstehen, oder auch Gemeinkosten zum Erhalt

---

[105] Vgl. Zelewski 2009, S. 20 f.; Kolker 2014, S. 1068.

[106] Vgl. Strangmeier und Fiedler 2011, S. 30.

[107] Bei der Gleichverteilung würde jeder Kooperationspartner den gleichen Anteil vom Effizienzgewinn erhalten. Der Effizienzgewinn würde dann einfach durch die Anzahl der Kooperationspartner geteilt werden.

[108] Vgl. Lemaire 1984, S. 61; Strangmeier und Fiedler 2011, S. 30 f.; Fromen 2004, S. 2.

[109] Vgl. Fromen 2004, S. 2.

[110] Vgl. Skorin-Kapov 1998, S. 293 ff.

[111] Vgl. Fromen 2004, S. 2.

[112] Auch bekannt als cost plus-method oder Cost-plus-Methode. Für weiterführende Informationen siehe z. B. Schwerdt 2022, S. 188 ff.

[113] Vgl. Fromen 2004, S. 2.

[114] Im Folgenden werden, gemäß der im Rahmen dieser Arbeit betrachteten Ausgangssituation, nur Anwendungsbeispiele vorgestellt, bei denen ein Verteilungsgegenstand auf Kooperationspartner verteilt wurde.

von Infrastrukturen, wie bspw. der Wasser-[115] oder Energieversorgung[116], Verkehrsinfrastrukturen[117] sowie Telekommunikations-[118] und Satellitennetze[119], mit Ansätzen der kooperativen Spieltheorie zu lösen. Darüber hinaus wurden auch im Finanz-[120] und Versicherungsbereich[121] derartige Verteilungsprobleme gelöst. Einen größeren Anwendungsbereich stellt auch die Logistik[122] dar, wie etwa im Bereich Optimierung von Bearbeitungsreihenfolgen für Aufträge[123] oder im Bereich der Vereinbarung von gemeinsamen Transportrouten[124].

Auf dem Gebiet der Kooperationen im Gesundheits- und Pflegebereich gibt es bisher nur wenige Studien, die Lösungsansätze der kooperativen Spieltheorie auf Verteilungsprobleme anwenden.[125] Bei den vorhandenen Studien handelt es sich überwiegend um Kooperationen zwischen Krankenhäusern bzw. Gesundheitseinrichtungen in den Vereinigten Staaten (USA).

Ausgangspunkt der vorhandenen Untersuchungen ist der *Affordable Care Act* und die *fee-for-service Abrechnungspraxis.* Die Ausgestaltung des Gesundheitsmarktes führte u. a. dazu, dass Krankenhäuser miteinander konkurrieren und die Strategie verfolgen, möglichst viele Versicherte und zahlende Kunden für ihre Dienstleistungen bspw. durch räumliche Nähe des Gesundheitsstandorts zu

[115] Siehe z. B. Heaney und Dickinson 1982, S. 478 f.; Lucas 1981, S. 21 ff.; Young 1994, S. 1201 ff.; Faulhaber 1975, S. 967 ff.; Wiese 2005, S. 152 ff.

[116] Siehe z. B. Dutta und Kar 2004, S. 224; Zelewski 1988, S. 162 ff.; Tong und Zhou 2020, S. 380 ff.

[117] Siehe z. B. Castaño-Pardo und Garcia-Diaz 1995, S. 189 ff.; Driessen 1988, S. 6 ff.; Fischer 2008, S. 157 ff.; Potters und Sudhölter 1999, S. 83 ff.; Wißler 1997, S. 75 ff.; Tijs und Driessen 1986, S. 1015 ff.

[118] Siehe z. B. Lucas 1981, S. 31 f.

[119] Siehe z. B. Lucas 1981, S. 29 ff.

[120] Siehe z. B. Curiel et al. 1987, S. A143 ff.; Borm et al. 2001, S. 267 ff.; Bjørndal et al. 2004, S. 405 ff.

[121] Siehe z. B. Lemaire 1984, S. 69 ff.

[122] Siehe z. B. Strangmeier und Fiedler 2011, S. 53 ff.; Albers 2000, S. 20 ff.; Drechsel und Kimms 2007, S. 3 ff.; Jene 2015, S. 261 ff.; Hafezalkotob und Naseri 2016, S. 73 ff.

[123] Siehe z. B. Curiel et al. 2002, S. 27 ff.; Hamers et al. 1995, S. 471 ff.; Hamers et al. 1999b, S. 678 ff.

[124] Siehe z. B. Cruijssen et al. 2005, S. 5 ff.; Hamers 1997, S. 446 ff.; Engevall et al. 1998, S. 454 ff.

[125] Siehe Bieta 2000; Ford et al. 2004; Kolker 2012, 2014, 2018; Lightfoot 2019; Faigle und Kern 1993, S. 149 ff.; Granot et al. 1999, S. 355 ff.; Selki 2022.

gewinnen oder zu halten.[126] Die Konkurrenzsituation könnte jedoch einerseits zu einer Qualitätsreduzierung hinsichtlich der Patientenversorgung und andererseits zu einer Gewinnreduzierung seitens der Krankenhäuser führen.[127] Eine Kooperation der Gesundheitseinrichtungen, bei der medizinische Geräte, Einrichtungen und Personal gemeinsam genutzt werden, könnte das beschriebene Problem gegebenenfalls lösen. Daher wurde im Rahmen der Studien untersucht, wie Kosten fair auf die einzelnen Kooperationspartner verteilt werden können.[128]

In dem Beitrag von *Lightfoot*[129] wurde ein erster Ansatz für einen Algorithmus zur fairen Kostenaufteilung entwickelt. Dabei handelt es sich um Kosten für Ressourcen, die von drei kooperierenden Gesundheitseinrichtungen zusammen angeschafft und danach genutzt werden sollen. Hierfür wurde der Lösungsansatz des Shapley-Werts schrittweise seriell vereinfacht, indem eine Ganzzahligkeitsbedingung eingeführt wurde. Dabei wird angenommen, dass keine nicht ganzzahligen Ressourcen, wie zum Beispiel ein halbes Röntgengerät angeschafft werden können. Der Ausschluss der nicht ganzzahligen Alternativen hat den Vorteil, dass der Rechenaufwand zur Berechnung des Shapley-Werts deutlich reduziert werden kann. Darüber hinaus wurden die CEOs der drei untersuchten Gesundheitseinrichtungen zur Einstellung gegenüber Kooperationen und der Verwendung von Algorithmen zur Kostenaufteilung befragt. Die befragten Personen sahen große Potenziale für die Anwendung eines entsprechenden Verteilungskonzepts auf die Bildung von langfristigen Kooperationen im Gesundheitsbereich, welche wiederum sowohl mit positiven als auch mit negativen Folgen verbunden sein können.[130]

In den drei Studien von *Kolker*[131] werden unterschiedliche Fallbeispiele einer Kooperation im Gesundheitsbereich betrachtet. Im ersten Beispiel wird eine Kooperation von drei Krankenhäusern analysiert, die gemeinsam ein Zentrum für bildgebende Verfahren bauen wollen. Die dabei entstehenden Baukosten sollen

---

[126] Vgl. Kolker 2012, S. 53 f., 2014, S. 1067 f., 2018, 2095 f.; Lightfoot 2019, S. 2 f.; Levine und Linder 2016, S. 260 ff.; Fine und Frazier 2011, S. 70 ff.; Chang et al. 2015, S. 1 ff. Für nähere Informationen zum Phänomen der adversen Selektion siehe z. B. Akerlof 1970, S. 488 ff.; Rothschild und Stiglitz 1976, S. 629 ff.

[127] Vgl. Kolker 2012, S. 53 f., 2014, S. 1067 f., 2018, S. 2095 f.; Lightfoot 2019, S. 2 f.; Levine und Linder 2016, S. 260 ff.; Fine und Frazier 2011, S. 70 ff.; Chang et al. 2015, S. 1 ff.

[128] Mit dieser Fragestellung haben sich Kolker 2012, S. 53 ff., Kolker 2014, S. 1067 ff., Kolker 2018, S. 2095 ff. und Lightfoot 2019, S. 2 ff. auseinandergesetzt.

[129] Siehe Lightfoot 2019, S. 2 ff.

[130] Vgl. Lightfoot 2019, S. 15 f.

[131] Siehe Kolker 2012, S. 53 ff., 2014, S. 1067 ff., 2018, S. 2095 ff.

fair untereinander verteilt werden. Nach dem Bau des Zentrums sollen zudem die Betriebskosten fair unter den Krankenhäusern aufgeteilt werden. Im nächsten Beispiel wird eine Kooperation von Dienstleistern im Gesundheitsbereich untersucht, die ein gebündeltes Zahlungsprogramm einführen wollen, bei dem nach einer Behandlung eine gemeinsame Rechnung erstellt wird und eine Bezahlung der Kosten bei dem Patienten sowie ggf. bei der entsprechenden Versicherung beantragt wird. Die Kosteneinsparungen, die durch das Zahlungsprogramm entstehen, sollen zwischen den Kooperationspartnern aufgeteilt werden. Hierbei wurde versucht, die geschilderten Probleme sowohl mit dem Shapley-Wert als auch mit dem Nucleolus Ansatz zu lösen. *Kolker* kommt in diesem Zusammenhang zu dem Ergebnis, dass ein großer Forschungsbedarf hinsichtlich der Anwendung von Lösungsansätzen der kooperativen Spieltheorie für Verteilungsprobleme im Gesundheitsbereich besteht. Insbesondere der Shapley-Wert hätte große Potenziale, müsse jedoch noch weiterentwickelt werden, damit eine Anwendung für mehr als vier Kooperationspartnern vereinfachter[132] möglich sei.[133]

Die Studie von *Ford et al.*[134], bei der ebenfalls eine Kooperation verschiedener Unternehmen in der Gesundheitsversorgung untersucht wurde, kommt zu dem Ergebnis, dass eine Anwendung von Verfahren der kooperativen Spieltheorie im Gesundheitsbereich zahlreiche Potenziale aufweist. Die Lösungsansätze könnten dazu führen, dass sich effektivere und dauerhaftere Netzwerke im Gesundheitsbereich bilden. Demnach könnten die Lösungsansätze bei der Anwendung dazu beitragen, dass der Wissensaustausch zwischen den Kooperationspartnern gefördert wird, die Partner zur Vereinbarung von Regeln bzw. Verträgen motiviert werden und es zu einer strukturierteren Zusammenarbeit kommt. Die Studie plädiert für eine Kombination von spieltheoretischen Lösungsansätzen mit einer Netzwerkanalyse. Es wird kritisiert, dass bei den Lösungsansätzen der kooperativen Spieltheorie u. a. angenommen wird, dass alle Kooperationspartner über vollkommene Informationen verfügen. Dies sei in der Praxis nicht der Fall, sodass für die Anwendung der Verfahren zunächst eine Operationalisierung des Verteilungsgegenstands ggf. durch die Anwendung einer Netzwerkanalyse erfolgen müsse.[135]

---

[132] Mit einem Anstieg der Kooperationspartner steigen die beim Shapley-Wert zu betrachtenden Permutationen exponentiell an, sodass die Berechnung mit zunehmender Anzahl der Kooperationspartner immer aufwendiger wird. Siehe hierzu auch Kapitel 4.

[133] Vgl. Kolker 2012, S. 53 ff., 2014, S. 1067 ff., 2018, S. 2095 ff.

[134] Siehe Ford et al. 2004, S. 159 ff.

[135] Vgl. Ford et al. 2004, S. 159 ff.

Bieta[136] hat sich mit einer Kostenverteilung innerhalb von Krankenhäusern beschäftigt. Vor dem Hintergrund eines Prozesskostenmanagements wurde versucht, mithilfe des Shapley-Werts die Kosten krankenhausintern auf einzelne Bereiche aufzuteilen.[137]

In der Studie von *Selki*[138] wurde ein erster Ansatz zur Aufteilung der gebündelten Zahlungen von Patienten im Rahmen einer integrierten Gesundheitsversorgung auf die entsprechenden Fachkräfte im Gesundheitswesen vorgestellt. Dabei werden der Kern und der Shapley-Wert angewendet und der Shapley-Wert wird als traditionell fairer[139] Lösungsansatz der kooperativen Spieltheorie bezeichnet.[140]

Insgesamt zeigt sich, dass sich die vorliegenden Studien überwiegend auf das Gesundheitssystem der Vereinigten Staaten beziehen und vorwiegend Kosten, die innerhalb eines Krankenhauses oder durch die Zusammenarbeit von Krankenhäusern entstehen, verteilt werden. Dabei wird vor allem das Lösungskonzept des Shapley-Werts angewendet und der Versuch unternommen, dieses zu vereinfachen.

Branchenübergreifend wird deutlich, dass überwiegend horizontale Kooperationsformen im Hinblick auf eine faire Verteilung untersucht werden.[141] Vertikale Kooperationen und Netzwerke, bei denen mehrere Kooperationsformen zugrunde

---

[136] Siehe Bieta 2000, S. 399 ff.

[137] Vgl. Bieta 2000, S. 399 ff.

[138] Siehe Selki 2022, S. 1 ff.

[139] Gründe weshalb der Shapley-Wert als traditionell faires Lösungsverfahren angesehen wird, werden in der Studie nicht genannt (vgl. Selki 2022, S. 5).

[140] Vgl. Selki 2022, S. 4 ff.

[141] Siehe z. B. Bieta 2000, S. 399 ff.; Castaño-Pardo und Garcia-Diaz 1995, S. 189 ff.; Cruijssen et al. 2005, S.5 ff.; Driessen 1988, S. 6 ff.; Driessen et al. 2005, S. 13 ff.; Fischer 2008, S. 157 ff.; Gately 1974, S. 195 ff.; Hafezalkotob und Naseri 2016, S. 73 ff.; Hamers 1997, S. 446 ff.; Heaney und Dickinson 1982, S. 478 f.; Kolker 2012, S. 53 ff., 2014, S. 1064 ff., 2018, S. 2095 ff.; Lightfoot 2019, S. 2 ff.; Lucas 1981, S. 21 ff.; Moretti und Patrone 2008, S. 15 ff.; Potters und Sudhölter 1999, S. 83 ff.; Rajasekharan et al. 2011, S. 656 ff.; Strangmeier und Fiedler 2011, S. 53 ff.; Wißler 1997, S. 75 ff.; Bjørndal et al. 2004, S. 405 ff.; Drechsel und Kimms 2007, S. 3 ff.; Dutta und Kar 2004, S. 224; Engevall et al. 1998, S. 454 ff.; Faigle und Kern 1993, S. 149 ff.; Faulhaber 1975, S. 967 ff.; Göthe-Lundgren et al. 1996, S. 85 ff.; Granot et al. 1999, S. 355 ff.; Tong und Zhou 2020, S. 380 ff.; Wiese 2005, S. 152 ff.; Jene 2015, S. 261 ff.; Tijs und Driessen 1986, S. 1015 ff.

liegen, wurden dagegen bisher vergleichsweise selten untersucht.[142] Innovationsnetzwerke im Speziellen waren bislang noch nicht Gegenstand der Untersuchung hinsichtlich einer fairen Verteilung von Kosten oder Gewinnen, die durch die Zusammenarbeit entstehen.

2.3 Zielsetzung und intendierte wissenschaftliche Ergebnisse

Die Ergebnisse bestätigen in ihrer Gesamtheit die Relevanz einer Lösung zur Operationalisierung und Verteilung von Effizienzgewinnen innerhalb von Innovationsnetzwerken im Gesundheits- und Pflegebereich. Der Literaturüberblick zeigt bestehende Forschungslücken hinsichtlich der Operationalisierung und Verteilung von Effizienzgewinnen in Innovationsnetzwerken im Gesundheits- und Pflegebereich auf. In verschiedenen Studien wurde bereits ausführlich dargelegt, dass konventionelle Methoden, wie bspw. die Prozesserlösrechnung und Verrechnungspreise, zur Lösung des Verteilungsproblems zwar leicht umsetzbar und nachvollziehbar wären, aber in der Regel aufgrund der Nicht-Berücksichtigung bereits dargelegter Aspekte, wie der unterschiedlichen Alternativen, die ein potenzieller Kooperationspartner im Vergleich zur Kooperation hat, als nicht geeignet zu bewerten sind.[143] Vor diesem Hintergrund wurde gefolgert, dass es sich hierbei um ein strategisches Problem handelt, dessen Gegenstand Teil der kooperativen Spieltheorie ist.[144]

Allgemeine Verteilungsprobleme sind mit spieltheoretischen Verfahren schon mehrfach untersucht worden. Bei Betrachtung dieser Untersuchungen zeigt sich jedoch, dass u. a. Verteilungsprobleme im Gesundheits- oder Pflegekontext kaum Aufmerksamkeit erhalten haben. Es fehlt sowohl an theoretischen Konzepten als auch an empirischen Kenntnissen. Zudem dominieren Untersuchungen, bei denen negative Ergebnisse, wie Kosten oder Verluste, fair untereinander aufgeteilt

---

[142] Es gibt jedoch Studien, die sich allgemein auf Joint Ventures beziehen: Siehe z. B. Curiel 1997, S. 9 ff.; Fromen 2004, S. 95 ff. Darüber hinaus haben sich Zelewski, Jene und Peters mit Supply Chains bzw. Supply Webs im Speziellen auseinandergesetzt: Siehe z. B. Jene und Zelewski 2011, S. 115 ff.; Zelewski 2009, S. 1 ff.; Zelewski und Peters 2012, S. 149 ff., 2010, S. 1 ff.; Zelewski 2018, S. 211 ff.

[143] Siehe z. B. Fischer 2008, S. 147 ff.; Strangmeier und Fiedler 2011, S. 30; Jene 2015, S. 10 ff.

[144] Vgl. Fischer 2008, S. 147 ff.; Fromen 2004, S. 2; Strangmeier und Fiedler 2011, S. 31; Jene 2015, S. 9 ff.

werden sollen, Untersuchungen, die dies bei positiven Ergebnissen, wie Erlösen und Gewinnen, analysieren. Während horizontale Kooperationsformen bereits mehrfach untersucht wurden, mangelt es an der Untersuchung spieltheoretischer Verfahren bei vertikalen und insbesondere lateralen Kooperationsformen.[145]

Trotz der zunehmenden Relevanz der Thematik fehlt es demnach an Untersuchungen, die spieltheoretische Verfahren zur fairen Verteilung von Effizienzgewinnen im Rahmen von Netzwerken[146] und insbesondere von Netzwerken, die überwiegend laterale oder unterschiedliche Kooperationsformen beinhalten, untersucht haben. Demnach bedarf es einer Überprüfung der Anwendbarkeit bestehender Lösungsansätze auf den im Rahmen dieser Arbeit betrachteten Forschungsgegenstand sowie gegebenenfalls einer Anpassung und Weiterentwicklung bestehender Lösungsansätze.

Neben den *klassischen*[147] Verfahren der kooperativen Spieltheorie, wie bspw. der Shapley-Wert und dem Kern, existieren in der Literatur zudem einige neuere Verfahren zur Lösung des Verteilungsproblems. Während die Methoden der klassischen Spieltheorie, insbesondere der Shapley-Wert, in diversen Studien untersucht wurden, gibt es nur vergleichsweise wenige Studien, die den τ-Wert oder den χ-Wert im Vergleich zu vorhandenen Lösungskonzepten kritisch diskutieren.[148]

Hinsichtlich der Frage, welches Konzept sich am besten für die Lösung von Verteilungsproblemen in Kooperationen eignet, wurden im Laufe der Jahre umfangreiche Anforderungen formuliert, die die Lösungsansätze idealerweise erfüllen sollen. Je nachdem, welche Anforderungen überprüft wurden und in Abhängigkeit von der zu betrachteten Ausgangssituation, wurden unterschiedliche Verfahren zur Lösung des jeweiligen Verteilungsproblems ausgewählt.[149] Ebenso wurden praktische Anforderungen an ein Konzept zur Operationalisierung und Verteilung kaum berücksichtigt. Damit Lösungsansätze in der Praxis zur Anwendung kommen können, bedarf es, zusätzlich zur Überprüfung der rein mathematischen bzw. theoretischen Anforderungen, einer Definition und Überprüfung von Anforderungen aus der Praxis. Zur Anwendung der Konzepte ist

---

[145] Siehe Abschnitt 2.2.

[146] Innovationsnetzwerke im Speziellen waren bisher noch nicht Gegenstand von Untersuchungen zur Verteilung von (Effizienz-)gewinnen.

[147] Fromen 2004, S. 96.

[148] Positiv hervorzuheben sind hierbei vor allem die Studien von Zelewski 2009; Zelewski und Heeb 2018; Zelewski 2018 und Jene 2015.

[149] Siehe z. B. Fromen 2004, S. 153 ff.; Strangmeier und Fiedler 2011, S. 50 ff.; Jene 2015, S. 12 ff.; Zelewski 2009, S. 91 ff.; Fischer 2008, S. 140 ff.; Fandel 1979, S. 19 ff.; Zelewski 2018, S. 211 ff.; Zelewski und Heeb 2018, S. 379 ff.; Wißler 1997, S. 34 ff.

zudem eine softwaretechnische Umsetzung der Verfahren nötig. Bisher gibt es jedoch nur einzelne, erste Implementierungsansätze für einige der möglichen Lösungsansätze.[150] Bisherige Untersuchungen basieren in der Regel auf Case Studies, bei denen der aufzuteilende Effizienzgewinn als gegeben angesehen wird.[151] Um diese Verfahren jedoch praktisch anzuwenden, bedarf es einer vorherigen Operationalisierung der Effizienzgewinne. Es fehlt demnach an praktischen Umsetzungsmöglichkeiten und an der Anwendbarkeit der dargestellten Verfahren. Vor diesem Hintergrund ist noch unklar, ob und inwieweit bestehende Lösungsansätze der kooperativen Spieltheorie für das praktische Problem der Verteilung von Effizienzgewinnen innerhalb von Innovationsnetzwerken geeignet sind.

Ausgehend von den in Abschnitt 1.1 formulierten forschungsleitenden Fragen und den Ergebnissen des Forschungsstands, soll mit der vorliegenden Arbeit das Ziel verfolgt werden, die Forschungslücke hinsichtlich der Eignung und praktischen Anwendung spieltheoretischer Verfahren zur fairen Verteilung von Effizienzgewinnen innerhalb von Innovationsnetzwerken im Gesundheits- und Pflegebereich zu verringern.

Für die Erreichung des zuvor definierten Ziels werden die folgenden wissenschaftlichen Ergebnisse als wesentlich angesehen:

- Darstellung von Ansätzen zur Operationalisierung von unterschiedlichen Arten von Effizienzgewinnen im Rahmen von Kooperationen
- Darstellung von Lösungsansätzen der kooperativen Spieltheorie zur Verteilung von Effizienzgewinnen in Kooperationen
- Ableitung von Anforderungen an Lösungsansätze zur Verteilung von Effizienzgewinnen in Innovationsnetzwerken im AAL-Bereich
- Bewertung der Verteilungsansätze anhand eines strukturierten Kriterienkatalogs basierend auf den abgeleiteten Anforderungen
- Identifizierung geeigneter Operationalisierungs- und Verteilungsansätze für Innovationsnetzwerke im AAL-Bereich
- Entwicklung eines ersten Ansatzes für ein Entscheidungsunterstützungssystem zur Operationalisierung und Verteilung von Effizienzgewinnen in Innovationsnetzwerken im AAL-Bereich
- Durchführung einer Fallstudie zur Diskussion der Anwendbarkeit des entwickelten Entscheidungsunterstützungssystems in der betrieblichen Praxis

[150] Jene bietet diesbezüglich z. B. einen ersten Ansatz zur Implementierung des τ-Wertes und des χ-Wertes durch die Entwicklung von Berechnungsalgorithmen zu den beiden Verfahren sowie eines ersten Softwareprototypen zur Anwendung des τ-Wertes (vgl. Jene 2015, S. 187 ff.).

[151] Vgl. Jene 2015, S. 43 ff.

Damit das zu entwickelnde Entscheidungsunterstützungssystem für einen Einsatz in der Praxis geeignet ist, bedarf es einer softwaretechnischen Umsetzung. Diese softwaretechnische Umsetzung ist jedoch kein intendiertes wissenschaftliches Ergebnis dieser Arbeit. Allerdings soll im Rahmen dieser Arbeit ein erster Schritt zur praktischen Lösung des dargestellten Problems der Operationalisierung und Verteilung von Effizienzgewinnen in Innovationsnetzwerken im AAL-Bereich getan werden. Das zu entwickelnde Entscheidungsunterstützungssystem soll daher als Basis zur späteren Softwareentwicklung dienen.

Operationalisierung von Effizienzgewinnen

3

Die Operationalisierung der innerhalb einer Kooperation erzielten Effizienzgewinne stellt die Voraussetzung für die spätere Verteilung dieser unter den Partnern dar. Eine Erläuterung des Begriffs Effizienzgewinn erfolgte bereits in Abschnitt 2.1. Die vorgestellte Definition von *Jene*[1] soll auch im Rahmen dieser Arbeit zugrunde gelegt werden, da sie sich speziell auf Effizienzgewinne innerhalb von Kooperationen bezieht. Sie ist passend, da Innovationsnetzwerke betrachtet werden sollen, bei denen sich *rechtlich und wirtschaftlich selbstständige Unternehmen*[2] mit dem Interesse zusammenschließen, durch Kooperation ihre Zielerreichung positiv zu beeinflussen. Dabei können diese Ziele auch innerhalb der Kooperationspartner variieren, sodass für einen Partner bspw. die Umsatzsteigerung im Vordergrund steht und für einen anderen Partner die Minimierung seiner Risiken.[3] Demnach kann sich der Effizienzgewinn eines kooperativen Zusammenschlusses aus verschiedenen Teilkomponenten zusammensetzen.

Im Folgenden werden zwei unterschiedliche Perspektiven der Gestaltung des Operationalisierungsprozesses erläutert (Abschn. 3.1). Danach werden verschiedene sowohl eindimensionale als auch mehrdimensionale Methoden zu Operationalisierung von Effizienzgewinnen in Kooperationen vorgestellt (Abschn. 3.2). Abschließend erfolgen eine kurze Zusammenfassung sowie ein Vergleich der Methoden (Abschn. 3.3).

---

[1] Vgl. Jene 2015, S. 40 f.

[2] Im Rahmen dieser Arbeit wird unter wirtschaftlich selbstständigen Unternehmen, Unternehmen verstanden, die in keinem Abhängigkeitsverhältnis zueinander stehen bspw. bedingt durch Liefer- oder Kreditverhältnisse.

[3] Je nach Kooperation können diese Ziele explizit oder als untergeordnete Ziele im Vergleich zu einer Gewinnmaximierung angesehen und angestrebt werden.

J. Bleja, *Entscheidungsunterstützungssystem für Innovationsnetzwerke im Bereich Ambient Assisted Living*, Vechtaer Beiträge zur Gerontologie,
https://doi.org/10.1007/978-3-658-46661-9_3

3.1 Perspektiven der Operationalisierung von Effizienzgewinnen in Kooperationen

Vor der Wahl einer geeigneten Methode zur Operationalisierung der Effizienzgewinne, die innerhalb einer betrachteten Kooperation anfallen, bedarf es einer Festlegung der Perspektive, von der aus die Operationalisierung durchgeführt wird. *Wohlgemuth und Hess* differenzieren zwei Perspektiven der Durchführung des Operationalisierungsprozesses innerhalb von Kooperationen. Demnach kann die Operationalisierung einerseits individuell auf der Ebene der einzelnen Kooperationspartner, also auf der Mikroebene und andererseits kooperationspartnerübergreifend auf der Makroebene durchgeführt werden (siehe Abbildung 3.1).[4]

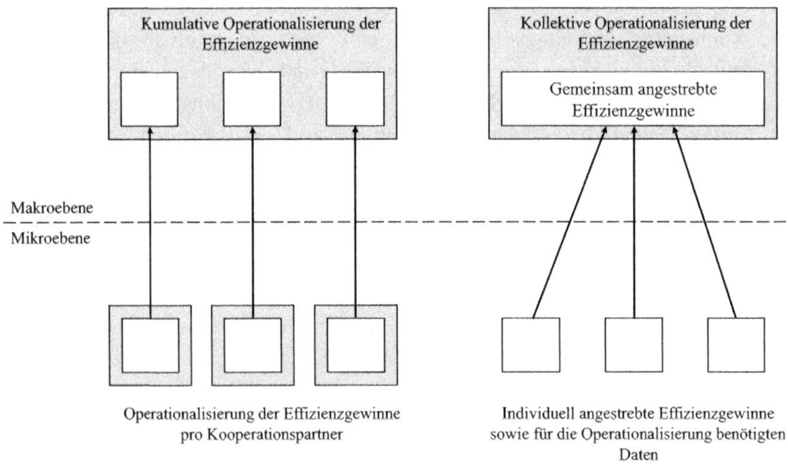

Abbildung 3.1 Perspektiven der Operationalisierung von Effizienzgewinnen in Kooperationen. (Quelle: Eigene Darstellung in Anlehnung an Wohlgemuth und Hess 1999, S. 30; Jene 2015, S. 57)

Bei der kumulativen Operationalisierung, die auf der linken Seite der Abbildung dargestellt ist, ermitteln und beurteilen alle Kooperationspartner im ersten Schritt individuell ihre durch die Kooperation erzielten Effizienzgewinne. Anschließend erfolgt eine Kumulation der einzelnen Operationalisierungsergebnisse.[5]

[4] Vgl. Wohlgemuth und Hess 1999, S. 30.

[5] Vgl. Wohlgemuth und Hess 1999, S. 30; Eßig et al. 2013, S. 382 f.; Jene 2015, S. 57 f.; Beyer 2016, S. 31.

Die kumulative Operationalisierung hat den Vorteil, dass weniger Offenlegungs- und Abstimmungsprozesse notwendig sind und hierdurch die durch die Kooperation erzielten Effizienzgewinne für jeden einzelnen Kooperationspartner sichtbar werden.[6]

Sie ist aber auch mit Voraussetzungen und Einschränkungen verbunden. Bei der kumulativen Operationalisierung sollten die Partner darauf vertrauen können, dass die vorgelegten Ergebnisse wahrheitsgemäß bestimmt wurden. Ebenso sollte berücksichtigt werden, dass bei einer kumulativen Operationalisierung eine Kooperation nur dann erfolgreich bewertet wird, wenn alle Kooperationspartner positive Effizienzgewinne erzielen.[7] Zudem muss hierbei jeder Kooperationspartner in der Lage sein, den Operationalisierungsprozess einzeln durchführen zu können.

Hess und Wohlgemuth ordnen diese Form der Operationalisierung primär in der Vorbereitungsphase der Kooperation, in der individuell geprüft wird, ob eine Zusammenarbeit sinnvoll sein könnte, oder zum Abschluss einer Kooperation zur retrospektiven Bewertung ein.[8]

Eine andere Möglichkeit ist die kollektive Operationalisierung, die auf der rechten Seite der Abbildung dargestellt ist. Hierbei wird zuvor innerhalb der Kooperation entschieden, welche Arten von Effizienzgewinnen (siehe Abschn. 2.1) angestrebt werden und die für die Operationalisierung benötigten Daten kooperationsübergreifend erhoben, um anschließend die Effizienzgewinne kollektiv zu ermitteln. Während der Bewertungsgegenstand bei der ersten Variante auf den einzelnen Kooperationspartnern liegt, wird er nun in der zweiten Variante auf die Gesamtkooperation erweitert.[9]

Hess und Wohlgemuth plädieren in der aktiven Zeit der Zusammenarbeit für eine kollektive Operationalisierung auf der Makroebene.[10] Diese Form der Operationalisierung habe den Vorteil, dass die Zusammenarbeit gefördert wird, da vorab offen über angestrebte Effizienzgewinne diskutiert wird, sodass auch im Hinblick auf die Offenlegung von Kennzahlen eine höhere Transparenz erzielt wird.[11]

---

[6] Vgl. Jene 2015, S. 58; Wohlgemuth und Hess 1999, S. 31. Sydow weist darauf hin, dass je nach Kooperationszusammensetzung zusätzlich eine kollektive Operationalisierung sinnvoll sein kann (vgl. Sydow 2008, S. 57).

[7] Vgl. Wohlgemuth und Hess 1999, S. 31.

[8] Vgl. Wohlgemuth und Hess 1999, S. 31.

[9] Vgl. Wohlgemuth und Hess 1999, S. 30 f.; Jene 2015, S. 57 f.; Beyer 2016, S. 31; Kubista 2008, S. 47 ff.; Eßig et al. 2013, S. 382 f.

[10] Vgl. Wohlgemuth und Hess 1999, S. 31.

[11] Vgl. Wohlgemuth und Hess 1999, S. 31; Jene 2015, S. 58.

Ein Nachteil bei dieser Art der Operationalisierung ist der erhöhte Aufwand, da mehr Offenlegungs- und Abstimmungsprozesse notwendig sind.[12] Zudem ist bei der kollektiven Operationalisierung Vertrauen dahingehend notwendig, dass angestrebte Effizienzgewinne sowie Daten, die für die Operationalisierung verwendet werden, offengelegt werden.

Ob eine Operationalisierung auf der Mikro- oder Makroebene durchgeführt wird oder ob gegebenenfalls beide Ebenen untersucht werden, sollte individuell anhand der betrachteten Kooperation entschieden werden, da beide Vorgehensweisen mit Vor- und Nachteilen verbunden sind.

3.2 Methoden zur Operationalisierung von Effizienzgewinnen in Kooperationen

In diesem Kapitel werden verschiedene Methoden zur Operationalisierung von Effizienzgewinnen in Kooperationen vorgestellt und analysiert. Es gibt im Hinblick auf Kooperationen nur wenige Operationalisierungsansätze und zudem lediglich Konsens über die Wichtigkeit der Operationalisierung, aber nicht im Hinblick auf das Vorgehen. Dies liegt u. a. daran, dass sich unternehmensübergreifende Operationalisierungen für Kooperationen deutlich komplexer gestalten als für einzelne Unternehmen. Im Rahmen von Kooperationen bedarf es teilweise einer unternehmensinternen Differenzierung einzelner Wertgrößen, wie z. B. Kosteneinsparungen und Imagesteigerungen danach, ob sie dem Tagesgeschäft des Unternehmens zuzuordnen sind oder der zu betrachteten Kooperation.[13]

Im Folgenden werden zunächst sogenannte eindimensionale und anschließend mehrdimensionale Operationalisierungsansätze vorgestellt. Bei der Auswahl der Operationalisierungsansätze wurde darauf geachtet, dass diese entweder speziell für Kooperationen entwickelt oder für Kooperationen erweitert wurden. Außerdem wurden aufgrund der bereits vorgestellten Definition von Effizienzgewinnen Operationalisierungsansätze ausgewählt, bei denen die Operationalisierung anhand von vorab bestimmten Zielen erfolgt. *Jene*[14] hat diesbezüglich dargestellt, dass Operationalisierungsverfahren, die auf einem Zielansatz basieren, im

[12] Vgl. Jene 2015, S. 58; Wohlgemuth und Hess 1999, S. 31.

[13] Vgl. Jene 2015, S. 44.

[14] Vgl. Jene 2015, S. 55 f.

Hinblick auf die Praktikabilität und die Übertragbarkeit auf Kooperationen als besonders geeignet zu bewerten sind.[15]

3.2.1 Eindimensionale Operationalisierungsansätze

Eindimensionalen Operationalisierungsansätze werden in der Regel angewendet, wenn bei der Messung des Erfolgs der Kooperation eine quantitative ökonomische Kennzahl im Vordergrund steht. Klassische eindimensionale Ansätze sind kurzfristig angelegt und orientieren sich dabei üblicherweise an konventionellen Zielgrößen wie Kosten, Kosteneinsparungen oder Erlösen. Dahingegen werden Kooperationen in neoklassischen Operationalisierungsansätzen als Investitionsprojekte der einzelnen Kooperationspartner verstanden. Demnach wird eine langfristige Sichtweise angestrebt und es werden vorwiegend langfristige Zahlungsüberschüsse betrachtet.[16]

Beispiele für eindimensionale Operationalisierungsansätze, die in den folgenden Kapiteln beschrieben werden, sind die Netzwerkergebnisrechnung, die Wertsteigerungsanalyse und die aktivitätsbasierte Erfolgsmessung. Diese Operationalisierungsverfahren bieten den Vorteil, dass sie auf etablierten Operationalisierungsverfahren basieren und für Kooperation bereits erweitert bzw. angepasst wurden.

3.2.1.1 Netzwerkergebnisrechnung

Eine Vorgehensweise zur Ermittlung des monetären Erfolgs eines Unternehmens ist die *periodenbezogene Ergebnisrechnung*, bei der die in einer Periode angefallenen Kosten von den in diesem Zeitraum erzielten Erlösen abgezogen werden.[17] Eine Übertragung dieser Kalkulation auf Kooperationen wird in der entsprechenden Fachliteratur auch als *Netzwerkergebnisrechnung* bezeichnet. Dabei wird angenommen, dass Kooperationen und insbesondere Netzwerkorganisationen wirtschaftlich vergleichbar sind und daher ähnliche Methoden zur Operationalisierung verwendet werden können.[18]

---

[15] Neben dem Zielansatz können bspw. auch Operationalisierungsansätze, die einem System-, Stakeholder- oder Management-Audit-Ansatz zugrunde liegen, betrachtet werden. Im Rahmen dieser Arbeit wird der Fokus jedoch aus bereits beschriebenen Gründen auf die Operationalisierungsverfahren gelegt, die auf einem Zielansatz aufbauen.

[16] Vgl. Jene 2015, S. 61 ff.; Wohlgemuth und Hess 1999, S. 32 ff.; Wohlgemuth 2002, S. 172 f.; Möller 2006, S. 139; Deike 2006, S. 49; Bode et al. 2011, S. 670.

[17] Vgl. Bode et al. 2011, S. 670 f.; Wohlgemuth 2002, S. 173.

[18] Vgl. Jene 2015, S. 66.

Innerhalb des Rechnungswesens wird bei der Anwendung der Netzwerkergebnisrechnung zwischen zwei Varianten der Teilkostenergebnisrechnung und der Vollkostenergebnisrechnung unterschieden.[19]

Bei der Vollkostenergebnisrechnung werden alle Kosten und Erlöse, die der Kooperation zuzurechnen sind, für eine festgelegte Periode analysiert.[20] Die Teilkostenergebnisrechnung erfolgt im Grunde analog. Es werden allerdings Deckungsbeiträge berechnet. Somit werden im Gegensatz zur Vollkostenergebnisrechnung nur die variablen Kosten, also nur ein Teil der kooperationsbedingten Kosten, in die Berechnung mit einbezogen. Im Hinblick auf die Kosten könnte eine Differenzierung der Gesamtkosten nach Einzel- und Gemeinkosten sowie nach unterschiedlichen Ebenen wie Teilauftrag, Auftragstyp oder Partner sinnvoll sein.[21] Durch die Subtraktion der einzelnen Kostenpositionen von den erzielten Erlösen ergibt sich der Deckungsbeitrag, der in diesem Fall den Effizienzgewinn darstellt.[22]

Die Netzwerkergebnisrechnung als Verfahren zur Operationalisierung von Effizienzgewinnen in Kooperationen bietet den Vorteil, dass sowohl positive als auch negative Effizienzgewinne in die Kalkulation mit einbezogen werden können. Für die spätere Verteilung der Effizienzgewinne bietet diese Methode zudem den Vorzug, dass das Ergebnis bereits aus einem monetären Wert besteht, der als Ausgangswert für die Verteilung verwendet werden kann. Mithilfe dieser Operationalisierungsmethode können zudem die durch die Kooperation erzielten Effizienzgewinne mit dem Gesamtergebnis der einzelnen Unternehmen gegenübergestellt werden.

Bei der Netzwerkergebnisrechnung können allerdings keine nicht-monetären Effizienzgewinne mit einbezogen werden.[23] Demnach kann keine Aussage zum tatsächlich erzielten Effizienzgewinn gemacht werden, da das Berechnungsergebnis in der Regel nur einen Teil des Effizienzgewinns widerspiegelt. Zudem werden Aussagen zum Kooperationserfolg auf der Grundlage von Vergangenheitswerten ermittelt. Dabei bleiben auch die in einer Periode erreichten Potenziale und zukünftige strategische Optionen unberücksichtigt.[24] Darüber hinaus bedarf

[19] Vgl. Veil und Hess 2000, S. 7 ff.

[20] Vgl. Jene 2015, S. 67 f.; Wohlgemuth 2002, S. 174 f.; Veil und Hess 2000, S. 7 ff.; Veil 2002, S. 171 ff.

[21] Vgl. Veil und Hess 2000, S. 5 ff.

[22] Vgl. Wohlgemuth 2002, S. 175 f.; Jene 2015, S. 67 f.; Veil und Hess 2000, S. 12 ff.

[23] Vgl. Bode et al. 2011, S. 670 ff.

[24] Vgl. Bode et al. 2011, S. 675.

es für die Berechnungen, unabhängig von der Wahl der Variante, ausreichender Informationen zu den kooperationsspezifischen Kosten und Erlösen.[25] Falls die benötigten Daten unzureichend vorliegen bzw. die Kooperationspartner bei Durchführung einer kollektiven Operationalisierung diese nicht offenlegen, kann die Netzwerkergebnisrechnung nicht zielführend durchgeführt werden.

3.2.1.2 Wertsteigerungsanalyse

Die *Wertsteigerungsanalyse*[26] basiert auf dem *Shareholder Value Ansatz bzw. der Shareholder Value Analyse*[27]. Während die Shareholder Value Analyse für die Operationalisierung des Erfolgs eines Unternehmens entwickelt wurde, stellt die Wertsteigerungsanalyse eine Modifikation dieser Analyse für die Operationalisierung des Erfolgs von *strategischen Allianzen*[28] dar.[29]

Die Shareholder Value Analyse basiert auf den Grundlagen der *Property Rights Theorie*[30] und der *Principal-Agent-Theorie*[31]. Demnach besteht die Schwierigkeit, dass mit zunehmender Unternehmensgröße der Unternehmenseigentümer Verfügungsrechte und Entscheidungsbefugnisse an weitere Personen, wie Manager oder Abteilungsleiter übertragen muss. Im Rahmen der Principal-Agent-Theorie wird im Hinblick auf diese Trennung zwischen Eigentum und Verfügungsmacht ein Interessenkonflikt beschrieben. Demnach verfolgen sowohl der Principal, bspw. der Anteilseigner als auch der Agent, der z. B. im Unternehmenskontext ein Manager sein könnte, jeweils verschiedene Interessen und wollen ihren individuellen Nutzen maximieren. Zudem bestehen zwischen den beiden Parteien asymmetrische Informationen.[32]

---

[25] Vgl. Jene 2015, S. 68.

[26] Die Grundidee der Modifikation des Shareholder Value Ansatzes für strategische Allianzen wurde zuerst von Bronder und Pritzl 1992, S. 24 ff. vorgestellt und anschließend von Michel 1996 zur sogenannten Wertsteigerungsanalyse weiterentwickelt.

[27] Der Shareholder Value Ansatz wurde erstmals von Rappaport 1986 veröffentlicht. Siehe auch Rappaport 1999.

[28] Bei einer strategischen Allianz handelt es sich um eine Kooperation, die zeitlich begrenzt sein kann und bei der die Kooperationspartner im Vorhinein strategische Ziele festgelegt haben, die in der Regel ohne die Kooperation nicht im gleichen Umfang realisiert werden könnten (vgl. Niemojewski 2005, S. 228 f.).

[29] Vgl. Wohlgemuth und Hess 1999, S. 35; Jene 2015, S. 68; Michel 1996, S. 92 ff.; Möller 2006, S. 140 f.

[30] Für tiefergreifende Informationen zur Property Rights Theorie siehe z. B. : Alchian 1989; Demsetz 1974.

[31] Für tiefergreifende Informationen zur Principal Agent Theorie siehe z. B.: Kiener 1990; Ross 1973.

[32] Vgl. Poeschl 2013, S. 81 f.

Diese Ausgangssituation führt dazu, dass der Agent nach Vertragsabschluss nicht im Interesse des Prinzipals arbeitet, sondern mit seinem Handeln Eigeninteressen verfolgt, die dem Prinzipal schaden können, mit der Folge, dass der Prinzipal sich gezwungen sieht, den Agenten entweder zu kontrollieren und zu überwachen oder Anreizsysteme zu schaffen, damit der Agent im Sinne des Prinzipals arbeitet. Hierfür entstehen dem Prinzipal sogenannte Agenturkosten. Mithilfe des Shareholder Value Ansatzes soll sichergestellt werden, dass weitestgehend im Sinne des Eigentümers agiert wird und die Kontroll- und Überwachungskosten des Prinzipals minimiert werden.[33]

Beim Shareholder Ansatz werden die Interessen des Anteilseigners bzw. Eigenkapitalgebers, also des Shareholders, in den Mittelpunkt der Unternehmensführung gestellt. Alle strategischen Entscheidungen werden im Rahmen dieses Ansatzes anhand ihrer Auswirkung auf eine Steigerung des Unternehmenswerts, über den der Anteilseigner verfügt, hin bewertet, da dies in der Regel dem primären Interesse des Shareholders entspricht. Demnach wird in diesem Ansatz die Maximierung des Unternehmenswerts als alleiniges Kriterium für die langfristige Investition eines Anteilseigners in ein Unternehmen verstanden.[34]

Im Rahmen der Wertsteigerungsanalyse wird dieser Ansatz auf Kooperationen übertragen. Ziel der Wertsteigerungsanalyse ist es demnach Kooperationsaktivitäten im Hinblick auf ihre Wertsteigerung für die Kooperation zu quantifizieren und zu überprüfen.[35] Daher ist dieses Operationalisierungsverfahren im Gegensatz bspw. zur Netzwerkergebnisrechnung zukunftsorientiert und könnte dazu verwendet werden, um einschätzen zu können, ob eine Kooperation voraussichtlich sinnvoll sein könnte. Die Grundlage dieser Analyse bildet die Kapitalwertmethode. Demnach werden alle im Planungszeitraum zukünftig erwarteten Cashflows mithilfe eines gewichteten Kapitalkostensatzes auf die Gegenwart abgezinst. Das Ergebnis der Summe der Cashflows innerhalb des Prognosehorizontes und dem Gegenwartswert des Rest- bzw. Residualwertes als Kooperationswert außerhalb des Prognosehorizonts stellt den Kapitalwert der Kooperation dar. Der sogenannte Shareholder Value bzw. Wert des Eigenkapitals ergibt sich, indem von dem Kapitalwert der Kooperation der Marktwert des zu verzinsenden Fremdkapitals abgezogen wird.[36]

Die Wertsteigerungsanalyse kann anhand eines vierstufigen Analysekonzepts dargestellt werden (siehe Abbildung 3.2).

---

[33] Vgl. Poeschl 2013, S. 84 f.

[34] Vgl. Rappaport 1986, S. 11 ff.; Poeschl 2013, S. 79 f.

[35] Vgl. Wohlgemuth 2002, S. 176 f.; Mondello 2022, S. 38 f.

[36] Vgl. Jene 2015, S. 68; Mondello 2022, S. 38 f.; Poeschl 2013, S. 85 ff.

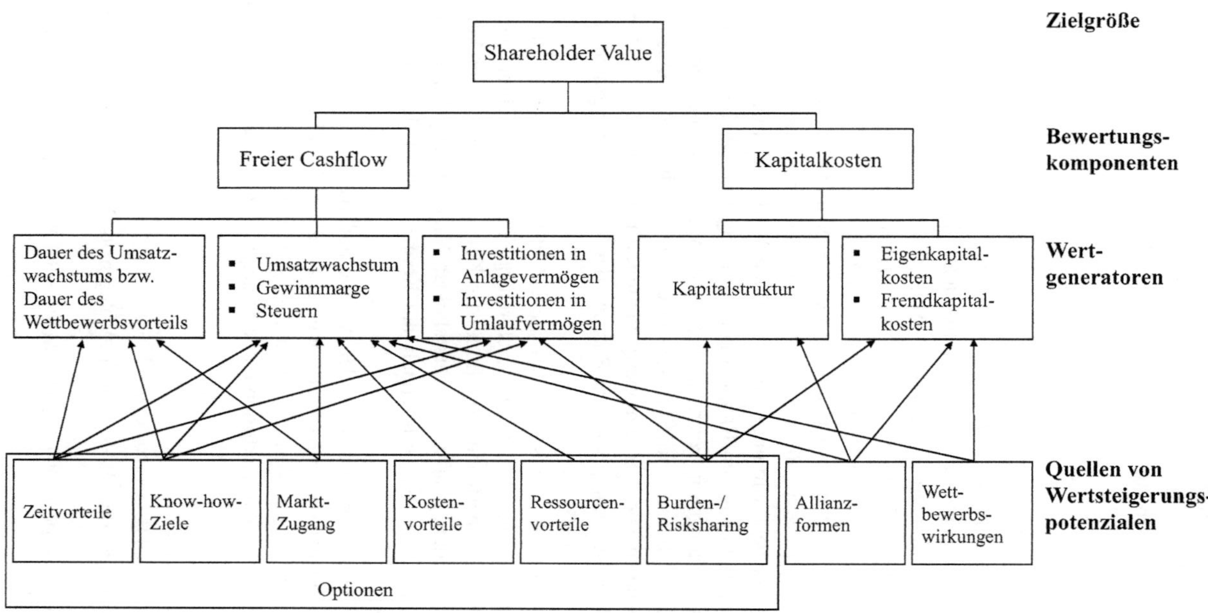

Abbildung 3.2 Wertsteigerungssystematik für strategische Allianzen. (Quelle: Eigene Darstellung in Anlehnung an Michel 1996, S. 91; Wohlgemuth und Hess 1999, S. 37; Wohlgemuth 2002, S. 177)

Mithilfe dieses sogenannten Wertsteigerungsnetzwerks soll eine Beziehung zwischen den Quellen von Wertsteigerungspotenzialen und den Wertgenerationen, also den Kennzahlen zur Bestimmung des Cashflows und der Kapitalkosten, hergestellt werden.[37]

Um die Zielgröße, also den Shareholder Value zu ermitteln, werden Bewertungskomponenten benötigt. Zur Berechnung der Bewertungskomponenten sind Wertgeneratoren, also Kennzahlen zur Bestimmung des Cashflows und der Kapitalkosten erforderlich. Diese setzen sich wiederum aus verschiedenen Quellen zusammen, wie etwa Zeitvorteile, Know-how-Ziele, Marktzugang, Kostenvorteile, Ressourcenvorteile, Burden-/Risksharing, Allianzformen und Wettbewerbswirkungen. Diese Quellen können sich aus den Zielen der Kooperation ergeben, aber auch aus den Formen der Allianz, also bspw. der Finanzierung oder dem Standort sowie den Wettbewerbswirkungen der Kooperation zusammensetzten.

Demnach wird zunächst überlegt, welche der Kooperationsziele, Allianzformen und Wettbewerbswirkungen die einzelnen Wertgeneratoren beeinflussen können. Das Ergebnis wird im Rahmen der Wertsteigerungsanalyse anhand von Abhängigkeitsbeziehungen in Form von Pfeilen im Wertsteigerungsnetzwerk grafisch dargestellt.[38] Hierbei wird nur die einseitige Beziehung der Quellen von Wertsteigerungspotenzialen zu den Wertgeneratoren betrachtet, eine ggf. vorliegende umgekehrte Beziehung wird im Rahmen der Wertsteigerungsanalyse nicht betrachtet.

Es wird angenommen, dass zwischen den identifizierten Quellen der Wertsteigerungspotenziale und den Wertgeneratoren qualitativ zu beschreibende Wirkungszusammenhänge bestehen. Am Ende der Kooperation wird ein Vergleich des geplanten mit dem realisierten Shareholder Value durchgeführt, um eine Tendenz zu bekommen, wie erfolgreich die Kooperation in dem betrachteten Zeitabschnitt war.[39]

Die Wertsteigerungsanalyse weist den Vorzug auf, dass sie im Gegensatz zu anderen Operationalisierungsverfahren nicht ausschließlich auf vergangenheitsorientierten Buchwerten basiert. Sie wird daher als methodische Unterstützung für die Umsetzung kapitalmarktorientierter Strategien angesehen.[40] Ein weiterer

---

[37] Vgl. Wohlgemuth und Hess 1999, S. 36.

[38] Vgl. Wohlgemuth und Hess 1999, S. 36 ff.; Wohlgemuth 2002, S. 176 f.; Michel 1996, S. 91 ff.

[39] Vgl. Wohlgemuth und Hess 1999, S. 36 ff.; Wohlgemuth 2002, S. 176 f.; Jene 2015, S. 69; Michel 1996, S. 91 ff.

[40] Vgl. Wohlgemuth und Hess 1999, S. 38 f.

Vorteil dieses Operationalisierungsverfahrens ist die Verdichtung der Effizienzgewinne auf einen quantitativen, monetären Wert.

Andererseits wird der Cashflow als entscheidende Messgröße und übergeordnetes Ziel im Hinblick auf die Aussagekraft für den Kooperationserfolg oft als unzureichend angesehen.[41] Hierbei wird kritisiert, dass bei einer Betrachtung des Cashflows lediglich eine kurzfristige Zielperspektive eingenommen werde und qualitative Effizienzgewinne des Öfteren einen detaillierteren Überblick über den aktuellen Erfolg einer Kooperation und die zukünftigen Entwicklungschancen geben könnten. Aufgrund der häufig auftretenden mehrdimensionalen Ziele einer Kooperation wird es als unzureichend angesehen, diese über Annahmen und Wirkungszusammenhänge in Form von monetären Kennzahlen abzubilden.[42] Nach der Durchführung der Analyse sei zudem nicht klar ersichtlich, welche Faktoren sich besonders positiv oder negativ auf das Operationalisierungsergebnis ausgewirkt haben.[43]

Zudem wird methodisch die Datenermittlung aufgrund diverser Abschätzungen, der damit verbundenen Wahl der jeweiligen Schätzverfahren sowie der Auswahl und Verfügbarkeit der für die Schätzungen benötigten Informationen kritisiert. Gerade in den Anfangsphasen einer Kooperation fehle es zudem in der Regel an validen Erfahrungswerten[44] für die Durchführung von Schätzungen.[45]

Wohlgemuth und Hess empfehlen daher, die Durchführung der Wertsteigerungsanalyse für die Operationalisierung des Erfolgs von Kooperationen dann anzuwenden, wenn vorwiegend monetäre Kooperationsziele verfolgt werden und die Kooperation relativ robust gegenüber Veränderungen ist.[46]

---

[41] Vgl. Wohlgemuth und Hess 1999, S. 35; Bode et al. 2011, S. 675; Jene 2015, S. 69; Poeschl 2013, S. 122 f.

[42] Vgl. Bode et al. 2011, S. 675; Mondello 2022, S. 42; Poeschl 2013, S. 122 f.

[43] Vgl. Wohlgemuth und Hess 1999, S. 40 f.

[44] Selbst wenn Erfahrungswerte vorliegen, sind Prognosen immer unabhängig vom inferenzstatistischem Verfahren mit gewissen Unsicherheiten verbunden (vgl. Sibbertsen und Lehne 2021, S. 167 ff.).

[45] Vgl. Wohlgemuth und Hess 1999, S. 39 f.; Jene 2015, S. 69; Wohlgemuth 2002, S. 177; Mondello 2022, S. 42.

[46] Vgl. Wohlgemuth und Hess 1999, S. 40.

3.2.1.3 Aktivitätsbasierte Erfolgsmessung

Die aktivitätsbasierte Erfolgsmessung wurde ursprünglich für kooperative Zusammenschlüsse und insbesondere strategische Allianzen entwickelt.[47] Die Grundidee hinter diesem Verfahren ist ein Vergleich der durch die Kooperation entstandenen Kosten mit dem kooperationsbedingten Erfolg. Hierbei wird angenommen, dass sich eine Kooperation aus mehreren Aktivitäten, wie themenspezifischen Arbeitsgruppen, Arbeitspaketen etc. zusammensetzt, die einzeln zu bewerten sind. Der Erfolg einer Kooperation ergibt sich hierbei aus der Summe der Erfolge aller Aktivitäten.[48]

Die aktivitätsbasierte Erfolgsmessung kann in vier Schritte unterteilt werden (siehe Abbildung 3.3).

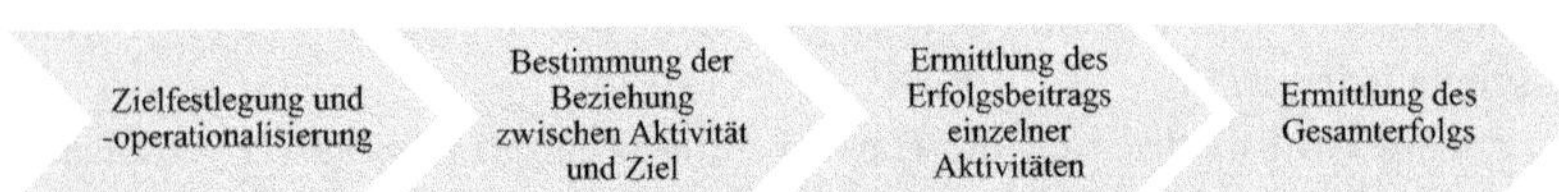

Abbildung 3.3 Ablauf der aktivitätsbasierten Erfolgsmessung. (Quelle: Eigene Darstellung in Anlehnung an Bode et al. 2011, S. 672; Hugenberg et al. 2002, S. 268)

In einem ersten Schritt erfolgt eine Festlegung der Ziele, die mit der Kooperation angestrebt werden und der Kennzahlen bzw. Messgrößen, mit denen diese Ziele operationalisiert werden können. Dies beinhaltet auch die Festlegung der Perspektive der Operationalisierung, wie in Abschnitt 3.1 beschrieben. Anschließend erfolgt die Bestimmung der Beziehungen zwischen den Aktivitäten und Zielen innerhalb des Kooperationszusammenschlusses. Hierfür werden zunächst alle Kooperationsaktivitäten definiert. Danach werden Wirkungsrichtungen zwischen den einzelnen Aktivitäten und Zielen bzw. Kennzahlen untersucht. Im nächsten Schritt wird zunächst der Erfolg für jede Aktivität ermittelt. Hierfür werden separat für jede Aktivität der Nutzenbeitrag und die Kosten berechnet. Die Differenz aus dem Nutzenbeitrag, also dem Erfolg vor Berücksichtigung der Kosten (Bruttoerfolg) und den Kosten einer Aktivität ergibt den Erfolgsbeitrag dieser Aktivität (Nettoerfolg). Im letzten Schritt wird der Kooperationserfolg durch die Addition, der im dritten Schritt ermittelten Erfolgsbeiträge der Aktivitäten bestimmt.[49]

[47] Vgl. Bode et al. 2011, S. 671; Hugenberg et al. 2002, S. 267.

[48] Vgl. Bode et al. 2011, S. 671; Hugenberg et al. 2002, S. 267 f.; Deike 2006, S. 60 f.

[49] Vgl. Bode et al. 2011, S. 671; Hugenberg et al. 2002, S. 267 f.

Die aktivitätsbasierte Erfolgsmessung bietet die Möglichkeit, sowohl monetäre als auch nicht-monetäre Ziele in der Analyse mit zu berücksichtigen. Durch die vorherige Festlegung der Kooperationsziele können diese im Hinblick auf ihren Erreichungsgrad nach der Durchführung des Verfahrens analysiert werden. Als Herausforderung der aktivitätsbasierten Erfolgsmessung wird die Berechnung des Erfolgs jeder Aktivität angesehen, weil u. a. teilweise Kausalzusammenhänge nicht trennscharf einzelnen Aktivitäten zugeordnet werden können oder indirekte Wirkungszusammenhänge nicht berücksichtigt werden. Darüber hinaus sei das Operationalisierungsverfahren mit einem hohen zeitlichen und dadurch kostentechnischen Aufwand, insbesondere bei der Darstellung der kausalen Zusammenhänge, verbunden.[50] Im Hinblick auf eine anschließende Verteilung der Effizienzgewinne bietet das Verfahren den Vorteil, dass das Gesamtergebnis der Operationalisierung ein monetärer Wert ist. Dementsprechend muss das Ergebnis anschließend nicht monetarisiert werden.[51]

3.2.2 Mehrdimensionale Operationalisierungsansätze

Mehrdimensionale Operationalisierungsansätze werden in der Regel angewendet, wenn mehrere unterschiedliche Zielgrößen beurteilt werden sollen. Bei mehrdimensionalen Ansätzen können daher stets quantitative und qualitative Effizienzgewinne in die Analyse mit einbezogen werden.[52]

Beispiele für mehrdimensionale Operationalisierungsansätze, die in den folgenden Kapiteln exemplarisch beschrieben werden, sind die Nutzwertanalyse, die Balanced Scorecard und der Ansatz zur kooperationsbezogenen Erfolgsmessung durch Erfolgsfaktorenerfassung.[53] Die ersten beiden Verfahren wurden bereits

[50] Vgl. Bode et al. 2011, S. 671 ff.; Deike 2006, S. 60 f.

[51] Dies bedeutet einen Vorteil gegenüber vor allem den mehrdimensionalen Operationalisierungsansätzen, da eine Monetarisierung von nicht-monetären und teilweise nicht-quantitativen Messgrößen nicht trivial ist. Bisher existiert diesbezüglich noch kein zufriedenstellendes Verfahren. Dies führt auch in anderen Forschungsbereichen, wie bspw. bei der Messung von Lebensqualität in Rahmen der Gesundheitsökonomik zu Herausforderungen (siehe z. B. Fleßa und Greiner 2020, S. 183 ff.; Steel et al. 2018, S. 1 ff.).

[52] Vgl. Jene 2015, S. 65; Wohlgemuth 2002, S. 173; Bode et al. 2011, S. 670; Deike 2006, S. 64.

[53] Neben den ausgewählten mehrdimensionalen Ansätzen zur Operationalisierung von Effizienzgewinnen in Kooperationen existieren in der entsprechenden Fachliteratur noch eine Vielzahl weiterer Ansätze, die jedoch im Rahmen dieser Arbeit nicht berücksichtigt werden können. Für eine Übersicht weiterer Ansätze siehe z. B. Greco et al. 2016; Czarnowski et al. 2016; Wątróbski 2016; Ehrgott et al. 2010; Wohlgemuth 2002, S. 173.

für eine Anwendung im Rahmen von Kooperationen weiterentwickelt.[54] Der letzte Ansatz stellt einen vergleichsweise neuen Operationalisierungsansatz dar, der explizit für Kooperationen entwickelt wurde.[55]

3.2.2.1 Kooperationsbezogene Nutzwertkalkulation

Scoringmodelle, wie die *Nutzwertanalyse*[56] oder auch deren Weiterentwicklung die *kooperationsbezogene Nutzwertkalkulation*[57], werden in der Literatur im Rahmen der mehrdimensionalen Operationalisierung diskutiert. Das Verfahren der kooperationsbezogenen Nutzwertkalkulation ist, wie die Wertsteigerungsanalyse, zukunftsorientiert, sodass anhand des Analyseergebnisses vorab entschieden werden könnte, ob eine neue Kooperation bzw. eine weitere Zusammenarbeit potenziell sinnvoll ist. Die kooperationsbezogene Nutzwertkalkulation besteht in der Regel aus acht Schritten (siehe Abbildung 3.4).

In einem ersten Schritt werden Kooperationsziele definiert. Hierbei besteht die Herausforderung, das Zielsystem so aufzustellen, dass es auf der einen Seite möglichst alle relevanten Ziele beinhaltet, aber auf der anderen Seite nicht zu umfangreich ist, damit eine Handhabbarkeit noch gegeben ist. Zudem sollte laut *Wohlgemuth und Hess* bereits bei diesem Schritt darauf geachtet werden, dass sich die Ziele idealerweise trennscharf voneinander abgrenzen lassen.[58] Im Hinblick auf Kooperationen kann die Aufstellung des Zielsystems auf zwei verschiedenen Arten erfolgen.[59] Beim *Agreed Criteria Approach* werden die Kooperationsziele von allen Partnern gemeinsam definiert und auch in den nächsten Schritten Merkmale zur Operationalisierung der Ziele sowie deren Gewichtung zusammen festgelegt. Dagegen werden beim *Individual Approach* die Kooperationsziele von jedem Kooperationspartner separat bestimmt und es wird sich im Rahmen der Kooperation auf eine Vorgehensweise zur Aggregation der Ziele verständigt.[60]

Anschließend werden auf der Basis des im ersten Schritt ermittelten Kooperationszielsystems Kennzahlen bzw. Merkmale festgelegt, mit dessen Hilfe die Ziele operationalisiert werden können. Bei der Festlegung der Kennzahlen werden diese

---

[54] Vgl. Lützig 1982; Wohlgemuth 2002.

[55] Siehe Bode et al. 2011; Beyer 2016.

[56] Die Nutzwertanalyse wurde von Zangemeister 1976 entwickelt.

[57] Die Netzwertkalkulation gilt als Weiterentwicklung der Nutzwertanalyse und wurde von Bellinger 1980 erstmals vorgestellt.

[58] Vgl. Wohlgemuth und Hess 1999, S. 41.

[59] Das Vorgehen zur Ermittlung des Zielsystems ist vergleichbar mit den unterschiedlichen Perspektiven der Operationalisierung, die in Abbildung 3.1 vorgestellt und erläutert wurden.

[60] Vgl. Jene 2015, S. 71.

noch einmal auf gegebenenfalls bestehende Überschneidungen hin überprüft, um Mehrfachbewertungen entgegenzuwirken. Identifizierte Überschneidungen sollten bspw. durch eine stärkere Differenzierung der Merkmale minimiert werden. Bei komplexen Kooperationszielen ist es auch möglich, dass mehrere Kennzahlen zur Quantifizierung verwendet werden. Nach der Aufstellung dieser Kennzahlen- bzw. Merkmalsliste erfolgt ihre Bewertung im Hinblick auf die Bedeutung für die Kooperation. Methodisch kann die Bewertung zum Beispiel mithilfe von paarweisen Vergleichen durchgeführt werden. Die Gewichtung der einzelnen Merkmale wird üblicherweise in Prozent angegeben. Sie geben damit die Wichtigkeit der Merkmale für die Kooperation an. Die Summe der Einzelgewichte liegt demnach bei hundert Prozent.[61]

Im vierten Schritt erfolgen eine Operationalisierung sowie eine Normierung der einzelnen festgelegten Merkmale. Hierzu werden zunächst je nach Art des Merkmals stetige oder diskrete Skalierungen definiert. Insbesondere bei quantitativen Merkmalen wird gewöhnlich eine Punkteskala verwendet. Anschließend wird für jedes Merkmal ein Wertebereich definiert, indem jeweils Ober- und Untergrenzen für die zulässigen Werte festgelegt werden. Danach erfolgt die Definition von Zuordnungsfunktionen, damit die merkmalsbezogenen Ergebnisse einheitlich als Erfüllungsgrad, der in der Regel zwischen null und hundert liegt, interpretiert werden können. Hierbei können die Kooperationspartner die Form der Zuordnungsfunktion selbst festlegen. Gegenstand des nächsten Schrittes ist die Bewertung der einzelnen Merkmale. Diese kann je nach Art des Merkmals bspw. durch Befragungen von entsprechend dem Sachverhalt geeigneten Personen ermittelt werden oder durch die Auswertung von Daten, wie Statistiken zum Umsatz oder Bilanzrechnungen.[62]

Anschließend wird der Nutzwertbeitrag berechnet. Hierfür wird die Gewichtung eines Merkmals G_i mit dem Grad der Erfüllung W_i multipliziert. Der Erfüllungsgrad ergibt sich durch Einsetzen der Merkmalsbewertung in die jeweilige Zuordnungsfunktion. Der gesamte Nutzwertbeitrag wird im nächsten Schritt durch die Addition der einzelnen Nutzwertbeiträge ermittelt. Die Bewertung der Kooperation kann nun alternativ anhand von vorab festgelegten Grenzwerten in der Form eines Soll-Ist-Vergleichs oder im Vergleich zu anderen Kooperationen erfolgen. Abschließend wird die Durchführung einer Sensitivitätsanalyse empfohlen. Hierzu werden einzelne Positionen, wie bspw. die festgelegten Gewichtungen, Funktionen und Bewertungen, verändert und überprüft, inwieweit dies Einfluss auf das Gesamtergebnis hat. Hierbei wird überprüft, ob das Ergebnis

[61] Vgl. Wohlgemuth und Hess 1999, S. 41 f.

[62] Vgl. Wohlgemuth und Hess 1999, S. 43.

robust gegenüber minimalen Anpassungen ist.[63] Die beschriebenen Schritte sind in der nachfolgenden Abbildung veranschaulicht.

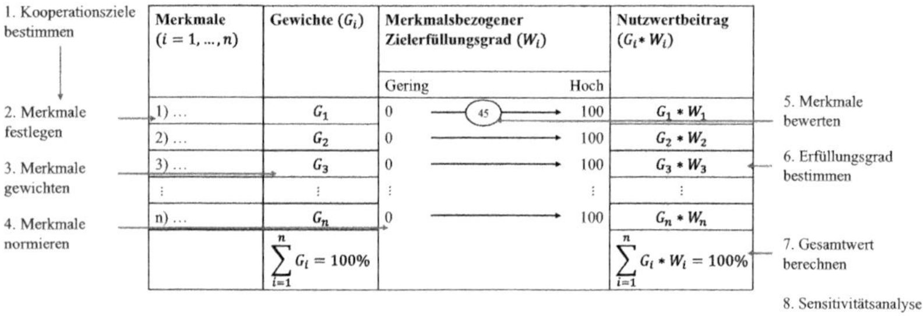

Abbildung 3.4 Beispielhafter Ablauf einer kooperationsbezogenen Nutzwertkalkulation. (Quelle: Eigene Darstellung in Anlehnung an Wohlgemuth und Hess 1999, S. 43)

Ein Vorteil der Scoringmodelle der kooperationsbezogenen Nutzwertkalkulation besteht in der Möglichkeit, sowohl qualitative als auch quantitative Effizienzgewinne im Operationalisierungsprozess zu berücksichtigen.[64] Ein weiterer Vorteil besteht darin, dass alle Kooperationsziele betrachtet werden und ihr Zielerfüllungsgrad explizit Einfluss auf das Ergebnis des Kooperationserfolgs hat, wodurch der Kooperationserfolg detaillierter abgebildet werden kann. Indem Merkmale definiert und die Ziele dadurch im Hinblick auf Überschneidungen untersucht werden, können gegebenenfalls Zielkonflikte frühzeitig aufgedeckt und Erfolgsfaktoren differenzierter analysiert werden, um Fehlentwicklungen innerhalb der Kooperation vorzubeugen.[65] Ein weiterer Vorzug dieses Verfahrens ist, dass das Ergebnis durch einen numerischen Wert angegeben werden kann. Dies ist gerade für den Vergleich bspw. von zwei Kooperationsperioden hilfreich.[66]

Bezogen auf den Gegenstand dieser Arbeit besteht ein Nachteil der kooperationsbezogenen Nutzwertanalyse, aber auch vergleichbarer Scoringmodelle darin, dass das Ergebnis der Analyse kein monetärer Wert ist. Demnach besteht für eine Verteilung die Notwendigkeit, das Gesamtergebnis anschließend noch in einen monetären Wert umzuwandeln. Bei der Umrechnung und der Definition der zugrunde liegenden Umrechnungsfunktion bedarf es einer Abstimmung innerhalb

[63] Vgl. Wohlgemuth und Hess 1999, S. 43; Busse von Colbe und Witte 2018, S. 326.

[64] Vgl. Jene 2015, S. 72; Bode et al. 2011, S. 672.

[65] Vgl. Bode et al. 2011, S. 673; Wohlgemuth und Hess 1999, S. 45.

[66] Vgl. Bode et al. 2011, S. 672.

der Kooperation.[67] Zudem besteht bei der ersten Durchführung des Verfahrens das Problem, dass es keine Vergleichsgrößen gibt. Ein weiterer kritisierter Aspekt ist zudem die hohe Subjektivität, die mit den Verfahren verbunden ist. Insbesondere die Festlegung der Gewichte, die Bestimmung des Zielerfüllungsgrads und die Datenermittlung weisen vielfältige Manipulationsmöglichkeiten sowie Möglichkeiten zur strategischen Beeinflussung auf.[68] Eine weitere Problematik besteht in der Definition von Kooperationszielen, da diese möglichst umfassend, unabhängig voneinander und operationalisierbar sein sollen.[69] Zudem liegt eine Schwäche dieser Modelle in der Festlegung von Obergrenzen für jedes Merkmal. Somit müssen auch Obergrenzen für Kennzahlen, wie bspw. der Gewinn angegeben werden, bei denen ein möglichst hoher Wert angestrebt wird. Dies kann zu einer Verzerrung des Ergebnisses führen, sofern die Obergrenze willkürlich festgelegt wird.[70] Weiterhin ist das Verfahren insbesondere bezogen auf Kooperationen mit einem recht hohen zeitlichen und personellen Aufwand verbunden, der bei der Ermittlung des Effizienzgewinns berücksichtigt werden müsste.[71] Bei der vorgestellten Vorgehensweise der kooperationsbezogenen Nutzwertkalkulation werden lediglich positive Aspekte der Kooperation bewertet, während die negativen Effizienzgewinne, wie etwa Aufwände, die durch die Zusammenarbeit entstehen, nicht berücksichtigt werden. Es sind demnach nur Aussagen zu den Brutto-Effizienzgewinnen möglich. Zudem fehle es bei dem Verfahren an Empfehlungen, um bspw. Merkmale auszuwählen, zu gewichten und zu bewerten.[72]

---

[67] Vgl. Jene 2015, S. 72 f.

[68] Vgl. Jene 2015, S. 73; Bode et al. 2011, S. 673; Wohlgemuth und Hess 1999, S. 44; Busse von Colbe und Witte 2018, S. 326.

[69] Vgl. Bode et al. 2011, S. 44 f.; Jene 2015, S. 72.

[70] Vgl. Jene 2015, S. 72.

[71] Vgl. Kühnapfel 2019b, S. 23.

[72] Vgl. Wohlgemuth und Hess 1999, S. 45.

3.2.2.2 Balanced Scorecard

Die Balanced Scorecard[73] kann der Klasse der sogenannten *Performance-Measurement-Systeme*[74] zugeordnet werden.[75] Ziel der Balanced Scorecard ist die Operationalisierung von strategischen Zielen. Ursprünglich wurde die Balanced Scorecard für Unternehmen entwickelt.[76] Ab Ende der 90er-Jahre wurde das Konzept aber auch immer häufiger für Kooperationen angewendet.[77]

Mithilfe eines Systems, das mehrdimensionale Kennzahlen beinhaltet, sollen die Kooperationsziele operationalisiert werden. Auf der Grundlage des Analyseergebnisses können anschließend Handlungsempfehlungen für die weitere kooperative Zusammenarbeit ausgesprochen und die Verfolgung der strategischen Kooperationsausrichtung evaluiert werden.[78] Im ersten Schritt ist die Definition eines monetären Oberziels erforderlich. Anschließend erfolgt eine Definition einzelner Ziele, die sich auf vier sogenannte Perspektiven[79] beziehen. Im nächsten Schritt werden Kennzahlen mit Zielwerten sowie gegebenenfalls Umsetzungsstrategien festgelegt, die dann zu einem späteren Zeitpunkt überprüft werden. Ein besonderes Merkmal der Balanced Scorecard ist die Ergänzung der Finanzperspektive um die Kunden-, Prozess- sowie Lern- und Entwicklungsperspektive (siehe Abbildung 3.5).[80]

---

[73] Die Balanced Scorecard wurde 1992 von Kaplan und Norton entwickelt (Kaplan und Norton 1992; Kaplan und Norton 1997).

[74] Für weitere Informationen zur Klasse der Performance-Measurement-Systeme siehe Klingebiel 1999 und Klingebiel 2000.

[75] Vgl. Jene 2015, S. 74; Götte 2017, S. 426 f.; Wohlgemuth 2002, S. 178; Bode et al. 2011, S. 674.

[76] Vgl. Kaplan und Norton 1992, S. 4 ff.; Möller 2006, S. 147 f.

[77] Vgl. Jene 2015, S. 74; Wohlgemuth 2002, S. 178.

[78] Vgl. Wohlgemuth 2002, S. 178; Götte 2017, S. 426 ff.; Kühnapfel 2019a, S. 4; Müller 2021, S. 64.

[79] Hier sollte berücksichtigt werden, dass die Perspektiven, die im Rahmen der Balanced Scorecard betrachtet werden, nicht zu verwechseln sind mit den Perspektiven, die in Abschnitt 3.1 beschrieben wurden.

[80] Vgl. Götte 2017, S. 426 ff.; Kaplan und Norton 1997, S. 7 ff.

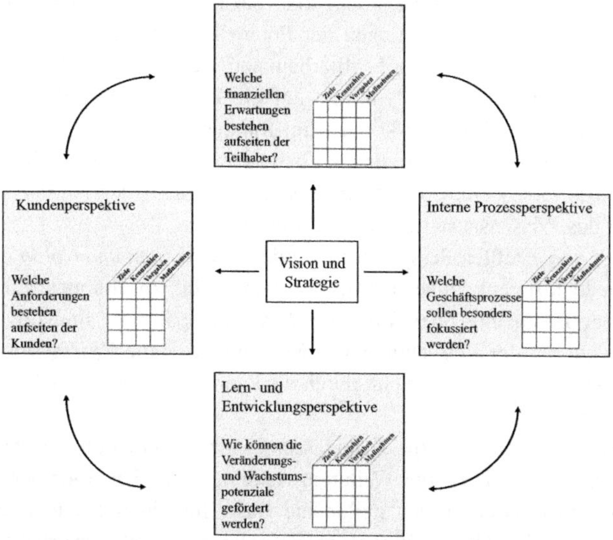

Abbildung 3.5 Perspektiven der Balanced Scorecard. (Quelle: Eigene Darstellung in Anlehnung an Kaplan und Norton 1997, S. 9; Götte 2017, S. 428)

Bei der *Finanzperspektive* wird überprüft, inwieweit eine Kooperation ihren finanziellen Zielen, bspw. in Bezug auf Wachstum, Rentabilität und Wertsteigerung, nähergekommen ist. Finanzielle Ziele, die im Rahmen dieser Perspektive festgelegt werden könnten, wären z. B. Gewinnerhöhung, Umsatzsteigerung und Kostensenkung. Hierbei ist zu berücksichtigen, dass sich diese Ziele bzw. auch die Art der angestrebten Effizienzgewinne im Laufe einer Kooperation ändern können, sodass eine Anpassung dieser notwendig wird.[81]

Im Rahmen der *Kundenperspektive* werden Ziele festgelegt, die sich auf die Marktorientierung beziehen. Demnach wird vorab überlegt, welche Kunden durch das Kooperationsvorhaben angesprochen werden sollen und welches Wertversprechen erfüllt werden soll. Ziele im Rahmen dieser Perspektive könnten bspw. eine Steigerung der Kundenbindung, die Akquirierung neuer Kunden, die Erhöhung der Produktqualität und die Verbesserung des Images sein.[82]

In der *Prozessperspektive* werden die Geschäftsprozesse betrachtet, die einen Einfluss auf die Erreichung der Ziele in der Finanz- und Kundenperspektive haben. Im Rahmen dieser Perspektive wären die Verringerung von Produktlaufzeiten, die Erhöhung der Servicequalität sowie die Verbesserung der Liefertreue als beispielhafte Ziele zu nennen.[83]

[81] Vgl. Götte 2017, S. 429 f.; Kaplan und Norton 1997, S. 47.

[82] Vgl. Kaplan und Norton 1997, S. 66 f.; Götte 2017, S. 430.

[83] Vgl. Götte 2017, S. 430 f.; Kaplan und Norton 1997, S. 93 f.

Die *Lern- und Entwicklungsperspektive* bezieht sich auf diejenigen Verbesserungen bzw. Weiterentwicklungen der Potenziale innerhalb von Unternehmen oder Kooperationen, wie Partner, Mitarbeitende, Technologien, Informationssysteme etc., die einen positiven Einfluss auf die Zielerreichung der anderen drei Perspektiven haben. Demnach könnten im Rahmen dieser Perspektive z. B. eine Steigerung der Mitarbeiterzufriedenheit bzw. der Zufriedenheit der Kooperationspartner, eine Verbesserung der Kompetenzen innerhalb der Partner sowie eine Erhöhung des Wissensaustausches angestrebt werden.[84]

Die vier vorgestellten Perspektiven werden von *Kaplan und Noton* empfohlen. Es wird jedoch darauf hingewiesen, dass individuell im Hinblick auf Kooperationen einer Ergänzung oder Variation dieser Perspektiven sinnvoll sein kann. Bspw. könnte bei der Betrachtung von Kooperationen die Prozesssicht, die sich auf einzelne Unternehmen bezieht, durch die kooperative Prozesssicht ersetzt oder ergänzt werden.[85]

Die vorgeschlagenen Perspektiven lassen sich zudem nicht trennscharf voneinander abgrenzen. Eine stetige Weiterentwicklung eines Unternehmens bzw. der einzelnen Kooperationspartner stellen die Basis für einen effizienteren Einsatz von Ressourcen dar. Dieser führt dazu, dass das Kooperationsvorhaben bedarfsgerechter umgesetzt wird, wodurch wiederum die Kundenzufriedenheit erhöht wird. Dies schlägt sich wiederum in der Erreichung der finanziellen Ziele nieder. Bei der Operationalisierung mithilfe einer Balanced Scorecard steht nicht die Sammlung von Zielen mit Kennzahlen im Vordergrund, sondern die Beziehung der einzelnen Perspektiven und den darunter definierten Zielen.[86]

Bei der Balanced Scorecard wird ein Gleichgewicht zwischen den einzelnen Perspektiven, aber auch der in diesen Dimensionen festgelegten kurzfristigen und langfristigen Zielen, kooperationsinternen und -externen Faktoren sowie den monetären und nicht-monetären Kennzahlen angestrebt. Damit die Balanced Scorecard übersichtlich bleibt, wird empfohlen, maximal zwanzig[87] Kennzahlen möglichst ausgeglichen verteilt auf die einzelnen Perspektiven in die Operationalisierung mit aufzunehmen.[88]

---

[84] Vgl. Götte 2017, S. 431 f.; Kaplan und Norton 1997, S. 123 f.

[85] Vgl. Jene 2015, S. 74 f.; Wohlgemuth 2002, S. 179.

[86] Vgl. Wohlgemuth 2002, S. 178 f.; Götte 2017, S. 423 f.; Kaplan und Norton 1997, S. 28.

[87] Die empfohlene Anzahl an Kennzahlen, sollte jedoch lediglich als grobe Orientierung angesehen werden, da diese Zahl nur mit dem Aspekt der Übersichtlichkeit begründet wird (vgl. Wohlgemuth 2002, S. 178 f.; Bode et al. 2011, S. 674; Kaplan und Norton 1997, S. 10). Prinzipiell ergibt sich die Anzahl der Kennzahlen innerhalb der einzelnen Perspektiven anhand der zugrundeliegenden Intention zur Durchführung des Verfahrens.

[88] Vgl. Wohlgemuth 2002, S. 178 f.; Bode et al. 2011, S. 674; Kaplan und Norton 1997, S. 10.

Im Hinblick auf den Gegenstand dieser Arbeit ist festzuhalten, dass die Balanced Scorecard den Vorteil bietet, sowohl quantitative als auch qualitative Effizienzgewinne berücksichtigten zu können.[89] Somit wird eine ganzheitliche Sichtweise auf Effizienzgewinne ermöglicht. Zudem wird der strategische Aspekt von Kooperationen berücksichtigt, indem die eingesetzten Kennzahlen anhand der vorab definierten Kooperationsstrategie festgelegt werden.[90] Die Anwendung der Balanced Scorecard kann dazu führen, dass die Kooperationspartner schon früh ein gemeinsames Verständnis vom Ziel der Kooperation entwickeln und sich zusammen gezielter ausrichten.[91]

Ein Nachteil der Balanced Scorecard ist, dass der beschriebene Operationalisierungsprozess mit einem hohen zeitlichen und personellen Aufwand verbunden ist, vor allem in Hinblick auf die Festlegung von Kooperationszielen und Kennzahlen, die Analyse der Ursache-/Wirkungsbeziehung und die Informationsbeschaffung, was sich negativ auf die Höhe der Effizienzgewinne auswirkt.[92] Ein weiterer Nachteil besteht darin, dass das Ergebnis ein Gesamtüberblick einzelner Kennzahlen ist, da die Anwendung der Balanced Scorecard zu keinem einzelnen Wert führt.[93] Demnach müsste die Balanced Scorecard anschließend noch um einen Schritt erweitert werden, in dem die einzelnen Ergebnisse, die monetär und nicht-monetär sein können, zusammengefügt werden. Hierbei kommt erschwerend hinzu, dass bei diesem Operationalisierungsverfahren den einzelnen Zielen bzw. angestrebten Kooperationszielen keine relativen Wichtigkeiten zugeordnet werden, daher müsste für eine mathematische Verknüpfung der einzelnen Ergebnisse dies noch in einem weiteren Schritt erfolgen.[94]

3.2.2.3 Kooperationsbezogene Erfolgsmessung durch Erfolgsfaktorenerfassung

Der Ansatz zur *kooperationsbezogenen Erfolgsmessung durch Erfolgsfaktorenerfassung*[95] stellt ein weiteres Operationalisierungsverfahren für Kooperationen dar. Es wurde vorrangig für Cluster mit Netzwerkcharakter entwickelt, also für Kooperationen von Unternehmen, die sich in einer geografischen Nähe befinden

---

[89] Vgl. Jene 2015, S. 74 f.; Bode et al. 2011, S. 674.

[90] Vgl. Bode et al. 2011, S. 674.

[91] Vgl. Götte 2017, S. 427.

[92] Vgl. Bode et al. 2011, S. 674.

[93] Vgl. Wohlgemuth 2002, S. 179.

[94] Vgl. Wohlgemuth 2002, S. 179; Jene 2015, S. 75.

[95] Dieser Operationalisierungsansatz wurde erstmalig von Bode et al. 2011 vorgestellt. Er zählt zu den vergleichsweise neuen Operationalisierungsansätzen.

und einer bestimmten Branche angehören, sowie den damit verbundenen Einrichtungen[96], die bei bestimmten Themenbereichen eng miteinander kooperieren. Meistens werden die Cluster durch ein sogenanntes *Clustermanagement*[97] gesteuert und zeichnen sich zudem durch eine intensive Zusammenarbeit sowie durch wenig Wettbewerb zwischen den Kooperationspartnern aus.[98]

Der Operationalisierungsansatz wurde für die Messung des Erfolgs von Kooperationen entwickelt und teilt sich in fünf Schritte auf, die in der Abbildung 3.6 dargestellt sind.[99]

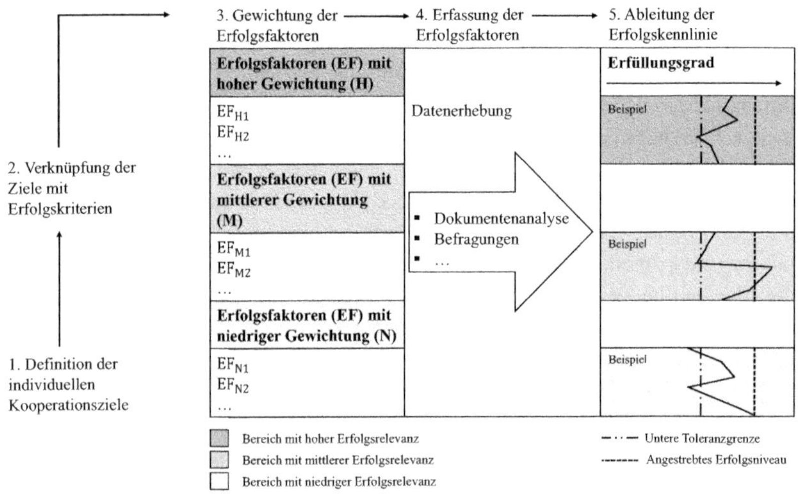

Abbildung 3.6 Vorgehensweise der Erfolgsmessung durch Erfolgsfaktorenerfassung. (Quelle: Eigene Darstellung in Anlehnung an Bode et al. 2011, S. 677 und S. 681)

In einem ersten Schritt erfolgt die Definition der individuellen Kooperationsziele. Im Gegensatz zu anderen Verfahren werden bei diesem Ansatz jeweils drei sogenannte Akteursgruppen betrachtet. Demnach definiert die Geschäftsführung,

[96] Beyer nennt als Beispiele für diese mit Unternehmen verbundene Einrichtungen Universitäten und Wirtschaftsverbände (vgl. Beyer 2016, S. 29).

[97] Für eine Analyse der Bedeutung eines Netzwerk- bzw. Clustermanagements siehe Heidenreich et al. 2016.

[98] Vgl. Beyer 2016, S. 29 f.

[99] Vgl. Bode et al. 2011, S. 677.

die an der Kooperation beteiligten Mitarbeiter sowie das Kooperationsmanagement Ziele, die mit der Kooperation verfolgt werden sollen. Dies hat den Vorteil, dass ein Überblick der verfolgten quantitativen und qualitativen Kooperationsziele ermöglicht wird. Auf der Grundlage dieser zunächst losen Sammlung von Zielen wird ein Zielkatalog entwickelt, indem die Ziele nach sinkender Relevanz für den Erfolg der Kooperation sortiert sind. Zudem werden die Oberziele noch einmal in Teilziele gegliedert.[100]

Anschließend werden in einem zweiten Schritt die festgelegten Ziele von allen Akteursgruppen mit Kennzahlen bzw. Erfolgsfaktoren verknüpft. Hierbei wird der Frage nachgegangen, welche Faktoren einen positiven Einfluss auf die jeweilige Zielerreichung haben. *Bode, Däberitz und Fionik* weisen dabei darauf hin, dass es keine allgemeingültigen Erfolgsfaktoren gibt, da jede Kooperation individuell zu betrachten ist und es deshalb einer individuellen Festlegung dieser Faktoren bedarf.[101] Eine grobe Übersicht von Erfolgsfaktoren findet sich bei *Däberitz*.[102]

Im dritten Schritt werden die Erfolgsfaktoren nach ihrer relativen Bedeutung für den Gesamterfolg der Kooperation gewichtet. Nach der Gewichtung erfolgt eine Aufteilung der einzelnen Erfolgsfaktoren in drei Gruppen. In Abhängigkeit von der Gewichtung werden die Erfolgsfaktoren in die Gruppen hohe, mittlere und niedrige Wichtigkeit eingeteilt. Innerhalb der Gruppen sollte ebenfalls noch einmal eine absteigende Sortierung der Gewichtung vorgenommen werden. Hierbei ist zu berücksichtigen, dass im Laufe der Kooperation die Gewichtungen und die Zuteilungen einzelner Faktoren zu den genannten Gruppen, bspw. durch Erfahrungswerte, variieren können und es demnach zu Anpassungen sowie Veränderungen in der Reihenfolge der Sortierung kommen kann. Im nächsten Schritt werden die Erfolgsfaktoren erfasst und bewertet. Hierfür können je nach Art des Erfolgsfaktors unterschiedliche Datenerhebungsverfahren angewendet werden. Dabei ist es möglich, die Bewertung für ein Unternehmen separat für alle drei Akteursgruppen durchzuführen und anschließend, aufbauend auf den Ergebnissen, eine Gesamtbewertung festzulegen.[103]

Zur Veranschaulichung werden die Ergebnisse im letzten Schritt anhand einer Erfolgskennlinie dargestellt. Durch die vorherige Sortierung der einzelnen Erfolgsfaktoren kann diese dann wie folgt interpretiert werden. Der erste Erfolgskennlinienbereich stellt den Erfüllungsgrad der Erfolgsfaktoren, die hoch gewichtet wurden, dar. Falls die Erfüllungsgerade in diesem Bereich niedrig

[100] Vgl. Bode et al. 2011, S. 677 f.

[101] Vgl. Bode et al. 2011, S. 677 f.

[102] Vgl. Däberitz 2019, S. 107 ff.

[103] Vgl. Bode et al. 2011, S. 678 f.

ist, wirkt sich dies negativ auf den Erfolg der Kooperation aus. Dies kann zu einer Instabilität des kooperativen Zusammenschlusses führen. Hierbei kann es sinnvoll sein, sowohl die Analyse für die Gesamtkooperation als auch für die einzelnen Unternehmen und gegebenenfalls Akteursgruppen durchzuführen, um Unzufriedenheiten mit dem Kooperationsergebnis frühzeitig identifizieren und die Kooperation gezielter ausrichten zu können. Der zweite und dritte Erfolgskennlinienabschnitt stellt die Erfüllungsgerade der Erfolgsfaktoren mit mittlerer und niedriger Bewertung dar. Ein niedriger Erfüllungsgrad im unteren Abschnitt der Erfolgskennlinie kann leichter kompensiert werden als ein solcher im oberen Bereich der Erfolgskennlinie. *Bode, Däberitz und Fionik* schlagen zudem vor, bei einigen der Erfolgsfaktoren Ober- und Untergrenzen zu definieren, um den Kooperationserfolg sichtbarer zu machen und Entscheidungen besser ableiten zu können.[104]

Ein Vorteil dieses Operationalisierungsansatzes ist die differenzierte Betrachtung der Kooperationsziele, da diese für jedes Unternehmen nicht nur auf der Unternehmens- bzw. Geschäftsführungsebene definiert werden, sondern auch die Ziele der beteiligten Mitarbeiter sowie des Kooperationsmanagements berücksichtigt werden. Durch die Betrachtung der Kooperationsziele auf mehreren Ebenen kann ein umfassender Überblick über verschiedene Kooperationsziele erreicht werden. Zudem bietet das Verfahren die Möglichkeit von Zielanpassungen.

Die visuelle Darstellung des Kooperationserfolgs durch die Erfolgskennlinie kann dazu beitragen, dass dieser für die einzelnen Akteursgruppen greifbarer wird und eine bessere Interpretierbarkeit des Kooperationserfolgs möglich ist. Anhand der Erfolgskennlinie können zudem Toleranzgrenzen für die Erfüllungsgrade der einzelnen Erfolgskennzahlen jeweils festgelegt werden, anhand derer strategische Entscheidungen getroffen werden. Die visuelle Darstellung hat zudem für Kooperationen den Vorteil, dass Außenstehende, wie bspw. Finanzierungsgeber oder Unterstützer, einen schnellen Überblick über den Erfolg der Kooperation bekommen können, sodass eine Transparenz für die einzelnen Unternehmen der Kooperation, aber auch nach außen hin ermöglicht wird.[105] Dadurch, dass die Kooperationspartner und auch die Akteursgruppen innerhalb der Unternehmen Kooperationsziele diskutieren und festlegen, wird schon in einem frühen Kooperationsstadium der Diskurs angeregt und die Konzentration auf gemeinsame Ziele verstärkt.[106]

---

[104] Vgl. Bode et al. 2011, S. 679 f.

[105] Vgl. Bode et al. 2011, S. 682 f.

[106] Vgl. Jene 2015, S. 72 f.

Ein Nachteil des Operationalisierungsansatzes ist der damit verbundene erhöhte Diskussionsaufwand, der wiederum zu Konflikten führen kann. Zudem ist das Verfahren mit einem hohen Aufwand verbunden, weil zusätzlich zu den Sichtweisen der einzelnen Unternehmen innerhalb der Kooperation jeweils drei Akteursgruppen für jedes Unternehmen berücksichtigt werden. Ebenso zeichnet sich dieses Verfahren insbesondere bei der Gewichtung der einzelnen Ziele und der Bewertung der Ziele durch eine hohe Subjektivität aus. Dies kann zu Manipulationen führen, gerade dann, wenn die Ergebnisse der Analyse zur Überzeugung externer Finanzierungsgeber oder als Grundlage für die Verteilung der Effizienzgewinne dienen sollen. Eine weitere Schwierigkeit besteht darin, dass das Ergebnis der Analyse kein einzelner Wert ist. Dies hat zufolge, dass vor der Durchführung einer Verteilung die einzelnen Ergebnisse noch zusammengefasst werden müssen. Da sowohl qualitative als auch quantitative Ziele berücksichtigt werden können, muss zudem vorab eine Monetarisierung einzelner Erfolgsfaktoren durchgeführt werden, was mit einem erhöhten Aufwand verbunden ist.[107]

Eine weitere Problematik des Ansatzes besteht darin, dass keine Gegenüberstellung des Ertrags der Kooperation mit dem entstandenen Aufwand erfolgt. Demnach wird lediglich der Brutto-Effizienzgewinn betrachtet.

3.3 Zwischenfazit und Vergleich der Operationalisierungsmethoden

Für den im Rahmen dieser Arbeit betrachteten Forschungsgegenstand ist die Wahl einer Operationalisierungsmethode unerlässlich. Im Folgenden werden daher die Ergebnisse zur Operationalisierung von Effizienzgewinnen noch einmal zusammenfassend dargestellt. Anschließend wird eine Bewertungsmatrix erstellt und die betrachteten Methoden einem Vergleich unterzogen.

Die Operationalisierung der Effizienzgewinne stellt in der Praxis eine wichtige Voraussetzung zur anschließenden Verteilung der Effizienzgewinne dar. Sie kann von unterschiedlichen Perspektiven aus durchgeführt werden. Dabei hat sich bei der Diskussion dieser gezeigt, dass sowohl eine kumulative als auch eine kollektive Operationalisierung jeweils Vor- und Nachteile aufweisen. Demnach kann im Rahmen der Arbeit keine Empfehlung für eine der Perspektiven ausgesprochen werden, da dies im Rahmen einer Kooperation individuell entschieden

[107] Vgl. Jene 2015, S. 72 f.

werden muss. Die Ergebnisse der Analyse beider Perspektiven können bei der Entscheidung jedoch hilfreich sein.

Neben der Wahl der Perspektive, aus der die Operationalisierung durchgeführt werden soll, bedarf es der Wahl einer Operationalisierungsmethode. Insgesamt zeigt sich bei der Betrachtung dieser Methoden, dass es bisher noch wenige Verfahren gibt, die speziell für Kooperationen entwickelt wurden. Viele der Operationalisierungsverfahren wurden zunächst für einzelne Unternehmen entwickelt und dann später auf Kooperationen erweitert. Oft beziehen sich die Verfahren oder erweiterten Operationalisierungsverfahren zudem nicht auf Kooperationen im Allgemeinen, sondern auf spezielle Kooperationsformen, wie Joint Ventures, Cluster oder strategische Allianzen.

Die Methoden zur Operationalisierung von Effizienzgewinnen lassen sich in mehrdimensionale und eindimensionale Verfahren unterteilen. Mehrdimensionale Methoden bieten gegenüber eindimensionalen den Vorteil, dass sowohl quantitative als auch qualitative Effizienzgewinne operationalisiert werden können, sodass ein ganzheitlicherer Überblick über die erzielten Effizienzgewinne möglich ist. Dies hat insbesondere im Hinblick auf die Verteilung der Effizienzgewinne allerdings den Nachteil, dass diese Verfahren nicht direkt zu einem monetären Ergebnis führen. Da der Zweck der Operationalisierung im Rahmen dieser Arbeit primär in der anschließenden Verteilung besteht, ist dies als problematisch zu bewerten, da das Operationalisierungsergebnis anschließend noch bspw. mithilfe einer Umrechnungsfunktion monetarisiert werden muss.[108]

Darüber hinaus lässt sich feststellen, dass die Vergleichbarkeit von unterschiedlichen Kennzahlen mit Schwierigkeiten einhergehen kann. Zudem lassen sich qualitative Effizienzgewinne in der Regel nicht mit objektiven Maßstäben messen, sodass subjektive Messungen durchgeführt werden müssen.[109]

Mehrdimensionale gehen oftmals im Gegensatz zu eindimensionalen Operationalisierungsansätzen mit einem höheren Aufwand einher. Hierbei sollte jedoch berücksichtigt werden, dass insbesondere die Ergebnisse der eindimensionalen Ansätze den Anschein einer Genauigkeit vorgeben, die so meist nicht gegeben ist, da Kennzahlen vernachlässigt werden.[110] Mit zunehmender Anzahl, der zu

---

[108] Bisher existiert bezüglich Monetarisierungen noch kein zufriedenstellendes Verfahren. Dies führt auch in anderen Forschungsbereichen, wie bspw. bei der Messung von Lebensqualität in Rahmen der Gesundheitsökonomik zu Herausforderungen (siehe z. B. Fleßa und Greiner 2020, S. 183 ff.; Steel et al. 2018, S. 1 ff.).

[109] Vgl. Jene 2015, S. 76 ff.

[110] Vgl. Möller 2006, S. 138.

operationalisierenden Effizienzgewinne steigt zudem der Aufwand, der mit dem Operationalisierungsverfahren verbunden ist.

Die Wahl der zu operationalisierenden Effizienzgewinne und des Operationalisierungsverfahrens ist u. a. abhängig von der Art der Kooperation, dem Vertrauen der Partner, den Zielen, die mit dem kooperativen Zusammenschluss verfolgt werden sollen und den zur Verfügung stehenden Daten und Informationen.[111] Falls innerhalb der Kooperation vor allem quantitative Effizienzgewinne angestrebt werden, so kann sich ein eindimensionales Operationalisierungsverfahren eignen. Wenn primär ein qualitativer Effizienzgewinn angestrebt wird, bieten sich primär mehrdimensionale Verfahren zur Operationalisierung an. Die Entscheidung für eine Methode zur Operationalisierung von Effizienzgewinnen, hängt demnach von mehreren Faktoren ab, sodass diese individuell anhand einer zu betrachteten Kooperation getroffen werden muss.

Zur Unterstützung der Wahl eines geeigneten Verfahrens wurden die betrachteten Methoden in der nachfolgenden Tabelle miteinander verglichen. Die angekreuzten Felder geben an, welche Effizienzgewinne mithilfe des jeweiligen Verfahrens operationalisiert werden können und zu welcher Form des Endergebnisses die einzelnen Operationalisierungsansätze führen. Darüber hinaus zeigt die Tabelle 3.1 noch einmal die zeitliche Ausrichtung der Verfahren. Während die Wertsteigerungsanalyse und die kooperationsbezogene Netzwertkalkulation zukunftsorientiert sind, können die anderen Verfahren als vergangenheitsorientiert beschrieben werden. Für eine Berechnung der Effizienzgewinne mit dem Ziel einer anschließenden Verteilung eignen sich primär die vergangenheitsorientierten Verfahren. Wenn es jedoch vor einer Zusammenarbeit oder bei einer Kooperationsverlängerung einer Abschätzung bedarf, ob diese potenziell zielführend ist, kann die Anwendung zukunftsorientierter Operationalisierungsverfahren sinnvoll sein.

[111] Vgl. Jene 2015, S. 87.

Tabelle 3.1 Vergleich ausgewählter Operationalisierungsansätze

Operationalisierungsansätze		Operationalisierung von...		Das Operationalisierungsergebnis besteht in der Regel aus...			Zeitliche Ausrichtung	
		...quantitativen Effizienz-gewinnen	...qualitativen, Effizienz-gewinnen	...einem monetäreren Wert	...einem nicht monetäreren Wert	...mehreren Einzel-ergebnissen	Vergangenheits-orientiert	Zukunfts-orientiert
Eindimensional	Netzwerkergebnisrechnung	x		x			x	
	Wertsteigerungsanalyse	x		x				x
	Aktivitätsbasierte Erfolgsmessung	x	x	x			x	
Mehrdimensional	Kooperationsbezogene Nutzwertkalkulation	x	x		x			x
	Balanced Scorecard	x	x			x	x	
	Kooperationsbezogene Erfolgsmessung durch Erfolgsfaktorenerfassung	x	x			x	x	

Quelle: Eigene Darstellung

Die eindimensionalen Operationalisierungsansätze erweisen sich als geeignete Verfahren, wenn monetäre Effizienzgewinne ermittelt werden sollen. Die Wertsteigerungsanalyse basiert im Gegensatz zur Netzwerkergebnisrechnung nicht nur auf Vergangenheitswerten, was einerseits Vorteile mit sich bringt, andererseits sind Prognosen und Vorausberechnungen immer mit gewissen Unsicherheiten verbunden. Die Aktivitätsanalyse bietet den Vorteil, dass auch qualitative Effizienzgewinne operationalisiert werden können. Die bei dieser Analyse bestehende Notwendigkeit der Herleitung einer geeigneten Nutzenfunktion ist jedoch in der Regel mit Schwierigkeiten verbunden, insbesondere, wenn hierdurch die Veränderung qualitativer Kennzahlen mit Geldeinheiten bewertet werden soll.

Die vorgestellten mehrdimensionalen Operationalisierungsverfahren besitzen alle Ähnlichkeiten. Bei den Operationalisierungsverfahren werden jeweils vorab Ziele definiert, deren Erreichung mithilfe festzulegender Kennzahlen überprüft werden soll. Für diese Kennzahlen wird zudem empfohlen, minimale und maximale Grenzwerte festzulegen. Bei der kooperationsbezogenen Nutzwertkalkulation und beim Ansatz zu kooperationsbezogenen Erfolgsmessung werden die Ziele jedoch im Gegensatz zur Balanced Scorecard gewichtet. Zudem erfolgt bei der Balanced Scorecard und beim Ansatz zu kooperationsbezogenen

Erfolgsmessung keine mathematische Verknüpfung der Ergebnisse wie bei der kooperationsbezogenen Nutzwertkalkulation. Für die spätere Verteilung müssten die Ergebnisse daher nicht nur monetarisiert, sondern auch noch zusammengefügt werden. Der Ansatz zur kooperationsbezogenen Erfolgsmessung hat im Vergleich der anderen Verfahren den Vorteil, dass die Ergebnisse grafisch dargestellt werden, sodass die erreichten Effizienzgewinne sowohl innerhalb des Kooperationszusammenschlusses als auch für externe Parteien schnell ersichtlich sind.

Für den im Rahmen dieser Arbeit betrachteten Fall eines Innovationsnetzwerks, bei dem die Operationalisierung mit dem Ziel der anschließenden Verteilung der ermittelten Effizienzgewinne durchgeführt werden soll, eignet sich vor allem ein vergangenheitsorientierter Ansatz. Falls das Ergebnis direkt aus einem monetären Effizienzgewinn bestehen soll, so bietet sich bspw. die Netzwerkergebnisrechnung sowie die aktivitätsbasierte Erfolgsmessung als Operationalisierungsansatz an. Wenn auch qualitative Effizienzgewinne operationalisiert werden sollen, bedarf es eines mehrdimensionalen, vergangenheitsorientierten Ansatzes, wie z. B. der Balanced Scorecard oder der kooperationsbezogenen Erfolgsmessung durch Erfolgsfaktorenerfassung, bei der das Ergebnis vor der Verteilung jedoch noch monetarisiert werden muss.

Verteilung von Effizienzgewinnen

4

Nachdem im Vorherigen erläutert wurde, was im Rahmen dieser Arbeit unter dem Begriff Effizienzgewinn zu verstehen ist und unterschiedliche Operationalisierungsansätze vorgestellt wurden, dient dieses Kapitel zur Darstellung ausgewählter Lösungskonzepte zur Verteilung von Effizienzgewinnen in Kooperationen. Hierzu erfolgt als Erstes eine Auswahl der Lösungsansätze sowie eine Systematisierung (Abschn. 4.1). Anschließend werden die entsprechenden Lösungskonzepte detailliert vorgestellt und anhand eines vereinfachten Fallbeispiels einer Kooperation von drei Partnern veranschaulicht (Abschn. 4.2). Abschließend wird ein kurzes Zwischenfazit gezogen sowie ein Vergleich der Verteilungsergebnisse, die sich bei Anwendung der betrachten Lösungsansätze für die Beispielkooperation ergeben, durchgeführt (Abschn. 4.3).

4.1 Systematisierung ausgewählter Lösungskonzepte

Die Spieltheorie beschäftigt sich mit der Lösung von Entscheidungsproblemen zwischen rational handelnden Personen oder Organisationen. Dabei wird angenommen, dass die Beteiligten wissen, dass es Ziele gibt, die sie nur zusammen erreichen können und dass sie sich gegebenenfalls bestehender Abhängigkeiten bewusst sind. Die Spieltheorie kann grob in die Bereiche kooperative und nichtkooperative Spieltheorie unterteilt werden.[1] Im Rahmen dieser Arbeit wird der Fokus auf Lösungsansätze der kooperativen Spieltheorie gelegt.

[1] Vgl. Fischer 2008, S. 63; Sieg 2010, S. 1 ff.; Holler et al. 2019, S. 1 ff.

J. Bleja, *Entscheidungsunterstützungssystem für Innovationsnetzwerke im Bereich Ambient Assisted Living*, Vechtaer Beiträge zur Gerontologie,
https://doi.org/10.1007/978-3-658-46661-9_4

Diese ist im Gegensatz zur nicht-kooperativen Spieltheorie nicht strategie-, sondern auszahlungsorientiert. Sie untersucht Szenarien, bei denen die betrachteten Individuen oder Organisationen miteinander kommunizieren und Verträge untereinander abschließen können, die verpflichtend sind.[2] Dies entspricht am ehesten einer realen Kooperationssituation.[3]

Auf die Miteinbeziehung von klassischen Lösungsansätzen, die ihren Ursprung in der Betriebswirtschaftslehre haben, wurde bewusst verzichtet, da vorhandene Methoden in der Literatur bereits mehrfach untersucht und für das zu betrachtende Problem als nicht geeignet identifiziert wurden.[4]

Eine Übersicht der verschiedenen Lösungsansätze der kooperativen Spieltheorie findet sich zum Beispiel bei *Holler, Illing, Napel*.[5] Dort werden die Methoden anhand der Anzahl der durch Anwendung der Konzepte erzielten Lösungen in Mengen- und Wertansätze unterteilt. Während die Mengenansätze den möglichen Lösungsraum eingrenzen, in dem ein Verteilungsergebnis liegen sollte, ermitteln die Wertansätze in der Regel eine eindeutige Lösung.[6] Zur praktischen Anwendung innerhalb von Kooperation gelten in der entsprechenden Fachliteratur die in Tabelle 4.1 dargestellten Konzepte als vielversprechend.[7]

Sie bieten den Vorteil, dass für jedes der Verfahren bereits ein Berechnungsalgorithmus vorliegt.[8] Zudem wurde bei der Auswahl auf eine methodische Vielfalt geachtet, sodass nicht ausschließlich wertbasierte Lösungsansätze betrachtet werden und zusätzlich sowohl „klassische“ (Kern, Shapley-Wert, ACA-Methode) als auch sogenannte „innovative“ Lösungsansätze (τ-Wert, χ-Wert) zusammen analysiert werden. Daher erfolgt im Rahmen dieser Arbeit eine Fokussierung auf diese Ansätze.

[2] Vgl. Wiese 2015, S. 8 ff.

[3] Vgl. Fischer 2008, S. 63.

[4] Siehe Forschungsstand.

[5] Siehe Holler et al. 2019, Kap. 6.

[6] Vgl. Holler et al. 2019, S. 284.

[7] Siehe Forschungsstand.

[8] Siehe z. B. Jene und Zelewski 2013; Jene 2015; Jene und Zelewski 2011; Zelewski 2018; Zelewski und Heeb 2018; Fromen 2004; Fischer 2008; Strangmeier und Fiedler 2011; Zelewski 2009.

Tabelle 4.1 Systematisierung ausgewählter Lösungsansätze der kooperativen Spieltheorie

Mengenansatz	Wertansatz
Kern	Shapley-Wert
	ACA-Wert
	τ-Wert
	χ-Wert

Quelle: Eigene Darstellung

Die zu betrachtenden Lösungsansätze können nach der Anzahl der sich ergebenen Lösungen unterteilt werden. Als Mengenansatz soll der Kern näher betrachtet werden. Neben dem Kern gibt es noch eine Reihe weiterer mengenbasierter Lösungsansätze, für die jedoch teilweise noch kein geeigneter Berechnungsalgorithmus vorliegt, wie für das Nucleolus-Lösungskonzept, oder solchen, die sich nicht gegenüber dem Kern als alternatives mengenbasiertes Konzept zur Lösung des dargestellten Verteilungsproblems durchsetzen konnten.[9] Bis auf den Shapley-Wert handelt es sich bei den drei weiteren wertbasierten Lösungsansätzen um Proportionalisierungsansätze.[10] Hierbei sind alle möglichen Verteilungsergebnisse linear voneinander abhängig. Die sich ergebende Lösung kann als eine Art Kompromissvorschlag interpretiert werden, da das Verteilungsergebnis zwischen der für jeden Partner höchsten und niedrigsten Auszahlung liegt. Während die ACA-Methode auch in der betriebswirtschaftlichen Praxis bekannt ist und angewendet wird, gehören die Methoden des τ-Wertes und des χ-Wertes zu den neueren Verfahren, die bislang nicht intensiv untersucht wurden.[11] Im nachfolgenden Kapitel werden die in Tabelle 4.1 dargestellten Lösungsansätze detailliert erläutert und dargestellt.

[9] Vgl. Strangmeier und Fiedler 2011, S. 33 ff.

[10] Vgl. Fischer 2008, S. 96.

[11] Vgl. Jene 2015, S. 15 ff.; Zelewski und Heeb 2018, S. 379 ff.; Zelewski 2018, S. 211 ff.

4.2 Darstellung ausgewählter Lösungskonzepte

Bevor in diesem Kapitel die ausgewählte Lösungskonzepte vorgestellt werden, erfolgt eine kurze Einführung in die verwendeten Begrifflichkeiten. Im Nachfolgenden sollen, gemäß der im Rahmen dieser Arbeit stehenden Thematik, verschiedene Partner betrachtet werden, die auf einer Hierarchieebene miteinander kooperieren und vor dem Problem stehen, die bei der Kooperation entstandenen Effizienzgewinne untereinander aufzuteilen. Bevor es zu einer Kooperation kommt, wird im Folgenden von Personen, Unternehmen oder Institutionen und anschließend bei einer Kooperation von (Kooperations-)partnern oder (Kooperations-)beteiligten gesprochen.

Mithilfe der Anzahl der Kooperationspartner ($N = 1, \ldots, n$) und einer sogenannten Koalitionsfunktion können kooperative Spiele beschrieben werden. Während bei der großen Koalition alle betrachteten Kooperationspartner beteiligt sind, ist die Menge der Partner bei einer Unterkoalition geringer. Handelt ein Unternehmen allein und kooperiert demnach nicht, so kann dies als Einerkoalition bezeichnet werden. Innerhalb des Kooperationszusammenschlusses entstehen Effizienzgewinne, wie Gewinne, oder Kosteneinsparungen, die auf die einzelnen Partner verteilt werden sollen.[12] Für die zu verteilenden Effizienzgewinne werden im Folgenden auch die Ausdrücke Gesamtergebnis der Kooperation oder Wert der großen Koalition synonym verwendet. Kommt keine Koalition zustande, so kann dies Nullkoalition genannt werden, demnach sind alle betrachteten Unternehmen in Einerkoalitionen.[13] Die Koalitionsfunktion oder auch charakteristische Funktion ordnet in der kooperativen Spieltheorie jeder Koalition (K), d. h. jeder möglichen Kombination der Partner einen reellen Wert zu.[14] Bei der Verteilung von Kosten unter den Koalitionsbeteiligten kann die Koalitionsfunktion als Kostenfunktion dargestellt werden. Formal wird diese entweder als $c(K)$ angegeben, wenn eine Unterkoalition betrachtet wird oder als $c(N)$, falls die Gesamtkooperation betrachtet wird und demnach alle Kooperationspartner beteiligt sind. Die Kostenfunktion gibt für jede mögliche Koalitionszusammensetzung die Höhe der Kosten an. Sollen hingegen keine Kosten, sondern Effizienzgewinne, bspw. in Form von Kosteneinsparungen, verteilt werden, so kann äquivalent zur Kostenfunktion eine Kosteneinsparungsfunktion ermittelt werden.

Im Rahmen dieses Kapitels wird vereinfacht zur besseren Darstellung der Lösungskonzepte angenommen, dass die Effizienzgewinne, die verteilt werden sollen, sich lediglich aus Kosteneinsparungen zusammensetzen. Daneben sind

---

[12] Siehe Forschungsstand.

[13] Vgl. Holler et al. 2019, S. 275.

[14] Vgl. Holler et al. 2019, S. 277.

noch zahlreiche weitere Effizienzgewinne möglich, wie in Abschnitt 2.1 beschrieben. Demnach sind in diesem Kapitel, wenn von Effizienzgewinnen gesprochen wird, die Kosteneinsparungen gemeint, die durch die Kooperation entstehen. Je nachdem, ob die Effizienzgewinne in Form von Kosteneinsparungen für eine Unterkoalition oder die gesamte Kooperation ermittelt werden sollen, wird die Funktion als $\upsilon(K)$ oder $\upsilon(N)$ bezeichnet. Der Ausdruck $\upsilon(N)$ steht demnach für das Gesamtergebnis der Kooperation oder Wert der großen Koalition, der im Rahmen dieses Kapitels der Kosteneinsparungsfunktion entspricht. Die Kosteneinsparungsfunktion gibt den Wert der Kosteneinsparungen für jede mögliche Koalition an. Sie kann berechnet werden, indem von der Summe der Kosten, die den Partnern bei alleinigem Handeln entstehen würden $\left(\sum_{i\in K} c\{i\}\right)$, die Kosten, die sich durch die Koalition ergeben ($c(K)$), subtrahiert werden.[15] Formal gilt:[16]

$$\upsilon(K) = \sum_{i\in K} c(\{i\}) - c(K), \forall\, K \subseteq N \tag{4.1}$$

Nach der Ermittlung der Kosten und Kosteneinsparungen für eine Koalition stellt sich die Frage, wie diese auf die einzelnen Koalitionspartner verteilt werden sollen. Synonym zur Verteilung wird im Folgenden auch der Begriff Allokation verwendet. Zur Lösung des Verteilungs- bzw. Allokationsproblems können sogenannte Allokationsverfahren als Lösungsansätze verwendet werden. Während die Mengenansätze für jeden Kooperationspartner einen Lösungsbereich ermitteln, führt die Anwendung der wertbasierten Lösungsansätze zu einem Allokations- bzw. Auszahlungsvektor x. Dieser gibt für jeden Koalitionsbeteiligten die Höhe der Effizienzgewinne bspw. in Form von Kosteneinsparungen im Koalitionsfall an. Demnach gibt x_i die Höhe der Effizienzgewinne oder bei der hier betrachteten Vereinfachung die Hohe der Kosteneinsparungen an, die dem Kooperationspartner i zugeteilt werden. Die Summe der einzelnen Kooperationsergebnisse sollte dem Gesamtergebnis der Kooperation bzw. dem Wert der großen Koalition und damit den insgesamt erzielten Effizienzgewinnen in Form von Kosteneinsparungen entsprechen.[17]

Zur Veranschaulichung der im vorherigen Kapitel vorgestellten und im Folgenden zu untersuchenden Lösungskonzepte werden diese nach einer Erläuterung der Grundidee und einer Definition jeweils anhand einer beispielhaft modellierten Kooperation angewendet und grafisch dargestellt. Hierbei wird angenommen, dass drei Partner A, B und C, kooperieren wollen (siehe Abbildung 4.1).

[15] Vgl. Strangmeier und Fiedler 2011, S. 28 f.

[16] Vgl. Strangmeier und Fiedler 2011, S. 29; Young 1985a, S. 11.

[17] Vgl. Holler et al. 2019, S. 284.

Kostenfunktion	**Wert in 1.000 €**
$c(\emptyset)$	0
$c(\{A\})$	5
$c(\{B\})$	3
$c(\{C\})$	7
$c(\{A,B\})$	7
$c(\{A,C\})$	9
$c(\{B,C\})$	8
$c(\{A,B,C\})$	11

Kosteneinsparungsfunktion	**Wert in 1.000 €**
$v(\emptyset)$	0
$v(\{A\})$	0
$v(\{B\})$	0
$v(\{C\})$	0
$v(\{A,B\})$	1
$v(\{A,C\})$	3
$v(\{B,C\})$	2
$v(\{A,B,C\})$	4

Abbildung 4.1 Kosten- und Kosteneinsparungsfunktion für das Fallbeispiel[18]. (Quelle: Eigene Darstellung und Berechnung)

Auf der linken Seite der Abbildung sind die Kostenfunktionen eingetragen. Diese geben die Kosten an, die entstehen, wenn die Partner allein, zu zweit oder zu dritt agieren. Wenn bspw. A nicht kooperiert, entstehen Kosten in Höhe von 5.000 €, wenn A mit B kooperiert entstehen insgesamt Kosten von 7.000 € und bei der großen Koalition betragen die Gesamtkosten 11.000 €. Im Rahmen dieses vereinfachten Fallbeispiels werden lediglich die durch die Zusammenarbeit entstehenden Kosteneinsparungen als Effizienzgewinn betrachtet. Hierfür wird zunächst anhand der Kostenfunktion die Kosteneinsparungsfunktion mithilfe der Formel (4.1) berechnet.

Auf der rechten Seite der Abbildung 4.1 sind die Ergebnisse eingetragen. Wenn bspw. A und B nicht kooperieren, so entstehen Kosten in Höhe von 8.000 €, kooperieren die beiden Partner jedoch, so entstehen Gesamtkosten von 7.000 €. Somit entstehen Kosteneinsparungen von 1.000 €, wenn A und B zusammenarbeiten. Da die Kosteneinsparungen alle positiv sind, wäre eine Kooperation der Partner anzustreben. Es bleibt jedoch noch zu bestimmen, welche Kosten bzw. Kosteneinsparungen jeder der Beteiligten trägt bzw. generiert. Ziel ist es daher, anhand der einzelnen Lösungsansätze, die im Folgenden vorgestellt werden, das dargestellte Allokationsproblem zu lösen und grafisch darzustellen.

[18] Fallbeispiele ähnlicher Art finden sich bspw. bei Young 1985c und Strangmeier und Fiedler 2011.

4.2.1 Kern

Der Kern stellt ein spieltheoretisches Lösungskonzept dar.[19] Es dient als Basis für eine Vielzahl weiterer Lösungskonzepte.[20]

Die Grundidee hinter dem Ansatz ist, eine Lösung zu finden, die stabil ist, d. h. bei der kein Partner einen Anreiz hat, von dieser abzuweichen.[21] Je nach Ausgangssituation kann die Anwendung des Kerns zu keiner, einer oder mehreren Lösungen führen. In der Regel führt die Berechnung des Kerns jedoch zu mehreren möglichen Allokationsergebnissen, sodass dieser Ansatz als mengenwertiges Lösungskonzept gilt.[22]

Definition

Durch den Kern wird die Menge aller möglichen Lösungen eingeschränkt. Alle Allokationsergebnisse, die im Kern liegen, müssen die Bedingungen der kollektiven Rationalität bzw. Pareto-Effizienz (4.2)[23] erfüllen und zudem durch keine andere Unter- oder Einerkoalition blockiert werden (4.3). Formal gilt:[24]

$$\sum_{i=1}^{n} x_i = \upsilon(N)\,(Kollektive\ Rationalität\ bzw.\ Pareto - Effizienz) \tag{4.2}$$

$$\sum_{i=1}^{n} x_i \geq \upsilon(K) \forall\, K \subset N (Nicht - Blockierbarkeit) \tag{4.3}$$

[19] Das Kern-Lösungskonzept lässt sich auf Gillies aus den 1950er-Jahren zurückführen. Hierbei sind vor allem die folgenden beiden Ausführungen zum Kern zu nennen: Gillies 1953, 1959. Das Lösungskonzept wurde nach seiner ersten Vorstellung z. B. von den folgenden Autoren diskutiert: Shapley 1971, S. 16 ff.; Young 1985c, S. 8 ff.; Fromen 2004, S. 96 ff.; Wiese 2015, S. 60 ff.; Wißler 1997, S. 38 ff.; Zelewski 2009, S. 193 ff.; Fischer 2008, S. 65 ff.; Strangmeier und Fiedler 2011, S. 43 ff.; Jene 2015, S. 112 ff.; Holler et al. 2019, S. 287 ff.; Edgeworth 1881, S. 38 ff.; Eichberger 1993, S. 274 ff.; Luo et al. 2022, S. 1 ff.

[20] Eine Übersicht der Lösungskonzepte, die auf dem Kern aufbauen, findet sich zum Beispiel bei Drechsel 2010, S. 26 ff.

[21] Vgl. z. B. Gillies 1959, S. 55 ff.; Jene 2015, S. 112; Fromen 2004, S. 96 f.; Fischer 2008, S. 65 ff.; McCain 2009, S. 122 ff.; Holler et al. 2019, S. 287 ff.; Eichberger 1993, S. 274 ff.; Wiese 2015, S. 60 ff.; Zelewski 2009, S. 193 ff.; Strangmeier und Fiedler 2011, S. 34 ff.

[22] Vgl. z. B. Holler et al. 2019, S. 287 ff.

[23] Für eine detailliertere Erklärung dieses Kriteriums siehe Kapitel 5.

[24] Vgl. Holler et al. 2019, S. 287 ff.; Wiese 2015, S. 259 ff.; Strangmeier und Fiedler 2011, S. 34 ff.; Fromen 2004, S. 96 ff.; Gillies 1959, S. 47 ff.; Jene 2015, S. 112 ff.; Fischer 2008, S. 65 ff.

Eine Lösung ist demnach genau dann *pareto-effizient* bzw. erfüllt dann die Bedingung der *kollektiven Rationalität*, wenn kein Kooperationspartner bessergestellt werden kann, ohne dass mindestens ein anderer schlechter gestellt wird.[25] Demnach muss der Wert der großen Koalition $\upsilon(N)$ exakt der Summe der Auszahlungen der einzelnen Kooperationspartner x_i entsprechen. Formel (4.3) besagt, dass die Koalition durch keine anderen Koalitionen blockiert bzw. *„dominiert"*[26] wird. Jeder Beteiligte erhält demnach mindestens den Betrag, den er auch bei alleinigem Agieren erzielen würde.[27] Zudem darf eine Auszahlung nicht durch eine Unterkoalition blockiert werden, die Auszahlungen im Kern müssen daher mindestens denen der Unterkoalitionen entsprechen.[28]

Zusammengefasst lässt sich der Kern $\sigma^{Kern}(N, \upsilon)$ wie folgt formal darstellen:[29]

$$\sigma^{Kern}(N, \upsilon) = \left\{ x | \sum_{i=1}^{n} x_i = \upsilon(N) \wedge \sum_{i=1}^{n} x_i \geq \upsilon(K) \; \forall \; K \subset N \right\}, \quad x \in \mathbb{R}^n_{\geq 0} \tag{4.4}$$

Fallbeispiel

Wie in Abbildung 4.1 dargestellt, werden in dem vorgestellten Fallbeispiel keine Kosteneinsparungen generiert, wenn die Unternehmen allein agieren. Die Einerkoalitionen $\upsilon(\{A\}), \upsilon(\{B\}), \upsilon(\{C\})$ haben demnach den Wert null. Somit gilt:

$$x_A, x_B, x_C \geq 0 \tag{4.5}$$

Damit die große Koalition stabil ist und nicht durch eine Unterkoalition blockiert wird, muss in dem betrachteten Beispiel gemäß Formel (4.3) gelten:

$$x_A + x_B \geq 1 \tag{4.6}$$

[25] Vgl. Zuckarelli 2023, S. 75; Holler et al. 2019, S. 26; Behnke 2020, S. 92.

[26] Holler et al. 2019, S. 288.

[27] Diese Bedingung wird auch individuelle Rationalität genannt (vgl. Jene 2015, S. 113; Holler et al. 2019, S. 288). Für eine detailliertere Erklärung dieses Kriteriums siehe Kapitel 5.

[28] Diese Bedingung wird auch Koalitionsrationalität oder Gruppenrationalität genannt (vgl. Jene 2015, S. 114; Fromen 2004, S. 99; Holler et al. 2019, S. 288). Für eine detailliertere Erklärung dieses Kriteriums siehe Kapitel 5.

[29] Vgl. Strangmeier und Fiedler 2011, S. 35.

$$x_A + x_C \geq 3 \tag{4.7}$$

$$x_B + x_C \geq 2 \tag{4.8}$$

Im Sinne der Pareto-Effizienz muss zudem gemäß (4.2) gelten:

$$x_A + x_B + x_C = 4 \tag{4.9}$$

Zur Lösung des Allokationsproblems wird nun in einem ersten Schritt die Gleichung (4.9) bspw. nach x_A umgestellt. Damit ergibt sich:

$$x_A = 4 - (x_B + x_C) \tag{4.10}$$

In Kombination mit (4.5) und (4.8) ergibt sich:

$$\underbrace{x_A}_{\geq 0} = 4 - \underbrace{(x_B + x_C)}_{\geq 2} \Leftrightarrow 0 \leq x_A \leq 2 \tag{4.11}$$

Durch analoges Vorgehen ergeben sich für x_A und x_B folgende Bedingungen:

$$0 \leq x_B \leq 1 \tag{4.12}$$

$$0 \leq x_C \leq 3 \tag{4.13}$$

Somit liegen alle Vektoren (x_A, x_B, x_C), die die Bedingungen (4.11), (4.12) und (4.13) erfüllen, im Kern. Die durch die Kooperation eielten Kosteneinsparungen sollten für Partner A dementsprechend maximal 2.000, für B 1.000 und für C 3.000 Euro betragen. In der nachfolgenden Tabelle sind die Ergebnisse hinsichtlich der Kosten und Kosteneinsparungen für jeden Partner noch einmal dargestellt:

Tabelle 4.2 Kosten- und Einsparungszuteilung bei Anwendung des Kerns

Kooperationspartner	**Kostenzuteilung Kern (in 1.000 €)**	**Kosteneinsparungszuteilung Kern (in 1.000 €)**
A	$0 \leq y_A \leq 3$	$0 \leq x_A \leq 2$
B	$0 \leq y_B \leq 2$	$0 \leq x_B \leq 1$
C	$0 \leq y_C \leq 4$	$0 \leq x_C \leq 3$
Summe	**11,00**	**4,00**

Quelle: Eigene Darstellung und Berechnung

Grafisch kann die Allokationslösung für das hier betrachtete Fallbeispiel einer Kooperation von drei Partnern wie folgt veranschaulicht werden (siehe Abbildung 4.2).

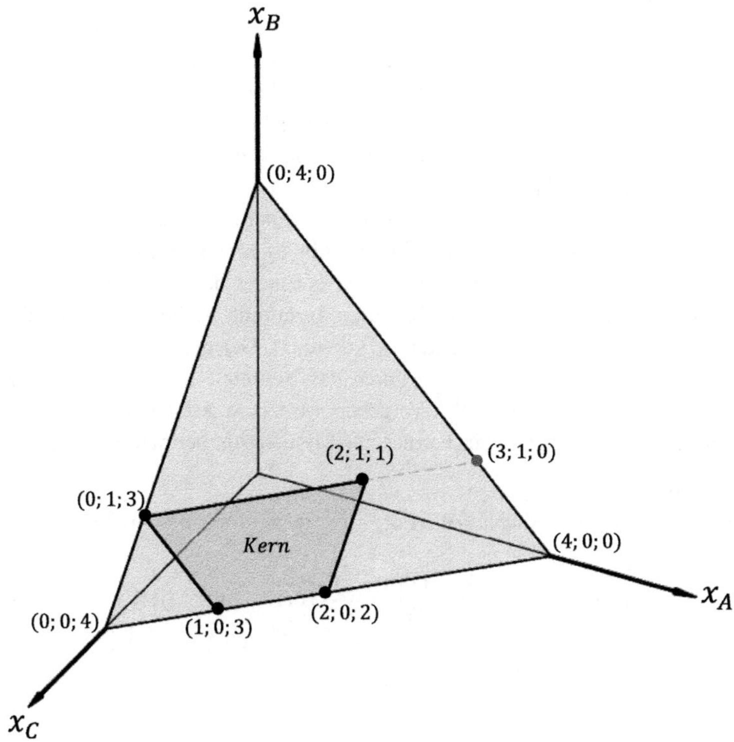

Abbildung 4.2 Grafische Darstellung des Kerns. (Quelle: Eigene Darstellung und Berechnung)

Theoretisch kann jeder Beteiligte maximale Kosteneinsparungen in Höhe von 4.000 Euro erwirtschaften, wenn die anderen jeweils keinen Anteil vom Effizienzgewinn erhalten. Ein höherer Effizienzgewinn ist in dem betrachteten Beispiel nicht möglich, da es sich hierbei schon um den Gesamteffizienzgewinn handelt, d. h. die Gleichung (4.9) wäre nicht mehr erfüllt. Damit ergeben sich die Eckpunkte des dargestellten Dreiecks. Unter Berücksichtigung der berechneten Bedingungen für die Allokationswerte von A, B und C (siehe Tabelle 4.2), ergibt sich die dunkelgrau gezeichnete Ebene. Alle Allokationen innerhalb dieser Ebene liegen im Kern.

4.2.2 Shapley-Wert

Der Shapley-Wert[30] basiert auf der Grundidee, dass das Allokationsergebnis eines Partners von der Höhe des Wertes abhängt, den dieser bei jeder möglichen Kooperationszusammensetzung zum Gesamtergebnis beiträgt. Hierbei wird der Koalitionswert eines Kooperationspartners mit dem Wert verglichen, der ohne ihn erzielt werden könnte. Dazu müssen zunächst alle möglichen Reihenfolgen bestimmt werden, wie eine feste Anzahl an Partnern zusammenkommen könnte. Bei einer Kooperation mit n Beteiligten gibt es $n!$ unterschiedliche Varianten. Anschließend wird für einen betrachteten Partner i der marginale Betrag bzw. Grenzbetrag für jede mögliche Koalition bestimmt, addiert und anschließend durch die Gesamtzahl der Varianten ($n!$) dividiert. Der marginale Beitrag gibt die Veränderung des Koalitionswertes durch das Beitreten eines Partners zu Koalition an. Durch das sequenzielle Vorgehen wird eine Art Grenzwertbetrachtung bezüglich des Wertes, den ein Partner zur Kooperation beiträgt, durchgeführt.[31]

Definition[32]
Formal lässt sich der Shapley-Wert $\sigma_i^{Shapley}(\upsilon)$ wie folgt beschreiben:[33]

$$\sigma_i^{Shapley}(\upsilon) = \sum_{\substack{K \subseteq N, \\ i \in K}} \frac{(k-1)!(n-k)!}{n!}.[\upsilon(K) - \upsilon(K \backslash \{i\})],\ i \in N \qquad (4.14)$$

[30] Der Shapley-Wert wurde zum ersten Mal von Shapley 1953 veröffentlicht. Seitdem wurde das Lösungskonzept zahlreich in der entsprechenden Fachliteratur aufgegriffen und diskutiert: Siehe z. B. Strangmeier und Fiedler 2011, S. 36 ff.; Fischer 2008, S. 71 ff.; Tijs 2003, S. 85 ff.; Roth 1977; Roth und Shapley 1988; Wißler 1997, 57 ff.; Fromen 2004, S. 103 ff.; Zelewski 2009, S. 43 ff.; Jene 2015, S. 117 ff.; Potters und Sudhölter 1999, S. 89 ff.; Holler et al. 2019, S. 311 ff.; Shapley 1988, S. 31 ff.; Shapley 1971, S. 11 ff.; Moretti und Patrone 2008, S. 2 ff.; Castro et al. 2008, S. 2378 ff.; Mishra und Rangarajan 2007, S. 369 ff.; Driessen et al. 2005, S. 14 ff.; Wiese 2005, S. 222; Luo et al. 2022, S. 1 ff.; Rodríguez-Pereira et al. 2021, S. 4549; Shubik 1962, S. 336 ff.

[31] Vgl. Strangmeier und Fiedler 2011, S. 36 ff.; Fischer 2008, S. 71 ff.; Fromen 2004, S. 103 ff.; Zelewski 2009, S. 43 ff.; Jene 2015, S. 117 ff.; Holler et al. 2019, S. 311 ff.; Shapley 1953, S. 309 ff., 1988, S. 31 ff.

[32] Die Ausführungen in diesem Abschnitt orientieren sich an Shapley 1953, S. 307 ff.; Shapley 1971, S. 11 ff.; Shapley 1988, S. 31 ff.

[33] Der Shapley-Wert kann alternativ durch die Definition und Anwendung von Axiomen, die die Lösung erfüllen muss, bestimmt werden (vgl. u. a. Wiese 2005, S. 207 ff.; Fischer 2008, S. 71 f.; Fromen 2004, S. 103 ff.; Jene 2015, S. 118.). Dies wird in Kapitel 6 noch näher erläutert.

Wie oben bereits ausgeführt, gibt $n!$ die Anzahl möglicher Varianten des Zusammenkommens der großen Koalition an. Die Interpretation des Zählers kann durch das folgende Gedankenspiel veranschaulicht werden. Ein Kooperationspartner i kommt als k-ter zur Koalition dazu. Dementsprechend sind zuvor $(k-1)$ Kooperationspartner der Koalition beigetreten und $(n-k)$ kommen nach i dazu. Somit gibt es $(k-1)!$ Varianten der Unterkoalition bei denen i an k-ter Stelle dazukommen kann und $(n-k)!$ Reihenfolgen des Zusammenkommens der übrigen Kooperationspartner, die bislang nicht beigetreten sind.[34]

Der Ausdruck $[\upsilon(K) - \upsilon(K\backslash\{i\})]$ gibt den Grenzbetrag oder auch marginalen Beitrag $\left(MB_i^K\right)$ von Kooperationspartner i zur Koalition K an. Dieser resultiert aus der Subtraktion des Kooperationswertes, der sich ergibt, wenn Kooperationspartner i beteiligt ist $(\upsilon(K))$, mit dem Kooperationswert ohne Partner i $(\upsilon(K\backslash\{i\}))$.[35]

Die Anwendung des Shapley-Wertes führt zu einer eindeutigen Lösung, die als Auszahlungsvektor $(x = x_1, \ldots, x_n)$ dargestellt werden kann. Dabei gibt x_i den Anteil an, den Kooperationspartner i vom Effizienzgewinn erhalten sollte.[36]

Es lässt sich zeigen, dass die Formel (4.14) auch wie folgt dargestellt werden kann:[37]

$$\sigma_i^{Shapley}(\upsilon) = \frac{1}{n!}\sum_{\rho \in RF}[\upsilon(K_i(\rho) - \upsilon(K_i(\rho)\backslash\{i\})] = \frac{1}{n!}\sum_{\rho \in RF} MB_i^K(\rho) \qquad (4.15)$$

Wobei ρ für eine Reihenfolge aus der Menge aller möglichen Reihenfolgen (RF) steht. Die Menge der Kooperationspartner bei der Reihenfolge ρ bis einschließlich Kooperationspartner i wird mit $K_i(\rho)$ bezeichnet.[38]

Fallbeispiel

In einem ersten Schritt werden die marginalen Beiträge zu den Kosteneinsparungen für jede mögliche Variante des Einstiegs in die Koalition berechnet. Für das hier betrachtete Fallbeispiel (Abbildung 4.1) mit drei Kooperationspartnern gibt es $n! = 3! = 6$ mögliche Reihenfolgen, wie sich die große Koalition bilden

[34] Vgl. Fischer 2008, S. 72.

[35] Vgl. Fischer 2008, S. 72.

[36] Vgl. Wiese 2005, S. 208 f.; Fischer 2008, S. 72.

[37] Vgl. Wiese 2015, S. 215 f.; Wiese 2005, S. 208 f.

[38] Vgl. Wiese 2005, S. 208.

kann. Die Tabelle 4.3 gibt die marginalen Beiträge der einzelnen Partner zu den Kosteneinsparungen für jede mögliche Variante des Zusammenkommens an:

Tabelle 4.3 Marginale Beiträge zu den Kosteneinsparungen nach Variante des Koalitionseinstiegs

Varianten des Einstiegs in die Koalition	Marginale Beträge zu den Kostenersparnissen (in 1.000 €)			Zeilensumme
	A	B	C	
A,B,C	0	1	3	4
A,C,B	0	1	3	4
B,A,C	1	0	3	4
B,C,A	2	0	2	4
C,A,B	3	1	0	4
C,B,A	2	2	0	4
Spaltensumme	8	5	11	

Quelle: Eigene Darstellung und Berechnung

Im ersten Fall agiert A zunächst allein und generiert dementsprechend keine Kosteneinsparungen. Wenn B mit A kooperiert, werden Kosteneinsparungen in Höhe von 1.000 € erzielt. Dementsprechend liegt der marginale Beitrag in diesem Fall von B bei $\upsilon(\{A,B\}) - MB_A^A = 1.000\,€ - 0\,€ = 1.000\,€$. Sobald C mit A und B kooperiert, betragen die Kosteneinsparungen 4.000 €. Somit liegt der marginale Beitrag von C bei $\upsilon(\{A,B,C\}) - MB_A^A - MB_A^{AB} = 4.000\,€ - 0\,€ - 1.000\,€ = 3.000\,€$.

Der Shapley-Wert für Kooperationspartner A ergibt sich, indem die Summer der marginalen Beiträge von A für jede möglich Variante durch die Anzahl der Permutationen geteilt wird. In dem hier betrachteten Fall gilt:

$$\sigma_A^{Shapley}(\upsilon) = \frac{1}{3!} * 8 = \frac{1}{6} * 8 = \frac{4}{3} \tag{4.16}$$

Mit analoger Vorgehensweise kann der Shapley-Wert für die anderen Partner ausgerechnet werden. Durch Bildung der Differenz zwischen den Kosten, die entstehen, wenn ein Partner allein agiert, mit dem berechneten Shapley-Wert bezogen auf den Anteil der Kostenersparnisse, lassen sich die Kostenzuteilungen für A, B und C ermitteln. Die Tabelle 4.4 stellt noch einmal die ermittelten Ergebnisse bei Anwendung des Shapley-Wertes dar:

Tabelle 4.4 Kosten- und Einsparungszuteilung bei Anwendung des Shapley-Wertes

Kooperationspartner	**Shapley-Wert der Kostenzuteilung (in 1.000 €)**	**Shapley-Wert der Kosteneinsparung (in 1.000 €)**
A	3,67	1,33
B	2,17	0,83
C	5,17	1,83
Summe	**11,00**	**4,00**

Quelle: Eigene Darstellung und Berechnung

Demnach sollte bei der großen Koalition A 3.670 € an Kosten tragen, B 2.170 € und C 5.170 €. Im Vergleich zum alleinigen Agieren (siehe Abbildung 4.1) erzielt A Kosteneinsparungen in Höhe von ca. 1.330 €, B von 830 € und C von 1.830 €.

Grafische Darstellung

Grafisch kann der Shapley-Wert für das hier betrachtete Fallbeispiel einer Kooperation mit drei Partnern wie folgt veranschaulicht werden (siehe Abbildung 4.3):

Abbildung 4.3 Grafische Darstellung des Shapley-Wertes. (Quelle: Eigene Darstellung und Berechnung)

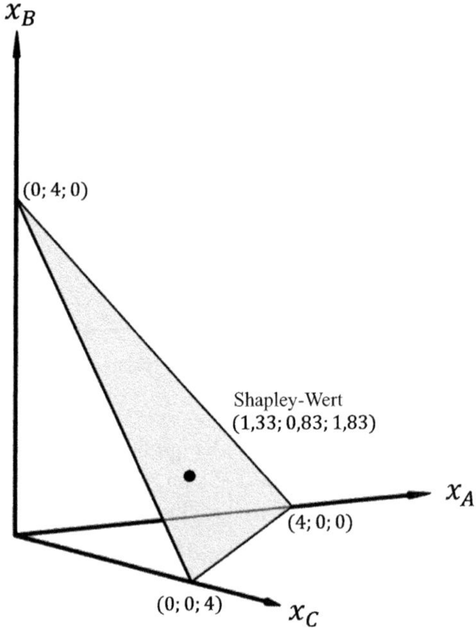

Maximal kann jeder Beteiligte, wie bereits beschrieben, Kosteneinsparungen in Höhe von 4.000 € erwirtschaften, wenn die anderen jeweils keinen Anteil vom Effizienzgewinn erhalten. Damit ergeben sich die Eckpunkte des dargestellten Dreiecks, das den möglichen Lösungsraum angibt.[39] Der schwarze Punkt stellt den berechneten Shapley-Wert[40] (1,33; 0,83;1,83) dar. Dieser befindet sich aufgrund der Definition in dem sich durch die Ausgangssituation ergebenden, zulässigen Allokationsbereich.

[39] Siehe auch die Erläuterung der grafischen Darstellung zum Kern.

[40] Siehe Tabelle 4.4.

4.2.3 Alternative-Cost-Avoided-Methode

Die ACA-Methode[41] zählt zu den Lösungskonzepten, die als Kompromissvorschlag interpretiert werden können und stellt eine „einfachere"[42] Variante des τ- und χ-Wertes dar, die im Anschluss erläutert werden.[43] Im Gegensatz zu den anderen Lösungskonzepten, die im Rahmen dieser Arbeit vorgestellt werden, dient die ACA-Methode vorrangig dazu, Kosten, die durch die Kooperation entstehen, auf die einzelnen Kooperationspartner zu verteilen.

Dabei wird zwischen separablen, d. h. direkt zurechenbaren, und nicht separablen, d. h. nicht direkt zurechenbaren Kosten, differenziert. Die separablen Kosten spiegeln die marginalen Kosten oder Grenzkosten wider, die durch den Eintritt eines Unternehmens zur Kooperation entstehen. Die nicht separablen Kosten sind bspw. Gemeinkosten, die keinem Kooperationspartner direkt zuzuschreiben sind. Die Kostenzuteilung eines Kooperationspartners setzt sich aus den separablen Kosten zuzüglich eines Anteils der nicht separablen Kosten zusammen. Der Anteil, den ein Partner an den nicht direkt zurechenbaren Kosten tragen muss, hängt von den Kosten ab, die dieser in der großen Koalition im Vergleich zum isolierten Handeln einspart. Es werden demnach die Kosten, die ein Partner in einer Kooperation tragen muss, mit den sogenannten Alternativkosten, also den Kosten beim alleinigen Handeln verglichen. Dabei wird berechnet, wie viel Kosten durch die Kooperation im Vergleich zu der Alternative, einem alleinigen Agieren, vermieden werden.[44]

Definition

Die Anwendung der ACA-Methode erfolgt in zwei Schritten. Zuerst werden hierfür die marginalen Beiträge bzw. Grenzkosten der einzelnen Beteiligten zu den Gesamtkosten bestimmt:[45]

---

[41] Die ACA-Methode geht auf die Arbeiten von Ransmeier 1942 in den 40er Jahren zurück und wurde in den 70er-Jahren von James und Lee 1971 als Methode vorgestellt. Seither wird dieser Lösungsansatz sowohl in der kooperativen Spieltheorie als auch in anderen Disziplinen z. B. in den folgenden Arbeiten diskutiert und angewendet: Strangmeier und Fiedler 2011, S. 41 ff.; Tijs und Driessen 1986, S. 1019 ff.; Young 1994, S. 1198 ff.; Fromen 2004, S. 132 ff.; Fischer 2008, S. 61 f.; Selders 2014, S. 39 ff.; Wißler 1997, S. 53 ff.; Frank 2003, S. 159 ff.; Otten 1993, S. 178 ff.; Straffin und Heaney 1981, S. 40 ff.; Young 1985a, S. 12 ff.; Rodríguez-Pereira et al. 2021, S. 4548 f.; Gao et al. 2019, S. 4 ff.; Flisberg et al. 2015, S. 358 ff.; Gately 1974, S. 196 ff.

[42] Strangmeier und Fiedler 2011, S. 43.

[43] Vgl. Strangmeier und Fiedler 2011, S. 43; Tijs und Driessen 1986, S. 1022.

[44] Vgl. Fischer 2008, S. 61 f.; Fromen 2004, S. 132 ff.; Selders 2014, S. 39 ff.

[45] Vgl. Strangmeier und Fiedler 2011, S. 41; Tijs und Driessen 1986, S. 1019; Straffin und Heaney 1981, S. 40.

$$s_i = c(N) - c(N \backslash \{i\}) \tag{4.17}$$

Die separablen Kosten s_i ergeben sich durch die Gesamtkosten der großen Koalition $(c(N))$ abzüglich der Kosten, die ohne den Partner i entstehen würden. Anschließend erfolgt die Berechnung der nicht-separablen Kosten $(g(N))$. Sie geben die restlichen Kosten an, die entstehen, wenn von den Gesamtkosten $(c(N))$ die separablen Kosten aller Beteiligten $\left(\sum_{i=1}^{N} s_i\right)$ abgezogen werden. Formal gilt:[46]

$$g(N) = c(N) - \sum_{i=1}^{N} s_i \tag{4.18}$$

Im nächsten Schritt soll berechnet werden, wie hoch die Kosten sind, die jeder einzelne Partner von den durch die Kooperation entstandenen Gesamtkosten tragen muss $\left(\sigma_i^{ACA}(c)\right)$.[47] Diese Kosten ergeben sich aus den separablen Kosten (s_i) und den nicht-separablen Kosten (g_i). Während die separablen Kosten durch die Formel (4.17) für jeden Partner berechnet werden können, ist für die separablen Kosten lediglich die Summe $g(N)$ bekannt. Daher müssen diese den einzelnen Partnern noch zugewiesen werden. Bei der ACA-Methode werden diese vereinfacht halber proportional zugewiesen:

$$g_i = g(N) \frac{c(\{i\}) - s_i}{\sum_{i=1}^{N} (c(\{i\}) - s_i)} = g(N) \frac{r_i}{\sum_{i=1}^{N} r_i} \tag{4.19}$$

Der Anteil der nicht direkt zurechenbaren Kosten, den ein Kooperationspartner tagen muss, ergibt sich bei der ACA-Methode durch einen Vergleich der Kosten, die bei alleinigem Handeln entstehen würden, also den sogenannten Alternativkosten $(c(\{i\})$, mit den separablen Kosten (s_i) in der großen Koalition. Der Ausdruck $r_i = (c(\{i\}) - s_i)$ kann demnach als Kosten interpretiert werden, die

[46] Vgl. Strangmeier und Fiedler 2011, S. 41; Tijs und Driessen 1986, S. 1019; Straffin und Heaney 1981, S. 40.

[47] Vgl. Strangmeier und Fiedler 2011, S. 42; Tijs und Driessen 1986, S. 1019 ff.; Straffin und Heaney 1981, S. 40 ff.

durch den Eintritt in die große Koalition vermieden werden, also den sogenannten *alternate cost avoided*.[48]

Jeder Beteiligte sollte nach dieser Methode seine ihm zurechenbaren Kosten (s_i) und zusätzlich einen Teil der nicht-separablen Kosten ($g(N)$) tragen. Demnach lässt sich die Höhe der Kosten, die ein Kooperationspartner i von den Gesamtkosten der Kooperation tragen muss, zusammenfassend durch die folgende Formel berechnen:[49]

$$\sigma_i^{ACA}(c) = s_i + g(N)\frac{c(\{i\}) - s_i}{\sum_{i=1}^{N}(c(\{i\}) - s_i)} = s_i + g(N)\frac{r_i}{\sum_{i=1}^{N} r_i} \tag{4.20}$$

Fallbeispiel

In einem ersten Schritt werden, wie oben beschrieben, die separablen Kosten der einzelnen Kooperationspartner und anhand dieser Ergebnisse die nicht-separablen Kosten der großen Koalition bestimmt. Die Ergebnisse für das in Abbildung 4.1 vorgestellte Beispiel finden sich in der Tabelle 4.5:

Tabelle 4.5 ACA-Methode: Ergebnisse der separablen, vermiedenen und nicht-separablen Kosten

Kooperationspartner	Separable Kosten s_i (in 1.000 €)	Vermiedene Kosten r_i (in 1.000 €)	Nicht-separable Kosten (in 1.000 €)
A	3,00	2,00	
B	2,00	1,00	$g(\{A,B,C\}) = 2{,}00$
C	4,00	3,00	
Summe	**9,00**	**6,00**	

Quelle: Eigene Darstellung und Berechnung

Für den Kooperationspartner A ergeben sich die ihm zurechenbaren Kosten (s_A) bspw., in dem gemäß (4.17) von den Gesamtkosten der großen Koalition ($c(\{A, B, C\}) = 11$) die Kosten abgezogen werden, die bei einer Kooperation ohne Partner A entstehen würden ($c(\{B, C\}) = 8$). Demnach gilt:

$$s_A = c(\{A, B, C\}) - c(\{B, C\}) = 11 - 8 = 3 \tag{4.21}$$

[48] Vgl. Strangmeier und Fiedler 2011, S. 42. Die Herleitung des Gewichtungsfaktors ergibt sich durch die Bedingung der Pareto-Effizienz, die das Allokationsergebnis erfüllen muss. Demnach muss $\sum_{i=1}^{N} \sigma_i^{ACA}(c) = g(N)$ gelten. Durch Umformung dieser Gleichung ergibt sich der Gewichtungsfaktor.

[49] Vgl. Strangmeier und Fiedler 2011, S. 42.

Die separablen Kosten der anderen Kooperationspartner ergeben sich analog. Anschließend werden mithilfe dieser Ergebnisse die nicht-separablen Kosten gemäß (4.18) bestimmt:

$$g(\{A, B, C\}) = c(\{A, B, C\}) - s_A - s_B - s_C = 11 - 3 - 2 - 4 = 2 \tag{4.22}$$

In einem zweiten Schritt werden die vermiedenen Kosten für jeden Beteiligten bestimmt und anschließend die Gesamtkosten auf die Teilnehmer der großen Koalition aufgeteilt. Für A ergeben sich gemäß (4.19) die vermiedenen Kosten (r_A) durch Subtraktion der separablen Kosten ($s_A = 3$) von den Kosten, die A bei alleinigem Agieren tragen müsste ($c(\{A\}) = 5$). Durch Einsetzung der berechneten Werte in die Formel (4.20) ergibt sich die dargestellte Kostenaufteilung. Für A werden die Kosten damit wie folgt berechnet:

$$\sigma_A^{ACA}(c) = s_A + g(\{A, B, C\}) \frac{r_A}{r_A + r_B + r_C} = 3 + 2\frac{2}{2+1+3} = \frac{11}{3} \tag{4.23}$$

Die Kostenzuteilungen der anderen Beteiligten werden analog bestimmt. Durch Subtraktion der berechneten Kosten von denen beim alleinigen Handeln, können die jeweiligen Kosteneinsparungen berechnet werden. Demnach kann A Kosteneinsparungen in Höhe von ca. 1.333,33 €, B von ca. 666,67 € und C in etwa von 2.000 € generieren. Die Ergebnisse für alle Kooperationspartner sind in der Tabelle 4.6 dargestellt:

Tabelle 4.6 Kosten- und Einsparungszuteilung bei Anwendung der ACA-Methode

Kooperationspartner	*ACA*-Wert der Kostenzuteilung (in 1.000 €)	*ACA*-Wert der Kosteneinsparungszuteilung (in 1.000 €)
A	$\frac{11}{3} \approx 3{,}67$	$\frac{4}{3} \approx 1{,}33$
B	$\frac{7}{3} \approx 2{,}33$	$\frac{2}{3} \approx 0{,}67$
C	5,00	2,00
Summe	**11,00**	**4,00**

Quelle: Eigene Darstellung und Berechnung

Grafische Darstellung

Grafisch können die Ergebnisse der ACA-Methode für das betrachtete Beispiel, wie folgt dargestellt werden (Abbildung 4.4):

Abbildung 4.4 Grafische Darstellung der ACA-Methode. (Quelle: Eigene Darstellung und Berechnung)

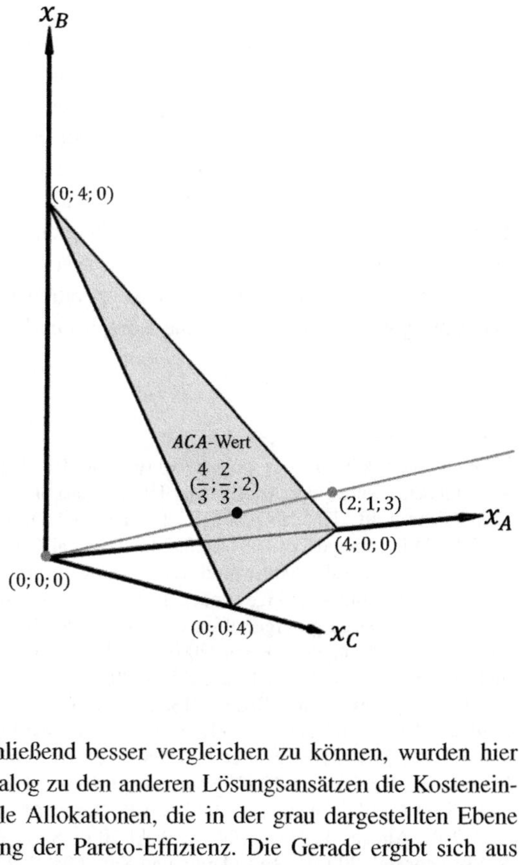

Um die Ergebnisse anschließend besser vergleichen zu können, wurden hier nicht die Kosten, sondern analog zu den anderen Lösungsansätzen die Kosteneinsparungen eingezeichnet. Alle Allokationen, die in der grau dargestellten Ebene liegen, erfüllen die Bedingung der Pareto-Effizienz. Die Gerade ergibt sich aus dem Vektor der Kosteneinsparungen, die bei Betrachtung der separablen Kosten im Vergleich zu den Kosten beim alleinigen Handeln entstehen und den Einsparungen bei alleinigem Handeln. Der Schnittpunkt dieser Geraden mit der Ebene ergibt den ACA-Wert.

4.2.4 τ-Wert

Das Lösungskonzept des τ-Wertes[50] basiert auf der Idee, dass jeder Kooperationspartner anhand seines Beitrages zum Effizienzgewinn einen Anteil von diesem fordern kann. Für jeden Kooperationspartner werden zunächst Ober- und Untergrenzen hinsichtlich des Allokationswertes bestimmt. Die Obergrenze wird auch „*Utopie-Auszahlung*"[51] oder „*Best-Case-Szenario*"[52] genannt. Sie gibt den marginalen Beitrag eines Kooperationspartners zur großen Koalition an. Ein größerer Anteil vom Effizienzgewinn als der Wert der berechneten Obergrenze wird keinem Kooperationspartner zugeteilt. Die Untergrenze gibt für jeden Beteiligten den Wert an, den er im schlechtesten Fall, dem sogenannten „*Worst-Case-Szenario*"[53], erhalten würde, bei der Bildung einer Unterkoalition, bei der er den anderen Partnern ihre Utopie-Auszahlung zusichert. Das sich ergebende optimale Allokationsergebnis liegt für jeden Kooperationspartner zwischen seiner Ober- und Untergrenze und kann als eine Kompromisslösung interpretiert werden.[54]

---

[50] Das Lösungskonzept des τ-Werts wurde von Tijs 1981 entwickelt und veröffentlicht. Anschließend wurde der Ansatz von Tijs in Zusammenarbeit mit Driessen weiterentwickelt (siehe z. B. Tijs 1987, S. 187 ff.; Tijs und Otten 1993, S. 1 ff.; Driessen 1988, S. 57 ff.; Driessen und Tijs 1984, S. 252 ff.; Tijs et al. 2005, S. 7 ff.; Tijs und Driessen 1986, S. 10 ff.). In Zelewski 2009 wurde das Lösungskonzept auf Allokationsprobleme im Rahmen von Kooperationen angewendet. Insgesamt wurde der τ-Wert in der entsprechenden Fachliteratur vielseitig aufgegriffen und diskutiert. Hierbei sind vor allem die folgenden Ausführungen zu nennen: Peters 2008, S. 532 ff.; Fromen 2004, S. 128 ff.; Strangmeier und Fiedler 2011, S. 38 ff.; Jene 2015, S. 205 ff.; Fischer 2008, S. 74 ff.; Zelewski 2018, S. 211 ff.; Zelewski und Heeb 2018, S. 379 ff.; Zelewski 2009, S. 91 ff.; Tijs 2003, S. 96 ff.; Peters und Zelewski 2009, S. 1 ff.; Krabs und Pickl 2004, S. 28 ff.; Zelewski und Peters 2010, S. 1 ff.; Branzei et al. 2008, S. 28 ff.; Corcho und Ferreira 2003, S. 178 f.; Brânzei und Tijs 2001, S. 12 ff.; Brânzei et al. 2001a, S. 9 f., 2001b, S. 311 ff.; Curiel et al. 1987, S. 157 ff.; Lucchetti et al. 1987, S. 106; Borm et al. 1992, S. 175 ff.; Muto et al. 1989, S. 219 ff.; Alidaee 1999, S. 109 ff.; Pickl 2001, S. 57 ff.; Nakabayashi und Tone 2006, S. 139 f.; Mandl 2005, S. 16 f.; Dutta und Kar 2004, S. 224 ff.; Mrabti et al. 2022, S. 9 ff.; Kumar und Khatod 2022, S. 1847 ff.; Drechsel und Kimms 2007, S. 5 ff.; Zelewski 1987, S. 10 ff.

[51] Strangmeier und Fiedler 2011, S. 39.

[52] Fromen 2004, S. 129.

[53] Fromen 2004, S. 129.

[54] Vgl. Fischer 2008, S. 74 ff.; Tijs 1981, S. 123 ff.; Wißler 1997, S. 53; Fromen 2004, S. 128 ff.; Strangmeier und Fiedler 2011, S. 38 ff.; Jene 2015, S. 205 ff.; Zelewski 2009, S. 91 ff.; Zelewski und Heeb 2018, S. 379 ff.; Zelewski 2018, S. 211 ff.

Definition

Zur Ermittlung des τ-Wertes werden zunächst die Ober- und Untergrenzen für jeden Kooperationspartner i bestimmt. Die Obergrenze $M_i^\tau(v)$ lässt sich formal wie folgt berechnen:[55]

$$M_i^\tau(v) = v(N) - v(N \backslash \{i\}), \forall i \in N \tag{4.24}$$

Sie ergibt sich, indem der marginale Beitrag oder Grenzbeitrag eines Beteiligten i zur großen Koalition N bestimmt wird. Hierfür wird jeweils die Differenz zwischen dem Wert der großen Koalition $v(N)$ und dem Wert der Kooperation ohne den Partner i berechnet.

Zur Bestimmung der Untergrenze eines Kooperationspartners wird der Restbetrag R_v eines Kooperationspartners, den ein Beteiligter bei der Bildung einer Unterkoalition S erhält, wenn er den anderen Partnern den Wert ihrer Obergrenze $M_i^\tau(v)$ zusichert, benötigt. Der Restbetrag R_v lässt sich daher wie folgt bestimmen:[56]

$$R_v(S, i) = v(S) - \sum_{j \in S \backslash \{i\}} M_j^\tau(v) \tag{4.25}$$

Die Untergrenze $m_i^\tau(v)$ kann dann mithilfe der folgenden Formel berechnet werden:[57]

$$m_i^\tau(v) = \max_{i \in S} R_v(S, i) = \max_{i \in S} \left\{ v(S) - \sum_{j \in S \backslash \{i\}} M_j^\tau(v) \right\} \tag{4.26}$$

[55] Vgl. Zelewski 2009, S. 91 ff., 2018, S. 211 ff.; Tijs 1981, S. 127 ff.; Tijs 1987, S. 178 ff.

[56] Vgl. Zelewski 2009, S. 91 ff., 2018, S. 211 ff.; Tijs 1981, S. 127 ff.

[57] Vgl. Zelewski 2009, S. 91 ff., 2018, S. 211 ff.; Tijs 1981, S. 127 ff.; Driessen und Tijs 1985a, S. 230 ff.

Im nächsten Schritt wird vereinfacht angenommen, dass der τ-Wert auf der Verbindungsgeraden zwischen der berechneten Ober- und Untergrenze liegt.[58] Demnach lässt sich der τ-Wert, wie folgt bestimmen:

$$\sigma^{\tau}(\upsilon) = m^{\tau}(\upsilon) + \alpha_{\upsilon}\big(\mathrm{M}^{\tau}(\upsilon) - m^{\tau}(\upsilon)\big) \quad (4.27)$$

Der τ-Wert ist definiert als die Konvexkombination der Ober- und Untergrenze, deren Allokationsergebnis pareto-optimal ist. Demnach muss gelten:[59]

$$\sum_{i=1}^{N} \sigma_i^{\tau} = \sum_{i=1}^{N} (\mathrm{m}_i^{\tau}(\upsilon) + \alpha_{\upsilon}\big(\mathrm{M}_i^{\tau}(\upsilon) - \mathrm{m}_i^{\tau}(\upsilon)\big) = \upsilon(\mathrm{N}) \quad (4.28)$$

Durch Umformung von (4.28) nach α_{υ} ergibt sich:

$$\alpha_{\upsilon} = \begin{cases} 0 & , \textit{wenn } M_i^{\tau}(\upsilon) = m_i^{\tau}(\upsilon) \\ \frac{\upsilon(N) - \sum_{i=1}^{n} m_i^{\tau}(\upsilon)}{\sum_{i=1}^{n} M_i^{\tau}(\upsilon) - \sum_{i=1}^{n} m_i^{\tau}(\upsilon)} & , \textit{sonst} \end{cases} \quad (4.29)$$

Das Allokationsergebnis ergibt sich durch Einsetzung der Ergebnisse der Ober-, Untergrenze und des berechneten Wertes für den Faktor α_{υ} in die Formel (4.27).[60]

Fallbeispiel

Um den τ-Wert für das in Abschnitt 4.2 (Abbildung 4.1) beschriebene Fallbeispiel zu berechnen, werden in einem ersten Schritt die Unter- und Obergrenzen des Allokationsergebnisses für jeden Kooperationspartner und anschließend anhand dieser Werte der Faktor α_{υ} bestimmt. Die Ergebnisse sind in der Tabelle 4.7 dargestellt:

[58] Die Annahme, dass der Allokationswert auf der konvexen Kombination (Verbindungsgerade) zwischen der Ober- und Untergrenze liegt wird beim τ-Wert, genauso wie bei der ACA-Methode und dem χ-Wert zur mathematischen Vereinfachung unterstellt. Ein linearer Zusammenhang muss jedoch bei der Betrachtung einer realen Ausgangssituation nicht unbedingt gegeben sein.

[59] Vgl. Zelewski 2009, S. 91 ff., 2018, S. 211 ff.; Tijs 1981, S. 127 ff.; Driessen und Tijs 1985a, S. 230 ff.

[60] Vgl. Zelewski 2009, S. 91 ff., 2018, S. 211 ff.; Tijs 1981, S. 127 ff.; Driessen und Tijs 1985a, S. 230 ff.

Tabelle 4.7 τ-Wert – Ergebnisse der Ober-, Untergrenze und des Faktors

Kooperationspartner	Obergrenze $M_i^\tau(v)$ (in 1.000 €)	Untergrenze $m_i^\tau(v)$ (in 1.000 €)	Faktor
A	2,00	0,00	
B	1,00	0,00	α_v= 0,60
C	3,00	1,00	
Summe	**6,00**	**1,00**	

Quelle: Eigene Darstellung und Berechnung

Für den Kooperationspartner A wird die Obergrenze berechnet, indem die Differenz zwischen dem Effizienzgewinn, der bei der Kooperation aller Partner generiert wird ($v(\{A, B, C\}) = 4$) und dem Wert der Unterkoalition ohne A ($v(\{B, C\}) = 2$) gebildet wird. Die Untergrenze ergibt sich bspw. für A, als der Maximalwert, der sich bei Subtraktion der Kosteneinsparungen der Unterkoalitionen von A ($v(\{A, B\}) = 1$, $v(\{A, C\}) = 3$) jeweils mit den Obergrenzen von B und C ($M_B^\tau = 1, M_C^\tau = 3$) ergibt (siehe Formel (4.24)). In dem hier betrachteten Fall ist sowohl $v(\{A, B\}) - M_B^\tau$ als auch $v(\{A, C\}) - M_C^\tau$ Null, sodass die Untergrenze für Kooperationspartner A bei null liegt. Die Unter- und Obergrenzen für die anderen Kooperationspartner werden analog berechnet. Der Faktor α_v wird anhand der zuvor eingeführten Formel (4.29) bestimmt:

$$\alpha_v = \frac{v(N) - \sum_{i=1}^n m_i^\tau(v)}{\sum_{i=1}^n M_i^\tau(v) - \sum_{i=1}^n m_i^\tau(v)} = \frac{4-1}{6-1} = \frac{3}{5} = 0,6 \tag{4.30}$$

Mithilfe der in Tabelle 4.7 dargestellten Ergebnisse lässt sich im nächsten Schritt der Allokationswert, also der τ-Wert, bestimmen (siehe Tabelle 4.8):

Tabelle 4.8 Kosten- und Einsparungszuteilung bei Anwendung des τ-Wertes

Kooperationspartner	τ-Wert der Kostenzuteilung (in 1.000 €)	τ-Wert der Kosteneinsparung (in 1.000 €)
A	3,80	1,20
B	2,40	0,60
C	4,80	2,20
Summe	**11,00**	**4,00**

Quelle: Eigene Darstellung und Berechnung

Der τ-Wert, bezogen auf die Kosteneinsparungen, ergibt sich durch das Einsetzen der berechneten Ergebnisse in die entsprechende Formel (4.27). Für die Ermittlung der Kosten, die jeder einzelne Beteiligte im Kooperationsfall tragen muss, wird die Differenz zwischen den Kosten ohne Kooperation und den berechneten Kosteneinsparungen gebildet. Partner A entstehen durch die Kooperation mit B und C anstelle von Kosten in Höhe von 5.000 €, Kosten in Höhe von 3.800 €. Die Werte in der Tabelle für B und C lassen sich analog interpretieren.

Grafische Darstellung

Grafisch kann der τ-Wert für das betrachtete Beispiel, wie folgt dargestellt werden (siehe Abbildung 4.5):

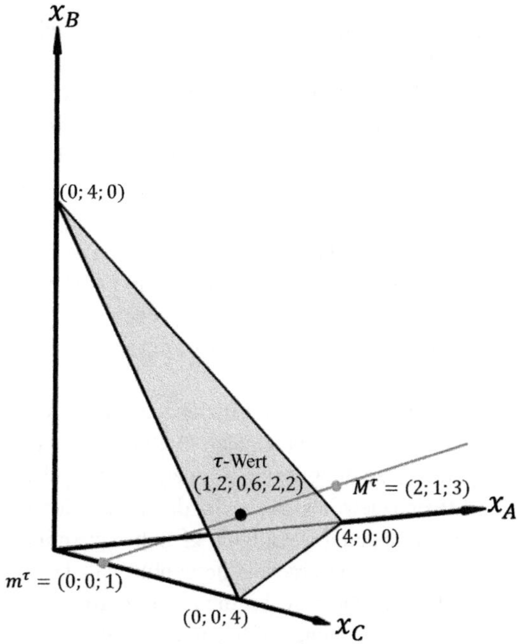

Abbildung 4.5 Grafische Darstellung des τ-Wertes. (Quelle: Eigene Darstellung und Berechnung)

Alle Allokationen, die in der grau dargestellten Ebene liegen, erfüllen die Bedingung der Pareto-Effizienz. Der Schnittpunkt der Geraden, die durch die Werte der Ober- und Untergrenze geht, mit der Ebene wird als τ-Wert bezeichnet.

4.2.5 χ-Wert

Der χ-Wert[61] gehört zu den neueren Verteilungsansätzen. Neuere Auseinandersetzung zu diesem Lösungsansatz für die faire Verteilung von Effizienzgewinnen

[61] Der χ-Wert wurde 1994 von Bergantiños und Massó veröffentlicht und vorgestellt und in den folgenden Jahren weiterentwickelt: Bergantiños und Massó 1994, S. 5 ff., 1996, S. 279 ff.; Bergantiños et al. 2000, S. 4 ff.; Bergantiños und Massó 2002, S. 272 ff. Die Grundidee basiert auf dem von Tijs 1981 entwickelten τ-Wert. Im Gegensatz zu den klassischen Lösungsansätzen wurde der χ-Wert bisher vergleichsweise wenig diskutiert (siehe Forschungsstand).

in Kooperationen messen dem χ-Wert im Hinblick auf die praktische Anwendbarkeit Potenziale zu.[62]

Zunächst werden analog zum τ-Wert Unter- und Obergrenzen für jeden Kooperationspartner bestimmt. Die Untergrenze eines Partners gibt den Mindestwert vom gemeinsam erzielten Effizienzgewinn an, den er beim Einstieg in die Koalition erhalten sollte, da ansonsten der Anreiz zur Kooperation nicht gegeben ist. Demnach sollte einem Kooperationspartner mindestens der Wert zustehen, den er allein oder mithilfe einer alternativen Kooperation erwirtschaften könnte. Ein Partner sollte demnach den Anteil vom Effizienzgewinn erhalten, den er bei einer Drohung des Ausstiegs aus der großen Koalition den anderen Partnern glaubhaft machen kann, durch anderweitiges Handeln allein oder in einer alternativen Kooperation zu erzielen.[63]

Die Obergrenze vom Effizienzgewinn eines Partners ergibt sich durch die Grenzbeträge bzw. marginalen Beiträge vom Effizienzgewinn eines Kooperationspartners zu möglichen Kooperationen. Sie repräsentiert damit den Anstieg des Effizienzgewinns, ausgelöst durch den Kooperationsbeitritt des Partners, den dieser den anderen Beteiligten glaubhaft vermitteln kann.[64]

Das Allokationsergebnis beschreibt laut Definition die konvexe Kombination der Unter- und Obergrenze, die pareto-optimal ist.[65] Demnach wird zur mathematischen Vereinfachung ein linearer Zusammenhang zwischen den beiden Grenzen unterstellt, der bei der Betrachtung einer realen Ausgangssituation nicht unbedingt gegeben sein muss. Genau wie der ACA-Wert und der τ-Wert kann auch der χ-Wert als Kompromissvorschlag interpretiert werden.[66]

Definition

Zur Berechnung des χ-Wertes werden zunächst Ober- und Untergrenzen für jeden einzelnen Beteiligten bestimmt, die den Bereich angeben, in denen der Allokationswert für den betrachteten Kooperationspartner liegen sollte. Die Obergrenze ($M_i^{\chi}(\upsilon)$) kann formal wie folgt bestimmt werden:[67]

---

[62] Vgl. z. B. Zelewski 2018, S. 211 ff.; Zelewski und Heeb 2018, S. 379 ff.; Jene 2015, S. 316 ff.

[63] Vgl. Jene 2015, S. 129; Jene und Zelewski 2011, S. 124; Bergantiños und Massó 1996, S. 280, 1994, S. 6 ff.

[64] Vgl. Jene 2015, S. 129; Jene und Zelewski 2011, S. 124; Bergantiños und Massó 2002, S. 272; Bergantiños et al. 2000, S. 4; Bergantiños und Massó 1996, S. 280, 1994, S. 6 ff.

[65] Vgl. Jene 2015, S. 128; Gilles 2010, S. 105.

[66] Vgl. Jene 2015, S. 128; Gilles 2010, S. 105.

[67] Vgl. Jene 2015, S. 136 f.; Jene und Zelewski 2011, S. 121; Bergantiños und Massó 2002, S. 272; Bergantiños et al. 2000, S. 4; Bergantiños und Massó 1996, S. 280, 1994, S. 6; Jene und Zelewski 2013, S. 33.

$$M_i^X(\upsilon) = max\{\upsilon(K) - \upsilon(K\backslash\{i\})\} = max\left\{MB_i^K\right\} \quad (4.31)$$

Demnach entspricht die Obergrenze ($M_i^X(\upsilon)$) eines Partners dem maximalen marginalen Beitrag, den dieser in einer beliebigen Kooperationszusammensetzung erzielen kann.[68] Die Allokationsuntergrenze m_i^X eines an der Kooperation Beteiligten i kann wie folgt bestimmt werden:[69]

$$\forall i = 1, \ldots, N \; \forall \upsilon_i \in \mathbb{R}_{\geq 0} : \upsilon_i \geq m_i^X(\upsilon) \wedge m_i^X = max\{\upsilon_{i.1}; \upsilon_{i.2}; 0\}, \text{mit} \quad (4.32)$$

$$\upsilon_{i.1} = \upsilon\big(\{i\}|AC_{i.q}\big) = \upsilon(\{i\})\,\text{für}\,AC_{i.q} = \{i\}\,\text{und} \quad (4.33)$$

$$\upsilon_{i.2} = max\left\{\upsilon\big(\{i\}|AC_{i.q}\big) = \upsilon\big(AC_{i.q}\big) - \sum\nolimits_{m\in\left(IN_{i.q}\backslash\{i\}\right)} M_m^X(\upsilon)\,\text{für}\,\emptyset \subset AC_{i.q} \subset N \wedge \{i\} \subset AC_{i.q}\right\} \quad (4.34)$$

Dabei steht m für die Anzahl der Mitglieder der Außenseiterkoalition und $IN_{i.q}$ gibt die Menge aller Indizes der Kooperationspartner innerhalb der Außenseiterkoalition $AC_{i.q}$ an. Wie bereits erläutert, erhält ein Kooperationspartner i in der großen Koalition N mindestens den Anteil vom Effizienzgewinn, den er glaubhaft bei der Gründung einer Außenseiterkoalition $AC_{i.q}$ erhalten würde.[70] Eine Außenseiterkoalition besteht aus Partnern der großen Koalition, die glaubhaft drohen, die große Koalition für einen höheren Anteil vom Effizienzgewinn $\upsilon(\{i\})$ zu verlassen. Grundsätzlich kann ein Kooperationspartner mehrere Außeinseiterkoalitionen anführen. Um diese auseinanderhalten zu können, wird daher der Index q benötigt. Damit andere Partner aus der großen Koalition austreten und einer Außenseiterkoalition beitreten, muss derjenige, der diese anführt, den Partnern einen Anreiz geben und ihnen den Anteil vom Effizienzgewinn geben, den diese maximal beim Verbleib in der großen Koalition erhalten würden ($M_i^X(\upsilon)$). Der sogenannte Anführer der Außenseiterkoalition erhält dementsprechend den

---

[68] Vgl. Jene 2015, S. 136 f.; Jene und Zelewski 2011, S. 121; Bergantiños und Massó 2002, S. 272; Bergantiños et al. 2000, S. 4; Bergantiños und Massó 1996, S. 280, 1994, S. 6; Jene und Zelewski 2013, S. 33.

[69] Vgl. Jene 2015, S. 149; Bergantiños und Massó 2002, S. 272; Sánchez-Soriano 2000, S. 472 f.; Bergantiños und Massó 1996, S. 277 ff.

[70] Der Index q wird benötigt, um die unterschiedlichen Koalitionen die von i angeführt werden unterscheiden zu können (vgl. Jene 2015, S. 145).

erwirtschafteten Gewinn der Außenseiterkoalition abzüglich der Summe der versprochenen Auszahlungen der Mitglieder dieser Koalition. Da angenommen wird, dass ein Partner bestrebt ist, seinen Gewinn zu maximieren, gibt die Untergrenze (m_n^χ) den maximalen Beitrag an, den ein Unternehmen bei der Bildung einer Außenseiterkoalition ($v_{i.2}$) oder durch alleiniges Handeln ($v_{i.1}$) glaubhaft erzielen könnte. Da $v_{i.1}$ und $v_{i.2}$ negative Werte annehmen können, wird die Null in der Gleichung (4.32) dazu genommen, um zu verhindern, dass der Wert der Untergrenze m_n^χ außerhalb des Lösungsraums $\mathbb{R}_{\geq 0}$ liegt.[71]

Um den χ-Wert zu bestimmen, wird zunächst eine lineare Verbindung zwischen den Vektoren der Ober- und Untergrenze hergestellt:

$$\sigma^\chi(v) = m^\chi(v) + \alpha_v\big(M^\chi(v) - m^\chi(v)\big) \tag{4.35}$$

Der χ-Wert gibt die Linearkombination wieder, dessen Allokationsergebnis pareto-optimal ist. Demnach muss gelten:[72]

$$\sum_{i=1}^{N} \sigma_i^\chi = \sum_{i=1}^{N}\big(m^\chi(v) + \alpha_v\big(M^\chi(v) - m^\chi(v)\big)\big) = v(N) \tag{4.36}$$

Durch Umformung von (4.36) nach α_v ergibt sich:

$$\alpha_v = \begin{cases} 0 & \text{, } wenn\ M_i^\tau(v) = m_i^\tau(v) \\ \frac{v(N) - \sum_{i=1}^{n} m^\chi(v)}{\sum_{i=1}^{n} M^\chi(v) - \sum_{i=1}^{n} m^\chi(v)} & \text{, } sonst \end{cases} \tag{4.37}$$

Das Allokationsergebnis ergibt sich durch Einsetzung der Ergebnisse der Ober-, Untergrenze und des berechneten Wertes für den Faktor α_v in die Formel (4.36).[73]

Fallbeispiel

Um den χ-Wert für das in Abschnitt 4.2 beschriebene Fallbeispiel zu berechnen, werden in einem ersten Schritt die Unter- und Obergrenzen für jeden Kooperationspartner und anschließend anhand dieser Werte der Faktor α_v bestimmt. Die Ergebnisse sind in der Tabelle 4.9 dargestellt:

---

[71] Vgl. Jene 2015, S. 145 ff.; Bergantiños und Massó 1996, S. 279 f., 1994, S. 4 ff.; Bergantiños et al. 2000, S. 272; Bergantiños und Massó 2002, S. 8; Jene und Zelewski 2011, S. 122.

[72] Vgl. Jene 2015, S. 170; Bergantiños und Massó 1996, S. 282.

[73] Vgl. Jene 2015, S. 169; Jene und Zelewski 2011, S. 123; Zelewski 2009, S. 154; Bergantiños und Massó 1996, S. 279.

Tabelle 4.9 χ-Wert – Ergebnisse der Ober-, Untergrenze und des Faktors

Kooperationspartner	Untergrenze $m_i^{\chi}(v)$	Obergrenze $m_i^{\chi}(v)$	Faktor
A	0,00	3,00	
B	0,00	2,00	$\alpha_v = 0{,}50$
C	0,00	3,00	
Summe	**0,00**	**8,00**	

Quelle: Eigene Darstellung und Berechnung

Beim χ-Wert wird in der Regel zunächst die Obergrenzen $(M_i^{\chi}(\upsilon))$ für die einzelnen Partner bestimmt, da im nächsten Schritt mithilfe dieser Ergebnisse die Berechnung der Untergrenzen erfolgen kann. Die Obergrenze gibt die maximal mögliche Auszahlung für einen Kooperationspartner an. Für Kooperationspartner A lässt sich die Obergrenze bspw. wie folgt berechnen:

$$M_A^{\chi}(\upsilon) = max\{\upsilon(\{A, B, C\}) - \upsilon(B, C); \upsilon(\{A, B\}) - \upsilon(B); \upsilon(\{A, C\}) - \upsilon(C); \upsilon(\{A\}) - \upsilon(\emptyset)\} = max\{2, 1, 3, 0\} = 3 \tag{4.38}$$

Zur Berechnung des maximalen Auszahlungswertes von A werden zunächst für alle möglichen Kooperationen der marginale Beitrag von A bestimmt. Die Obergrenze für A entspricht seinem höchsten marginalen Beitrag zu einer Kooperation. Die Berechnung der Obergrenzen der anderen Partner erfolgt analog.

Für den Kooperationspartner A ergibt sich die Untergrenze, indem die Kosteneinsparungen bei alleinigem Handeln ($\upsilon(\{A\})$) mit denen verglichen werden, die im Worst-Case-Szenario erwirtschaftet werden, also in dem Fall 1, indem A bei Bildung einer Unterkoalition den Kooperationspartnern ihren Maximalwert auszahlt. Das Minimum dieser Werte ergibt die Untergrenze, wobei der Allokationswert nicht negativ werden darf (siehe Formel (4.32)).

$$m_A^{\chi}(\upsilon) = max\{\upsilon_{A.1}; \upsilon_{A.2}; 0\} = max\{0; 0; 0\} = 0, \text{mit} \tag{4.39}$$

$$\upsilon_{A.1} = \upsilon(\{A\}) = 0\,\text{und} \tag{4.40}$$

$$\upsilon_{A.2} = max\left\{\upsilon(\{A, B\}) - M_B^{\chi}(\upsilon); \upsilon(\{A, C\}) - M_B^{\chi}(\upsilon)\right\} = max\{-1.; 0\} = 0 \tag{4.41}$$

Der Faktor α_υ ergibt sich durch Einsetzung der berechneten Werte für die Ober- und Untergrenzen in die Formel (4.37). Es gilt:

$$\alpha_\upsilon = \frac{\upsilon(N) - \sum_{i=1}^{N} \upsilon_{n,min}}{\sum_{i=1}^{N} \upsilon_{n,max} - \sum_{i=1}^{N} \upsilon_{n,min}} = \frac{4-0}{8-0} = \frac{1}{2} \tag{4.42}$$

Vom maximalen Allokationswert der großen Koalition ($\upsilon(N)$) wird die Summe der Untergrenzen $\left(\sum_{i=1}^{N} \upsilon_{n,min}\right)$ subtrahiert und der sich dadurch ergebene Wert durch die Differenz aus den Summen der Obergrenzen ($\sum_{i=1}^{N} \upsilon_{n,max}$) mit denen der Untergrenzen $\left(\sum_{i=1}^{N} \upsilon_{n,min}\right)$ geteilt.

Mithilfe der in Tabelle 4.9 dargestellten Ergebnisse lässt sich im nächsten Schritt der Allokationswert, also der χ-Wert, bestimmen (siehe Tabelle 4.10):

Tabelle 4.10 Kosten- und Einsparungszuteilung bei Anwendung des χ-Wertes

Kooperationspartner	χ-Wert der Kostenzuteilung (in 1.000 €)	χ-Wert der Kosteneinsparung (in 1.000 €)
A	3,50	1,50
B	2,00	1,00
C	5,50	1,50
Summe	**11,00**	**4,00**

Quelle: Eigene Darstellung und Berechnung

Der χ-Wert, bezogen auf die Kosteneinsparungen, ergibt sich durch das Einsetzen der berechneten Ergebnisse in die entsprechende Formel (4.35). Für die Ermittlung der Kosten, die jeder einzelne Beteiligte im Kooperationsfall tragen muss, wird die Differenz zwischen den Kosten ohne Kooperation und den berechneten Kosteneinsparungen gebildet. A entstehen durch die Kooperation mit B und C anstelle von Kosteneinsparungen in Höhe von 5.000 €, Kosten in Höhe von 3.500 €. Dementsprechend kann A Kosten von 1.500 € im Kooperationsfall einsparen. Die Werte in der Tabelle für B und C lassen sich analog interpretieren.

Grafische Darstellung

Grafisch kann der χ-Wert für das betrachtete Beispiel, wie folgt dargestellt werden (siehe Abbildung 4.6):

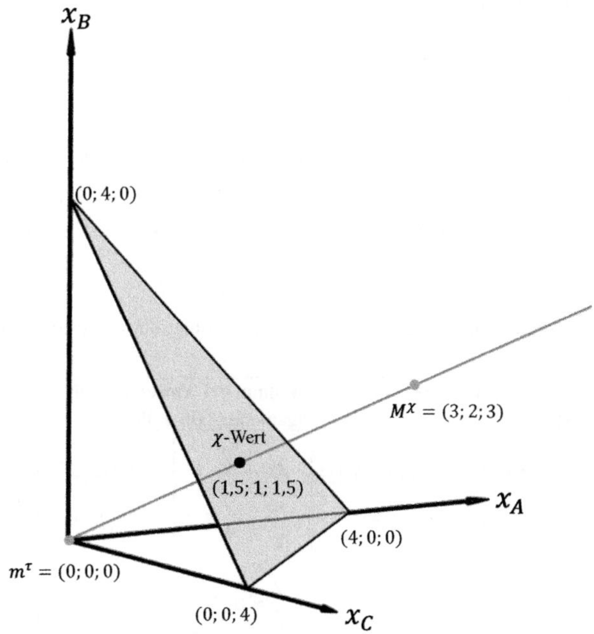

Abbildung 4.6 Grafische Darstellung des χ-Wertes. (Quelle: Eigene Darstellung und Berechnung)

Alle Allokationen, die in der grau dargestellten Ebene liegen, erfüllen die Bedingung der Pareto-Effizienz. Der Schnittpunkt der Geraden, die durch die Werte der Ober- und Untergrenze geht, mit der Ebene wird als χ-Wert bezeichnet.

4.3 Zwischenfazit zur Verteilung von Effizienzgewinnen

Zur fairen Verteilung von Effizienzgewinnen stehen grundsätzlich unterschiedliche Verfahren der kooperativen Spieltheorie zur Verfügung. Die im Rahmen dieser Arbeit betrachteten fünf Lösungsansätze basieren auf unterschiedlichen Theorien. Während beim Kern die Menge möglicher Lösungen eingeschränkt wird, führt die Anwendung der anderen Lösungskonzepte zu einem eindeutigen Allokationsergebnis.

In der Tabelle 4.11 sind die berechneten Ergebnisse der Kosteneinsparungen für das in Abschnitt 4.2 beschriebene Beispiel differenziert nach den einzelnen Kooperationspartnern bei Anwendung der vorgestellten Allokationsverfahren dargestellt:

Tabelle 4.11 Kosteneinsparungszuteilung bei Anwendung der dargestellten Lösungskonzepte

Kooperations-partner	Kosteneinsparungszuteilung bei Anwendung der einzelnen Lösungsansätze (in 1.000 €)				
	Kern	**Shapley-Wert**	***ACA*-Wert**	**τ-Wert**	**χ-Wert**
A	$0 \leq x_A \leq 2$	1,33	$\frac{4}{3} \approx 1{,}33$	1,20	1,50
B	$0 \leq x_B \leq 1$	0,83	$\frac{2}{3} \approx 0{,}67$	0,60	1,00
C	$0 \leq x_C \leq 3$	1,83	2,00	2,20	1,50
Summe	**4,00**	**4,00**	**4,00**	**4,00**	**4,00**

Quelle: Eigene Darstellung und Berechnung

In dem hier betrachteten Fallbeispiel liegen alle berechneten Allokationsergebnisse im Kern. Damit sind alle berechneten Ergebnisse stabil.[74] Während die Kooperationspartner A und B bei Anwendung des χ-Wertes die größten und bei Anwendung des τ-Wertes die niedrigsten Kosteneinsparungen erzielen, ist es für C genau umgekehrt. C hat die niedrigsten Kosteneinsparungen, wenn das Lösungskonzept des χ-Wertes verwendet wird und die größten Einsparungen

[74] Für eine nähre Erläuterung des Begriffs „stabil" in diesem Zusammenhang siehe Abschnitt 4.2.1.

beim τ-Wert. In der Abbildung 4.7 sind die Allokationsergebnisse noch einmal grafisch veranschaulicht:

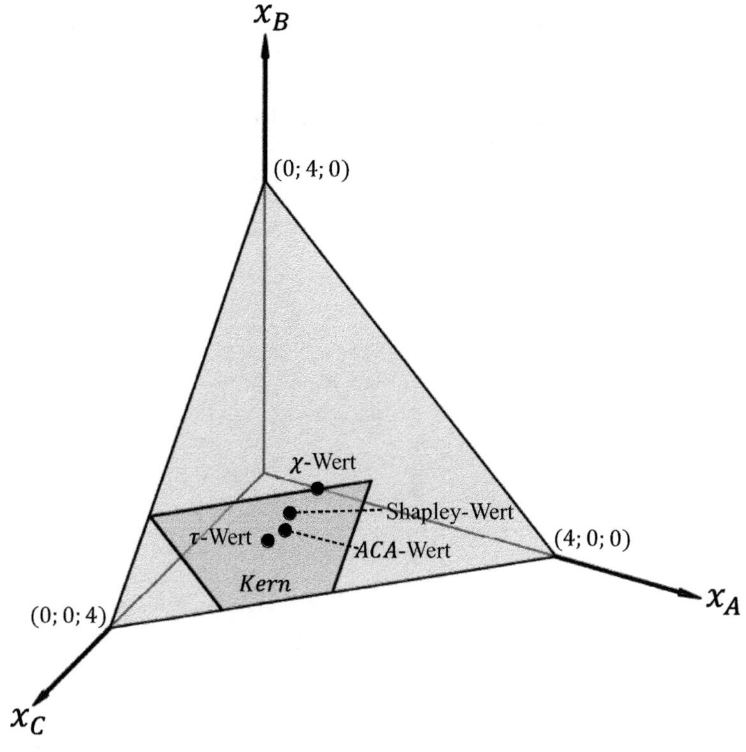

Abbildung 4.7 Grafische Darstellung der ausgewählten Lösungsansätze. (Quelle: Eigene Darstellung und Berechnung)

Die sich ergebenden Allokationen sind alle pareto-optimal und liegen in der grau eingezeichneten Ebene. Zudem liegen sie alle im Kern und sind daher stabil, d. h. kein Kooperationspartner hat einen Anreiz, von diesem Ergebnis abzuweichen.[75]

[75] Vgl. z. B. Gillies 1959, S. 55 ff.; Jene 2015, S. 112; Fromen 2004, S. 96 f.; Fischer 2008, S. 65 ff.; McCain 2009, S. 122 ff.; Holler et al. 2019, S. 287 ff.; Eichberger 1993, S. 274 ff.; Wiese 2015, S. 60 ff.; Zelewski 2009, S. 193 ff.; Strangmeier und Fiedler 2011, S. 34 ff.

Dies macht jedoch die Auswahl eines Verfahrens notwendig, da für die Aufteilung ansonsten unterschiedliche Ergebnisse vorliegen. Es bedarf demnach weiterer Kriterien für eine differenziertere Betrachtung und Auswertung der einzelnen Lösungsansätze. Hierfür werden im nachfolgenden Kapitel Anforderungen, die an entsprechende Lösungsansätze sowie an ein Entscheidungsunterstützungssystem zur fairen Verteilung von Effizienzgewinnen im Gesundheitsbereich gestellt werden, ermittelt. Mithilfe dieser Anforderungen sollen anschließend ein systematischer Vergleich und eine Bewertung der Lösungsansätze ermöglicht werden.

5 Anforderungsanalyse zur Entwicklung eines Entscheidungsunterstützungssystems

Ziel einer Analyse von Anforderungen ist die Identifikation von Rahmenbedingungen sowie die Erzielung eines Verständnisses für die Perspektiven verschiedener späterer Anwender und/oder Kunden. Sie sollte eine Kombination aus rein technischen bzw. theoretischen und praxisnahen Aspekten beinhalten.[1] Anforderungsanalysen dienen z. B. im Bereich der Informatik zur Software-Entwicklung.[2] Ein weiterer Bereich, indem Anforderungsanalysen seit vielen Jahren bereits zum Einsatz kommen, ist bei der Personalauswahl und -entwicklung.[3] Diese werden aber auch in anderen Disziplinen bspw. bei der Entwicklung von neuen Produkten oder Dienstleistungen durchgeführt. Dabei wird ein Vorhaben zur möglichst umfassenden Ermittlung von Anforderungen aus verschiedenen Blickwinkeln untersucht.[4] Der Anforderungsanalyse wird eine zentrale Bedeutung zugeschrieben, da deren Ergebnisse als Entscheidungsgrundlage für die späteren Entwicklungsphasen dienen sollen.[5]

[1] Vgl. Herrmann 2022, S. 13 ff.; Hopf 2020, S. 1 f.

[2] Vgl. Kleuker 2018, S. 50 f.; Herrmann 2022, S. 8; Hopf 2020, S. 1.

[3] Vgl. Sonntag und Schmidt-Rathjens 2005, S. 61 f.; Blickle 2019, S. 235 ff.

[4] Vgl. Berkovich et al. 2011, S. 358 f.; Hopf 2020, S. 1.

[5] Vgl. Kleuker 2018, S. 50; Herrmann 2022, S. 14.

Ergänzende Information Die elektronische Version dieses Kapitels enthält Zusatzmaterial, auf das über folgenden Link zugegriffen werden kann https://doi.org/10.1007/978-3-658-46661-9_5.

J. Bleja, *Entscheidungsunterstützungssystem für Innovationsnetzwerke im Bereich Ambient Assisted Living*, Vechtaer Beiträge zur Gerontologie,
https://doi.org/10.1007/978-3-658-46661-9_5

Mehrere Institute und Organisationen haben sich seit Jahrzehnten mit der Thematik auseinandergesetzt und Empfehlungen sowie Leitfäden zur Durchführung einer entsprechenden Anforderungsanalyse erarbeitet und veröffentlicht.[6] Es lässt sich jedoch konstatieren, dass die in der Literatur zu findenden Anforderungsanalysen in den Kernelementen bzw. Durchführungsschritten, wie der Anforderungsermittlung und der Analyse der ermittelten Anforderungen, vergleichbar sind.[7] Im Wesentlichen besteht der Prozess zur Ermittlung von Anforderungen aus vier Kernelementen (siehe Abbildung 5.1).

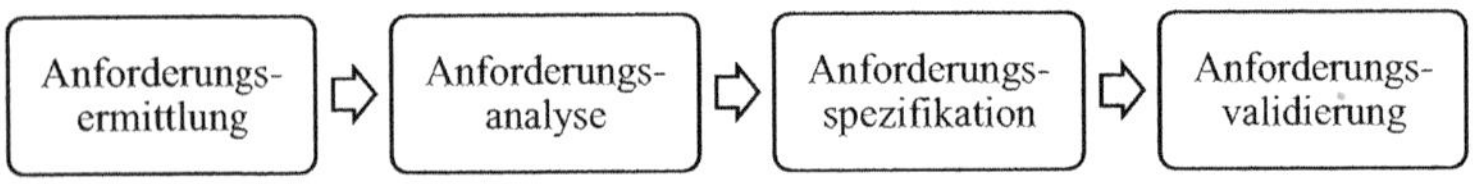

Abbildung 5.1 Prozessdarstellung der Festlegung von Anforderungen.[8] (Quelle: Eigene Darstellung)

Im Rahmen der *Anforderungsermittlung* werden zunächst einmal theoretisch mögliche Anforderungen, die in irgendeiner Weise für das zu realisierende Vorhaben relevant sein können, gesammelt.[9] Hierbei kann zum Beispiel auf bestehende Studien, Lastenhefte oder Erfahrungen zurückgegriffen werden.[10] Diese sollten anschließend jedoch noch durch weitere Anforderungen ergänzt werden. Für die Erhebung der Anforderungen stehen eine Vielzahl unterschiedlicher Methoden zur Verfügung. Diese Methoden können einzeln angewendet werden. Je nach Vorhaben bietet sich jedoch auch eine Kombination mehrerer Methoden an.[11]

Neben Literaturrecherchen zur Identifikation und Sammlung von Anforderungen sollten unterschiedliche potenzielle Anwender als Experten in ihrem jeweiligen Themenkomplex in die Untersuchung mit aufgenommen werden. Hierzu können bspw. Anforderungen durch Brainstormings oder mithilfe von

---

[6] Siehe z. B. The Institute of Electrical and Electronics Engineers 1993; International Institute of Business Analysis 2015; Phillips 2018; Bourque und Fairley 2014.

[7] Vgl. van Husen 2007, S. 44.

[8] Der dargestellte Prozess zur Festlegung von Anforderungen kann bei Bedarf auch noch erweitert werden. Laut dem IEEE kann dieser bspw. noch um zwei vorgelagerte Schritte (Grundlegende Softwareanforderungen und Anforderungsprozess) sowie zwei nachgelagerte Schritte (Praktische Überlegungen und Software Anforderungstools) ergänzt werden (vgl. Bourque und Fairley 2014, Kap. 1).

[9] Vgl. Bourque und Fairley 2014, Kap 1, S. 5.

[10] Vgl. van Husen 2007, S. 44 f.; Herrmann 2022, S. 86.

[11] Vgl. Herrmann 2022, S. 60 f.; Tremp 2022, S. 60 ff.; van Husen 2010, S. 224 ff.

Interviews mit dem Projektteam, aber auch mit voraussichtlichen Anwendern, gesammelt werden.[12] Je nachdem, welches Ziel durch die Anforderungsanalyse verfolgt werden soll, können auch quantitative Befragungen oder Beobachtungen als Methoden zur Identifikation von Anforderungen in Betracht gezogen werden.[13] Darüber hinaus gibt es eine Vielzahl weiterer Erhebungsmethoden, die je nach Forschungskontext mehr oder weniger infrage kommen. Eine Übersicht zu Erhebungsmethoden findet sich zum Beispiel bei *Baur und Blasius*.[14]

Nach der Ermittlung der Anforderungen werden diese im zweiten Schritt analysiert (*Anforderungsanalyse*). Dabei werden eine Klassifizierung, ein Vergleich, eine Prüfung und Bewertung der gesammelten Anforderungen durchgeführt.[15] Sie können etwa im Hinblick auf Effizienz und Effektivität, Konsistenz, Eindeutigkeit, aber auch in Bezug auf die technische Umsetzbarkeit bzw. Machbarkeit sowie mögliche Risiken bewertet werden.[16]

Im dritten Schritt werden der Ermittlungsprozess sowie die Anforderungen noch einmal spezifiziert (*Anforderungsspezifikation*). Hierzu werden einführend das Ziel der Analyse sowie das grundsätzliche Vorgehen beschrieben. Im Hauptteil werden die Anforderungen dargestellt. Zudem werden eine Beschreibung und Gegenüberstellung des Ist- und Sollzustands empfohlen.[17] Anschließend wird geraten, in einem vierten Schritt zu überprüfen, ob und inwieweit die ermittelten Anforderungen richtig erfasst und erfüllt sind (*Anforderungsvalidierung*). Zu einem späteren Zeitraum sollte dieses Verfahren wiederholt werden, um die Anforderungen weiterhin auf ihre Gültigkeit zu überprüfen und gegebenenfalls entsprechend anzupassen.[18]

Zusammenfassend kann konstantiert werden, dass die Anforderungsanalyse bei der Entwicklung neuer Produkte und Dienstleistungen angewendet wird. Im Rahmen dieser Arbeit werden im nächsten Schritt anhand einer Literaturrecherche bestehende Anforderungen an Allokationsansätze der kooperativen Spieltheorie ermittelt und klassifiziert (Abschn. 5.1). Die dadurch ermittelten

---

[12] Vgl. Naß et al. 2020, S. 655 ff.; Tremp 2022, S. 60.

[13] Vgl. Scharbert 2005, S. 95 ff.; Dautovic und Pfannstiel 2020, S. 326 f.; Preim und Dachselt 2015, S. 55 ff.; Tremp 2022, S. 60 ff.

[14] Vgl. Baur und Blasius 2022.

[15] Vgl. Bourque und Fairley 2014, Kap. 1, S. 7; Abran et al. 2004, Kap. 1, S. 4 und Kap. 2, S. 2.

[16] Vgl. Winter 2014, S. 99 ff.; Herrmann 2022, S. 179 f.

[17] Vgl. Bourque und Fairley 2014, Kap. 1, S. 10 f.

[18] Vgl. Bourque und Fairley 2014, Kap. 1, S. 11; Herrmann 2022, S. 177 f.

Anforderungen werden im nächsten Schritt durch praxisrelevante Anforderungen an die Modellierung eines Entscheidungsunterstützungssystems ergänzt (Abschn. 5.3). Hierzu werden potenzielle Anwender interviewt. In Abschnitt 6.1 erfolgt dann eine Überprüfung spieltheoretischer Lösungsansätze hinsichtlich der Erfüllung der ermittelten Anforderungen. Aufbauend auf der Analyse wird ein Entscheidungsunterstützungssystem zur Operationalisierung und Verteilung von Effizienzgewinnen im Gesundheits- und Pflegebereich entwickelt (Abschn. 6.2).

5.1 Theoretischen Anforderungen an ein Lösungskonzept zur Verteilung von Effizienzgewinnen

In der Literatur werden eine Vielzahl von Anforderungen an Allokationsansätze der kooperativen Spieltheorie diskutiert.[19] Anhand dieser lässt sich die Eignung der einzelnen Lösungsansätze zur Verteilung von Effizienzgewinnen aus der theoretischen Perspektive diskutieren. Im folgenden Kapitel werden daher Kriterien zur Bewertung derartiger Lösungsansätze dargestellt. Die einzelnen Anforderungen wurden in die Kategorien *Modellanforderungen* und *Praktikabilitätsanforderungen* unterteilt. Die Modellanforderungen lassen sich darüber hinaus in die Kategorien *Zulässigkeit*, *Fairness* und *Stabilität* unterteilen (siehe Abbildung 5.2). Die Anforderungskategorien wurden anhand einer ausführlichen Literaturrecherche entwickelt.[20] Sie sind als übergeordnete Anforderungen zu verstehen.[21] Demnach sollte ein Lösungskonzept formal anwendbar sein (*Zulässigkeit*), nicht gegen Kriterien verstoßen, die direkt als unfair gelten würden (*Fairness*) und möglich robust sein gegenüber Veränderungen oder im Hinblick auf unvollständige Informationen (*Stabilität*). Da die einzelnen Kategorien teilweise eng miteinander verknüpft sind, ist jedoch eine trennscharfe Abgrenzung kaum möglich. Im Nachfolgenden werden die einzelnen Kategorien mit ihren jeweiligen Anforderungen näher erläutert.

[19] Siehe Forschungsstand.

[20] In der Literatur existieren unterschiedliche Klassifizierungen der Anforderungen. Da vorherige Forschungsarbeiten jeweils immer nur einen Teil der hier dargestellten Anforderungen berücksichtigen, wurde eine eigene Klassifizierung der Anforderungen vorgenommen. Die Benennung der Oberkategorien der Modellanforderungen (Zulässigkeit, Fairness und Stabilität) orientiert sich jedoch teilweise an vorhanden Arbeiten zu der Thematik (siehe bspw. Strangmeier und Fiedler 2011, S. 50 ff. und Fischer 2008, S. 139 ff.).

[21] Vgl. z. B. Jene 2015, S. 12 f.; Strangmeier und Fiedler 2011, S. 50 ff.; Fromen 2004, S. 153 ff.

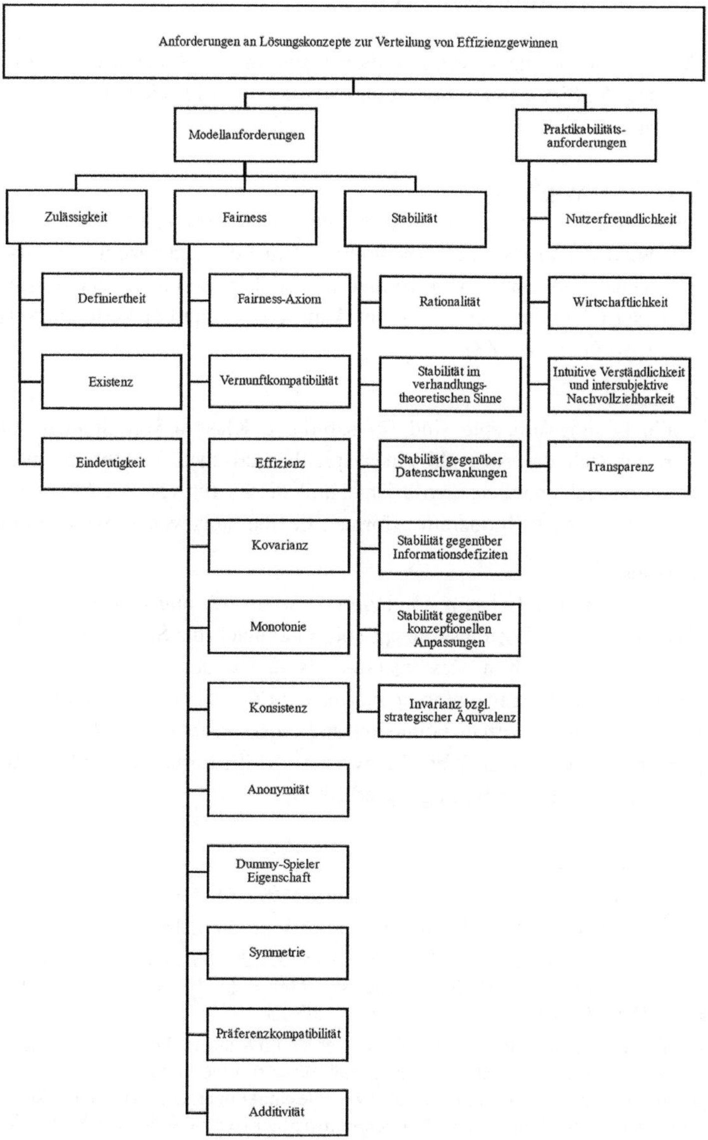

Abbildung 5.2 Theoretische Anforderungen an ein Lösungskonzept. (Quelle: Eigene Darstellung)

5.1.1 Modellanforderungen

Die Modellanforderungen wurden thematisch in die Kategorien *Zulässigkeit*, *Fairness* und *Stabilität* untergliedert und werden im Folgenden einzeln dargestellt sowie erläutert.

5.1.1.1 Zulässigkeit

In diesem Kapitel werden die Anforderungen an Lösungskonzepte unter dem Gesichtspunkt der *Zulässigkeit* beschrieben. Ein Lösungskonzept wird als zulässig bezeichnet, im Sinne von formal anwendbar, wenn es zur Lösung des Verteilungsproblems verwendet werden kann und genau ein Verteilungsergebnis ermittelt wird (siehe Z1-Z3).

Z1: Definiertheit[22]

Nicht alle Lösungskonzepte sind für sämtliche Klassen von Spielen definiert. Daher bietet sich die Auswahl eines spieltheoretischen Verfahrens an, dessen Definitionsbereich möglichst groß ist, damit dieses für verschiedene Arten von Spielen und demnach Kooperationsformen flexibel angewendet werden kann.[23]

Z2: Existenz[24]

Die Anforderung der Existenz impliziert, dass die Lösungsmenge nicht leer ist. Für das ausgewählte Lösungskonzept sollte demnach für Spiele in dem betrachteten Definitionsbereich mindestens eine Lösung existieren. Ein Spiel ($\Gamma(N, \upsilon)$), bestehend aus einer sogenannten *Spielermenge* ($N = \{1, 2, \ldots, n\}$), die alle Spieler bzw. Kooperationspartner beinhaltet und einer *charakteristischen Funktion* υ, die jeder Koalition[25] einen Wert[26] zuweist,[27] erfüllt formal die Anforderung der Existenz, wenn folgende Bedingung erfüllt ist:

---

[22] Siehe z. B. Fischer 2008, S. 140 ff.; Fromen 2004, S. 154; Zelewski 1987, S. 38.

[23] Siehe z. B. Fischer 2008, S. 140 ff.; Fromen 2004, S. 154; Zelewski 1987, S. 38.

[24] Siehe z. B. Zelewski 2018, S. 217; Jene 2015, S. 126; Strangmeier und Fiedler 2011, S. 50; Berninghaus et al. 2010, S. 17; Zelewski 2009, S. 68; Fischer 2008, S. 140; Fromen 2004, S. 155 f.; Zelewski 1987, S. 40; Fandel 1979, S. 19.

[25] Die Begriffe Koalition und Unterkoalition werden im Rahmen dieser Arbeit synonym verwendet. Unter einer Koalition oder Unterkoalition wird eine Teilmenge der Spielermenge N verstanden. Bei der Gesamtkoalition bzw. Gesamtkooperation wird eine Kooperation betrachtet bei der alle Spieler bzw. Kooperationspartner (N) zusammen kooperieren.

[26] In dem hier betrachteten Fall werden Effizienzgewinne betrachtet. Die charakteristische Funktion υ, weist demnach jeder Koalition einen Effizienzgewinn zu.

[27] Siehe z. B. Fromen 2004, S. 83; Owen 2001, S. 213.

$$|\sigma(\upsilon)| \geq 1 \tag{5.1}$$

Die Lösungsmenge des kooperativen Spiels ($\sigma(\upsilon)$) darf demnach nicht leer sein. Analog zur Anforderung der Definiertheit gilt auch hier ein Lösungskonzept als besonders vielversprechend, wenn für möglichst viele Arten von Spielen und damit Kooperationsformen mindestens eine Lösung berechnet werden kann.[28]

Z3: Eindeutigkeit[29]

Das Lösungskonzept soll genau eine Lösung ermitteln. Formal sollte daher gelten:

$$|\sigma(\upsilon)| = 1 \tag{5.2}$$

Diese Anforderung schließt die mengenbasierten Lösungsansätze aus. Begründet wird diese Anforderung dadurch, dass mehrere mögliche Lösungen in der Praxis als unbefriedigend bewertet werden würden. Hierbei bestünde das Problem, aus der Menge möglicher Lösungen eine auszuwählen.[30] *Zelewski* führt dagegen die Anforderung der *„kontrollierten Eindeutigkeit"*[31] ein. Hierbei nennt er Gründe, die in der Praxis für einen mengenbasierten Lösungsansatz sprechen könnten. Zum einen könne den Kooperationspartnern so gewisse Gestaltungsfreiheiten eingeräumt und die Chance gegeben werden, ihre Kompetenzen mit einfließen zu lassen. Andernfalls könne bei den Beteiligten das Gefühl entstehen, einem *„mathematischen Formalismus"*[32] machtlos gegenüberzustehen. Zum anderen bildet der Lösungsansatz gegebenenfalls, aufgrund von Modellannahmen, nicht alle realen Einflussfaktoren ab. Wird die Lösungsmenge nur eingeschränkt, so haben die Kooperationspartner noch die Möglichkeit, weiteres Wissen oder

[28] Siehe z. B. Zelewski 2018, S. 217; Jene 2015, S. 126; Fandel 1979, S. 19; Strangmeier und Fiedler 2011, S. 50; Zelewski 2009, S. 68; Fischer 2008, S. 140; Fromen 2004, S. 155 f.; Zelewski 1987, S. 40; Berninghaus et al. 2010, S. 17.

[29] Siehe z. B. Sudhölter und Peleg 1998, S. 386; Fromen 2004, S. 156 f.; Strangmeier und Fiedler 2011, S. 50; Fischer 2008, S. 140; Zelewski 1987, S. 44 f., 2018, S. 216 f.; Jene 2015, S. 126; Wißler 1997, S. 34 f.; Berninghaus et al. 2010, S. 17; Adam 2014, S. 83; Nash 1953, S. 129 ff.; Rawls 2017, S. 86; Frank 2003, S. 93.

[30] Siehe z. B. Sudhölter und Peleg 1998, S. 386; Fromen 2004, S. 156 f.; Strangmeier und Fiedler 2011, S. 50; Fischer 2008, S. 140; Zelewski 1987, S. 44 f., 2018, S. 216 f.; Jene 2015, S. 126; Wißler 1997, S. 34 f.; Berninghaus et al. 2010, S. 17; Hofstadter 2016, S. 113 ff.; Adam 2014, S. 83.

[31] Zelewski 1987, S. 44.

[32] Zelewski 1987, S. 45.

nicht berücksichtigte Parameter bei der Auswahl der Lösung mit einzubringen.[33] Diese Überlegungen von *Zelewski*, die im Gegensatz zur weitverbreiteten spieltheoretischen Anforderung der Lösungseindeutigkeit stehen, werden in der entsprechenden Fachliteratur auch bspw. von *Sackmann und Rittmann* vertreten.[34]

5.1.1.2 Fairness

Bei der Oberkategorie *Fairness* geht es um die grundsätzliche Anforderung, einer fairen Allokation der erwirtschaften Effizienzgewinne unter den Spielern bzw. Kooperationspartnern. Aufgrund der Nichtexistenz einer einheitlich anerkannten Definition von Fairness werden einzelne Kriterien vorgestellt, die in der Fachliteratur in diesem Zusammenhang diskutiert werden. Sie dienen der Konkretisierung und Operationalisierung des Begriffs „fair".[35]

F1: Fairness-Axiom[36]

Diese Bedingung geht auf *Zelewski* zurück. Sie besagt, dass je größer die Verhandlungsstärke eines Kooperationspartners ist, desto größer sollte auch sein Anteil vom Effizienzgewinn sein. Die Verhandlungsstärke setzt sich wiederum aus zwei Komponenten zusammen: zum einen aus dem maximalen marginalen Betrag, der bei Beitritt eines betrachteten Unternehmens in eine Koalition entsteht und zum anderen aus dem glaubwürdigen Drohpotenzial dieses Unternehmens, mindestens eine Außenseiterkoalition zu bilden.[37]

Das Fairness-Axiom wurde von *Zelewski* bewusst als Proportionalitätsbedingung formuliert, damit es für die Kooperationspartner verständlicher und innerhalb der Kooperation kommunizierbarer ist.[38] Es wird daher davon ausgegangen, dass diese Bedingung in der Praxis verstanden, nachvollzogen und als fair eingestuft wird.[39]

---

[33] Vgl. Zelewski 1987, S. 44 f.

[34] Vgl. Sackmann und Rittmann 2012, S. 252.

[35] Vgl. die Ausführungen zur Lokalität von Fromen 2004, S. 160.

[36] Siehe z. B. Zelewski 2009, S. 142 ff.; Jene 2015, S. 163 f.; Zelewski 2018, S. 222 f.; Zelewski und Heeb 2018, S. 383 f.

[37] Siehe z. B. Zelewski 2009, S. 142 ff.; Jene 2015, S. 163 f.; Zelewski 2018, S. 222 f.; Zelewski und Heeb 2018, S. 383 f.

[38] Siehe z. B. Zelewski 2009, S. 142 f.; Jene 2015, S. 163; Nakabayashi und Tone 2006, S. 137; Cachon und Lariviere 1999, S. 1095; Eyckmans 1997, S. 315.

[39] Siehe z. B. Zelewski 2009, S. 142 ff.; Jene 2015, S. 163 f.; Zelewski 2018, S. 222 f.; Zelewski und Heeb 2018, S. 383 f.

F2: Vernunftkompatibilität[40]

Das Kriterium der Vernunftkompatibilität setzt für jeden Spieler bzw. Partner einen Bereich fest, in dem sich sein Anteil vom Effizienzgewinn sinnvollerweise befinden sollte. Vernünftigerweise sollte der Anteil eines Kooperationspartners (x_i) zwischen dem kleinsten und dem größten marginalen Beitrag ($\upsilon(K \cup \{i\}) - \upsilon(K)$), den dieser zu einer Koalition K beiträgt, liegen. Der marginale Beitrag kann als Differenz zwischen dem Effizienzgewinn einer Koalition K der erzielt wird, wenn Kooperationspartner i beteiligt ist ($\upsilon(K \cup \{i\})$) und dem Effizienzgewinn der ohne i erzielt wird berechnet werden. Formal erfüllt ein Lösungsvektor $x \in \sigma(\upsilon)$ das Kriterium der Vernunftkompatibilität, wenn $\forall i \in N$ gilt:

$$\underbrace{\min_{K \subseteq N \setminus \{i\}} \{\upsilon(K \cup \{i\}) - \upsilon(K)\}}_{\textit{Untere Grenze}} \leq x_i \leq \underbrace{\max_{K \subseteq N \setminus \{i\}} \{\upsilon(K \cup \{i\}) - \upsilon(K)\}}_{\textit{Obere Grenze}} \tag{5.3}$$

Bei einer Abweichung des zugeteilten Betrages von diesem Allokationsbereich, wird erwartet, dass dieser als unfair eingestuft und demnach nicht akzeptiert werden würde.[41]

F3: Effizienz[42]

Nach dem Kriterium der Pareto-Effizienz[43] sollte der Effizienzgewinn vollständig unter den Beteiligten aufgeteilt werden. Die Summe der Anteile aller Partner vom Gesamtergebnis (υ(N)), also dem Effizienzgewinn, der bei der Kooperation der Partner $1, \ldots, n$ entsteht, muss demzufolge diesem entsprechen.[44] Formal gilt:

$$\forall\, x \in \sigma(\upsilon) \text{ ist } \sum_{i \in N} x_i = \upsilon(N) \tag{5.4}$$

---

[40] Siehe z. B. Fromen 2004, S. 164 f.; Gerard-Varet und Zamir 1987, S. 123 ff.

[41] Siehe z. B. Fromen 2004, S. 164 f.; Gerard-Varet und Zamir 1987, S. 123 ff.

[42] Siehe z. B. Zelewski 2018, S. 226; Zelewski und Heeb 2018, S. 386; Zelewski 2009, S. 208; Jene 2015, S. 125; Strangmeier und Fiedler 2011, S. 50; Gilles 2010, S. 30; Wiese 2002, S. 145; Borgwardt 2001, S. 596; Myerson 2004, S. 428; Kolokoltsov und Malafeyev 2010, S. 168; Peters 2008, S. 124; Fromen 2004, S. 161 f.; Müller 2015, S. 463; Slikker und Nouweland 2001, S. 11.

[43] Das Kriterium der Pareto-Effizienz wird in der Literatur in diesem Zusammenhang auch des Öfteren als Guppenrationalität bezeichnet (vgl. z. B. Fromen 2004, S. 161 f.).

[44] Siehe z. B. Zelewski 2018, S. 226; Zelewski und Heeb 2018, S. 386; Zelewski 2009, S. 208; Jene 2015, S. 125; Strangmeier und Fiedler 2011, S. 50; Gilles 2010, S. 30; Wiese 2002, S. 145; Borgwardt 2001, S. 596; Myerson 2004, S. 428; Kolokoltsov und Malafeyev 2010, S. 168; Peters 2008, S. 124; Fromen 2004, S. 161 f.; Müller 2015, S. 463; Holler et al. 2019, S. 206.

F4: Kovarianz[45]

Die Anforderung der Kovarianz besagt, dass das Allokationsergebnis sowohl unabhängig von Variationen der Maßeinheiten als auch von Verschiebungen des Ausgangsmesswertes sein sollte. Formal sollte die folgende Bedingung erfüllt sein:[46]

$$\sigma(\alpha\upsilon + \beta) = \alpha\sigma(\upsilon) + \beta, \mathit{mit}\ \alpha > 0\ \mathit{und}\ \beta = (\beta_1, \ldots, \beta_n) \tag{5.5}$$

F5: Monotonie[47]

Dem Kriterium der Monotonie liegt eine dynamische Betrachtungsweise zugrunde. Dabei wird untersucht, wie ein Allokationsansatz auf Änderungen der Ausgangssituation sowie der Anzahl der Partner reagiert.[48] Hierbei wird im Zusammenhang mit den betrachteten Lösungsansätzen vorrangig nach der *Aggregat-Monotonie*, der *Koalitions-Monotonie* und der *strengen Monotonie* unterschieden.[49]

Mit dem Kriterium der *Aggregat-Monotonie* wird sichergestellt, dass bei steigendem Effizienzgewinn, der Anteil jedes einzelnen Partners im Vergleich zum Ausgangsszenario nicht sinkt. Bei der Aufteilung von Kosten dürfen diese bei einer Verringerung der Gesamtkosten, bezogen auf jeden einzelnen Partner, nicht steigen. Andernfalls würden die Beteiligten die Allokation aller Wahrscheinlichkeit nach nicht als fair bewerten. Formal gilt das Kriterium als erfüllt, wenn für zwei Spiele, d. h. Anwendungen des Lösungsansatzes, $\Gamma_1(N, \upsilon)$ und $\Gamma_2(N, \omega)$ mit $\omega(N) \geq \upsilon(N) \wedge \omega(K) = \upsilon(K)$ für alle $K \subset N$ gilt:[50]

$$\sigma_i(\omega) \geq \sigma_i(\upsilon)\ \forall\, i \in N. \tag{5.6}$$

[45] Siehe z. B. Fischer 2008, S. 141 f.; Wißler 1997, S. 35; Frank 2003, S. 93.

[46] Siehe z. B. Fischer 2008, S. 141 f.; Wißler 1997, S. 35; Frank 2003, S. 93.

[47] Siehe z. B. Fromen 2004, S. 165 ff.; Fischer 2008, S. 141; Maschler 1992, S. 613; Young 1985b, S. 67; Wißler 1997, S. 45 ff.; Strangmeier und Fiedler 2011, S. 51; Zelewski 2009, S. 46.

[48] *Strangmeier und Fiedler* schlagen vor das Kriterium der Monotonie nicht in die Untersuchung der Lösungsansätze mit aufzunehmen. Begründet wird dies damit, dass es in der Praxis nicht zu Veränderungen von nur einzelnen Koalitionswerten, bei Konstanz der anderen Werte kommt (vgl. Strangmeier und Fiedler 2011, S. 51).

[49] Ebenfalls wurde in der Literatur die Populations-Monotonie im Hinblick auf die Lösungskonzepte diskutiert. Diese Bedingung sei jedoch nicht allgemein für alle Lösungskonzepte zu fordern. Daher wurde an dieser Stelle auf eine Aufnahme des Kriteriums verzichtet.

[50] Siehe z. B. Fromen 2004, S. 165 f.; Maschler 1992, S. 613; Megiddo 1974, S. 355 ff.

Die *Koalitions-Monotonie* betrachtet die einzelnen Unterkoalitionen eines Zusammenschlusses. Dabei gilt ein Lösungsansatz als koalitionsmonoton, wenn die Mitglieder einer Koalition, deren Kosten gesenkt oder deren Gewinn erhöht wird, in der Gesamtkooperation nicht benachteiligt werden. Formal gilt das Kriterium als erfüllt, wenn für zwei Spiele, d. h. Anwendungen des Lösungsansatzes $\Gamma_1(N, \upsilon)$ und $\Gamma_2(N, \omega)$ mit $\omega(K) \geq \upsilon(N)$ für ein $K \subseteq N \wedge \omega(L) = \upsilon(L)$ für die restlichen $L \subseteq N$ gilt:[51]

$$\sigma_i(\omega) \geq \sigma_i(\upsilon) \; \forall \, i \in K. \tag{5.7}$$

Bei der *strengen Monotonie* werden die Grenzbeiträge der einzelnen Beteiligten betrachtet. Bei zwei Anwendungen eines Lösungsansatzes gilt: Wenn der marginale Beitrag eines Partners für jede Unterkoalition gegenüber der ersten Situation steigt oder konstant bleibt, sollte der ihm zugeteilte Anteil vom Effizienzgewinn zumindest nicht sinken. Formal gilt das Kriterium als erfüllt, wenn für zwei Spiele, d. h. Anwendungen des Lösungsansatzes, $\Gamma_1(N, \upsilon)$ und $\Gamma_2(N, \omega)$ und $i \in N$ gilt:[52]

$$\Delta_{\mathrm{i}}(K, \omega) \geq \Delta_i(K, \upsilon) \; \forall \, K \subseteq N \Rightarrow \sigma_i(\omega) \geq \sigma_i(\upsilon) \text{ mit} \tag{5.8}$$

$$\Delta_i(K, \upsilon) = \begin{cases} \upsilon(K) - \upsilon(K \backslash \{i\}, & i \in K, \\ \upsilon(K \cup \{i\}) - \upsilon(K), & i \notin K. \end{cases} \tag{5.9}$$

F6: Konsistenz[53]

Die Eigenschaft der Konsistenz besagt, dass bei der Aufteilung eines Spieles in Teilspiele, die insgesamt zugeteilten Allokationswerte unverändert bleiben. Bezogen auf eine Kooperation kann diese Bedingung wie folgt interpretiert werden: Wird ein Lösungsansatz für die Gesamtkooperation angewendet, dann erhalten die Beteiligten den gleichen Anteil vom Effizienzgewinn, wie bei der Anwendung des Lösungskonzeptes für alle einzelnen Arbeitspakete oder Fachgruppen innerhalb des Vorhabens.[54]

---

[51] Siehe z. B. Fromen 2004, S. 167; Young 1985b, S. 65 ff.; Shubik 1962, S. 335 ff.

[52] Siehe z. B. Young 1985b, S. 69; Fromen 2004, S. 168 f.

[53] Siehe z. B. Fromen 2004, S. 169 f.; Maschler 1992, S. 618 f.; Peleg 1986, S. 189 f.

[54] Siehe z. B. Fromen 2004, S. 169 f.; Maschler 1992, S. 618 f.; Peleg 1986, S. 189 f.

F7: Anonymität[55]

An einen Lösungsansatz ist die Forderung zu stellen, dass die sich durch das Konzept ergebende Lösung unabhängig von dem Namen des jeweiligen Spielers bzw. Partners sein muss. Eine einfache Änderung des Namens bei ansonsten gleichen Werten darf nicht zu einer Veränderung der Allokationsergebnisse führen. Formal gilt für sämtliche Permutationen Π von N:

$$\sigma_{\Pi(i)}(\Pi\upsilon) = \sigma_i(\upsilon)\, \forall\, i \in N \tag{5.10}$$

Falls die Anforderung der Anonymität nicht erfüllt ist, so wird das Verfahren in der Praxis keine Akzeptanz finden, da sich die Partner aller Voraussicht nach ungerecht behandelt fühlen würden.[56]

F8: Dummy-Spieler-Eigenschaft[57]

Diese Eigenschaft liegt dem Shapley-Lösungsansatz zugrunde. Ein Dummy-Spieler trägt nur den Betrag zur Koalition bei, den er auch beim alleinigen Agieren erwirtschaften könnte. Demnach sollte ihm von dem Lösungskonzept auch nur dieser Anteil zugeteilt werden. Wenn ein Partner bei Eintritt in jeder Kooperationsvariante zu einer Erhöhung des Koalitionsgewinns um $\upsilon(\{i\})$ beiträgt, so müsste ihm genau dieser Anteil auch zugewiesen werden. Formal gilt:

Falls $\upsilon(K \cap \{i\}) = \upsilon(K) \forall\, K \subset N$, dann erfüllt eine Kooperation $\Gamma(N, \upsilon)$ die Dummy-Spieler-Eigenschaft, falls für jeden Beteiligten i gilt:

$$x_i = \upsilon(\{i\})\, \forall\, x \in \sigma(\upsilon) \tag{5.11}$$

---

[55] Siehe z. B. Sudhölter und Peleg 1998, S. 386; Wißler 1997, S. 36 f.; Fromen 2004, S. 171 f.; Fischer 2008, S. 140 f.; Strangmeier und Fiedler 2011, S. 52; Jene 2015, S. 294; Friedman 1991, S. 267.

[56] Siehe z. B. Sudhölter und Peleg 1998, S. 386; Wißler 1997, S. 36 f.; Fromen 2004, S. 171 f.; Fischer 2008, S. 140 f.; Strangmeier und Fiedler 2011, S. 52; Jene 2015, S. 294.

[57] Siehe z. B. Jene 2015, S. 120; Strangmeier und Fiedler 2011, S. 52; Wiese 2015, S. 202; Myerson 2004, S. 437; Borgwardt 2001, S. 605; Fischer 2008, S. 141; Wißler 1997, S. 38; Fromen 2004, S. 104; Osborne und Rubinstein 2011, S. 292 f.; Shubik 1962, S. 330.

Ein besonderer Fall des Dummy-Spielers ist der sogenannte Null-Spieler. Hierbei gilt, dass, wenn ein Partner bei Aufnahme in die Kooperation keinen Beitrag zur Erhöhung des Effizienzgewinns leistet, er auch keinen Anteil von diesem erhalten sollte.[58]

F9: Symmetrie[59]

Der Symmetrie-Eigenschaft, auch als *Gleichbehandlungseigenschaft* oder *Austauschbarkeit* in der Literatur bezeichnet, liegt der Shapley-Lösungsansatz zugrunde. Demnach wird eine Allokation nur dann als fair bewertet, wenn keiner der Partner bei gleicher Leistung benachteiligt wird. Leisten zwei Partner den gleichen Beitrag zum Erfolg der Kooperation, so sollte diesen auch der identische Anteil vom Effizienzgewinn zustehen. Formal gilt für zwei Kooperationspartner i und j, dass wenn $v(K \cup \{i\}) = v(K \cup \{j\}) \forall K \subseteq N \backslash \{i,j\}, \forall x \in \sigma(v)$ gelten muss:[60]

$$x_i = x_j. \tag{5.12}$$

F10: Präferenzkompatibilität[61]

Die Präferenzkompatibilität besagt, dass ein Partner, der in jeder möglichen Koalition mindestens den gleichen Beitrag wie ein anderer Partner zum Effizienzgewinn leistet, im Hinblick auf die Allokation nicht schlechter gestellt werden darf. Zudem sollte er maximal genauso entbehrlich für die Kooperation sein, wie der andere Partner. Diese Forderung steht damit im engen Zusammenhang zur Gleichbehandlungs-Eigenschaft. Formal gilt für zwei Kooperationspartner i und j, dass wenn [62]$v(K \cup \{i\}) \geq v(K \cup \{j\}) \forall K \subseteq N \backslash \{i,j\}, \forall x \in I(v)$ gelten muss:

$$x_i \geq x_j \tag{5.13}$$

[58] Siehe z. B. Jene 2015, S. 120; Peters 2008, S. 243; Skibski 2011, S. 130; Gilles 2010, S. 76 f.; Slikker und Nouweland 2001, S. 11 f.

[59] Siehe z. B. Strangmeier und Fiedler 2011, S. 51 f.; Fromen 2004, S. 173 f.; Sudhölter und Peleg 1998, S. 386; Fischer 2008, S. 141; Jene 2015, S. 119 f.; Wiese 2015, S. 213 f.; Slikker und Nouweland 2001, S. 11.

[60] Siehe z. B. Strangmeier und Fiedler 2011, S. 51 f.; Fromen 2004, S. 173 f.; Sudhölter und Peleg 1998, S. 386; Fischer 2008, S. 141; Jene 2015, S. 119 f.; Wiese 2015, S. 213 f.; Slikker und Nouweland 2001, S. 11.

[61] Siehe z. B. Fromen 2004, S. 174 f.; Sudhölter und Peleg 1998, S. 386; Potters und Sudhölter 1999, S. 94.

[62] Siehe z. B. Fromen 2004, S. 174 f.; Sudhölter und Peleg 1998, S. 386; Potters und Sudhölter 1999, S. 94.

F11: Additivität[63]

Die Frequenz der Durchführung des Lösungsansatzes (bspw. täglich, wöchentlich oder monatlich) sollte keinen Einfluss auf das letztendliche Verteilungsergebnis haben. Formal gilt das Kriterium der Additivität für zwei Spiele υ und ω erfüllt, wenn gilt:[64]

$$\sigma_i(\upsilon + \omega) = \sigma_i(\upsilon) + \sigma_i(\omega) \; \forall \, i \in N \tag{5.14}$$

Dem Additivitätskriterium liegt ebenfalls der Shapley-Lösungsansatz zugrunde. Es wird in der entsprechenden Fachliteratur jedoch vor allem im Hinblick auf die Forderung der Subadditivität der Effizienzgewinne diskutiert.[65] *Fromen* schlägt daher vor, das Kriterium bei der Bewertung möglicher Lösungsansätze nicht mit einzubeziehen.[66]

5.1.1.3 Stabilität

Eine weitere wichtige Anforderung an ein geeignetes Lösungskonzept ist die *Stabilität* des sich ergebenen Allokationsergebnisses im Hinblick auf potenzielle Gegenargumente und Veränderungen der Ausgangssituation. In kooperativen Zusammenschlüssen kann es zu Veränderungen, bspw. der Ausgangsdaten, der verfügbaren Informationen sowie der konzeptionellen Rahmenbedingungen kommen. Daher ist eine wichtige Anforderung an das Entscheidungsunterstützungssystem, dass dieses flexibel angepasst werden kann und damit relativ robust auf derartige Schwankungen reagiert.

---

[63] Siehe z. B. Jene 2015, S. 121; Strangmeier und Fiedler 2011, S. 52; Zelewski 2018, S. 221; Fromen 2004, S. 174 f.; Zelewski 1987, S. 10; Wißler 1997, S. 37; Borgwardt 2001, S. 605; Wiese 2015, S. 203; Peters 2008, S. 244; Saad et al. 2011, S. 356; Slikker und Nouweland 2001, S. 11; Schwarze 1983, S. 49 f.; Myerson 2004, S. 483.

[64] Siehe z. B. Jene 2015, S. 121; Strangmeier und Fiedler 2011, S. 52; Zelewski 2018, S. 221; Fromen 2004, S. 174 f.; Zelewski 1987, S. 10; Wißler 1997, S. 37; Borgwardt 2001, S. 605; Wiese 2015, S. 203; Peters 2008, S. 244; Saad et al. 2011, S. 356; Slikker und Nouweland 2001, S. 11; Schwarze 1983, S. 49 f.; Myerson 2004, S. 483.

[65] Vgl. Zelewski 1987, S. 10; Fromen 2004, S. 106.

[66] Vgl. Fromen 2004, S. 174 f.

S1: Rationalität[67]

Dem Rationalitätskriterium liegt eine strategische Sichtweise auf mögliche Optionen der jeweiligen Partner zugrunde. Ein Lösungskonzept sollte die Kriterien der *individuellen Rationalität* und der *kollektiven Rationalität* erfüllen.

Nach der individuellen Rationalität sollte der Anteil eines Kooperationspartners vom Effizienzgewinn mindestens dem Betrag entsprechen, den dieser allein auf dem Markt erzielen könnte. Bei einer Aufteilung von Kosten sollten diese in der Kooperation für einen Partner nicht höher sein als bei autonomer Handlungsweise. Hierbei wird vorausgesetzt, dass alle Beteiligten rational handeln und bestrebt sind, ihren Nutzen zu maximieren. Demnach wird eine Kooperation nur dann eingegangen oder weitergeführt, wenn der dadurch erzielte Effizienzgewinn nicht kleiner ist als bei alleinigem Agieren.[68] Formal gilt:

$$\text{Wenn}\, x \in \sigma(\upsilon),\ \text{dann ist}\, x_i \geq \upsilon(\{i\})\ \forall\, i \in N. \tag{5.15}$$

Das Kriterium der kollektiven Rationalität besagt, dass ein Partner bei der Gesamtkoalition einen Anteil vom Effizienzgewinn zugeschrieben wird, der mindestens so groß ist, wie in jeder möglichen Unterkoalition. Dieses Kriterium ist gerade im Hinblick auf die Stabilität der Kooperation entscheidend. Wenn mindestens ein Kooperationspartner in einer alternativen Kooperation bessergestellt werden würde, während die Beträge der anderen Partner identisch sind, so wäre die Gesamtkoalition nicht mehr stabil.[69] Formal gilt eine Allokationslösung $x \in \sigma(\upsilon)$ als stabil, wenn gilt:

$$\sum\nolimits_{i \in K} x_i \geq \upsilon(K)\ \text{ist}\ \forall\, K \subseteq N \tag{5.16}$$

[67] Siehe z. B. Fromen 2004, S. 161 ff.; Zelewski 1987, S. 35 f.; Fischer 2008, S. 140; Wißler 1997, S. 38 ff.; Zelewski 2009, S. 94 ff.; Strangmeier und Fiedler 2011, S. 50; Zelewski 2018, S. 216; Jene 2015, S. 123 ff.; Zelewski und Heeb 2018, S. 386 f.; Müller 2015, S. 462 f.

[68] Siehe z. B. Fromen 2004, S. 161; Zelewski 1987, S. 43 f.; Fischer 2008, S. 140; Wißler, S. 38 ff.; Fandel 1979, S. 19 f.; Zelewski 2009, S. 95 ff.; Müller 2015, S. 462 f.; Zelewski 2018, S. 216; Strangmeier und Fiedler 2011, S. 50; Jene 2015, S. 123 ff.; Zelewski und Heeb 2018, S. 386 f.; Koller 1983; S. 5 ff.; Peters 2008, S. 124 ff.; Luce und Raiffa 2012, S. 193; Tijs 1981, S. 127; Driessen und Tijs 1985a, S. 10 f.; Shapley 1971, S. 24.

[69] Siehe z. B. Fromen 2004, 162 f.; Zelewski 1987, S. 44; Fischer 2008, S. 140; Wißler 1997, S. 38 ff.; Zelewski 2009, S. 209; Müller 2015, S. 460 ff.; Zelewski 2018, S. 216; Zelewski und Heeb 2018, S. 386 f.; Strangmeier und Fiedler 2011, S. 50; Jene 2015, S. 123 ff.; Luce und Raiffa 2012, S. 193 ff.; Schwarze 1983, S. 25 f.

S2: Stabilität im verhandlungstheoretischen Sinne[70]

Eine sich durch einen Lösungsansatz ergebende Allokation ist umso stabiler, je mehr sie mit dem Konzept der Verhandlungsmengen übereinstimmt und demnach robust gegenüber potenziellen Gegenargumenten der einzelnen Partner ist.[71]

S3: Stabilität gegenüber Datenschwankungen[72]

Innerhalb von kooperativen Zusammenschlüssen werden sich Schwankungen, bspw. bezogen auf einzelne Kosten- oder Erlöspositionen, ergeben. Diese Abweichungen führen direkt zu Veränderungen der Eingabevariablen. Ein Lösungskonzept sollte daher idealerweise recht stabil auf kleinere Datenschwankungen reagieren. Zudem sollte eine kleine Abweichung der Ausgangsparameter nicht zu großen Veränderungen beim Allokationsergebnis führen. Diese Anforderung wird auf das *Nash-Lösungskonzept* zurückgeführt.[73] Eine Überprüfung dieser Anforderung kann anhand der ersten partiellen Ableitung der Funktion σ, die dem jeweiligen Lösungsansatz zugrunde liegt, erfolgen. Dabei gilt, dass größere partielle Ableitungen mit einer Instabilität gegenüber Datenschwankungen einhergehen.[74]

S4: Stabilität gegenüber Informationsdefiziten[75]

Der Anstieg der Anzahl der Partner einer Kooperation geht mit einem exponentiellen Wachstum aller möglichen Koalitionen und damit mit einem höheren Operationalisierungsaufwand einher. Hierbei kann es zu Informationsdefiziten kommen, sodass nicht alle benötigten Daten verfügbar oder bekannt sind. Dies kann in Abhängigkeit von der Relevanz der nicht vorhandenen Daten eventuell dazu führen, dass eine Allokationslösung nicht möglich ist. Ein Lösungskonzept sollte daher besonders gut bewertet werden, wenn es möglichst stabil auf Informationsdefizite reagiert. Demnach ist es sinnvoll, zu überprüfen, ob alle Ausgangsdaten von den jeweiligen Lösungsansätzen wirklich benötigt werden. Zudem sollte eine Differenzierung der Eingangsdaten nach der jeweiligen Wichtigkeit erfolgen, sodass deutlich wird, welche Daten notwendig und welche Daten sinnvoll, aber optional sind.[76] Demnach sollte das Allokationsverfahren auch bei

[70] Vgl. Fromen 2004, 163 f.

[71] Vgl. Fromen 2004, 163 f.

[72] Vgl. Fromen 2004, S. 175 f.; Zelewski 1987, S. 45 ff.

[73] Siehe z. B. Zelewski 1987, S. 45 ff.; Nash 1953, S. 137; Shubik 1965, S. 62; Fandel 1985, S. 191 ff.

[74] Vgl. Fromen 2004, S. 175 f.

[75] Vgl. Fromen 2004, S. 176 f. Diese Anforderung wird auch Anforderung an minimale Koalitionskenntnisse genannt (vgl. Strangmeier und Fiedler 2011, S. 50 f.; Jene 2015, S. 127; Zelewski 2009, S. 90, 2018, S. 218).

[76] Vgl. Fromen 2004, S. 176 f.

unvollständigen Informationen im Hinblick auf die charakteristische Funktion eine Lösung ermitteln.[77]

S5: Stabilität gegenüber konzeptionellen Anpassungen[78]
Das Lösungskonzept soll auch bei konzeptionellen Veränderungen noch anwendbar sein. Im Laufe der Zeit können andere Kooperationsformen entstehen, Strukturen oder Vorgehensweise sich verändern. Damit das Lösungskonzept vielseitig anwendbar ist, sollte es demnach robust gegen derartige Anpassungen sein.[79]

S6: Invarianz bezüglich strategischer Äquivalenz[80]
Diese Anforderung besagt, dass im Fall von zwei strategisch äquivalenten Spielen ($\Gamma_1(N, \upsilon)$ und $\Gamma_2(N, \omega)$), die jeweiligen Lösungskonzepte σ als lineare Abbildung voneinander dargestellt werden können.[81] Formal gilt:

$$\sigma(\omega) = \alpha\sigma(\upsilon) + \beta \, mit \, \alpha > 0 \, und \, \beta \in \mathbb{R}^n \quad (5.17)$$

5.1.2 Praktikabilitätsanforderungen

Zur Gewährleistung der Anwendbarkeit eines Lösungskonzeptes und insbesondere im Rahmen von Netzwerkstrukturen, sollte dieses die Anforderung der *Praktikabilität* erfüllen. Diese übergeordnete Anforderung kann in die folgenden einzelnen Unteranforderungen (P1-P4) aufgeteilt werden.[82]

---

[77] Siehe z. B. Strangmeier und Fiedler 2011, S. 50 f.; Jene 2015, S. 127; Zelewski 2009, S. 90, 2018, S. 218.

[78] Vgl. Fromen 2004, S. 177; Zelewski 1987, S. 40.

[79] Vgl. Fromen 2004, S. 177; Zelewski 1987, S. 40.

[80] Vgl. Sudhölter und Peleg 1998, S. 386; Fromen 2004, S. 158 f.

[81] Vgl. Sudhölter und Peleg 1998, S. 386; Fromen 2004, S. 158 f.

[82] Die in der Literatur verwendeten Kriterien hinsichtlich der Praktikabilität der Lösungsansätze zeichnen sich durch eine hohe Ungenauigkeit und Unbestimmtheit ab. Es ist dabei nicht klar ersichtlich, wie die einzelnen Anforderungen hinsichtlich ihrer Erfüllung überprüft werden können.

P1: Nutzerfreundlichkeit[83]
Die Nutzerfreundlichkeit ist eine Anforderung hinsichtlich der Praktikabilität des Lösungskonzeptes.[84] Die Erfüllung des Kriteriums kann zum Beispiel anhand der Existenz einer Softwareunterstützung für den jeweiligen Lösungsansatz bewertet werden. Sofern eine geeignete Software zur Verfügung steht, die bspw. die Berechnungen durchführt und durch den Allokationsprozess leite, sei laut *Jene* die Wahrscheinlichkeit der Anwendung der Lösungsansätze höher. Eine Software könne zudem dazu beitragen, Risiken durch Berechnungsfehler und Anwendungsfehler zu reduzieren. Zudem könne die Nutzung einer Software zu Zeitersparnissen führen.[85]

P2: Wirtschaftlichkeit[86]
Im Rahmen dieses Kriteriums wird der Aufwand dem Nutzen gegenübergestellt, der bei der Anwendung eines Lösungskonzeptes entsteht. Hierbei kann eine Differenzierung nach den Kosten zur Operationalisierung der benötigten Inputvariablen und denen zur Lösung des Allokationsproblems sinnvoll sein.[87] Das Verhältnis von Kosten und Nutzen sollte demnach überprüft und in Vergleich zu alternativen Vorgehensweisen gesetzt werden. Idealerweise sollte der Aufwand geringer sein als der erzielte Nutzen.[88] *Fromen* schlägt hierbei vor, die spieltheoretischen Ansätze danach zu untersuchen, ob es einen Algorithmus gibt und inwiefern die Kosten mit der Anzahl der Partner steigen.[89]

P3: Intuitive Verständlichkeit und intersubjektive Nachvollziehbarkeit[90]
Für alle Kooperationspartner sollte die Definition und Konkretisierung des Fairnessbegriffs intuitiv nachvollziehbar sein, sodass diese akzeptiert wird. Zudem sollte die zugrundeliegende Theorie hinter dem Allokationsverfahren von den Beteiligten nachvollzogen und verstanden werden können. Diesem Kriterium wird

---

[83] Vgl. Zelewski 2018, S. 218; Jene 2015, S. 291.

[84] Vgl. Zelewski 2018, S. 218.

[85] Vgl. Jene 2015, S. 291 f.

[86] Vgl. Fischer 2008, S. 142; Fromen 2004, S. 157 f.; Zelewski 1987, S. 37.

[87] Vgl. Fromen 2004, S. 157.

[88] Vgl. Fischer 2008, S. 142; Fromen 2004, S. 157 f.; Zelewski 1987, S. 37.

[89] Vgl. Fromen 2004, S. 157 f. Hierbei unterscheidet Fromen zwischen einem exponentiellem und einem langsameren als exponentiellem Wachstum sowie einem Aufwand gemessen in komplexen und natürlichen Schritten (vgl. Fromen 2004, S. 158).

[90] Vgl. Zelewski 2009, S. 22; Strangmeier und Fiedler 2011, S. 53; Zelewski 1987, S. 38 f.; Fromen 2004, S. 160 f.; Jene 2015, S. 290 ff.; Sackmann und Rittmann 2012, S. 252; Koller 1983, S. 5 ff.

in der Literatur eine hohe Bedeutung hinsichtlich der Akzeptanz eines Allokationsansatzes zugeschrieben.[91] *Fromen* schlägt vor, die Lösungsansätze anhand der möglichen Einwände gegen das Konzept sowie des Grades der Annäherung an die intuitive Auffassung des Fairnessbegriffs zu bewerten.[92] Die Erfüllung der Anforderungen der intuitiven Nachvollziehbarkeit und intersubjektiven Verständlichkeit kann sich auch durch die Fähigkeit der Kommunizierbarkeit der Lösungsansätze darstellen. Demnach sollte ein Lösungskonzept so gut inhaltlich verstanden werden, dass es in eigenen Worten wiedergegeben und kommuniziert werden kann.[93]

P4: Transparenz[94]
Damit ein Lösungskonzept praktikabel ist, wird zudem gefordert, dass sowohl das Modell an sich mit den dort einfließenden Informationen und Daten, aber auch die Vorgehensweise für die Kooperationspartner klar ersichtlich sind.[95]

5.2 Methodisches Vorgehen zur Ermittlung von Anforderungen an ein Entscheidungsunterstützungssystem aus der Praxis

Während die in Kapitel 4 beschriebenen Lösungsansätze für horizontale Kooperationen bereits zur Anwendung kamen, besteht noch größtenteils Unkenntnis über die Verteilung von Effizienzgewinnen im Gesundheits- und Pflegebereich sowie bei Kooperationen zwischen Unternehmen unterschiedlicher Branchen.[96] Grundlegende Probleme liegen bspw. in der Unbestimmtheit des Begriffs „fair" und in

[91] Vgl. Zelewski 2009, S. 22; Strangmeier und Fiedler 2011, S. 53; Zelewski 1987, S. 38 f.; Fromen 2004, S. 160 f.; Jene 2015, S. 290 ff.; Sackmann und Rittmann 2012, S. 252; Koller 1983, S. 5 ff.

[92] Zur Überprüfung der Erfüllung dieser Anforderung definiert Fromen vier Erfüllungsgrade. Die Anforderung ist demnach umso besser erfüllt, je mehr das Lösungskonzept mit einem intuitiven Fairnessverständnis übereinstimmt (vgl. Fromen 2004, S. 160 f.). Dabei erfolgt jedoch keine detailliertere Erläuterung, was explizit unter einer *„intuitiven Vorstellung des Fairness-Begriffs"* (Fromen 2004, S. 161) zu verstehen ist.

[93] Vgl. Strangmeier und Fiedler 2011, S. 53; Zelewski 2009, S. 68; Jene 2015, S. 122 f.; Zelewski 2018, S. 217 f.; Zelewski und Heeb 2018, S. 390.

[94] Vgl. Fromen 2004, S. 154; Zelewski 1987, S. 35.

[95] Vgl. Fromen 2004, S. 154; Zelewski 1987, S. 35.

[96] Siehe hierzu Kapitel 2.

den Bedingungen, welche vorliegen müssen, damit ein System in der Praxis von den Beteiligten akzeptiert wird.[97]

Ergänzend zu der Analyse theoretischer Anforderungen an bereits existierende Lösungsansätze der kooperativen Spieltheorie erfolgt daher eine Untersuchung weiterer Anforderungen aus der Sicht möglicher späterer Anwender. Hierbei sollen Vorstellungen potenzieller Nutzer von einem für sie hilfreichen Entscheidungsunterstützungssystem sowie Erfahrungen aus der Praxis gewonnen werden. Zudem soll erörtert werden, welche anwendungsrelevanten Anforderungen an ein System zur Operationalisierung und Verteilung von Effizienzgewinnen zu berücksichtigen sind. Wie im Abschnitt 5.1.1.2 zur Fairness bereits dargestellt, existieren in der Literatur bereits mehrere Hinweise darauf, welche Aspekte erfüllt sein müssten, damit ein Allokationsansatz Akzeptanz findet und als „fair" eingestuft wird. Diese Kriterien sind jedoch bisher lediglich theoretisch hergeleitet worden, sodass es an empirischen Kenntnissen mangelt.

Mithilfe von Experteninterviews sollen daher Kenntnisse u. a. über Wirkungszusammenhänge und relevante Variablen gewonnen werden, um darauf aufbauend einen ersten Ansatz für ein Entscheidungsunterstützungssystem zur Operationalisierung und Verteilung von Effizienzgewinnen entwickeln zu können. Es soll daher herausgefunden werden, welche Anforderungen und Vorstellungen an ein solches Entscheidungsunterstützungssystem im AAL-Bereich bestehen. Hierfür sollen unterschiedliche Sichtweisen und Expertisen aus verschiedenen Branchen in die Analyse aufgenommen werden.

Ziel ist es demnach, einige praxisnahe Anforderungen an ein Entscheidungsunterstützungssystem zur Operationalisierung und fairen Verteilung von Effizienzgewinnen zu identifizieren.

Dieses Kapitel dient zur Beschreibung der methodischen Vorgehensweise. Nach einer Erläuterung der Herangehensweise und der Vorüberlegungen zur Datenerhebung, wird die Auswahl und Zusammensetzung der Stichprobe geschildert. Abschließend erfolgt eine, vor dem Hintergrund der Forschungsabsicht begründete, Beschreibung der Analyse und Auswertung der Daten.

[97] Vgl. Jene 2015, S. 323 f.; Zelewski 2009, S. 142 ff., 2018, S. 222 f.; Zelewski und Heeb 2018, S. 384 f.

5.2.1 Experteninterviews

Um Hinweise über Praxisbedingungen und Bedarfe potenzieller Anwender für ein Entscheidungsunterstützungssystem zur Operationalisierung und Verteilung von Effizienzgewinnen zu erhalten, werden Experteninterviews durchgeführt. Für die vorliegende Arbeit wurde die Methode der Experteninterviews gewählt, da diese sich dadurch auszeichnet, dass die Befragten als Personen weniger im Mittelpunkt des Erkenntnisgewinns stehen, sondern vielmehr als Repräsentanten ihres jeweiligen Berufs- oder Handlungsfeldes auftreten und aus dieser Rolle heraus die für die Forschungsfrage relevanten Sachverhalte bewerten und um Fachwissen anreichern.[98] Darüber hinaus sollen die Experteninterviews mithilfe eines Leitfadens[99] durchgeführt werden.

Im Rahmen der Experteninterviews unterscheiden *Bogner und Menz* zwischen drei unterschiedlichen Formen, die jeweils eine andere Perspektive zugrunde legen.[100]

Als Unterform des Experteninterviews wurde in der vorliegenden Arbeit das *systematisierende Experteninterview* als Methode herangezogen. Diese Interviewform findet insbesondere in Forschungsprojekten Anwendung, in denen bereits bestehende Wissensdimensionen systematisiert und verfeinert werden sollen.[101] Die Herangehensweise eignet sich für das Forschungsvorhaben, da sie die Möglichkeit eröffnet, die vorab aus dem Forschungsstand gewonnenen Erkenntnisse in Vorbereitung für die Erstellung des Modells zu analysieren und gegebenenfalls zu ergänzen.

Mithilfe qualitativer Methoden soll es ermöglicht werden, die Sichtweisen der Akteure eines spezifischen Untersuchungsfeldes abzubilden und erklärbar zu machen.[102] Durch die typischerweise geringeren Fallzahlen bieten die Ergebnisse, die sich aus qualitativen Untersuchungen ergeben, in der Regel nur eine begrenzte Aussagekraft für die Allgemeinheit.[103] Um ein entsprechendes Entscheidungsunterstützungsmodell entwickeln zu können, das in dieser Form noch nicht existiert und somit bisher nicht in der Praxis getestet werden konnte, ist es sinnvoll,

---

[98] Vgl. Gläser und Laudel 2010, S. 12.

[99] Unter dem Terminus „Leitfadeninterview" werden in der qualitativen Sozialforschung verschiedene Interviewformen verstanden, die mithilfe eines Leitfadens geführt und mehr oder weniger stark auf diese Weise strukturiert werden (vgl. Kruse 2015, S. 203 f.).

[100] Vgl. Bogner und Menz 2005, S. 36 f.

[101] Vgl. Kruse 2015, S. 167.

[102] Vgl. Flick et al. 2017, S. 14.

[103] Vgl. Flick et al. 2017, S. 17.

den Anforderungen der Experten zunächst unvoreingenommen gegenüberzutreten. Zu starre Vorgaben, wie sie für eine repräsentative quantitative Befragung, die bspw. das Ziel hätte, eine Theorie zu überprüfen oder zu bilden benötigt würden, könnten den Entwicklungsprozess nicht in demselben Maß bereichern. Aspekte wie der Mehrwert und die Anwendbarkeit des Systems sollten daher nach der Einführung des Systems evaluiert werden.[104]

5.2.2 Erstellung des Interviewleitfadens

Ein Leitfaden[105] dient als Grundgerüst und als Orientierungshilfe im Rahmen der Durchführung von Interviews. Die Erstellung des Leitfadens für die Experteninterviews erfolgte methodisch anhand des SPSS-Verfahrens nach *Helfferich.*[106] Dabei stehen die Buchstabenkürzel für die Wörter **s**ammeln, **p**rüfen, **s**ortieren und **s**ubsumieren.[107] Das SPSS-Verfahren wurde als Methode ausgewählt, da es eine strukturierte und methodische Herangehensweise zur Leitfadenerstellung bietet, die dazu beiträgt, dass die für die Forschung relevanten Informationen im Rahmen der Interviews systematisch erfasst werden.[108]

In einem ersten Schritt wurden Fragen und Stichwörter auf der Basis des vorab definierten *Ziels der Experteninterviews*[109] umfangreich gesammelt. Nach diesem sogenannten *offenen Brainstorming* wurde überprüft, inwieweit diese in Bezug auf die Forschungsfrage sinnvoll sind. Ungeeignete Fragen wurden anschließend gestrichen oder zurückgestellt. In einem dritten Schritt wurden die als geeignet eingestuften Fragen nach Themenblöcken sortiert. Als Grundlage dienten hierbei die von *Kruse* erstellten Tabellen zur Entwicklung von Interviewleitfäden.[110] Zum Abschluss wurden die vorab definierten Themenbereiche in eine geeignete Reihenfolge gebracht sowie in den jeweiligen Gruppierungen Leitfragen und zusätzliche Fragen festgelegt.[111]

---

[104] Vgl. Kuckartz 2014, S. 52.

[105] Einblicke in den erstellten Interviewleitfaden sind dem Anhang C im elektronischen Zusatzmaterial zu entnehmen.

[106] Vgl. Helfferich 2011, S. 182 ff.

[107] Vgl. Kruse 2015, S. 227; Helfferich 2011, S. 182.

[108] Vgl. Kruse 2015, S. 227; Helfferich 2011, S. 182.

[109] Siehe Abschnitt 5.2.

[110] Vgl. Kruse 2015, S. 218 ff.

[111] Vgl. Helfferich 2011, S. 185.

Der Aufbau des Leitfadens orientierte sich an den im Voraus formulierten Forschungsfragen sowie dem vorherigen Wissen zu dem Forschungsthema. Ziel des Leitfadens war es, einen inhaltlichen Rahmen für die Interviews zu bieten. Damit die Experten viel Freiraum bei der Beantwortung der Fragen sowie der Schwerpunktsetzung haben, wurden alle Fragen offen und möglichst verständlich gestellt, sodass ein größtmöglicher Informationsgewinn erzielt werden konnte. Mithilfe erzählgenerierender Fragestellungen sollte der Redefluss der Experten möglichst wenig unterbrochen und beeinflusst werden, sodass ein hohes Maß an Informationen gewonnen werden kann.[112] Der Leitfaden ist unterteilt in Haupt- und Zusatzfragen. Während die Hauptfragen in allen Interviews zum Einsatz kamen, dienten die Nebenfragen lediglich als Impulse sowie zur Vertiefung der Inhalte und für Nachfragen. Demnach wurden diese dann eingesetzt, wenn die Beantwortung der Hauptfrage bspw. nicht die erwartete Erkenntnisdichte aufwies oder erkannt wurde, dass die Frage von den Experten anders verstanden wurde als intendiert. Damit handelte es sich bei den Interviews um eine teilstandardisierte Befragung, da sich zwar die Hauptfragen und größtenteils die Abfolge der Fragen am Leitfaden orientierten, die Antwortmöglichkeiten der Experten dagegen frei waren.[113]

Zur Vorbereitung auf die Interviews wurden vorab Pre-Tests durchgeführt. Diese wurden unter den geplanten Bedingungen durchgeführt und dienten zur Optimierung der Datenerhebung.[114] Zu den Pre-Tests erklärten sich drei Personen aus unterschiedlichen fachlichen Bereichen bereit. Den Teilnehmenden wurde im Vorfeld das Informationsmaterial zugesendet. Mithilfe des Pre-Tests wurde unter anderem überprüft, ob das Informationsmaterial im Vorfeld und die Fragen im Rahmen der Interviews richtig verstanden werden, sie für den Forschungszweck sinnvoll sind und welchen zeitlichen Umfang das Interview erfordert.[115]

Bei den Pre-Tests stellte sich heraus, dass besonders auf die Vereinheitlichung von Begrifflichkeiten Wert gelegt werden sollte, um mögliche Verwirrungen oder Missverständnisse zu vermeiden. Darauf wurde besonders bei den anschließenden Interviews geachtet. Statt Effizienzgewinn wurden vermehrt, je nach Fragestellung, die Begriffe Kooperationsgewinn bzw. Kooperationsvorteil verwendet. Das Informationsmaterial sowie die Fragen wurden dagegen von den Befragten durchgehend als gut verständlich eingestuft, sodass im Anschluss an die Pre-Tests keine Veränderungen mehr durchgeführt wurden.

---

[112] Vgl. Meuser und Nagel 2005, S. 78; Kaiser 2021, S. 64 ff.

[113] Vgl. Gläser und Laudel 2010, S. 41 f.

[114] Vgl. Weichbold 2022, S. 443 ff.; Kaiser 2021, S. 82.

[115] Vgl. Scheuch 1996, S. 19 f.

Der Leitfaden ist so aufgebaut, dass dieser zunächst mit einem einführenden Teil startet, bei dem sich die Experten jeweils kurz vorstellen können. Danach folgen die Haupterzählphase und zuletzt der Gesprächsabschluss. Zum Einstieg wurden die Experten gebeten, ihre Arbeit im Unternehmen kurz vorzustellen. Da bekannt ist, dass diese sich zum Zeitpunkt des Interviews in einem AAL-Förderprojekt befinden, wurde zudem nach der Tätigkeit in dem Projekt gefragt, um im Nachgang die Stichprobe besser beschreiben zu können. Danach erfolgte die Haupterzählphase. Diese bestand gemäß dem Leitfaden aus sechs Unterkategorien:

- Ist-Zustand
- Soll-Zustand
- Chancen und Herausforderungen
- Kooperationsvorteile
- Anforderungen
- Fairness

Die Themenfelder umfassen insgesamt 17 primäre Fragen mit jeweils unterschiedlichen Ausprägungen. Bei der Zusammenstellung wurde darauf geachtet, dass diese für alle Experten mit verschiedenen beruflichen Hintergründen gleichermaßen geeignet sind, damit eine Vergleichbarkeit der Interviews annähernd sichergestellt werden kann.[116]

In der Kategorie *Ist-Zustand* wurden die Experten aufgefordert, über ihre Kooperationserfahrungen, insbesondere mit hierarchiefreien Kooperationen, bei denen die Partner gleichberechtigt agieren, zu berichten. Zudem sollten sie aufzeigen, inwieweit sich ihre Kooperationsbereitschaft ändern würde, wenn es ein entsprechendes Entscheidungsstützungssystem gäbe. Als Nächstes wurden die Experten in der Kategorie *Soll-Zustand* nach ihren konkreten Vorstellungen zu einem Entscheidungsunterstützungssystem, das Kooperationsgewinne verteilt, befragt. Anschließend sollten Probleme benannt werden, die das System aus der Sicht der Befragten möglicherweise lösen sollte. Danach konnten die Befragten eine Einschätzung der Bedeutung des Entscheidungsunterstützungssystems abgeben.

Nach einer Beschreibung von *Chancen und Herausforderungen* wurden die Experten gebeten, Vorteile zu nennen, die sie sich bei einer Kooperation vorrangig erhoffen und welche Informationen bzw. Daten beim Entscheidungsunterstützungssystem mitberücksichtigt werden sollten. Im Themenblock *Anforderungen*

[116] Vgl. Helfferich 2022, S. 882; Gläser und Laudel 2010, S. 143.

beschrieben die Interviewten Kriterien, die bei der Ermittlung und Verteilung von Kooperationsgewinnen berücksichtigt werden sollten. Darüber hinaus wurden sie gebeten, konkrete Anforderungen an das Entscheidungsunterstützungssystem zu formulieren.

Abschließend wurde auf die Anforderung der Fairness detaillierter eingegangen. Vor diesem Hintergrund sollten die Befragten zunächst den Begriff „fair“ aus ihrer Sicht definieren und anschließend Kriterien beschreiben, die erfüllt sein müssten, damit sie ein System als fair einstufen würden. Daran anschließend wurden Fairnesskriterien, die in der Literatur des Öfteren in diesem Zusammenhang verwendet werden, vorgestellt und diskutiert. Zum Abschluss wurden die Experten ermuntert, eigene für sie wichtige Aspekte, Impulse oder Anmerkungen zu der Thematik zu ergänzen.

5.2.3 Durchführung der Interviews

Im Rahmen der Datenerhebung wurden im Zeitraum zwischen Juli 2019 und Januar 2020 insgesamt neun leitfadengestützte Experteninterviews durchgeführt. Die Kontaktaufnahme mit den Gesprächspartnern erfolgte sowohl telefonisch als auch per E-Mail. Dabei wurde ein Vertrauensverhältnis zu den Personen angestrebt und versucht, diese zur Teilnahme an dem Interview zu motivieren, da dies in der Regel erst einmal einen zusätzlichen zeitlichen Aufwand für die Befragten darstellt.[117]

Nach dem Prinzip der informierten Einwilligung mussten die potenziellen Interviewpartner vorab über den Hintergrund und das Ziel der Untersuchung in angemessener Weise informiert werden.[118] *Gorden* stellte zudem in diesem Zusammenhang die These auf, dass die Bereitschaft zur Teilnahme an Interviews höher ist, wenn das Ziel der Untersuchung sowie die Bedeutung verstanden werden.[119]

Daher wurde aus forschungsethischen Gesichtspunkten Informationsmaterial mit einem Umfang von ca. anderthalb DIN A4 Seiten erstellt[120] und den Interviewpartnern per E-Mail zugesendet. Dies wurde von allen Gesprächspartnern positiv bewertet und von einigen auch bereits bei der telefonischen

---

[117] Vgl. Mey und Mruck 2011, S. 268 f.; Gläser und Laudel 2010, S. 159.

[118] Vgl. Rat für Sozial- und Wirtschaftsdaten (RatSWD) 2017, S. 21 ff.

[119] Vgl. Gorden 1975, S. 156.

[120] Siehe Anhang A im elektronischen Zusatzmaterial.

Kontaktaufnahme zur Abwägung der Teilnahme am Interview sowie zur geeigneten Vorbereitung gefordert. Nach der persönlichen Kontaktaufnahme sowie der Zusendung des Informationsmaterials waren alle angefragten Experten bereit, an einem Interview teilzunehmen.

Das beschriebene Vorgehen steht jedoch im Gegensatz zu dem Prinzip, den Interviewpartnern aus methodischen Gesichtspunkten vorab keine Informationen mitzuteilen, um eine Beeinflussung des Antwortverhaltens zu vermeiden.[121] Da dies aber aus ethischen und praktischen Gründen nicht umsetzbar war,[122] wurde zumindest darauf geachtet, das Informationsmaterial möglichst neutral zu verfassen.[123] Bei der Erstellung des Informationsmaterials wurde auf einfache Formulierungen sowie das Vermeiden von Fachbegriffen Wert gelegt, damit den Experten unterschiedlicher Fachrichtungen die gleichen Unterlagen zur Verfügung gestellt werden konnten. Nach einer Einführung in die Thematik wurden der Forschungsbedarf sowie das Ziel der Untersuchung erläutert. Abschließend wurde noch einmal die Bedeutung der Teilnahme für die Untersuchung hervorgehoben.

Alle Gespräche wurden als persönlich-mündliche Befragungen („Face-to-Face")[124] in geschützter Atmosphäre in den Räumlichkeiten der Experten durchgeführt. Diese Methode ist zwar im Gegensatz zu Telefoninterviews mit höherem Zeit- und Kostenaufwand verbunden, führt aber auch in der Regel zu besseren Kontrollmöglichkeiten und Informationen. Auf der einen Seite können bspw. Ablenkungen und zeitgleiche anderweitige Beschäftigungen des Interviewpartners per Telefon nur schwer erkannt und beeinflusst werden und auf der anderen Seite können bei Telefoninterviews Informationsverluste auftreten, weil die Körpersprache als wichtiger Bestandteil menschlicher Interaktionen entfällt.[125] Daher wurde trotz räumlicher Entfernungen auf die Durchführung von Telefoninterviews verzichtet.

Bei den Interviews wurde auf die zeitliche Dauer geachtet, um die Aufmerksamkeit der Befragten sicherzustellen. Im Vorhinein wurde daher ein Gesprächstermin von bis zu 75 Minuten mit den Experten vereinbart.

Nach der Begrüßung wurde die Thematik zum Einstieg kurz in eigenen Worten erläutert. Die Schilderungen orientierten sich dabei an dem zuvor versendeten Informationsmaterial, um eine Einheitlichkeit gewährleisten zu können.

---

[121] Vgl. Flick 2016, S. 195 f.; Häder 2015, S. 266; Gläser und Laudel 2010, S. 159 f.

[122] Vgl. Gläser und Laudel 2010, S. 159 f.

[123] Vgl. Löhe 2017, S. 195 f.

[124] Vgl. Möhring und Schlütz, S. 126.

[125] Vgl. Christmann 2009, S. 157 ff.; Gläser und Laudel 2010, S. 153; Saarijärvi und Bratt 2021, S. 393.

Anschließend hatten die Gesprächsteilnehmer die Möglichkeit, Unklarheiten oder Rückfragen bspw. zum Interview, zur Thematik oder zum Informationsmaterial zu stellen. Die Interviews wurden im Anschluss an die Begrüßung mithilfe eines Diktiergerätes aufgezeichnet und durch handschriftliche Protokolle und Postskripte[126] ergänzt. Nachdem die Gesprächspartner über den Zweck der Aufnahme und den Umgang mit ihren Daten aufgeklärt wurden,[127] hatte keiner Einwände gegen die Audioaufzeichnung. Alle Experten haben die nach Vorgaben der europäischen Datenschutzgrundverordnung eigens angefertigte Einwilligungserklärung[128] unterzeichnet. Die gängigen Grundzüge bei der Durchführung von qualitativen Interviews wurden damit in Hinsicht auf die Vorbereitung, das Erhebungsinstrumentarium sowie die Audioaufzeichnung erfüllt.[129]

Der Verlauf der Interviews gestaltete sich infolgedessen weitestgehend wie erhofft. Die Erzählaufforderung zu Anfang stellte dabei in den meisten Fällen ein gutes Fundament für die sich anschließenden, tiefergehenden Fragen dar. Die Interviewführung erfolgte nicht zu strikt am vorab erstellten Leitfaden, um Erzählungen nicht zu unterdrücken.[130] Die im Leitfaden zusätzlich formulierten Fragen wurden nur dann eingesetzt, wenn die Antworten der interviewten Person zu allgemein blieben oder nicht die abgefragten Punkte thematisierten. Es erfolgten Anpassungen des Leitfadens bspw. in Rahmen der Reihenfolge der einzelnen Fragen, wenn diese dem Gesprächsfluss sowie der Informationsgewinnung dienlich waren. Der Umfang der Gesprächstermine war recht unterschiedlich (siehe Tabelle 5.1).

[126] Vgl. Gläser und Laudel 2010, S. 192.

[127] Vgl. Kruse 2015, S. 274 f.

[128] Siehe Anhang B im elektronischen Zusatzmaterial.

[129] Vgl. Kruse 2015, S. 259 ff.

[130] Vgl. Hopf 1978, S. 97.

Tabelle 5.1 Umfang der Gesprächstermine und Audioaufzeichnungen

Nummer	Synonym	Dauer des Gesprächstermins	Länge der Audioaufzeichnung
1	E1_F1	00:50:00	00:32:49
2	E4_F2	01:30:00	01:00:51
3	E2_W1	01:00:00	00:44:16
4	E9_W2	01:20:00	00:51:22
5	E3_P1	00:50:00	00:26:04
6	E8_P2	00:50:00	00:27:29
7	E5_T1	00:45:00	00:24:37
8	E6_T2	00:65:00	00:38:42
9	E7_K1	00:55:00	00:27:36

Quelle: Eigene Darstellung

Die Gespräche dauerten im Schnitt etwa 45 bis 60 Minuten, vereinzelt waren jedoch zur Besprechung aller Leitfragen bis zu 90 Minuten erforderlich. Da die Audioaufzeichnungen erst nach der Begrüßung, Einführung und Klärung von Fragen erfolgte, liegt deren Länge zwischen ca. 25 und 60 Minuten. Anhand der Audioaufzeichnungen wurden die Interviews anschließend transkribiert.

5.2.4 Auswahl und Beschreibung der Stichprobe

Die Auswahl geeigneter Experten für die Interviews ist entscheidend für die Validität der empirischen Datengrundlage sowie dessen Aussagequalität.[131] Hierbei wurde versucht, die Heterogenität des Forschungsfeldes zu berücksichtigen und qualitativ nahezu abzubilden, wobei eine statistische Repräsentativität nicht gegeben ist. Zwei typische Auswahlverfahren in der qualitativen Forschung sind das sogenannte *theoretische* und *selektive Sampling.*[132]

Das *theoretische Sampling* geht auf *Glaser und Strauss*[133] zurück. Diese Methodik wird voranging zur Ableitung einer Theorie aus den Daten eingesetzt. Hierbei wird schrittweise die Stichprobe ausgewählt, somit sind bspw. die Größe sowie deren Merkmale zuvor nicht bekannt. Das *Sampling* ist dann

---

[131] Vgl. Kruse 2015, S. 237 f.

[132] Vgl. Przyborski und Wohlrab-Sahr 2014, S. 181 f.

[133] Vgl. Glaser und Strauss 1967.

beendet, wenn eine theoretische Sättigung erreicht wurde. Dagegen werden beim sogenannten *selektiven Sampling* ausgehend von der Forschungsfrage im Vorfeld Auswahlkriterien definiert. Diese Methode setzt Kenntnisse über Experten, die möglicherweise relevante Informationen beitragen können, voraus. Mit diesem Ansatz sollen relevante Aspekte und Erfahrungsbereiche im Untersuchungsfeld möglichst breit erfasst werden.[134]

Aufgrund der Forschungsziele war ein *theoretisches Sampling* für das beschriebene Forschungsvorhaben nicht geeignet.[135] Daher wurde das *selektive Sampling* als Auswahlverfahren gewählt.[136] Hierzu wurden vorab Kriterien zur Selektion der Interviewpartner festgelegt.

Als Hauptkriterium bei der Auswahl der Experten wurde deren Mitarbeit in mindestens zwei AAL-Projekten festgelegt. Zudem kamen nur Personen für das Interview infrage, wenn sie bereits mehrere Jahre berufliche Erfahrung im Bereich altersgerechter Assistenzsysteme aufweisen konnten und in diesem Feld mit Kooperationen bereits vertraut waren. Um unterschiedliche Perspektiven in die Untersuchung mit aufzunehmen, sollten Experten aus verschiedenen Bereichen interviewt werden, die sich in der Vergangenheit mit Fragestellungen im Feld altersgerechter Assistenzsystem und insbesondere mit der Vermarktung von AAL-Produkten und Dienstleistungen beschäftigt hatten. Demnach wurde bei der Fallauswahl verstärkt darauf geachtet, dass die Personen aufgrund ihrer Position im Unternehmen Entscheidungen darüber treffen können, ob und wie kooperiert wird und ob ein Entscheidungsunterstützungssystem hierfür eingesetzt werden soll.

Ebenso sollten die Interviewpartner die Merkmale guter Informanten erfüllen. Sie sollten demnach über das nötige Wissen verfügen, die Fähigkeit zur Reflexion sowie die Zeit und Bereitschaft zur Teilhabe haben.[137] Zudem sollten Freunde oder Verwandte nicht in die Untersuchung mit aufgenommen werden.[138]

Der Großteil der Befragten konnte über berufliche Kontakte, die im Rahmen von AAL-Projekten entstanden sind, rekrutiert werden. Mit dem kombinierten Einsatz von technischen Assistenzsystemen und einem einfachen Zugang zu Dienstleistungsangeboten soll bei den Projekten trotz Hilfebedarf ein längerer Verbleib im eigenen Quartier ermöglicht werden. Die Projektkonsortien sind beide sehr interdisziplinär ausgerichtet und umfassen eine Vielzahl von Partnern

---

[134] Vgl. Flick 2016, S. 158 ff.

[135] Vgl. Kruse 2015, S. 248.

[136] Vgl. Przyborski und Wohlrab-Sahr 2014, S. 182 ff.

[137] Vgl. Merkens 1997, S. 101.

[138] Vgl. Reinders 2005, S. 146 f.

aus unterschiedlichen Fachdisziplinen. Dies stellte für die Expertenauswahl einen guten Ausgangspunkt dar.

In einem ersten Schritt wurden sechs Experten rekrutiert. Nach der Durchführung der Interviews stellte sich heraus, dass sich die Interviews mit den Vertretern aus der Pflege- und Wohnungswirtschaft deutlich von den anderen Ergebnissen unterschieden. Dies legte nahe, die Anforderungsanalyse, um jeweils eine zweite Sichtweise aus diesen Bereichen zu ergänzen. Zudem wurden die Experten am Ende des Interviews gefragt, ob sie eine Einbeziehung weiterer Personen in die Untersuchung als bereichernd einschätzen würden und aus welchen Bereichen diese Personen kommen sollten. Aufgrund der Empfehlungen der Interviewten und den ersten ausgewerteten Ergebnissen, wurde die Untersuchung um drei Experten aus den Bereichen Pflege, Wohnen und Krankenversicherung erweitert.

Die Stichprobe kann somit in fünf Oberkategorien unterteilt werden und setzt sich wie folgt zusammen (siehe Abbildung 5.3):

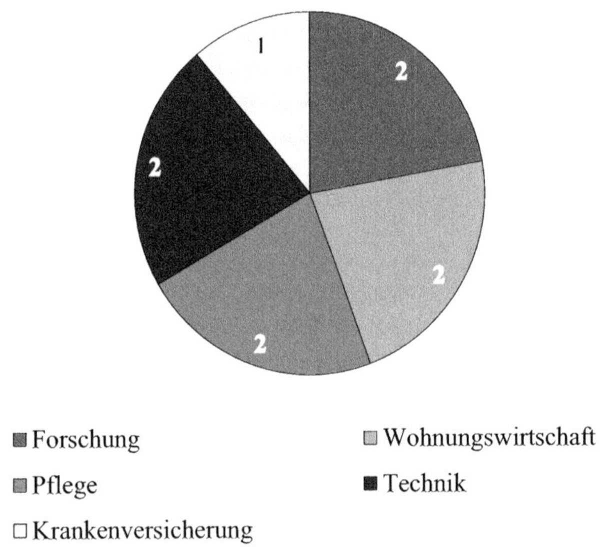

Abbildung 5.3 Zusammensetzung der Stichprobe. (Quelle: Eigene Darstellung)

Insgesamt wurden neun Experteninterviews durchgeführt. Dabei wurden jeweils zwei Vertreter aus dem Bereich Forschung, Pflege, Technik und der Wohnungswirtschaft befragt. Zudem konnte ein Experte aus dem Bereich der

Krankenversicherung für ein Interview rekrutiert werden. Alle interviewten Personen haben langjährige Erfahrungen im Bereich von Kooperationen und wirkten in zahlreichen[139] AAL-Vorhaben mit. Somit können alle Befragten auf langjährige, teilweise jahrzehntelange Erfahrungen in dem Feld zurückblicken.

Bei der Auswahl der Experten wurde darauf geachtet, dass diese innerhalb ihres Verantwortungsbereichs entsprechende Entscheidungsbefugnis in Bezug auf Vermarktungsfragen und bezüglich des Eingehens einer Kooperation haben. In der Tabelle 5.2 sind die jeweiligen Interviewpartner anonymisiert mit ihrer Position und ihrem jeweiligen Arbeitsbereich dargestellt.

Tabelle 5.2 Anonymisierte Zuordnung der Experten

Nummer	Synonym	Position	Zuordnung
1	E1_F1	Vorstandsmitglied	Forschung
2	E4_F2	Abteilungsleitung	Forschung
3	E2_W1	Abteilungsleitung	Wohnungswirtschaft
4	E9_W2	Abteilungsleitung	Wohnungswirtschaft
5	E3_P1	Geschäftsführung Pflegedienstleitung	Pflege
6	E8_P2	Fachliche Gesamtleitung Prokura	Pflege
7	E5_T1	Geschäftsführende Teilhabe	Technik
8	E6_T2	Vorstandsmitglied	Technik
9	E7_K1	Regionalgeschäftsführer und Zentrumsleiter	Krankenversicherung

Quelle: Eigene Darstellung

Die ausgewählten Personen aus dem Bereich Forschung sind beide in unterschiedlichen, unabhängigen und anwendungsorientierten Forschungsinstituten tätig und der Fachöffentlichkeit für ihre Arbeiten bekannt. E1_F1 ist Professor für Informatik an einer Hochschule sowie Vorstandsmitglied eines Forschungsinstituts, dass sich unter anderem mit der Digitalisierung im Gesundheitsbereich beschäftigt. Darüber hinaus ist er Projektleiter für eine Vielzahl von Projekten u. a. im Bereich AAL. In diesem Kontext hat E1_F1 an mehreren preisgekrönten Forschungsprojekten mit seinem Forschungsteam mitgewirkt. Dabei beschäftigt sich E1_F1 verstärkt mit Aktivitäts- und Gesundheitsdaten, um daraus Algorithmen zu entwickeln, mithilfe derer bspw. Notfallsituationen oder Veränderungen

[139] Alle Befragten haben mindestens in vier AAL-Projekten mitgearbeitet.

des Gesundheitszustands erkannt werden können. E4_F2 ist promovierter Ingenieur der Elektrotechnik, ist seit fast dreißig Jahren Abteilungsleiter in einem großen zertifizierten Forschungsinstitut und leitete schon zahlreiche nationale und internationalen Projekte auch im AAL-Bereich. Schwerpunktmäßig beschäftigt sich E4_F2 mit Wireless-Lösungen sowie dem Einsatz künstlicher Intelligenz im Gebäude-, Industrie- und Medizinbereich.

Unter den Experten der Wohnungswirtschaft ist E2_W1 als Abteilungsleitung in einem kommunalen Wohnungsunternehmen tätig. E9_W2 ist ebenfalls Abteilungsleiter im Bereich der Immobilienwirtschaft. Weiterhin ist E9_W2 als Professor im Bereich der Wohnungs- und Immobilienwirtschaft tätig. E9_W2 ist daher mit den Belangen der Wohnungswirtschaft gut vertraut und vertritt diese auch in der Öffentlichkeit. Beide Experten haben schon umfangreiche Erfahrungen im Bereich altersgerechter Assistenzsysteme – unter anderem im Rahmen von Forschungsprojekten – sammeln können.

Die Experten im Bereich der Pflege sind beide Jahrzehnte lang in leitenden Positionen und teilweise im Bereich der Geschäftsführung tätig. Sie haben umfangreiche Erfahrungen in der Anwendung von AAL-Systemen in Privatwohnungen und Wohngemeinschaften sammeln können. Darüber hinaus stehen sie im direkten Kontakt mit ihren Kunden, den Angehörigen sowie den pflegerischen Mitarbeitern und haben bereits in mehreren ausgezeichneten Projekten die Interessen dieser Personengruppen vertreten.

Während der Experte aus dem Bereich Technik (E5_T1) für den Bereich der Geschäftsführung tätig ist, leitet der zweite Interviewpartner aus dem Bereich Technik (E6_T2) langjährig die Bereiche Forschung- und Entwicklung und ist Vorstandsmitglied. Beide Personen sind dem Bereich der Technik bzw. Informatik zuzuordnen und beschäftigen sich vorwiegend mit der Entwicklung technischer Lösungen, der strategischen Weiterentwicklung sowie der Vermarktung von Produkten. Seit vielen Jahren sind sie schwerpunktmäßig im Gesundheitsbereich national und international tätig und arbeiten an ganzheitlichen Lösungsansätzen für einen längeren Verbleib in der eigenen Wohnung und für Lösungen im Bereich des betreuten Wohnens. E6_T2 ist promoviert und berät seit mehreren Jahren das Bundeswirtschaftsministerium und das Wirtschaftsministerium des Landes NRW bzgl. technischer Innovationen und wurde sowohl für Forschungsprojekte als auch als Person mehrfach mit nennenswerten Preisen ausgezeichnet.

E7_K1 ist Regionalgeschäftsführer und Zentrumsleiter einer der größten deutschen Krankenversicherungen. Als Partner hat die Krankenkasse und insbesondere E7_K1 schon zahlreiche Forschungsprojekte auch im Bereich altersgerechter Assistenzsysteme beratend begleitet und Datenmaterial anonymisiert für Forschungszwecke zur Verfügung gestellt.

Es kann abschließend konstatiert werden, dass alle interviewten Personen so ausgesucht wurden, dass möglichst vielschichtige Perspektiven zu der Thematik in die Untersuchung einbezogen werden konnten. Somit ist prinzipiell eine Erzielung von mehrdimensionalen Anforderungen gewährleistet. Die Befragten haben mehrjährige Berufserfahrungen und Kompetenzen im Bereich altersgerechter Assistenzsysteme sowie mit Kooperationen, sodass sie sich für eine qualitative Repräsentation ihres Tätigkeitsbereichs als Experten hinreichend eignen. Aufgrund zeitökonomischer Restriktionen konnten darüber hinaus keine weiteren Experten in die Untersuchung aufgenommen werden.

5.2.5 Datenaufbereitung und Analyse

Während der Interviews wurden Audioaufnahmen angefertigt, die im Nachgang vollständig mithilfe der Standardsoftware F4 verschriftlicht wurden. Bei der Erstellung der Transkripte wurde eine wörtliche Wiedergabe angestrebt. Das Gesagte wurde dabei jedoch an die Standardorthografie der deutschen Sprache angepasst, wodurch sprachliche Eigenheiten und individuelle Dialekte möglicherweise nivelliert wurden. Für die hier gewählte Auswertungsart der Daten sind jedoch in erster Linie die Inhalte des Gesagten von Bedeutung, während die Art der phonetischen Darbietung weniger relevant ist. Derartige Besonderheiten wurden bei der Verschriftlichung somit bewusst ausgeblendet.[140] Ähnlich wurde auch mit audiovisuellen Eindrücken umgegangen, die am Rande der Interviews gewonnen werden konnten: Mimik, Gestik und nonverbale Lautäußerungen, wie Lachen, fanden nur dann Eingang in die Transkripte, wenn der Verzicht darauf die Aussagen inhaltlich verändert hätte.

Anschließend an die Verschriftlichung wurden die Interviews anonymisiert. Dabei wurde darauf geachtet, all jene Aspekte zu berücksichtigen, die zu einer Identifikation der Interviewten durch Dritte beitragen könnten.[141] Dies schließt unter anderem die Namen der Interviewten selbst, ihrer Institutionen oder die Nennung etwaiger Projekte mit ein, an denen die Befragten aktuell oder in

[140] Vgl. Mayring 2023, S. 80.

[141] Vgl. Kruse 2015, S. 358.

der Vergangenheit beteiligt sind oder waren. Die Namen der Interviewpartner wurden nach einem einheitlichen Abkürzungsschema anonymisiert (siehe Abschn. 5.2.4). Für Institutions- oder Projektbezeichnungen wurden in eckige Klammern gesetzte Synonyme gewählt, die den eigentlichen Inhalt der anonymisierten Stelle beschreiben sollen. So sollen Sinnzusammenhänge innerhalb der Erörterungen erhalten bleiben. Der Name eines Projekts lautet in der anonymisierten Version somit bspw. „[Projekt 1]", der Experte selbst wird im Transkript durch eine Abkürzung wie „E1_F1" unkenntlich gemacht.

Die transkribierten und anonymisierten Interviews wurden im Anschluss mithilfe der Analyse-Software MAXQDA ausgewertet. Hierzu wurden im Vorfeld – in Anlehnung an *Gläser und Laudel* – Kategorien *a priori* (siehe Abbildung 5.4) anhand der theoretischen Vorüberlegungen erstellt.[142]

Abbildung 5.4
Kategorien a priori. (Quelle: Eigene Darstellung)

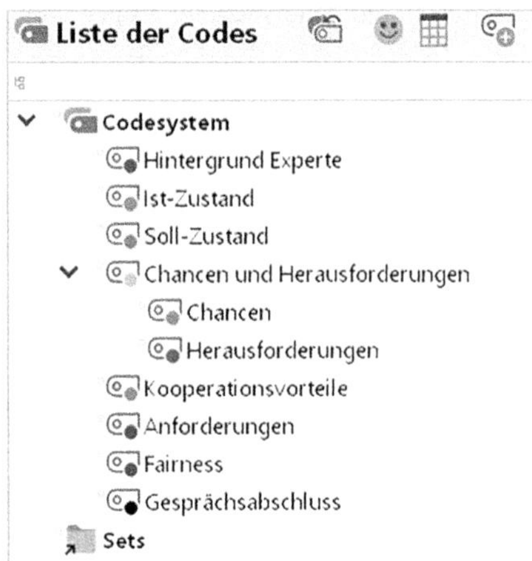

Das hypothetische Modell sowie die Variablen, die sich aus der Darstellung der theoretischen Grundlagen ergeben, wurden dabei dem *Suchraster* für die Datenauswertung zugrunde gelegt.[143] Das erste Codesystem war somit, ähnlich wie der Interviewleitfaden, nah an der theoretischen Problemanalyse orientiert und sollte zunächst zur Vorbereitung der Inhaltsextraktion dienen. Vor Beginn der Auswertung wurden die gebildeten Kategorien einer ersten Überprüfung auf Zweckmäßigkeit und Vollständigkeit hin unterzogen. In diesem

[142] Vgl. Gläser und Laudel 2010, S. 201.
[143] Vgl. Gläser und Laudel 2010, S. 206.

Schritt wurde das Kategoriensystem bereits ein erstes Mal angepasst und aufgrund des Datenmaterials noch um weitere Kategorien erweitert, so wurden bspw. die genannten Anforderungen noch einmal in einzelne Unterkategorien unterteilt (siehe Abbildung 5.5).[144]

Abbildung 5.5 Suchraster nach der ersten Anpassung. (Quelle: Eigene Darstellung)

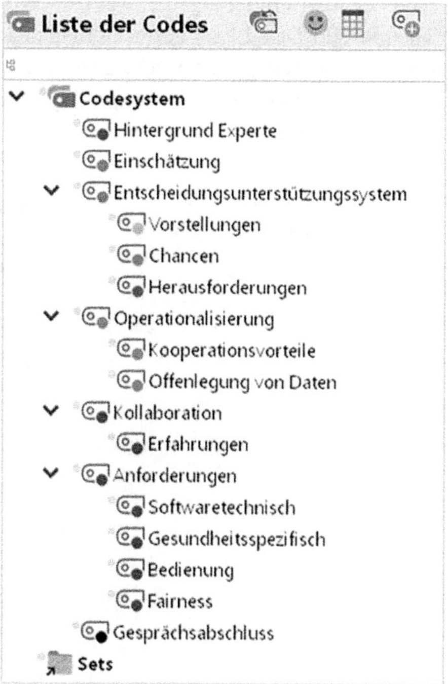

In der Vorbereitung zur Extraktion musste das auszuwertende Material – so sieht es die gewählte Methode vor – *fixiert* werden.[145] Als Datengrundlage wurden in diesem Fall alle durchgeführten Experteninterviews inklusive der jeweiligen Postskripte bestimmt. Während der Extraktion stellte sich heraus, dass die gewählten Kategorien in der vorliegenden Form nicht vollständig den im Material zu findenden Inhalten entsprachen. Im Unterschied zu der Inhaltsanalyse

---

[144] Vgl. Gläser und Laudel 2010, S. 207.

[145] Gläser und Laudel 2010, S. 209.

nach *Mayring*[146], welche zu Beginn des Forschungsvorhabens ebenfalls in Erwägung gezogen wurde, werden bei der qualitativen Inhaltsanalyse nach *Gläser und Laudel* die theoretisch abgeleiteten Kategorien nicht entfernt, sofern sich im Prozess der Auswertung herausstellen sollte, dass diese nicht optimal zu den Inhalten der Interviews passen. Stattdessen werden neue, passgenauere Kategorien während der Auswertung ergänzt. Auf diese Weise soll das „Spannungsverhältnis von Theorie und Daten […] aufrechterhalten" werden.[147] Bei Abschluss der Codierung sah das Kategoriensystem gegenüber der Ausgangsvariante mit den a priori gewählten Variablen somit entsprechend erweitert und umstrukturiert aus (siehe Abbildung 5.6).

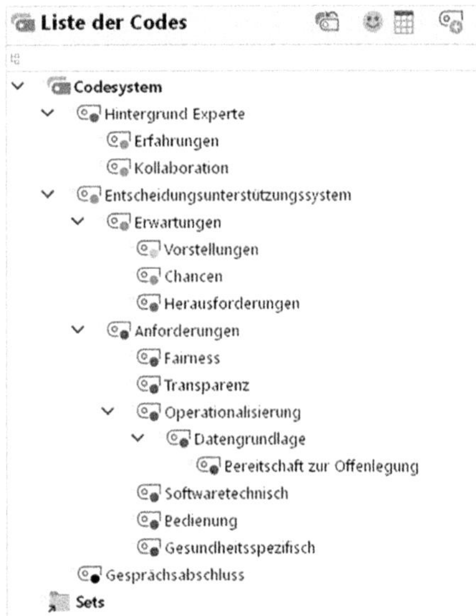

Abbildung 5.6 Finale Version des Suchrasters. (Quelle: Eigene Darstellung)

Die Kategorien ließen sich zunächst in zwei Überkategorien unterteilen. „Hintergrund Experte" dient dabei zur Auswertung grundlegender Informationen, die der Experte zu seinen Vorerfahrungen im Projektkontext sowie ganz speziell in Bezug auf kooperative Zusammenschlüsse teilt. Die Kategorie „Entscheidungsunterstützungssystem" ist derweil in zwei Abschnitte unterteilt. Unter

[146] Siehe z. B. Mayring und Fenzl 2022, S. 691 ff.; Mayring 2022.

[147] Gläser und Laudel 2010, S. 205.

„Erwartungen" wurden zum einen die Vorstellungen abgelegt, die die Experten hinsichtlich des Unterstützungssystems hegen. Zum anderen wurden die Chancen und Herausforderungen, die die Experten dem Unterstützungssystem zuschreiben, herausgearbeitet. Unter „Anforderungen" wurden in der Kategorie „Fairness" die Ausführungen der Experten zu den Bedingungen abgelegt, die erfüllt sein müssten, um ein Entscheidungsunterstützungssystem als „fair" zu empfinden. Die Kategorie „Transparenz" beschreibt indes eine Anforderung an die Beschaffenheit des Systems: Aussagen, die fordern, das System müsse leicht zugänglich und verständlich sein, wurden mit diesem Code belegt. Unter „Operationalisierung" werden Aussagen subsumiert, die sich mit der Datengrundlage auseinandersetzen, die dem Entscheidungsunterstützungssystem in der Praxis zugrunde gelegt werden sollen. In einer Subkategorie werden zudem Aussagen über die Bereitschaft zur Offenlegung von Daten gegenüber anderen Kooperationspartnern dokumentiert. In der Kategorie „Softwaretechnisch" werden Textpassagen abgelegt, die die softwaretechnische Beschaffenheit des Entscheidungsunterstützungssystems adressieren. „Bedienung" beschreibt hingegen Aussagen, die auf die Nutzungshäufigkeit oder den Nutzerkreis des Systems abzielen. In der Kategorie „Gesundheitsspezifisch" sollen Aussagen festgehalten werden, die die Besonderheiten des Untersuchungsfeldes betreffen und so möglicherweise eine andere Herangehensweise als in anderen Bereichen erforderlich machen. Die letzte Kategorie „Gesprächsabschluss" ist weniger darauf ausgerichtet, zu einer Beantwortung der Forschungsfragen beizutragen, sondern vielmehr als Hilfestellung für die Autorin dieser Arbeit zur Einordnung der letzten Interviewsequenzen gedacht.

Das Kategoriensystem bietet so einen guten Anhaltspunkt, um das Ergebniskapitel der Forschungsabsicht entsprechend zu gliedern.[148] Im Folgenden werden die Erkenntnisse, die im Rahmen der Befragung zu den Anforderungen an Entscheidungsunterstützungssysteme gewonnen werden konnten, vorgestellt.

---

[148] Für das Kodierhandbuch siehe Anhang D im elektronischen Zusatzmaterial.

5.3 Anforderungen an ein Entscheidungsunterstützungssystem aus der Praxis

Das folgende Kapitel dient zur Darstellung der ermittelten Daten und Ergebnisse aus der Erhebungsphase zu praxisnahen Anforderungen an ein Entscheidungsunterstützungssystem zur Operationalisierung und Verteilung von Effizienzgewinnen. Darüber hinaus werden diese analysiert, in einen Deutungszusammenhang gestellt und abschließend mit den theoretisch hergeleiteten Anforderungen abgeglichen. In Abschnitt 5.3.1 werden zunächst die Erfahrungen der befragten Personen im Rahmen von interdisziplinären Kooperationen sowie deren Bewertungen dieser Zusammenschlüsse dargestellt. Im Abschnitt 5.3.2 finden jene Aspekte Erwähnung, die sich direkt auf das zu entwickelnde Entscheidungsunterstützungssystem beziehen. Zunächst werden Erwartungen sowie Chancen und Herausforderungen analysiert, während anschließend Anforderungen, die aus dem Datenmaterial extrahiert werden konnten, beschrieben werden.

5.3.1 Bewertung von kooperativen Zusammenschlüssen[149]

Im Folgenden werden zunächst die Ergebnisse hinsichtlich der Erfahrungen und der daraus resultierenden Bewertungen kollaborativer Zusammenschlüsse dargestellt. Wie bereits ausführlicher in Abschnitt 5.2.4 zur Auswahl und Beschreibung der Stichprobe erläutert, können alle befragten Personen bereits Erfahrungen mit Kooperationen interdisziplinärer Partner vorweisen.[150] Im Rahmen dieser Kooperationen haben die befragten Experten sowohl positive als auch negative Erfahrungen gesammelt, woraus unterschiedliche Einstellungen hierzu resultieren.

[149] Die in den folgenden Kapiteln verwendeten Verweise beziehen sich überwiegend auf die Daten, die im Rahmen der Experteninterviews erhoben wurden. Die Zitationsform bezieht sich erstens auf die Bezeichnung des jeweiligen Interviews (z. B. E1_F1) und zweitens auf die Absatznummer (z. B. 10), auf die sich der Text bezieht. Die Transkripte der Interviews mit den jeweiligen Bezeichnungen und Absatznummern befinden sich im Anhang E im elektronischen Zusatzmaterial.

[150] Vgl. E1_F1: 34; E2_W1: 7; E3_P1: 5; E4_F2: 5; E5_T1: 5; E6_T2: 45; E7_K1: 7; E8_P2: 9; E9_W2: 9.

Als positiv wird vor allem die Inklusion von unterschiedlichen Kompetenzen und Expertisen hervorgehoben.[151] Dies schaffe eine Steigerung *„der Wertschöpfung der kooperierenden Partner“*.[152] Die Kooperation verschiedener Partner ermögliche es, komplexe Produkte und Dienstleistungen zu entwickeln und auf den Markt zu bringen.[153]

Daher wird diese Art der Zusammenarbeit auch von einigen der Befragten als Notwendigkeit beschrieben, da es nicht mehr möglich sei, dass die Mitarbeiter eines einzelnen Unternehmens über das nötige Fachwissen in allen Disziplinen, die bspw. für die Entwicklung von Produkten oder Dienstleistungen im AAL-Bereich notwendig sind, zu verfügen.[154] Gerade die befragten Technikexperten würden, falls die nötigen Kompetenzen vorhanden wären, nicht kooperieren:

> *„Also am liebsten würde man natürlich alles selber machen, weil man dann das einfachste Modell hätte. Das ist einfach nun mal so. Da gibt's dann auch keine Probleme und da menschelt es nicht. Da gibt's dann auch keine Enttäuschung. So, aber leider leider ist es halt so, dass in unserer komplexen Welt keiner alles allein machen kann. So ist man schon gezwungen, mit anderen das zu tun.“*[155]

Zudem betonen zwei der Experten, dass sie es bevorzugen, wenn die Partner alle über unterschiedliches Fachwissen verfügen und somit keine Unternehmen aus den gleichen Branchen bzw. Bereichen im Team vertreten sind:[156] *„Wenn mehrere Partner gleiche Kompetenzen haben, dann ist das meistens schlecht, weil das dann mit höherem Synchronisierungsaufwand und Konkurrenz verbunden ist.“*[157]

Eine besondere Schwierigkeit seien Kooperationen, bei denen Unternehmen unterschiedlicher Größe vertreten sind.[158] Dies führe zu der Problematik, dass die größeren Unternehmen die kleineren nicht als gleichberechtigte Partner ansehen, sodass es problematischer sei, eine gemeinsame Kooperationsgrundlage zu finden.[159]

---

[151] Vgl. E8_P2: 9; E1_F1: 34; E5_T1: 5; E4_F2: 4.

[152] E5_T1: 25.

[153] Vgl. E1_F1: 34; E5_T1: 5; E6_T2: 45.

[154] Vgl. E5_T1: 5; E1_F1: 34; E6_T2: 45; E6_T2: 49.

[155] E6_T2: 45; Vgl. E5_T1: 5.

[156] Vgl. E9_W2: 51; E5_T1: 9.

[157] E9_W2:51.

[158] Vgl. E6_T2: 17.

[159] Vgl. E6_T2: 17; E5_T1: 9; E9_W2: 23.

Eine weitere Herausforderung bei der Zusammenarbeit von Partnern aus unterschiedlichen Fachdisziplinen sei jedoch, dass Personen aus völlig unterschiedlichen Bereichen und mit ganz anderen Vorstellungen aufeinandertreffen:[160] *„Die glauben am Anfang sich zu verstehen, aber am Ende, wenn es dann zum Ergebnis kommt, gibt's dann doch noch Probleme, weil man nicht die gleiche Sprache gesprochen hat.“*[161] Es handle sich dabei um *„ganz unterschiedliche Kulturen“*, wodurch eine Zusammenarbeit erschwert würde.[162] Daher sollten alle Partner einer Kooperation zu Kompromissen bereit sein.[163] Zudem seien regelmäßige Abstimmungen und offene Gespräche gerade bei interdisziplinären Zusammenschlüssen sinnvoll, um bei bestimmten Themen Missverständnisse frühzeitig aufzulösen.[164] Einige Experten schilderten, dass sie sich in einigen Kooperationen nicht als gleichberechtigte Partner wahrgenommen haben:[165]

> *„Ja, also meistens ist es halt nicht gleichberechtigt, weil hier immer 'friss oder stirb', ist und die starken Partner waren bisher halt immer in einer solchen Situation, dass sie einem halt vieles überstülpen was man, naja, mehr oder minder akzeptiert.“*[166]

Gerade bei neuen Zusammenschlüssen müsse man am Anfang viel Vertrauen in die anderen Partner haben und hoffen, dass sich dies im Laufe der Kooperation *rentiert*.[167] Einige der befragten Experten haben darüber hinaus auch schon Erfahrungen mit Kooperationen, innerhalb derer es zu unfairen Situationen kam, sammeln können.[168] Daher sei ein offener Umgang und das Ansprechen von Problemen innerhalb des Konsortiums wichtig, um das Aussteigen einzelner Partner zu verhindern und damit eine stabile Kooperation aufzubauen.[169]

Der überwiegende Anteil der Experten war bereits in Kooperationen, bei denen ein Partner bzw. ein Unternehmen die Führungsrolle übernommen hat.[170]

---

[160] Vgl. E4_F2: 28.

[161] E4_F2: 28, Vgl. E9_W2: 75.

[162] E9_W2: 75.

[163] Vgl. E9_W2: 17, Vgl. E8_P2; E6_T2: 13.

[164] Vgl. E8_P2: 19.

[165] Vgl. E6_T2: 9; E3_P1: 31; E3_P1: 33.

[166] E6_T2:9.

[167] Vgl. E6_T2: 13.

[168] Vgl. E3_P1: 5; E5_T1: 9; E6_T2: 9; E3_P1: 31; E9_W2: 13.

[169] Vgl. E9_W2: 13.

[170] Vgl. E1_F1: 7; E2_W1: 7; E3_P1: 33; E4_F2: 5; E5_T1: 7; E6_T2: 3; E7_K1: 7; E8_P2: 7; E9_W2: 7.

Gerade im Rahmen von Forschungsprojekten, mit denen alle Befragten Erfahrungen haben, gibt es in der Regel einen sogenannten Konsortialführer. Dieser ist für das Projektmanagement sowie für die Kommunikation innerhalb des Projektteams zuständig und wird vom Konsortium zum Anfang des Forschungsvorhabens festgelegt.[171]

Teilweise wurde diese Position in einigen Projekten auch von den befragten Unternehmen übernommen.[172] Kooperationsmodelle, bei denen *„eine Partei die Mütze aufhat, in Anführungszeichen"*, also bei denen *„eine klare Festlegung vorgenommen worden ist"* und *„Rollen, Funktionen und Aufgaben klar definiert sind"* und *„auch Entscheidungsträger klar definiert sind"*, werden als *„einfacher"* beschrieben.[173] Darüber hinaus wurde als positiv hervorgehoben, dass ein Konsortialführer bei Schwierigkeiten zwischen den Kooperationspartnern vermitteln sowie kommunizieren könne und dass eine bestimmte Führung auch erwartet würde.[174]

Während die befragten Experten aus den Bereichen Technik und Forschung sowie der Vertreter einer Krankenversicherung nach eigenen Aussagen schon Erfahrungen mit Kooperationen gleichberechtigter Partner sammeln konnten, taten sich die Befragten aus den Bereichen Pflege und Wohnen mit der Vorstellung einer derartigen Form der Zusammenarbeit teilweise schwerer.[175] Vereinzelt hätten sie sich in Konsortien nicht als gleichberechtigt behandelt gefühlt.[176] Zudem wurden von einigen der Befragten Kooperationen, bei denen ein Partner die Führungsrolle übernimmt und es klar abgegrenzte Zuständigkeiten gibt, als bevorzugte Art der Kooperation beschrieben.[177] Einer der Befragten konnte sich aufgrund der bereits gesammelten Erfahrungen im Rahmen von Kooperationen nicht vorstellen, dass eine faire Zusammenarbeit gleichberechtigter Partner überhaupt möglich sei.[178]

Kooperationen, bei denen Partner als gleichberechtigt auf einer Ebene agieren, werden von einigen der Interviewten als komplexer beschrieben.[179] Dennoch

[171] Vgl. Günter 2013, S. 409 f.

[172] Vgl. E6_T2: 3; E7_K1: 7; E8_P2: 7; E9_W2: 7.

[173] E7_K1: 9; Vgl. E8_P2: 9; E4_F2: 9.

[174] Vgl. E8_P2: 19.

[175] Vgl. E3_P1: 33; E5_T1: 6; E7_K1: 7; E8_P2: 7; E9_W2: 9.

[176] Vgl. E8_P2: 9; E3_P1: 31; E6_T2: 9.

[177] Vgl. E3_P1: 7; E8_P2: 9.

[178] Vgl. E3_P1: 15.

[179] Vgl. E7_K1: 9; E8_P2:17; E6_T2: 45.

konnten bei dieser Art von Kooperation auch einige Vorteile gegenüber eher klassischen Kooperationsmodellen festgestellt werden:

> *„Die Projekte, die eher hierarchiefrei, ich nenn das jetzt mal so, weitestgehend durchgeführt werden, haben den Vorteil, dass oftmals eine freiere Diskussion entsteht, die kreativer ist, als wenn das von oben nach unten durchgestylt ist, wo verschiedene Blickwinkel anders und effizienter und besser einfach in ein solches Projekt gespielt werden. Man ist da einfach breiter aufgestellt. Aber es ist komplizierter, das alles so im Griff zu behalten und letztlich auch den Weg weiterzugehen und zum Ziel zu kommen.“*[180]

Vor allem die erhöhte Kreativität und die Betrachtung einer Fragestellung zusammen aus unterschiedlichen Perspektiven wird bei dieser Art der Kooperation als positiv hervorgehoben.[181] Dies würde in der Regel zu besseren Endergebnissen führen und könne gerade bei der Entwicklung von innovativen Produkten und Dienstleistungen einen entscheidenden Wettbewerbsvorteil gegenüber Konkurrenten darstellen.[182]

Trotz der positiven Aspekte, die einige der befragten Experten mit Innovationsnetzwerken sammeln konnten, kamen auch negative Erfahrungen zur Sprache. Gerade bei dieser Art der Kooperation erwies sich die Vermarktung als Herausforderung.[183] Nach der Entwicklungsphase sei es schwierig, in den Markt einzutreten, weil bspw. Unklarheit darüber bestehe, wem welche Anteile zustehen und wer welches Risiko trägt.[184] Dies könne zur Auflösung der Kooperation oder zu einer Rollenumverteilung führen, bei der ein Partner das Produkt vermarkte und die anderen Partner als Zulieferer agierten.[185]

Zusammenfassend lässt sich konstatieren, dass Kooperationen heutzutage und in der Zukunft von den befragten Experten als wichtige Voraussetzung für die Entwicklung von innovativen Produkten und Dienstleistungen eingeschätzt werden. Gerade kollaborativen Zusammenschlüssen wird ein hohes Potenzial zugesprochen. Diese werden jedoch auch, im Gegensatz zu klassischen Kooperationsformen, mit einem höheren Komplexitätsgrad, gerade im Hinblick auf die Vermarktungsphase, bewertet. Ein Instrument für die Bewältigung der im Rahmen von Kooperationen auftretenden Verteilungsprobleme wird als hilfreich eingeschätzt.

---

[180] E7_K1: 9.

[181] Vgl. E1_F1: 34; E5_T1: 5; E6_T2: 45; E7_K1: 9.

[182] Vgl. E1_F1: 34; E5_T1: 5; E6_T2: 45.

[183] Vgl. E4_F2: 11; E5_T1: 9; E9_W2: 11.

[184] Vgl. E4_F2: 11; E5_T1: 9.

[185] Vgl. E4_F2: 13; E5_T1: 9.

5.3.2 Ergebnisse der Interviews zum Entscheidungsunterstützungssystem

Das folgende Kapitel dient der Beschreibung der Ergebnisse hinsichtlich des zu entwickelnden Entscheidungsunterstützungssystems. Hierzu werden in Abschnitt 5.3.2.1 die Einschätzungen der Experten im Hinblick auf Chancen und Herausforderungen eines entsprechenden Entscheidungsunterstützungssystems analysiert. Anschließend erfolgt in Abschnitt 5.3.2.2 die Darstellung und Interpretation der Ergebnisse bezüglich der Vorstellungen und Anforderungen an ein solches System.

5.3.2.1 Chancen und Herausforderungen

Im Rahmen der Interviews wurden die Experten um eine Einschätzung zu Chancen und Herausforderungen für das bereits beschriebene Vorhaben gebeten. Insgesamt schätzten die befragten Personen die Chancen hinsichtlich des Entscheidungsunterstützungssystems als groß ein.[186] Einer der Befragten aus dem Technikbereich bewertete diese sogar als *„wahnsinnig"*[187]. Die meisten der befragten Personen beschrieben ein solches System, im Hinblick auf ihre Erfahrungen, die sie bereits mit Kooperationen gesammelt haben, als sehr *„hilfreich"*[188]. Gerade für Kooperationen, bei denen die Effizienzgewinne gemeinsam erwirtschaftet werden und somit keine verursachungsgerechte Verteilung möglich ist, wird die Nutzung eines entsprechenden Entscheidungsunterstützungssystems als sinnvoll angesehen:

> *„Ich könnte mir vorstellen, dass je komplexer die Konstellation wird und je mehr die einzelnen Verantwortungsbereiche ineinander überschwemmen, also ineinander übergehen, desto wichtiger wird das meiner Meinung nach, so ein Verfahren anzuwenden. Je höher der Abgrenzungsgrad möglich ist, desto weniger Notwendigkeit würde ich sehen."*[189]

Da die befragten Experten regelmäßig mit unterschiedlichen Partnern kooperativ zusammenarbeiten, äußerten einige ihre Vorfreude auf die Nutzung des Systems

[186] Vgl. E1_F1: 30; E6_T2: 35; E7_K1: 21; E8_P2: 53.

[187] E6_T2: 39.

[188] E1_F1: 30; E7_K1: 15; E7_K1: 31; Vgl. E6_T2: 89; E9_W2: 45.

[189] E5_T1: 37.

in der Praxis.[190] Dabei schätzten die Befragten die Anwendungsbereiche auch über den AAL-Bereich oder den Forschungskontext hinaus als groß ein.[191]

Dahingegen äußerten sich die befragten Personen aus dem Pflegebereich eher vorsichtiger.[192] Einer der Pflegeexperten differenzierte noch einmal zwischen pflegerischen Dienstleistern, die bereits in interdisziplinären Kooperationen sowie im AAL-Bereich tätig sind und solchen, die bisher ausschließlich in ihrer Disziplin gearbeitet und mit Partnern aus derselben Branche kooperiert haben. Die Nutzungsbereitschaft eines Entscheidungsunterstützungssystems bei interdisziplinären Kooperationen im AAL-Bereich werde dabei als hoch eingeschätzt, aufgrund der Anerkennung des Mehrwerts und des vertrauteren Umgangs mit technischen Systemen unter den Partnern.[193] Im Gegensatz dazu wird vermutet, dass das Verständnis für die Sinnhaftigkeit eines solches Systems und der Mehrwert von Partnern, die ausschließlich aus dem Gesundheits- und Pflegebereich kommen und noch nicht viel Erfahrungen mit interdisziplinären Kooperationen haben, ggf. geringer sein könnte.[194] Falls diese Vermutung sich bewahrheiten würde, wäre eine Einschränkung des Anwendungsbereichs die Folge.

Nach einer allgemeinen Einschätzung der Experten bezüglich der Chancen für ein Entscheidungsunterstützungssystem, wurden diese im zweiten Schritt gebeten, ihre Einschätzungen näher zu erläutern.

Im Folgenden werden die einzelnen Punkte detailliert erläutert, indem zunächst die analysierten Chancen und anschließend die Herausforderungen beschrieben werden.

Unabhängig von ihrem Tätigkeitsbereich sahen die Experten vor allem viel Potenzial in der Idee, ein Entscheidungsunterstützungssystem als objektives Werkzeug zur Verteilung der Effizienzgewinne im Rahmen von Kooperationen einzusetzen.[195]

> *„Das Charmante wäre natürlich, dass es ein Tool ist. Dann haben Sie irgendwie einen objektiven Maßstab. Die Themen sind ja sonst immer auch sehr emotional und können ja auch zwischenmenschlich schwierig sein. Wenn man jetzt so einen objektiven Maßstab hat, dann kann das auch dazu motivieren, zu diskutieren.“*[196]

---

[190] Vgl. E6_T2: 89; E9_W2: 102.

[191] Vgl. E9_W2: 102; E5_T1: 37; E3_P1: 37.

[192] Vgl. E3_P1: 37; E8_P2: 53.

[193] Vgl. E8_P2: 53.

[194] Vgl. E8_P2: 53.

[195] Vgl. E6_T2: 17; E9_W2: 41; E6_T2: 31; E8_P2: 23.

[196] E9_W2: 41.

Gerade wenn Kooperationspartner auf einer Ebene agieren, würde ein Tool, das die Verteilung der Effizienzgewinne managen würde, zu längeren und dauerhaften Zusammenschlüssen beitragen können.[197]

Des Weiteren sei eine Reduzierung von Konflikten innerhalb des Projektteams von Beginn an möglich.[198] Auch eine Vereinfachung der Prozesse und Abläufe wäre denkbar.[199] Da es sich um ein zuvor abgestimmtes Verfahren handeln sollte, hätten die Partner darüber hinaus die Gewissheit, dass bei Veränderungen oder in vereinbarten Abständen die Allokation noch einmal überprüft würde.[200]

Bedingt durch die Notwendigkeit der Einbringung eines Inputs der Partner in das System, wie Kostenangaben, könne ein deutlich offenerer Umgang innerhalb der Kooperation erzielt werden.[201] Dies würde zu einer Steigerung der *„Transparenz"* beitragen.[202] Die Erhöhung der Transparenz wird als großes Potenzial eingeschätzt, da dieser Aspekt insbesondere bei Kooperationen von möglichen Konkurrenten als Problem identifiziert wurde.[203]

Durch das Entscheidungsunterstützungssystem könne eine *„faire Basis"* für eine erfolgreiche Zusammenarbeit geschaffen werden.[204] Zudem könne jede Partei für sich Klarheit darüber schaffen, welche Vorteile die Kooperation bietet und welche Vorstellungen die anderen Partner haben.[205]

> *„Ich glaube, das würde wirklich helfen, die Dispute schon von Anfang an zu vermeiden. Ich glaube, die Sachen werden sonst oft gar nicht erst angegangen, weil die Leute in der Euphorie des Anfangs so begeistert sind und man nicht merkt, dass es völlig andere Vorstellungen gibt. Das ist dann immer schade, weil dann viel Arbeit und viel Energie verpulvert wurde, für nichts und wieder nichts."*[206]

Dadurch könne eine vertrauensvolle Atmosphäre entstehen, was sich wiederum durch freiere und offenere Diskussionen und damit einem effizienteren und kreativeren Arbeiten auszahlen würde.[207] Gerade bei Kooperation von

[197] Vgl. E9_W2: 45; E8_P2: 23.

[198] Vgl. E6_T2: 17; E6_T2: 89; E9_W2: 43; E7_K1: 27.

[199] Vgl. E5_T1 39; E9_W2: 35.

[200] Vgl. E7_K1: 61.

[201] Vgl. E5_T1: 39.

[202] E1_F1: 30; Vgl. E2_W1: 61.

[203] Siehe Abschnitt 5.3.1.

[204] E4_F2: 48.

[205] Vgl. E4_F2: 38; E6_T2: 37.

[206] E6_T2: 89.

[207] Vgl. E7_K1: 9; E6_T2: 33.

Unternehmen unterschiedlicher Größe und dadurch bedingten ungleichmäßigen Machtverhältnissen könne das Entscheidungsunterstützungssystem zu einer fairen Kommunikation auf *„Augenhöhe"* beitragen.[208]

Ein weiteres Potenzial für das Entscheidungsunterstützungssystem sahen die Experten in der frühzeitigen Auseinandersetzung mit Kosten- und Vermarktungsfragen im Projektteam.[209] Durch die Einigung im Team auf die Anwendung eines solchen Systems seien die Partner sowohl bezogen auf das Gesamtvorhaben als auch bezogen auf ihr jeweiliges Unternehmen gezwungen, über Standpunkte, Kosten und Ziele frühzeitig nachzudenken.[210] Dies sei gerade deshalb wichtig, weil die Vermarktung oft im Laufe des Entwicklungsprozesses zu wenig berücksichtigt werde und nur selten über Kosten, Vermarktungsabsichten oder Risiken vorzeitig diskutiert werde.[211] Dies könne zu längeren, zielgerichteten und erfolgreichen Kooperationen führen.[212] Zudem könne ein Entscheidungsunterstützungssystem zur Verteilung der Effizienzgewinne zu einer stärkeren Kooperationsbereitschaft und demnach mehr Kooperationen beitragen.[213] Dies hänge jedoch davon ab, inwieweit die Partner bereit sind, sich auf ein solches System einzulassen.[214]

Nach einer Erläuterung der identifizierten Chancen werden im Folgenden Herausforderungen im Umgang bzw. bei der Anwendung eines derartigen Entscheidungsunterstützungssystems aus Sicht der befragten Experten analysiert.

Unabhängig vom Fachgebiet der Befragten wurde von mehreren Personen die Offenheit gegenüber dem System und die Bereitschaft, sich darauf einzulassen, als möglicherweise herausfordernd für einige Partner bewertet.[215] Es sei eine *„moderne Denkweise"* erforderlich, die gerade bei sehr hierarchisch geführten Unternehmen mit starren Prozessen gegebenenfalls nicht vorhanden sei.[216] Die Beteiligten müssten bereit sein, offen miteinander umzugehen und Kompromisse einzugehen.[217]

---

[208] E6_T2: 31.

[209] Vgl. E4_F2: 11; E6_T2: 29; E9_W2: 45.

[210] Vgl. E6_T2: 29.

[211] Vgl. E4_F2: 11.

[212] Vgl. E9_W2: 45; E7_K1: 15.

[213] Vgl. E4_F2:11; E7_K1: 15; E2_W1: 21.

[214] Vgl. E7_K1: 15.

[215] Vgl. E7_K1: 33; E7_K1: 43; E5_T1: 39; E8_P2: 49.

[216] E5_T1: 39; Vgl. E8_P2: 49.

[217] Vgl. E7_K1: 33; E7: K1: 43.

Darüber hinaus müssten alle Beteiligten dem Entscheidungsunterstützungssystem und den daraus resultierenden Ergebnissen vertrauen.[218] Dies könne ebenfalls eine Herausforderung darstellen, auch im Hinblick auf einen glaubhaften Ausschluss einer Beeinflussung des Systems durch einzelne Partner.[219] Zudem wurde das Vertrauen zu den Partnern als Grundvoraussetzung für eine erfolgreiche, stabile Kooperation sowie für die Offenheit innerhalb des Projektteams genannt.[220] Dies sei gerade bei neuen Kooperationspartnern schwierig, da dann in der Regel die Bereitschaft zu einem *„großen Vertrauensvorschuss"* da sein müsse, der sich mit einem gewissen Risiko am Ende nicht rentieren würde.[221] Der Aspekt des Vertrauens spiegelt sich auch in der Herausforderung der Offenlegung von Daten und Informationen vor den Projektpartnern wider.[222] Dieser Aspekt wurde in Abhängigkeit vom Grad der Offenlegung gerade von den Technikexperten als potenziell schwierig sowohl für andere als auch für das eigene Unternehmen eingeschätzt.[223] Daher wurde die Auswahl der Inputs sowie die Operationalisierung der Effizienzgewinne als Herausforderung bewertet, insbesondere auch wegen der Problematik der unvollständigen Information hinsichtlich der resultierenden Arten von Effizienzgewinnen zu Beginn eines Vorhabens.[224]

Zudem könne die Art der Kooperation eine Herausforderung im Hinblick auf die Anwendung eines derartigen Entscheidungsunterstützungssystems zur Operationalisierung und Verteilung von Effizienzgewinnen sein. Einfacher sei die Anwendung eines derartigen Systems für horizontale Zusammenschlüsse im Gegensatz zu anderen Kooperationsformen.[225] Insbesondere bei diagonalen Kooperationen sei aufgrund der divergierenden Fachdisziplinen eine Messbarkeit und Vergleichbarkeit von Leistungen schwierig.[226] Darüber hinaus wurde die Entwicklung eines Entscheidungsunterstützungssystems, das für alle Partner unabhängig von der Fachkompetenz verständlich sei, auf Grundlage bisheriger Erfahrungen als komplex eingestuft.[227] Neben der Verständlichkeit im Hinblick auf die Verteilung der Effizienzgewinne sei auch eine allgemein verständliche

---

[218] Vgl. E1_F1: 32; E4_F2: 13; E7_K1: 43.

[219] Vgl. E9_W2: 49.

[220] Vgl. E1_F1: 11; E6_T2: 13.

[221] E6_T2: 13.

[222] Vgl. E1_F1: 13; E5_T1: 49; E6_T2: 55.

[223] Vgl. E5_T1: 49; E6_T2: 55.

[224] Vgl. E1_F1: 40, E9_W2:15, E8_P2: 33.

[225] Vgl.E1_F1: 15; E9_W2: 75; E4_F2:28.

[226] Vgl. E9_W2: 75; E1_F1:15.

[227] Vgl.E4_F2: 27, E4_F2: 28.

Nutzeroberfläche sowie die Darstellung der Ergebnisse nicht trivial.[228] Ferner können aber auch andere Unterschiede, wie z. B. die Unternehmensgröße eine Herausforderung darstellen. Gerade wenn ein *„Platzhirsch"* unter den kooperierenden Unternehmen sei, würde eine Einigung auf ein Allokationssystem eine Herausforderung darstellen, da dieser Partner dann erfahrungsgemäß die Verteilung gerne selbst übernehmen würde.[229] Zudem bestehe bei Innovationsnetzwerken die Problematik, dass es noch keine Erfahrungswerte bezüglich Kosten und Erlösen gebe und am Anfang in der Regel kein oder ein negativer Gewinn erzielt werden würde.[230]

Des Weiteren sahen einige der Experten die Festlegung von Fairnesskriterien als Herausforderung an.[231] Dies wurde bspw. damit begründet, dass die Entscheidung, ob etwas fair oder unfair ist, oft nicht quantifizierbar sei, da es sich dabei eher um ein Gefühl handle.[232] Zudem könnten sich Werte im Verlauf der Kooperationen ändern oder schwanken, sodass Anpassungen notwendig würden.[233] Darüber hinaus wurde die Festlegung guter Bewertungsmaßstäbe für die Verteilung als herausfordernd eingeschätzt.[234]

Die Tabelle 5.3 stellt eine Übersicht über die Befragungsergebnisse zu Chancen und Herausforderungen für das geplante Forschungsvorhaben dar.[235]

[228] Vgl. E6_T2: 79.

[229] E4_F2: 48; vgl. E6_T2: 17; E1_F1: 15.

[230] Vgl. E1_F1:26; E1_F1:62; E6_T2: 45; E9_W2:15.

[231] Vgl. E9_W2: 23, E5_T1: 39; E8_P2: 33.

[232] Vgl. E1_F1: 56; E9_W2: 13; E7_K1: 65; E5_T1: 39.

[233] Vgl. E4_F2: 38; E9_W2: 19; E8_P2: 39.

[234] Vgl. E9_W2: 47.

[235] Diese Tabelle bezieht sich ausschließlich auf die Befragungsergebnisse und hat daher nicht den Anspruch der Vollständigkeit.

Tabelle 5.3 Übersicht zu Chancen und Herausforderungen für das zu entwickelnde Entscheidungsunterstützungssystem

Chancen	Herausforderungen
Schaffung eines objektiven/neutralen Maßstabs	Bereitschaft sich auf das System einzulassen
Ermöglichung längerer und stabilerer Kooperationen	Aufbau von Vertrauen gegenüber dem System
Reduktion von Konflikten	Aufbau von Vertrauen gegenüber den Partnern
Vereinfachung von Prozessen und Abläufen	Bereitschaft zur Offenlegung von Informationen vor den Partnern
Ermöglichung eines offenen Umgangs im Projektteam	Operationalisierung der Effizienzgewinne
Unterstützung eines effizienteren und kreativeren Arbeitens	Messbarkeit und Vergleichbarkeit von Unternehmensleistungen unterschiedlicher Fachrichtungen
Steigerung der Transparenz	Verständlichkeit des Systems für Personen unterschiedlichster Disziplinen
Schaffung einer guten Basis für die Zusammenarbeit	Anwendbarkeit bei Kooperationen ohne Erfahrungswerte und ggf. einem geringen oder negativen Gewinn zu Beginn
Ermöglichung einer fairen Kooperation bei ungleichen Machtverhältnissen in der Kooperation	Einigung auf Fairnesskriterien unter den Partnern
Frühzeitige Auseinandersetzung mit Kosten und Erlösen	Entwicklung guter Bewertungsmaßstäbe für die Verteilung
Steigerung der Bereitschaft zur Kooperation	Einfache Darstellung und Bedienbarkeit

Quelle: Eigene Darstellung

Insgesamt sahen die meisten der befragten Experten für die Entwicklung eines Entscheidungsunterstützungssystems zur Operationalisierung und Verteilung von Effizienzgewinnen große Chancen sowie einen Bedarf, sowohl im AAL-Bereich als auch in vielzähligen anderen Bereichen. Sie schätzten jedoch die Entwicklung eines solchen Systems aufgrund der Vielzahl von zu berücksichtigenden Faktoren als komplex ein. Zudem müssten die Kooperationszusammenschlüsse für die Nutzung eines solchen Entscheidungsunterstützungssystems bestimmte Voraussetzungen vor allem im Hinblick auf Vertrauen und Offenheit sowohl gegenüber den Partnern als auch gegenüber dem System mitbringen.

5.3.2.2 Vorstellungen und Anforderungen

Die Mehrheit der Befragten hatte zu Beginn des Interviews bereits Vorstellungen hinsichtlich eines für sie hilfreichen Entscheidungsunterstützungssystems zur Verteilung von kooperationsbedingten Effizienzgewinnen. Diese wurden von den Interviewten teilweise sehr konkret beschrieben und darauf aufbauend Anforderungen formuliert.[236] Dahingegen hatte jeweils eine befragte Person aus dem Bereich Wohnen und Pflege zu Anfang noch keine konkreten Vorstellungen.[237]

Teilweise war bei der Analyse des Datenmaterials eine trennscharfe Unterteilung zwischen Vorstellungen und Anforderungen nur schwer durchführbar. Im Nachfolgenden werden die Aussagen, die Ideen oder vage Vermutungen widerspiegeln, als Vorstellungen hinsichtlich des Entscheidungsunterstützungssystems eingeordnet. Als Anforderungen werden dagegen konkrete Meinungsäußerungen und Forderungen klassifiziert.

Es werden die Vorstellungen und Anforderungen, die die Befragten bezüglich des Entscheidungsunterstützungssystems äußerten, beschrieben und interpretiert. Dabei erfolgt aufgrund der Übersichtlichkeit und der Vermeidung von Doppelungen eine Untergliederung nach den Kategorien: Effizienzgewinne, Offenlegung von Daten, Operationalisierung und Verteilung von Effizienzgewinnen, Anforderungen an die Fairness, Anforderungen an die Bedienung, Anforderungen an die Anwendung im Gesundheits-, Pflege oder AAL-Bereich. Innerhalb der Kategorien werden sowohl die Vorstellungen als auch die Anforderungen der befragten Personen dargestellt. Am Ende des Kapitels erfolgt eine zusammenfassende tabellarische Darstellung der Ergebnisse.

---

[236] Die aus den qualitativen Interviews extrahierten Anforderungen an ein Entscheidungsunterstützungssystem zur Verteilung von kooperationsbedingten Effizienzgewinnen werden im nachfolgenden Kapitel ausführlich beschrieben.

[237] Vgl. E3_P1: 19; E2_W1: 29.

Effizienzgewinne

Ziel des zu entwickelnden Entscheidungsunterstützungssystems ist eine Verteilung der durch die Zusammenarbeit entstehenden Effizienzgewinne unter den Partnern. Dazu müssen diese zunächst operationalisiert werden. Wie bereits in Kapitel 2 beschrieben, gibt es zahlreiche Ausdrücke, die in der wissenschaftlichen Fachliteratur synonym zu dem Begriff *Effizienzgewinn* verwendet werden. Im Rahmen der Interviews wurde daher der leichter zu verstehende Terminus *Kooperationsvorteil* gewählt, da das Wort Effizienzgewinn auch in den Pre-Tests zu Missverständnis führte. Dabei wurde erfragt, welche Vorteile sich die Experten durch Kooperationen erhoffen. Darauf aufbauend wurden die Personen dazu befragt, welche Kooperationsvorteile im Rahmen des Entscheidungsunterstützungssystems ihrer Meinung nach operationalisiert werden sollten. Anschließend wurden sie gebeten, ihre Vorstellungen und Wünsche hinsichtlich des Ablaufs der Operationalisierung vorzustellen.

Die Befragten gaben an, dass sie in erster Linie zur Bündelung von Kompetenzen,[238] um Innovatives, Neuartiges zu schaffen[239] und besser vermarkten zu können[240], kooperieren. Zudem sollen die eigenen Expertisen zur Weiterentwicklung des Unternehmens ausgebaut werden.[241] Weiterhin rechnen sich die meisten Synergieeffekte[242], Imagesteigerungen[243], eine Erweiterung des Netzwerks[244], Effizienzsteigerungen[245], eine Risikominimierung[246] sowie einen erhöhten Marktanteil[247] durch die Zusammenarbeit aus.

Obwohl die Befragten überwiegend nicht direkt in monetären Einheiten messbare Kooperationsvorteile aufzählten, war die Mehrzahl der Meinung, diese nicht zu operationalisieren und in das Entscheidungsunterstützungssystem einfließen zu lassen. Stattdessen wurde vorgeschlagen, nur eindeutig messbare Werte[248], wie

---

[238] Vgl. E1_F1: 36; E4_ F2: 48; E5_T1: 25; E5_T1: 41; E7_K1: 35; E8_P2: 15.

[239] Vgl. E1_F1: 34; E4_F2: 48; E5_T1: 25; E5_T1: 43; E7_K1: 37.

[240] Vgl. E4_F2: 48.

[241] Vgl. E8_P2: 35; E7_K1: 35; E7_K1: 37.

[242] Vgl. E1_F1: 42.

[243] Vgl. E8_P2: 35.

[244] Vgl. E8_P2: 35.

[245] Vgl. E5_T1: 41; E5_T1: 43; E5_T1: 47.

[246] Vgl. E5_T1: 35.

[247] Vgl. E5_T1: 21; E5_T1: 25; E5_T1: 35; E5_T1: 41; E5_T1: 43.

[248] Vgl. E3_P1: 43; E1_F1: 38; E7_K1: 47; E9_W2: 58.

Erlöse[249], Gewinne[250], Kosten[251], Aufwände[252], Investitionen[253] sowie Kosteneinsparungen[254] zu operationalisieren und bei der Verteilung zu berücksichtigen. Begründet wurde dies vor allem damit, dass die Operationalisierung von *„weichen Faktoren“*[255] zu schwierig und komplex sei und zu einer Intransparenz führen würde[256]: *„Das wird dann auch viel zu komplex. Da steigt dann ja auch keiner mehr richtig durch. Das kann man dann ja auch ganz einfach anfechten.“*[257] Zudem sei der Fokus jeden Unternehmens, möglichst viel Geld zu erzielen.[258] Eine Operationalisierung von darüber hinaus erzielten Vorteilen, wie Imagesteigerungen, wurde als nicht praxistauglich erachtet:[259]

> *„Was wollen sie denn sonst noch verteilen? Ruhm und Ehre? Gummipunkte? [...] Wie soll ich denn Image monetarisieren? Das kann ich mir nicht gut vorstellen. Das ist aus meiner Sicht nicht praxistauglich, das kann ich irgendwie nicht greifen. [...] Bei monetären Größen ist das natürlich deutlich einfacher, weil das schon in der gleichen Währung ist und sie das in Anführungsstrichen nur in bestimmten Anteilen verteilen müssen. Bei diesen, sagen wir mal, soften Größen, finde ich das schwierig. Da fehlt mir echt die Fantasie.“*[260]

Lediglich die Experten aus dem Bereich Pflege waren der Meinung, dass auch nicht-monetäre Größen zusätzlich berücksichtigt werden sollten.[261] Dies begründeten sie damit, dass sie des Öfteren im AAL-Bereich kooperieren, ohne dass sie sich davon direkte finanzielle Vorteile oder Anteile vom direkten Gewinn erhoffen.[262] Viel wichtiger sei ihnen bspw., dass die AAL-Systeme praxisnah

---

249 Vgl. E1_F1: 38; E1_F1: 42; E9_W2: 53; E4_F2: 13; E4_F2: 13; E6_T2: 55; E9_W2: 31; E4_F2: 38; E6_T2: 29.

250 Vgl. E3_P1: 27; E4_F2: 34.

251 Vgl. E1_F1: 38; E1_F1: 40; E2_W1: 15; E4_F2: 13; E5_T1: 21; E5_T1: 49; E6_T2: 55; E6_T2: 29.

252 Vgl. E1_F1: 9; E1_F1: 11; E1_F1: 17; E1_F1: 40; E3_P1: 7; E3_P1: 43; E4_F2: 17; E2_W1: 15; E9_W2: 31.

253 Vgl. E3_P1: 7; E3_P1: 43; E4_F2: 17; E2_W1: 15; E9_W2: 31.

254 Vgl. E1_F1: 38; E2_W1: 53; E5_T1: 41; E5_T1: 45.

255 E7_K1: 47; E5_T1: 35.

256 Vgl. E1_F1: 42; E1_F1: 44; E7_K1: 47; E1_F1: 38; E6_T2: 55; E9_W2: 58.

257 E9_W2: 58.

258 Vgl. E5_T1: 21; E6_T2: 53.

259 Vgl. E1_F1: 38; E7_K1: 47; E9_W2: 58.

260 E9_W2: 57–61.

261 Vgl. E8_P2: 35; E3_P1: 39.

262 Vgl. E8_P2: 15; E8_P2: 35.

entwickelt und auf den Markt gebracht werden, sodass ihre Mitarbeiter in der Pflege eine nachhaltige Unterstützung im Arbeitsalltag erhielten.[263] Zudem sei es für sie ebenfalls wichtig, sich an AAL-Projekten zu beteiligen, um ihr Image zu steigern und für Arbeitnehmer attraktiv zu sein.[264]

Offenlegung von Daten

Die Experten wurden zudem befragt, welche Daten oder Informationen sie im Rahmen einer Kooperation offenlegen würden und bei welchen sie eine Offenlegung als problematisch einschätzen würden. Einer der Befragten war der Meinung, dass die Offenheit der Partner möglichst groß sein sollte. Je nach Partner und Art der Daten müssten jedoch die aktuellen Datenschutzbestimmungen eingehalten werden.[265] Gerade die Befragten aus dem Pflegebereich äußerten sich vorsichtig bezüglich einer Offenlegung von Daten. Während der eine Experte offen kommunizierte, dass er nicht bereit sei, viele Daten offenzulegen,[266] schätze der andere eine Offenlegung in Kooperationen, bei denen Konkurrenten kooperieren, als schwierig ein.[267]

Insgesamt waren die Befragten der Meinung, dass eine Offenlegung von Kosten, wie etwa „*Entwicklungskosten*"[268], „*Herstellungskosten*"[269] und „*Angebotskosten*"[270] recht unproblematisch möglich sei.[271] Zudem sollten die Gewinne durch das System offengelegt werden.[272] Eine befragte Person aus dem Bereich Forschung war der Meinung, dass die IP (Intellectual Property) der Unternehmen offengelegt werden müsse.[273] Ein anderer Experte aus diesem Bereich äußerte sich hinsichtlich einer Offenlegung der individuellen Risikoanalysen der einzelnen Unternehmen positiv. Darauf aufbauend könne auch eine gemeinsame Analyse der Risiken durchgeführt werden.[274] Eine Nennung der Anzahl der Vertriebspartner gegebenenfalls in Abhängigkeit vom Vertriebsstadium wurde

---

[263] Vgl. E3_P1: 39.
[264] Vgl. E8_P2: 35.
[265] Vgl. E7_K1: 43.
[266] Vgl. E3_P1: 41.
[267] Vgl. E8_P2: 61.
[268] E1_F1: 40.
[269] E4_F2: 56.
[270] E5_T1: 49.
[271] Vgl. E2_W1: 69; E6_T2: 55; E1_F1: 40; E4_F2: 56; E5_T1: 49.
[272] Vgl. E6_T2: 55.
[273] Vgl. E4_F2: 56.
[274] Vgl. E4_F2: 56.

ebenfalls als unproblematisch und in der Praxis als bereits bewährt eingestuft.[275] Aufgrund der Publizitätspflicht seien viele Unternehmen sowieso verpflichtet, ihre Bilanz offenzulegen. Daher wurde dies auch als unkompliziert bewertet.[276] Zudem sei es gerade im Rahmen von Projekten üblich, Arbeitszeiten zu erfassen und offenzulegen.[277] Darüber hinaus könnten Mitarbeitersätze offen kommuniziert werden.[278] Weiterhin sei es notwendig, dass „*Verfahrensprozessdaten*"[279] offenlegt werden. Ein Experte aus dem Bereich Pflege war zudem der Meinung, dass Wettbewerbsvorteile, die durch die Kooperation entstehen sowie Imagesteigerungen unproblematisch offen kommuniziert werden könnten.[280] Während die Befragten die aufgezählten Punkte hinsichtlich einer Offenlegung im Rahmen einer Kooperation als unkompliziert einstuften, wurden die nachfolgenden Aspekte als schwierig eingeschätzt.

Insbesondere eine Offenlegung der Geschäftsmodelle sowie Businesspläne sei unrealistisch.[281] Zudem wurde an mehreren Stellen immer wieder betont, dass eine zu detailreiche Offenlegung in der Praxis nicht umsetzbar sei:

> *„Es muss so aussagekräftig sein, dass eben Vertrauen geschaffen werden kann. Also wenn nur gesagt wird, dass man das und das verdient und die und die Kosten hat, das reicht nicht. Aber wenn es zum Beispiel in die Richtung geht, was der CEO kostet oder anteilig (...), also da glaube ich, würde ich dann schon Barrieren aufbauen, die schon wieder nicht so gut sind. Nicht, dass das dann am Ende zu granular wird, weil sonst scheiden die Leute dann aus. Die sagen dann: ‚Das geht euch einen feuchten Kehricht an, das liegt in meinem Bereich und das braucht ihr nicht'."*[282]

Mehrere der Experten wären nicht bereit, die Gehälter einzelner Mitarbeiter oder von sich selbst offenzulegen.[283] Zudem seien alle Parameter, die das Geschäftsgeheimnis betreffen, nicht offen kommunizierbar, wobei nicht detailliert ausgeführt wurde, welche Faktoren hierzu gezählt werden würden.[284] Darüber hinaus wurde die offene Kommunikation über weitere Geschäftspartner außerhalb der

---

[275] Vgl. E5_T1: 49.
[276] Vgl. E3_P1: 31.
[277] Vgl. E3_P1: 31; E9_W2: 65.
[278] Vgl. E3_P1: 31.
[279] E5_T1: 49.
[280] Vgl. E8_P1: 41.
[281] Vgl. E1_F1: 42; E6_T2: 55.
[282] E6_T2: 55.
[283] Vgl. E3_P1: 31; E6_T2: 55; E3_P1: 31.
[284] Vgl. E1_F1: 42.

bestehenden Kooperation als schwierig eingestuft.[285] Als ebenfalls problematisch wurde die ausführliche Offenlegung der Einnahmen und Ausgaben eingeschätzt.[286] So sei eine offene Kommunikation der gesamten Buchhaltung für einzelne Partner nicht umsetzbar.[287] Zudem würden Gewinnaussichten voraussichtlich nicht offengelegt werden.[288]

Die Tabelle 5.4 gibt noch einmal eine Übersicht der in den Interviews genannten Punkte hinsichtlich einer Bereitschaft zur Offenlegung:

Tabelle 5.4 Übersicht zur Bereitschaft der Offenlegung von Daten.[289]

Bereitschaft zur Offenlegung
Entwicklungskosten
Herstellungskosten
Angebotskosten
Gewinne durch das System
Intellectual Property (IP)
Risikoanalysen
Vertriebspartner in den unterschiedlichen Vertriebsstadien
Bilanz
Arbeitszeiten
Mitarbeitersätze
Verfahrensprozessdaten
Wettbewerbsvorteile durch die Kooperation
Imageveränderungen durch die Kooperation

Keine Bereitschaft zur Offenlegung
Geschäftsmodelle
Businesspläne
Gehaltsinformationen
Geschäftsgeheimnisse
Detaillierte Informationen zu Einnahmen
Detaillierte Informationen zu Ausgaben
Geschäftspartner außerhalb der Kooperation
Buchhaltung (Open-Book-Verfahren)
Gewinnaussichten

Quelle: Eigene Darstellung

[285] Vgl. E1_F1: 42.

[286] Vgl. E3_P1: 42.

[287] Vgl. E5_T1: 49.

[288] Vgl. E8_P2: 41.

[289] Hierbei wurde vom Interviewten nicht weiter spezifiziert, was unter „Geschäftsgeheimnisse" zu verstehen ist. Dies könnte jedoch als Oberkategorie für eine Vielzahl von Faktoren stehen, wie auch bspw. das Geschäftsmodell. Aufgrund der fehlenden Spezifizierung wurde der Begriff Geschäftsmodell, der explizit in Interviews genannt wurde, separat aufgeführt.

Die Tabelle ist als eine Sammlung der von den Interviewten genannten Aspekte zu verstehen. Dabei ist es wahrscheinlich, dass diese nicht bei allen Befragten auf Zustimmung treffen. Gerade bei der Offenlegung von Partnern außerhalb der gemeinsamen Kooperation waren sich die Experten uneinig. Überdies wurde in einem Interview die Bereitschaft zur Offenlegung von Angebotskosten geäußert, ein anderer Interviewpartner war dagegen nicht bereit bspw. Gehaltsinformationen, die teilweise in den Angebotskosten enthalten sind offenzulegen. Die jeweiligen Daten beziehungsweise Kriterien, die als Grundlage dienen sollen, müssten daher jeweils innerhalb der Kooperation vorab im Konsens festgelegt werden. Dabei sollte zudem genau festgelegt werden, was unter den offenzulegenden Begriffen zu verstehen ist. Dieses Vorgehen schlagen auch einige der Befragten vor.[290] Zudem sollten offengelegte Daten sowie durchgeführte Aktivitäten innerhalb des Entscheidungsunterstützungssystems für alle Partner einsehbar sein.[291] Die Tabelle zeigt jedoch schon einmal, welche Daten mehr oder weniger wahrscheinlich in das Entscheidungsunterstützungssystem einfließen werden.

Operationalisierung

Die zu operationalisierenden Kennzahlen sollten nach Aussage der Befragten differenziert nach Kategorien eingegeben und dargestellt werden, bspw. Kosten für Marketing, Hardware, Installationen, Vorarbeiten etc.[292] Zudem sei es im Sinne der Transparenz wichtig, dass die einzelnen Partner Nachweise über Aufwände und Erträge, die in das Entscheidungsunterstützungssystem einfließen sollen, erbringen.[293]

Es müssten darüber hinaus nicht nur Kennzahlen festgelegt und operationalisiert werden, sondern diese auch hinsichtlich ihres Einflusses auf den Gesamtgewinn der Kooperation bewertet werden.[294] Einige Experten schlugen daher vor, eine Gewichtung einzelner Kennzahlen mit einem Punktesystem vorzunehmen.[295] Sinnvoll könne es ebenfalls sein, dass jeder Partner vorab Ziele definiert, die er persönlich erreichen will, diese offen kommuniziert und gegebenenfalls

[290] Vgl. E5_T2: 57; E8_P2: 61.

[291] Vgl. E1_F1: 13; E7_K1: 68; E9_W2: 77.

[292] Vgl. E1_F1: 11; E9_W2: 33.

[293] Vgl. E1_F1: 11; E3_P1: 11; E9_W2: 33.

[294] Vgl. E6_T2: 19; E6_T2: 53; E9_W2: 31.

[295] Vgl. E5_T1: 15; E1_F1: 9; E4_F2: 17; E7_K1: 49; E6_T2: 19; E6_T2: 51; E9_W2: 31; E9_W2: 63.

auch darauf aufbauend gemeinsame Kooperationsziele definiert werden.[296] Diese Ziele könnten anschließend von den Partnern bewertet und so als Grundlage für die Einstufung der späteren Kennzahlen sowie für die Verteilung herangezogen werden.[297] Um eine möglichst hohe Flexibilität zu gewährleisten, könnten bestimmte Kennzahlen, Abläufe und Gewichtungen schon vorgegeben werden, aber gleichzeitig auch die Möglichkeit eingeräumt werden, diese anzupassen oder zu erweitern.[298]

Verteilung

Hinsichtlich der Verteilung der durch die Kooperation entstandenen Effizienzgewinne lagen die Vorstellungen von einigen Befragten sehr nah am Verursachungsprinzip.[299] Die meisten der befragten Personen hatten darüber hinaus aufgrund der Komplexität noch keine konkreten Vorstellungen dazu, wie ein Verteilungsergebnis ermittelt werden kann. Es sei jedoch notwendig, zu überprüfen, welchen Beitrag bzw. Anteil ein Partner zum Gesamterfolg beisteuere.[300] Zudem sei es wichtig, unterschiedliche Szenarien, wie bspw. eine alleinige Umsetzung des Kooperationsvorhaben oder eine Umsetzung mit anderen Kooperationspartnern gegeneinander abzuwägen und deren Erfolg zu bewerten:[301]

> *„Es muss ja einen Benefit haben für ihn. Da ist natürlich die Überlegung, ob man das auch selber aufziehen könnte. Also, ob man so viel Volumen im Westflügel zur Verfügung hat, um das selber alleine oder vielleicht mit anderen auf den Markt zu bringen. Wie viel Zeit verliere ich dann, wie viel Markt verliere ich, wenn so eine initiale Kooperation dann scheitert und beide getrennte Wege gehen würden. Da gibt's ja einen gewissen Wettlauf.*"[302]

Demnach sollten verschiedene Optionen für die einzelnen Partner berücksichtigt werden und deren Ergebnis in das Entscheidungsunterstützungssystem mit einfließen. Es sei jedoch auch hierbei entscheidend, dass die Abläufe und das

[296] Vgl. E1_F1: 46; E6_T2: 21; E6_T2: 23; E8_P2: 69.

[297] Vgl. E6_T2: 23; E8_P2: 35.

[298] Vgl. E7_K1: 53; E9_W2: 63; E1_F1: 19; E7_K1: 57.

[299] Vgl. E1_F1: 9; E3_P1: 7; E3_P1: 15; E5_T1: 11; E5_T1: 15; E9_W2: 33; E9_W2: 37.

[300] Vgl. E1_F1: 9; E3_P1: 27; E5_T1: 15; E4_F2: 17; E6_T2: 19.

[301] Vgl. E4_F2: 19; E9_W2: 81; E3_P1: 47.

[302] E4_F2: 19.

Vorgehen vorab im Team genau definiert, kommuniziert und abgestimmt werden.[303] Dies sei vor allem für die Akzeptanz notwendig.[304] Auch im Hinblick auf die Verteilung wurde eine Kombination aus einer eindeutigen Zuteilung und einem Abweichungsbereich favorisiert.[305] Das Entscheidungsunterstützungssystem solle demnach eine eindeutige Verteilung vorgeben, aber zudem auch noch den Partnern Spielraum bieten, diese in geringem Maße zu variieren. Wichtig dabei sei die Schaffung von maximaler Transparenz und die Vermeidung zusätzlicher Komplexität.[306]

Anforderungen an die Fairness

Fairness gilt als eine Standardanforderung im Hinblick auf Verteilungen. In Abschnitt 5.1.1.2 wurden Fairnessanforderungen vorgestellt. Im Rahmen der Anforderungsanalyse sollte herausgefunden werden, was die befragten Personen unter dem Begriff *fair* verstehen, sowie welche Meinungen sie zu einigen in der Theorie bestehenden Definitionen, auch im Hinblick auf die Praxistauglichkeit, haben. Daher wurden die Experten zunächst gebeten, Fairness aus ihrer Sicht zu definieren.

Viele der Befragten empfanden dies zunächst als schwierig.[307] Der Großteil der Experten gab an, dass es sich dabei für sie um ein „*Gefühl*"[308] bzw. ein „*Bauchgefühl*"[309] handle und eine unfaire Kooperation zu „*Magenschmerzen*"[310] führen würde. Daher sei es schwierig, Anforderungen, die erfüllt sein müssten, zu definieren, damit das Gefühl am Ende positiv ist.[311] Grundsätzlich wurde jedoch von den Befragten Fairness immer wieder als eine Art Gleichgewicht zwischen dem Aufwand und den durch die Zusammenarbeit entstehenden positiven Faktoren, wie Erträgen, Wettbewerbsvorteilen etc., beschrieben.[312] Einer der Befragten

[303] Vgl. E1_F1: 46; E6_T2: 57; E7_K1: 51; E8_P2: 61; E9_W2: 63.

[304] Vgl. E7_K1: 51.

[305] Vgl. E6_T2: 81; E6_T2: 83; E9_W2: 85.

[306] Vgl. E4_F2: 54; E6_T2: 51; E1_F1: 11; E3_P1: 53; E5_T1: 65; E2_W1: 39; E9_W2: 83.

[307] Vgl. E1_F1: 56; E7_K1: 63, E6_T2: 75.

[308] E1_F1: 56; E3_P1: 49; E6_T2: 71; E6_T2: 75; E7_K1: 63; Vgl. E3_P1_45; E9_W2: 87.

[309] E3_P1_: 45; E6_T2: 75.

[310] E6_T2: 75.

[311] Vgl. E6_T2: 71; E7_T2: 73.

[312] Vgl. E1_F1: 56; E3_P1: 23; E3_P1: 43; E4_F2: 70; E6_T2: 71; E6_T2: 75; E7_K1: 63; E8_P2: 59; E9_W2: 49; E9_W2: 87.

aus dem Bereich der Wohnungswirtschaft verglich die Kooperation mit einem Spiel:[313]

> *„Also wann ist ein Spiel fair? Man hat Regeln vereinbart und an diese halten sich alle für dieses Spiel. Das würde man ja als ‚fair' bezeichnen. [...] Wenn es fair ablaufen soll, dann vereinbart man vorher Regeln und man hält sich an die Regeln. Das finde ich, ist fair. Das ist auch wichtiger, als dass alle glücklich und zufrieden sind. Wenn zum Beispiel das Fußballspiel verloren ist [Lacht], dann sagen alle, dass das Spiel nicht fair war.“*[314]

Ähnliche Definitionen, die beinhalten, dass vorab Regeln bzw. klare Vereinbarungen getroffen werden müssten und bei Einhaltung dieser die Kooperation als fair zu verstehen ist, gaben mehrere Experten an.[315] Es sei jedoch wichtig, im Laufe der Zusammenarbeit Regeln im Konsens nachjustieren oder hinzufügen zu können, falls festgestellt werde, dass diese so nicht mehr gut funktionieren.[316] Einer der Befragten aus dem Bereich Pflege vertrat die Meinung, dass Ziele am Anfang sowohl für das Gesamtteam als auch von jedem Partner definiert und offen kommuniziert werden müssten, anhand derer später überprüft werden könne, welcher Partner in welchem Umfang von der Zusammenarbeit profitiert.[317]

Mit einer fairen Kooperation wurde insbesondere ein offener Umgang unter den Partnern und der Wille, gemeinsam etwas zu erreichen, assoziiert.[318] In der Regel würde sich dabei das Konsortium gut untereinander verstehen,[319] sodass eine gewisse Transparenz bestehe[320] und es nicht zu Unterschlagungen käme[321]. Fair sei es zudem, wenn sich größere und kleinere Unternehmen auf Augenhöhe begegnen würden.[322]

In der Literatur wird häufig im Zusammenhang mit der Allokation von Effizienzgewinnen ein bestimmtes Fairnesskriterium festgelegt.[323] Demnach gilt eine Verteilung als fair, wenn der Anteil des Effizienzgewinns eines Partners linear

[313] Vgl. E9_W2: 87.

[314] E9_W2: 87.

[315] Vgl. E3_P1: 23; E8_P2: 61; E8_P2: 63; E9_E2: 87.

[316] Vgl. E9_W2: 89. E1_F1: 19; E7_K1: 57; E6_T2: 13.

[317] Vgl. E8_P2: 63.

[318] Vgl. E5_T1: 61; E7_K1: 63; E8_P2: 61.

[319] Vgl. E3_P1: 45.

[320] Vgl. E2_W1: 81.

[321] Vgl. E7_K1: 63.

[322] Vgl. E1_F1: 58.

[323] Siehe hierzu auch Abschnitt 5.1.1.2.

von der Verhandlungsstärke abhängt. Die Verhandlungsstärke setzt sich dabei aus der *Gewinnsteigerung bei Eintritt* in die Kooperation sowie dem *Drohpotenzial* eines Partners, eine Außenseiterkoalition zu bilden, zusammen.[324]

Nachdem die Experten zunächst die Möglichkeit hatten, zu beschreiben, was für sie fair ist und wie sie den Begriff aus ihrer Sicht definieren würden, wurde ihnen das oben beschriebene Kriterium vorgestellt. Im Anschluss wurden die Befragten um eine Einschätzung hierzu gebeten.

Acht der neun Experten gaben an, dass sie dieser Definition vollkommen zustimmen würden und eine Verteilung, die auf diesen Kriterien beruht, als fair einschätzen würden.[325] Zudem wurde dieses Vorgehen bei der Verteilung als *„logisch"*[326], praxistauglich[327] und *„realistisch"*[328] bezeichnet. Aufgrund der häufigen, eigenständigen Wiederholungen des Fairnesskriteriums der Befragten in eigenen Worten kann angenommen werden, dass der Großteil der Experten dieses auch inhaltlich verstanden hat.[329] Der Experte aus dem Bereich der Krankenversicherungen äußerte sich als Einziger negativ zu dem Kriterium. Dabei ging es jedoch nicht um inhaltliche Aspekte, sondern um die Verwendung von Begriffen wie „Drohen" im Zusammenhang mit Fairness.[330]

Trotz der hohen Zustimmung wiesen vor allem die Experten aus dem Forschungskontext auf bestimmte Herausforderungen hinsichtlich der Umsetzbarkeit des Kriteriums hin.[331] E1_F1 vermutete, dass dieses Vorgehen bei bestehenden Zusammenschlüssen deutlich leichter durchzuführen sei als bei neuen Kooperationen, da bereits auf Erfahrungswerte zurückgegriffen werden könne.[332] E4_F2 sagte, dass eine wichtige Voraussetzung für das Kriterium sei, dass die Partner gegenseitig die Verhandlungsstärke selbstständig einschätzen und akzeptieren könnten.[333] Dies könne jedoch vorausgesetzt werden, da sich die Partner in der

---

324 Vgl. Zelewski 2009, S. 142 ff.; Jene 2015, S. 163 f.; Zelewski 2018, S. 222 f.; Zelewski und Heeb 2018, S. 383 f..

325 Vgl. E1_F1: 62; E2_W1: 89; E3_P1: 51; E4_F2: 76; E5_T1: 25; E6_T2: 77; E8_P2: 62; E9_W2: 91.

326 E1_F1: 62.

327 Vgl. E8_P2: 67; E9_W2: 91.

328 E2_W1: 89.

329 Vgl. E1_F1: 62; E3_P1: 51; E4_F2: 76; E5_T1: 25.

330 Vgl. E7_K1: 67.

331 Vgl. E1_F1: 62; E4_F2: 76.

332 Vgl. E1_F1: 62.

333 Vgl. E4_F2: 76.; E4_F2: 78.

Regel kennen und auch das nötige Know-how zur Einschätzung mitbringen würden.[334] Dies begründete er wie folgt: *„sonst wären sie nicht am Markt erfolgreich. Meistens sind es ja Leute, die schon Erfahrungen mitbringen“*[335]. Zudem wurde eine intensive Kommunikation unter den Partnern[336] sowie Neuverhandlungen bei Veränderungen der Verhandlungsstärke gefordert[337].

Im Hinblick auf das der Verteilung zugrunde liegende Modell werden in der Literatur Verständlichkeit und Kommunizierbarkeit in Zusammenhang mit Fairness als Anforderungen genannt.[338] In einem nächsten Schritt wurden die Experten daher befragt, wie sie diese Bedingungen aus ihrer Sicht und in diesem Zusammenhang einschätzen. Sowohl die Verständlichkeit als auch die Kommunizierbarkeit wurden von den Befragten als sehr wichtig eingestuft.[339] Dies sei insbesondere entscheidend, um das Vertrauen der Partner in das Entscheidungsunterstützungssystem und damit die Akzeptanz zu steigern.[340] Demnach sollte das System keine *„Blackbox“*[341] sein. Vielmehr sollte die Verteilung für die Partner nachvollziehbar bleiben.[342] In diesem Kontext sei es jedoch nicht nötig, dass alle im Konsortium die mathematischen Zusammenhänge hinter der Verteilung verstehen.[343] Dies sei auch eher unrealistisch.[344] Während einer der Befragten aus dem Bereich Forschung für sich selbst angab, vermutlich das Bedürfnis zu haben, sich die Formeln dahinter einmal anzusehen,[345] äußerte ein Experte aus dem Bereich Pflege, dass er überhaupt nicht wissen möchte, was im Detail hinter dem System steckt.[346] Andere äußerten, dass sie keine detailreiche Erläuterung für nötig hielten[347] und auch vermutlich nicht genug *„Geduld“*[348] hätten, sich damit auseinanderzusetzen.

---

[334] Vgl. E4_F2: 76.

[335] E4_F2: 76.

[336] Vgl. E8_P2: 62.

[337] Vgl. E4_F2: 78.

[338] Siehe hierzu auch Abschnitt 5.1.

[339] Vgl. E1_F1: 13; E2_W1: 93; E3_P1: 53; E4_F2: 60; E5_T1: 71; E6_T2: 79; E7_K1: 69; E8_P2: 69; E9_W2: 93.

[340] Vgl. E7_K1: 69.

[341] E1_F1: 32; E5_T1: 51.

[342] Vgl. E1_F1: 58; E2_W1: 95; E4_F2: 72.

[343] Vgl. E1_F1: 64; E2_W1: 95; E4_F2: 80; E6_T2: 79; E7_K1: 73; E8_P2: 71; E9_W2: 95.

[344] Vgl. E1_F1: 64.

[345] Vgl. E4_F2: 80.

[346] Vgl. E8_P2: 73.

[347] Vgl. E6_T2: 79; E7_K1: 73.

[348] Vgl. E6_T2: 79.

Viel wichtiger als das Verständnis der Mathematik hinter dem System sei, dass das grundsätzliche Verfahren sowie die Vorgehensweise verstanden werde.[349] Darüber hinaus solle, gerade im Hinblick auf die Transparenz, jedem Partner die Möglichkeit eingeräumt werden, bei Interesse eine detaillierte Erläuterung des der Verteilung zugrunde liegenden mathematischen Modells zu bekommen.[350] Die Tiefe der Erläuterung solle dabei immer auf das individuelle Interesse eines jeden Partners abgestimmt werden.[351]

Zusätzlich zu den schon in der Literatur bestehenden Fairnessbedingungen sei eine gemeinsame Abstimmung zu Regeln und Kriterien, mithilfe deren eine Fairnessbewertung vorgenommen wird, vorab unabdingbar:[352]

> *„Aber wie gesagt, dazu müsste man wahrscheinlich vorher Bewertungskriterien und Maßstäbe definieren und im Konsens über diese entscheiden, sonst kriegen Sie das nicht hin. Am Ende will sowieso jeder das Maximale für sich rausholen, daher muss das alles vorher schon definiert worden sein. Ansonsten kriegen Sie da am Ende keine Regeln mehr definiert. Sie müssen sich vorher darauf einigen.“*[353]

Es lässt sich konstatieren, dass die in der gängigen Literatur verwendeten Fairnessdefinitionen von den befragten Experten grundsätzlich als „gut“ eingeschätzt wurden. Zusätzlich zu den Kriterien seien jedoch noch weitere, ergänzende Anforderungen zu berücksichtigen. Diese richten sich vor allem auf den Prozess der Operationalisierung und Verteilung der Effizienzgewinne.

Anforderungen an die Bedienung

Im Hinblick auf die Bedienung des Systems gingen die Vorstellungen der Befragten auseinander. Einige sprachen sich für eine gemeinsame Nutzung aller Partner aus.[354] Dabei wurde jedoch deutlich, dass weniger die Organisation, sondern vielmehr die Einsicht aller in das Entscheidungsunterstützungssystem im Sinne der Transparenz gefordert wurde.[355] Dagegen sprach sich der andere Teil der Befragten für eine Bedienung durch eine *„neutrale Instanz“* aus.[356] Hierfür kämen,

[349] Vgl. E1_F1: 64; E2_W1: 95; E4_F2: 80; E6_T2: 79; E7_K1: 73; E8_P2: 71; E9_W2: 100.

[350] Vgl. E1_F1: 64; E5_T1: 63; E7_K1: 69; E7_K1: 73; E9_W2: 95.

[351] Vgl. E1_F1: 64; E4_F2: 82; E7_K1: 73; E9_W2: 100.

[352] Vgl. E9_W2: 100.

[353] E9_W2: 100.

[354] Vgl. E1_F1: 19; E4_F2: 27; E2_W1: 39; E9_W2: 27.

[355] Vgl. E1_F1: 19; E2_W1: 39.

[356] E5_T1: 27; Vgl. E4_F2: 27; E6_T2: 79; E7_K1: 71; E7_K1: 73.

laut den Aussagen der Interviewten, bspw. „*Berater*“[357], „*Mediatoren*“[358] oder öffentliche Einrichtungen infrage.[359] Diese wären gegebenenfalls mit zusätzlichen Kosten verbunden, würden jedoch zum einen zu Zeiteinsparungen führen und zum anderen könnten Diskussionen hinsichtlich einer Beeinflussung des Systems durch einzelne Partner vermieden werden.[360] Zudem könne hierdurch das Vertrauen in das Entscheidungsunterstützungssystem und in die Ergebnisse gestärkt werden.[361]

Einige der Experten differenzierten ihre Aussagen im Hinblick auf die Größe des Teams und den jeweiligen Stand des Projektes. Zwei der Befragten zogen sowohl die Bedienung durch das Projektteam, als auch durch eine neutrale Person in Betracht.[362] Zu Beginn eines Vorhabens sei jedoch die Bedienung durch das Projektteam selbst zur ersten Orientierung sinnvoll.[363] Zudem würde sich eine Bedienung durch das Konsortium selbst bei kleineren Arbeitsgruppen anbieten.[364] Bei größeren Zusammenschlüssen wurde entweder die Bedienung durch eine neutrale Person oder durch ein Expertenteam vorgeschlagen.[365] Demnach könne ein Team oder ein Unternehmen unter Beteiligung aller Partner abgestimmt ausgewählt werden, dass für die Bedienung, Klärung von Fragen und Vorstellung der Ergebnisse des Entscheidungsunterstützungssystems zuständig sei.[366] Dies wäre gerade bei einer Vielzahl von Projektbeteiligten zeiteffizienter, müsse aber vorher im Team einstimmig abgestimmt werden.[367]

Hinsichtlich des Zeitpunktes der Durchführung waren sich die Befragten größtenteils einig, dass das Entscheidungsunterstützungssystem zunächst am Anfang des Prozesses beziehungsweise vor dem geplanten Markteintritt eingesetzt werden

[357] E4_F2: 27.

[358] E6_T2: 25.

[359] Vgl. E6_T2: 25; E6_T2: 79.

[360] Vgl. E7_K1: 71.

[361] Vgl. E6_T2: 79; E7_K1: 71.

[362] Vgl. E4_F2: 27; E5_T1: 27.

[363] Vgl. E4_F2: 27.

[364] Vgl. E5_T1: 27; E4_F2: 27.

[365] Vgl. E5_T1: 27; E4_F2: 27.

[366] Vgl. E2_W1: 41; E8_P2: 27; E5_T1: 27.

[367] Vgl. E8_P2: 27; E5_T1: 27.

solle.[368] Anschließend solle das Tool entweder in vorher festgelegten, regelmäßigen Abständen[369] oder bei Veränderungen wichtiger Parameter[370] angewendet werden. Dabei wird vermutet, dass die Durchführungsfrequenz am Anfang höher sein wird, aber im Laufe der Zeit sinkt.[371] Insgesamt sollte die Bedienung möglichst einfach und anwenderfreundlich sein.[372]

Softwaretechnische Anforderungen

Im Rahmen der Interviews wurden die Experten explizit zu softwaretechnischen Anforderungen befragt. Diesbezüglich herrschte weitestgehend Übereinstimmung. Sowohl die Befragten aus dem Bereich Technik als auch aus den anderen Bereichen waren sich einig, dass sie keine Programmiersprache gegenüber einer anderen bevorzugen würden.[373] Im Gegensatz zur Wahl der Programmiersprache wurde der Umsetzung der Operationalisierung und Verteilung im Rahmen eines *„Online-Tools"* eine wichtigere Bedeutung zugemessen.[374] Dieser Aspekt wurde von der Mehrheit der Befragten unabhängig voneinander eigenständig angesprochen. Darüber hinaus sollten Standards im Hinblick auf *„Schnittstellen"*[375] und *„Datenbankmodelle"*[376] eingehalten werden. Es sollten zudem die gültigen Richtlinien hinsichtlich Datenschutzes und Datensicherheit erfüllt werden.[377] Nach dem Motto *„Keep it simple"*[378] wurde eine einfache Handhabung und die Möglichkeit der flexiblen Anpassung das Systems gefordert.[379] Zudem sollte das System möglichst manipulationssicher sein.[380]

---

368 Vgl. E1_F1: 29; E3_P1: 29; E6_T2:29: E4_F2: 34.

369 Vgl. E1_F1: 23; E5_T1: 33; E4_F2: 34; E6_T2: 29, E2_W1: 57.

370 Vgl. E5_T1: 33; E4_F2: 34; E4_F2: 36.

371 Vgl. E7_K1: 25.

372 Vgl. E4_F2: 60; E7_K1: 57.

373 Vgl. E1_F1: 54; E5_T1: 57; E4_F2: 66; E6_T2: 67; E9_W2: 79.

374 E1_F1: 19; Vgl. E1_F1: 52; E5_T1: 59; E6_T2: 67; E9_W2: 77.

375 E5_T1: 55; E8_P2: 55.

376 E5_T1: 57.

377 Vgl. E4_F2: 64; E7_K1: 43; E8_P2: 57.

378 E7_K1: 57.

379 Vgl. E1_F1: 38; E4_F2: 54; E6_T2: 51; E6_T2: 55; E7_K1: 57; E9_W2: 81.

380 Vgl. E9_W2: 71; E9_W2: 83; E9_W2: 69.

Anforderungen für eine Anwendung im Gesundheits-, Pflege- oder AAL-Bereich

Aufgrund der Anwendung des Systems im Gesundheits- und Pflegebereich sowie speziell im AAL-Bereich wurden die Experten gefragt, ob es Ihrer Meinung nach innerhalb dieser Anwendungsgebiete spezielle Anforderungen zu berücksichtigen gilt. Ein Experte aus dem Forschungsbereich war der Meinung, dass gerade im Gesundheits- und Pflegebereich verstärkt staatlich reguliert wird und es eine Vielzahl gesetzlicher Regelungen gebe, die gegebenenfalls bei der Nutzung des Entscheidungsunterstützungssystems miteinbezogen werden müssten.[381] Die Mehrheit der Befragten war dagegen der Meinung, dass keine besonderen Aspekte gegenüber anderen Einsatzbereichen beachtet werden müssten.[382] Ein Befragter aus der Wohnungswirtschaft stellte jedoch fest, dass speziell im Gesundheitsbereich, im Gegensatz zu anderen Fachgebieten, weiche Kriterien eine entscheidende Rolle spielen könnten:

> *„Ich glaube, was Anforderungen betrifft, ist der AAL-Bereich auch nicht anders als ein konventioneller Bereich. Ich glaube, da unterscheidet sich das eher wenig, außer, dass Sie jetzt im AAL-Bereich natürlich noch mehr softe Faktoren haben. Also der Pfleger war immer sehr nett, die war nicht so nett ... [Lacht]. Da ist immer die Frage, was die Erfolgsfaktoren einer Lösung sind, wodurch die beeinflusst wird und wer hat dafür am Ende des Tages beigetragen.“*[383]

Übersicht der Vorstellungen und Anforderungen

Die Tabelle 5.5 liefert eine Übersicht der Ergebnisse:

---

[381] Vgl. E1_F1: 50.

[382] Vgl. E4_F2: 63; E7_K1: 55; E6_T2: 63; E9_W2: 73.

[383] E9_W2: 73.

Tabelle 5.5 Übersicht zu Vorstellungen und Anforderungen aus den Experteninterviews

Kategorie	Beschreibung der Vorstellungen und Anforderungen
Effizienzgewinne/ Kooperationsvorteile	Bei der Operationalisierung sollten hauptsächlich direkt monetär messbare Größen, wie Gewinne oder Kosten, berücksichtigt werden.
	Vereinzelt kann eine Operationalisierung von nicht-monetär messbaren Effizienzgewinnen/Kooperationsvorteilen sinnvoll sein. Dies ist im Projektteam abzustimmen.
Operationalisierung	Eingabe und Darstellung der zu operationalisierenden Kennzahlen differenziert nach Kategorie (bspw. Kosten für Marketing, Hardware, Installation etc.)
	Erbringung von Nachweisen für bspw. Aufwände und Erträge
	Bewertung/Gewichtung einzelner Kennzahlen (ggf. mit einem Punktesystem). Die Gewichtung könnte sich an vorab definierten Zielen orientieren.
	Vorgabe eines grundsätzlichen Ablaufs, von Kennzahlen, Gewichtungen etc.
	Anpassung und Erweiterung des grundsätzlichen Ablaufs, der Kennzahlen und Gewichtungen sollte möglich sein.
Verteilung	Falls eine verursachungsgerechte Verteilung durchgeführt werden kann, sollte diese auch durchgeführt werden.
	Berücksichtigung von unterschiedlichen Kooperationsszenarien (bspw. alleinige Durchführung des Vorhabens, Durchführung des Vorhabens mit anderen Partnern oder nur einem Teil der Partner etc.)
	Definition, Kommunikation und Abstimmung der Abläufe und des grundsätzlichen Vorgehens möglichst frühzeitig im Projektteam
	Kombination einer eindeutigen Verteilung der entstehenden Effizienzgewinne mit einem Abweichungsbereich, um bei Bedarf innerhalb des Projektteams nachjustieren zu können.
Offenlegung von Daten	Festlegung eines sinnvollen Maßes bei der Offenlegung von Daten (nicht zu viele, aber auch nicht zu wenige Daten offenlegen)
	Offenzulegende Daten sollten innerhalb der Kooperation vorab im Konsens festgelegt werden
	Offengelegte Daten und durchgeführte Aktivitäten sollten innerhalb des Entscheidungsunterstützungssystems für alle Partner einsehbar sein
	Einhaltung der aktuellen Datenschutzrichtlinien

(Fortsetzung)

Tabelle 5.5 (Fortsetzung)

Fairness	Erstellung einer fairen Verteilung der Effizienzgewinne
	Erzielung eines Gleichgewichts, zwischen dem Aufwand und den positiven durch die Zusammenarbeit entstehenden Faktoren wie z. B. Erträgen
	Einhaltung der vorab festgelegten Regeln und Vereinbarungen
	Veränderung der vorab festgelegten Regeln im Konsens sollten möglich sein
	Festlegung und Kommunikation von Zielen von jedem Projektpartner
	Festlegung von Zielen für das Gesamtprojektteam
	Überprüfung des Erfolgs der Kooperation des Gesamtteams und für jeden Partner anhand der Erfüllung der vorab definierten Ziele
	Offener Umgang im Projektteam
	Transparenz
	Keine Unterschlagungen
	Begegnung von größeren und kleineren Unternehmen auf Augenhöhe
	Der Anteil des Effizienzgewinns eines Partners sollte linear von der Verhandlungsstärke abhängen. Die Verhandlungsstärke setzt sich dabei aus der Gewinnsteigerung bei Eintritt in die Kooperation sowie dem Drohpotenzial eines Partners, eine Außenseiterkoalition zu bilden, zusammen. Einschränkungen des Kriteriums: - Komplexität bei der Durchführung des Kriteriums bei neuen Kooperationen, da nicht auf Erfahrungswerte zurückgegriffen werden kann - Selbstständige Einschätzung und Akzeptanz der eigenen Verhandlungsstärke und der der Partner notwendig
	Kommunizierbarkeit des grundsätzlichen Verfahrens und der Vorgehensweise
	Verständlichkeit des grundsätzlichen Verfahrens und der Vorgehensweise
	Nachvollziehbarkeit des grundsätzlichen Verfahrens und der Vorgehensweise
	Bei Interesse sollte ein detaillierter Einblick in das Entscheidungsunterstützungssystem inkl. der mathematischen Zusammenhänge ermöglicht werden.

(Fortsetzung)

Tabelle 5.5 (Fortsetzung)

Bedienung	Einsicht aller Partner in das Entscheidungsunterstützungssystem
	Bedienung durch eine neutrale Instanz, durch einen Teil der Projektpartner oder alle Projektpartner
	Abstimmung hinsichtlich der Bedienung des Entscheidungsunterstützungssystems im Team
	Erstmalige Durchführung des Entscheidungsunterstützungssystems vor dem geplanten Markteintritt
	Durchführung in vorher festgelegten regelmäßigen Abständen oder bei Veränderung wichtiger Parameter
	Einfache Bedienung
	Anwenderfreundlichkeit
Softwaretechnisch	Irrelevanz der Wahl der Programmiersprache
	Implementierung als Online-Tool
	Einhaltung von Standards (bzgl. Schnittstellen und Datenbankmodellen)
	Einhaltung der Richtlinien zum Datenschutz und zur Datensicherheit
	Einfache Handhabung
	Flexible Anpassungsmöglichkeiten
	Manipulationssicher
Gesundheits-, Pflege-, AAL-Bereich	Beachtung von gesetzlichen Regelungen und Veränderungen, die sich gegebenenfalls auf das Entscheidungsunterstützungssystem auswirken

Quelle: Eigene Darstellung

In der rechten Spalte sind die sich aus den Experteninterviews ergebenden Vorstellungen und Anforderungen hinsichtlich eines Systems zur Operationalisierung und Verteilung von Effizienzgewinnen differenziert nach Kategorien (siehe linke Spalte) eingetragen. Teilweise können einige Anforderungen und Vorstellungen mehreren Kategorien zugeordnet werden, sodass diese mehrfach in der Tabelle aufgelistet werden. Im nächsten Kapitel erfolgt eine Gegenüberstellung dieser Anforderungen mit den theoretischen Anforderungen, die in Abschnitt 5.1 dargestellt wurden.

5.4 Zwischenfazit zur Anforderungsanalyse

Mit der vorgestellten Analyse wurde das Ziel verfolgt, Anforderungen an ein Entscheidungsunterstützungssystem zur Operationalisierung und Verteilung von Effizienzgewinnen bei Innovationsnetzwerken im AAL-Bereich zu identifizieren. Hierzu wurden in einem ersten Schritt insgesamt 24 Anforderungen an Allokationsansätze der kooperativen Spieltheorie identifiziert und analysiert. Aufgrund des erheblichen Maßes an Unkenntnis in Bezug auf den Begriff „fair“ und die Bedingungen, die vorliegen müssen, damit ein entsprechendes Entscheidungsunterstützungssystem in der betrieblichen Praxis akzeptiert wird, wurde in einem zweiten Schritt ergänzend eine Analyse von Anforderungen aus der Sicht möglicher, späterer Anwender durchgeführt.

Hierbei sollten Vorstellungen potenzieller Nutzer von einem für sie hilfreichen Entscheidungsunterstützungssystem sowie Erfahrungen aus der Praxis gewonnen werden, auf welche Art und Weise bisher Entscheidungen unterstützt werden. Zudem wurde erörtert, welche anwendungsrelevanten Anforderungen an ein System zur Operationalisierung und Verteilung von Effizienzgewinnen zu berücksichtigen sind. Hierzu wurden systematisierende Experteninterviews mit neun langjährig erfahrenen Personen aus dem AAL-Bereich durchgeführt. Diese lassen sich zu den Oberkategorien Forschung, Pflege, Wohnungswirtschaft, Technik und Krankenversicherung einordnen. Von den befragten Experten wurden Kooperationen heutzutage und in der Zukunft als wichtige Voraussetzung für die Entwicklung von innovativen Produkten und Dienstleistungen eingeschätzt. Sie wurden jedoch auch aktuell mit einem höheren Komplexitätsgrad, gerade im Hinblick auf die Vermarktungsphase, bewertet. Daher sahen die meisten der befragten Experten für die Entwicklung eines Entscheidungsunterstützungssystems zur Operationalisierung und Verteilung von Effizienzgewinnen große Chancen sowie einen Bedarf, sowohl im AAL-Bereich als auch in vielzähligen anderen Bereichen. Sie schätzten jedoch die Entwicklung eines solchen Systems aufgrund der Vielzahl von zu berücksichtigenden Faktoren als komplex ein. Zudem müssten die Kooperationszusammenschlüsse für die Nutzung eines solchen Entscheidungsunterstützungssystems bestimmte Voraussetzungen vor allem im Hinblick auf Vertrauen und Offenheit sowohl gegenüber den Partnern als auch gegenüber dem System mitbringen.

Beim Vergleich der theoretischen Anforderungen mit den Aussagen der interviewten Experten aus der Praxis wurde u. a. festgestellt, dass diese sich gut ergänzen, da sie unterschiedliche Bereiche fokussieren. Während die theoretischen Anforderungen spezifisch auf die mathematischen Verteilungsverfahren aus der kooperativen Spieltheorie und deren Konzeption ausgerichtet sind, erweitern die Anforderungen, die sich aus den Experteninterviews ergeben, diesen Rahmen. Sie geben zudem Auskunft darüber, wie ein Innovationsnetzwerk ein solches Entscheidungsunterstützungssystem praktisch einführen könnte, wie der Operationalisierungs- und Verteilungsprozess gestaltet werden sollte und geben damit wichtige Hinweise darauf, welche Bedingungen für einen Einsatz in der betrieblichen Praxis erfüllt sein müssten.

Im Rahmen der Interviews wurden einige in der Theorie bereits verbreiteten Anforderungen an ein Lösungskonzept zur Verteilung von Effizienzgewinnen ebenfalls von den Befragten als Anforderungen benannt. Vor allem die Nutzerfreundlichkeit, Verständlichkeit, Nachvollziehbarkeit und Transparenz wurden von den Befragten als wichtige Aspekte für die Praktikabilität und Akzeptanz des Entscheidungsunterstützungssystems identifiziert und eigenständig angesprochen. Ebenso sei die Kommunizierbarkeit wichtig. Jedoch reiche es vermutlich für die meisten Partner aus, das grobe Vorgehen zu verstehen. Nicht erforderlich sei das Verständnis der mathematischen Zusammenhänge hinter dem Modell. Darüber hinaus wurde auch die Robustheit des Systems gegenüber Schwankungen von Daten und Informationen als wichtige Anforderungen in der Praxis benannt.

Auch das Fairness-Axiom wurde von fast allen Befragten als sinnvolle Anforderung eingeschätzt. Nur die Verwendung des Begriffs „*Drohpotenzial*"[384] wurde von einem Experten entschieden abgelehnt. Hier sollte bei der Kommunikation der Anforderung auf alternative Begrifflichkeiten geachtet werden.

Lediglich bei der theoretischen Anforderung der Eindeutigkeit der Lösung waren die befragten Experten weitestgehend anderer Meinung. Sie würden ein Entscheidungsunterstützungssystem bevorzugen, dass zusätzlich zu einer eindeutigen Lösung einen sogenannten Lösungsraum für Anpassungen bietet. Die Argumentation der Befragten spiegelt die früheren Überlegungen von *Zelewski* und denen von *Sackmann, Rittmann* wider.[385]

[384] Vgl. Zelewski 2009, S. 148.

[385] Siehe Abschnitt 5.1.1.1.

Entscheidungsunterstützungssystem zur Operationalisierung und Verteilung von Effizienzgewinnen in Innovationsnetzwerken im AAL-Bereich

6

In diesem Kapitel wird ein Ansatz für ein Entscheidungsunterstützungssystem zur Operationalisierung und Verteilung von Effizienzgewinnen in Innovationsnetzwerken im AAL-Bereich entwickelt. Dabei soll aufgezeigt werden, wie ein geeigneter Lösungsansatz zur Verteilung von Effizienzgewinnen ausgewählt werden kann (Abschn. 6.1). Zudem sollen die einzelnen Schritte des Operationalisierungs- und Verteilungsprozesses identifiziert und grafisch dargestellt werden (Abschn. 6.2). Abschließend erfolgt eine Fallstudie zur Veranschaulichung der Anwendung des Entscheidungsunterstützungssystems sowie zur Diskussion von speziellen Rahmenbedingungen insbesondere im AAL-Bereich und deren Umgang im Rahmen der Operationalisierung und Verteilung von Effizienzgewinnen (Abschn. 6.3).

6.1 Bewertung bestehender Lösungsansätze

Die Bewertung der in Kapitel 4 beschriebenen Lösungsansätze zur Verteilung von Effizienzgewinnen erfolgt anhand der folgenden Vorgehensweise (siehe Abbildung 6.1):

Ergänzende Information Die elektronische Version dieses Kapitels enthält Zusatzmaterial, auf das über folgenden Link zugegriffen werden kann https://doi.org/10.1007/978-3-658-46661-9_6.

J. Bleja, *Entscheidungsunterstützungssystem für Innovationsnetzwerke im Bereich Ambient Assisted Living*, Vechtaer Beiträge zur Gerontologie,
https://doi.org/10.1007/978-3-658-46661-9_6

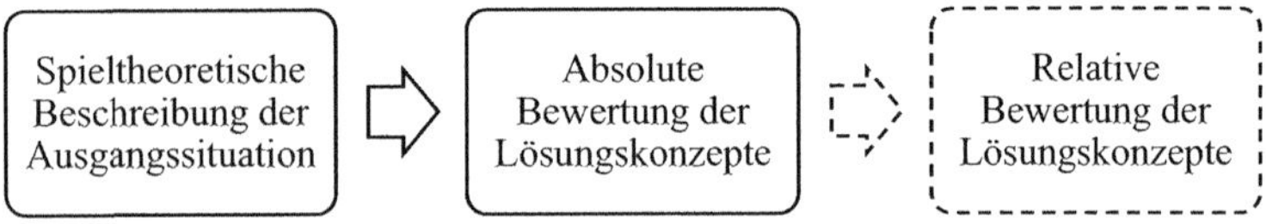

Abbildung 6.1 Bewertung der Lösungsansätze zur Verteilung von Effizienzgewinnen. (Quelle: Eigene Darstellung)

Zunächst wird eine spieltheoretische Beschreibung der zu betrachtenden Ausgangssituation eines Innovationsnetzwerks im AAL-Bereich durchgeführt. Hierbei geht es nicht um eine detaillierte Beschreibung eines konkreten Fallbeispiels, sondern viel mehr um das Festlegen von formalen Annahmen, die für diesen Kooperationsfall gelten. Anschließend erfolgt anhand dieser Annahmen eine absolute Bewertung der Lösungskonzepte zur Verteilung von Effizienzgewinnen. Hierbei wird geprüft, ob die ausgewählten Lösungskonzepte auf die zu betrachtende Ausgangssituation angewendet werden können. Wenn es mehr als ein Lösungskonzept geben sollte, dass zur Anwendung im Rahmen eines Innovationsnetzwerks im AAL-Bereich geeignet ist, so erfolgt anschließend eine relative Bewertung der anhand der absoluten Bewertung grundsätzlich anwendbaren Lösungskonzepte.

6.1.1 Beschreibung der mathematischen Ausgangssituation

Mithilfe der kooperativen Spieltheorie kann versucht werden, Innovationsnetzwerke als kooperatives Spiel darzustellen.

Eine Kooperation, die sich aus einer beliebig hohen Anzahl von Kooperationspartnern zusammensetzt, wird in der kooperativen Spieltheorie formal als *n-Personen Spiel* ($\Gamma(N, v)$) bezeichnet.[1] Dieses besteht aus einer sogenannten *Spielermenge* ($N = \{1, 2, \ldots, n\}$), die alle Spieler bzw. Kooperationspartner beinhaltet und einer *charakteristischen Funktion* v, die jeder Koalition[2] einen

---

[1] Vgl. z. B. Fromen 2004, S. 83; Owen 2001, S. 213.

[2] Die Begriffe Koalition und Unterkoalition werden im Rahmen dieser Arbeit synonym verwendet. Unter einer Koalition oder Unterkoalition wird eine Teilmenge der Spielermenge N verstanden. Bei der Gesamtkoalition bzw. Gesamtkooperation wird eine Kooperation betrachtet bei der alle Spieler bzw. Kooperationspartner (N) zusammen kooperieren.

Wert[3] zuweist.[4] Im Folgenden wird diesbezüglich angenommen, dass die Spielermenge abzählbar ist und alle Spieler bzw. Kooperationspartner bekannt sind (*atomares Spiel*).[5] Wie bereits zuvor festgestellt, kann eine Koalition dabei, wie bereits in Kapitel 4 beschrieben, auch aus nur einem Spieler bzw. Kooperationspartner bestehen, in diesem Fall wird von einer *Einerkoalition* gesprochen oder aus beliebig vielen Kooperationspartnern.[6] Wird eine Koalition betrachtet, bei der alle Spieler bzw. Kooperationspartner zusammen kooperieren, so wird diese *Gesamtkoalition* bezeichnet.

Bei den Spielern bzw. Kooperationspartnern wird in der Regel die *Verhaltenshypothese* unterstellt, dass jeder die Maximierung des (Erwartungs-)wertes seines Effizienzgewinns unter der *Common-Knowledge-Annahme* anstrebt. Bei der Common-Knowledge-Annahme wird angenommen, dass alle Spieler bzw. Kooperationspartner die Spielregeln kennen und auch wissen, dass alle anderen diese kennen.[7]

Im Folgenden werden darüber hinaus lediglich Spiele mit transferierbarem Nutzen, sogenannte *TU-Spiele*[8], betrachtet. Im Gegensatz zu Spielen mit nicht transferierbarem Nutzen (NTU-Spiele), wird hierbei angenommen, dass der in der Kooperation erzielte Effizienzgewinn quantifiziert und beliebig, verlust- sowie gewinnfrei unter den Kooperationspartnern aufgeteilt werden kann. Demnach sind Seitenzahlungen zwischen den Kooperationspartnern möglich.[9]

Kooperative Spiele mit transferierbarem Nutzen können darüber hinaus noch weiter in unterschiedliche Spielklassen unterteilt werden. Neben verschiedenen speziellen Spielklassen[10] werden kooperative Spiele insbesondere in *superadditive, schwach wesentliche, wesentliche, quasi-balancierte, balancierte* und *konvexe*

[3] In dem hier betrachteten Fall werden Effizienzgewinne betrachtet. Die charakteristische Funktion υ, weist demnach jeder Koalition einen Effizienzgewinn zu.

[4] Vgl. z. B. Fromen 2004, S. 83; Owen 2001, S. 213.

[5] Vgl. Selders 2014, S. 12. Sind die Spieler eines Spiels nicht abzählbar, so handelt es sich um ein nicht-atomares Spiel. Für weitere Informationen zu nicht-atomaren Spielen siehe z. B. Aumann und Shapley 2015, S. 1 ff.; Bonneau et al. 2008, S. 1047 ff.

[6] Vgl. z. B. Jene 2015, S. 94; Strangmeier und Fiedler 2011, S. 23.

[7] Vgl. z. B. Bartholomae und Wiens 2020, S. 51 f.; Geanakoplos 1994, S. 1437 ff.; Leininger 1996, S. 10 ff.

[8] Durch die Annahme, dass der Effizienzgewinn transferierbar ist, wird darüber hinaus vereinfacht angenommen, dass die Auszahlungsfunktionen der Kooperationspartner linear sind (vgl. Fromen 2004, S. 81; Maschler 1992, S. 594; Peleg und Sudhölter 2007, S. 9 ff.).

[9] Vgl. z. B. Selders 2014, S. 12; Fromen 2004, S. 81; Peleg und Sudhölter 2007, S. 203 ff.

[10] Eine Übersicht weiterer Spielklassen findet sich z. B. bei Wiese 2015, S. 90 ff.; Peleg und Sudhölter 2007, S. 2 ff. Da die Verteilung der Effizienzgewinne bei möglichst vielen Arten

Spiele klassifiziert.[11] Diese Spielklassen haben den Vorteil, dass sie auf der einen Seite noch recht weit gefasst sind und demnach eine große Anzahl von Spielen bzw. Kooperationen beinhalten aber auf der anderen Seite durch die Klassifizierung die Möglichkeit zur differenzierteren Analyse der Spielstruktur, den Lösungen und deren Charakteristiken bieten.[12] Im Nachfolgenden werden die genannten Spielklassen dargestellt und im Hinblick auf die Beziehung, in der sie zueinanderstehen, analysiert.

Ein Spiel ($\Gamma(N, \upsilon)$) wird als *superadditiv*[13] bezeichnet, wenn die folgende Bedingung erfüllt ist:[14]

$$\upsilon(K \cup L) \geq \upsilon(K) + \upsilon(L) \; \forall \, K, L \subseteq N \text{ mit } K \cap L = \emptyset \tag{6.1}$$

Demnach entspricht der Wert der charakteristischen Funktion υ, der in dem hier betrachteten Fall den Effizienzgewinn darstellt, zweier Unterkoalitionen mit der Spielermenge K und L von der Gesamtkoalition mit der Spielermenge N die zusammen kooperieren mindestens dem Effizienzgewinn, den diese bei alleinigem Handeln erzielen würden.[15] Im Hinblick auf Kooperationen kann dies wie folgt interpretiert werden: Durch die Kooperation von K und L erzielen die Kooperationspartner mindestens die gleichen Effizienzgewinne im Vergleich zum alleinigen Handeln. Die Kooperation wirkt sich demnach positiv oder neutral auf die Höhe der Effizienzgewinne jedoch nicht negativ aus. *Fromen* fasst dies vereinfacht wie folgt zusammen: „*Die Kooperation schadet nicht.*“[16]

der Kooperation und demnach Spielklassen möglich sein soll, werden diese speziellen Spielklassen im Folgenden nicht weiter betrachtet. Falls jedoch eine andere Spielklasse untersucht werden soll, bietet sich an zunächst zu prüfen, ob es sich dabei um eine Unterklasse, der im Rahmen dieses Kapitels vorgestellten Spielklassen handelt. Falls dies der Fall ist, kann dementsprechend anhand der absoluten Bewertung (siehe Abschn. 6.1.2) überprüft werden, ob die entsprechenden Lösungsansätze der kooperativen Spieltheorie für diesen Fall angewendet werden können.

[11] Monotone Spiele werden im Folgenden nicht explizit betrachtet, da gezeigt werden kann, dass superadditive Spiele mit einem positiven Effizienzgewinn immer auch monoton sind. Für den mathematischen Beweis dieses Zusammenhangs siehe Wiese 2015, S. 134.

[12] Vgl. Fromen 2004, S. 84 f.

[13] Das Gegenteil von superadditiven Spielen sind subadditive Spiele (siehe hierzu z. B. Selders 2014, S. 15 f.; Peleg und Sudhölter 2007, S. 14).

[14] Vgl. z. B. Fromen 2004, S. 85 f.; Peleg und Sudhölter 2007, S. 14; Wiese 2015, S. 102 f.; Jene 2015, S. 100; Strangmeier und Fiedler 2011, S. 25; Krabs 2005, S. 68 f.

[15] Vgl. z. B. Fromen 2004, S. 85 f.; Peleg und Sudhölter 2007, S. 14; Wiese 2015, S. 102 f.; Jene 2015, S. 100; Strangmeier und Fiedler 2011, S. 25; Krabs 2005, S. 68 f.

[16] Fromen 2004, S. 92.

Schwach wesentliche Spiele können bezogen auf Kooperationen so interpretiert werden, dass die einzelnen Kooperationspartner im Rahmen der Kooperation mindestens genauso gut gestellt werden ($\upsilon(N)$), als wenn sie alleine handeln würden. Formal gilt:[17]

$$\upsilon(N) \geq \sum_{i=1}^{N} \upsilon(\{i\}) \tag{6.2}$$

Demnach könnte es sein, dass alle Kooperationspartner im Fall der Kooperation genauso gut gestellt werden, wie beim alleinigen Agieren, und demnach für sie kein Anreiz besteht, der Kooperation beizutreten.[18]

Werden anstatt der schwach wesentlichen Spiele *wesentliche Spiele*[19] betrachtet, so wird davon ausgegangen, dass die Kooperation für die Partner vorteilhaft ist.[20] Demnach ist der Effizienzgewinn der Kooperation $\upsilon(N)$ größer als die Summe der Effizienzgewinne der einzelnen Kooperationspartner bei alleinigem Handeln $\left(\sum_{i \in N} \upsilon(\{i\})\right)$. Formal gilt:[21]

$$\upsilon(N) > \sum_{i=1}^{N} \upsilon(\{i\}) \tag{6.3}$$

Jedes schwach wesentliche und wesentliche Spiel ist demnach auch superadditiv. Die Spielklassen der schwach wesentlichen und wesentlichen Spiele entsprechen einer Teilmenge der superadditiven Spiele.[22]

Die Klasse der quasi-balancierten und balancierten Spiele sind jeweils entstanden, um zu beschreiben, wann die Anwendung des τ-Werts bzw. des Kerns mindestens zu einem Verteilungsergebnis führt. Bei der Klasse der quasi-balancierten Spiele liegt der berechnete τ-Wert ($\sigma^{\tau}(\upsilon)$) zwischen der ermittelten

[17] Vgl. Jene 2015, S. 175; Peters 2008, S. 230; Fromen 2004, S. 86; Bergantiños und Massó 1996, S. 278.

[18] Vgl. Jene 2015, S. 101; Drechsel 2010, S. 12 f.; Wiese 2015, S. 109 f.; Fromen 2004, S. 86.

[19] Das Gegenteil von schwach wesentlichen und wesentlichen Spielen sind unwesentliche Spiele (siehe hierzu z. B. Krabs 2005, S. 122).

[20] Vgl. Fromen 2004, S. 86; Wiese 2015, S. 109.

[21] Vgl. z. B. Fromen 2004, S. 86; Wiese 2015, S. 109; Selders 2014, S. 15; Owen 2001, S. 215; Jene 2015, S. 101 f.; Strangmeier und Fiedler 2011, S. 24 f.; Peleg und Sudhölter 2007, S. 11.

[22] Vgl. z. B. Fromen 2004, S. 92.

Obergrenze ($M_i^\tau(\upsilon)$) und Untergrenze ($m_i^\tau(\upsilon)$). Demnach handelt es sich um ein quasi-balanciertes Spiel, wenn die beim τ-Wert berechneten maximalen Anteile am Effizienzgewinn der Kooperationspartner (obere Grenze) größer oder gleich der minimalen Anteile am Effizienzgewinn der Kooperationspartner (untere Grenze) sind und das berechnete Verteilungsergebnis zwischen den Vektoren mit den oberen und unteren Grenzen liegt. Formal gilt:[23]

$$\sum_{i=1}^{N} m_i^\tau(\upsilon) \leq \sigma^\tau(\upsilon) \leq \sum_{i=1}^{N} M_i^\tau(\upsilon) \tag{6.4}$$

Die Klasse der balancierten Spiele fasst die Spiele zusammen, die einen nichtleeren Kern ($\sigma^{Kern}(N, \upsilon)$) haben. Demnach kann in dieser Spielklasse mindestens ein Verteilungsergebnis ermittelt werden, dass stabil in dem Sinne ist, dass kein Kooperationspartner einen Anreiz hat, davon abzuweichen. Formal gilt:[24]

$$\sigma^{Kern}(N, \upsilon) \neq \emptyset \tag{6.5}$$

Eine noch stärke Eingrenzung erfolgt durch die Klasse der *konvexen Spiele*[25]. Bei diesen Spielen handelt es sich um wesentliche Spiele, bei denen der Anreiz zur Teilnahme mit steigender Anzahl der Spieler nicht abnimmt.[26] Damit ein Spiel konvex ist, muss für jede Koalition $K, L \subseteq N$ formal die folgende Bedingung erfüllt sein:[27]

$$\upsilon(K \cup L) + \upsilon(K \cap L) \geq \upsilon(K) + \upsilon(L) \tag{6.6}$$

Bezogen auf Kooperationen bedeutet dies, dass der marginale Beitrag eines Kooperationspartners bei einer größeren Koalition höher ist.

In der nachfolgenden Abbildung werden noch einmal die Beziehungen der einzelnen Spielklassen zueinander dargestellt (Abbildung 6.2).

---

[23] Vgl. Driessen und Tijs 1985a, S. 231 f.; Fromen 2004, S. 187; Fischer 2008, S. 146.

[24] Vgl. Jene 2015, S. 115; Slikker und Nouweland 2001, S. 6 f.; Driessen 1988, S. 48 f.; Rosenmüller 1981, S. 273 ff.; Tijs 1981, S. 126.

[25] Das Gegenteil von konvexen Spielen sind konkave Spiele bzw. Koalitionsspiele mit einer supermodularen charakteristischen Funktion (vgl. Selders 2014, S. 52).

[26] Vgl. Fromen 2004, S. 87; Wiese 2015, S. 106.

[27] Vgl. Wiese 2015, S. 106; Fromen 2004, S. 87; Jene 2015, S. 102 f.; Shapley 1971, S. 12; Owen 2001, S. 130.

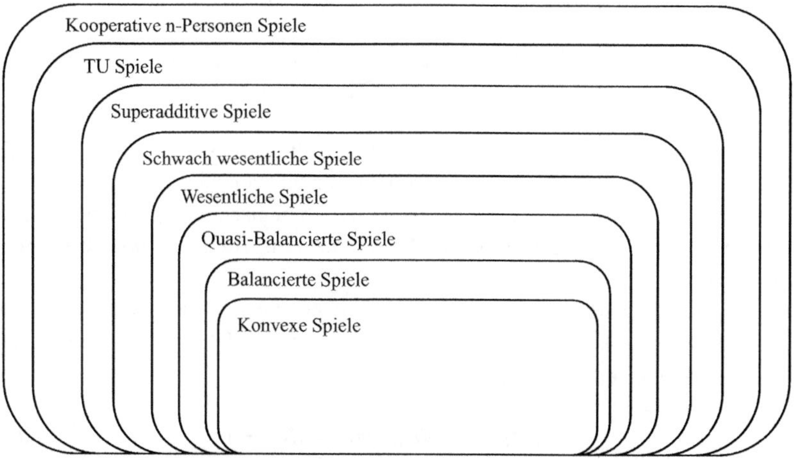

Abbildung 6.2 Beziehungen der Spielklassen zueinander. (Quelle: Eigene Darstellung in Anlehnung an Fromen 2004, S. 92; Jene 2015, S. 104)

Aus der Menge der kooperativen n-Personen Spiele mit transferierbarem Nutzen können unterschiedliche Spielklassen betrachtet werden.[28] Ausgehend von Kooperationen, bei denen die Kooperation keinem Mitglied schadet bis hin zu einer Kooperation, bei der jedes Mitglied einen Nutzen aus der Kooperation zieht und die Aufnahme eines weiteren Mitglieds den Nutzen noch erhöht.

Ferner können verschiedene Kooperationen bzw. Spiele Ähnlichkeiten zueinander aufweisen. Im Hinblick auf Kooperationen kann dies so interpretiert werden, dass die Kooperationspartner aus vergleichbaren kooperativen Zusammenschlüssen lernen und gewonnene Erkenntnisse teilweise auf eine ähnliche Kooperation übertragen können. Formal werden Ähnlichkeiten bei Spielen mithilfe von Äquivalenzrelationen[29] beschrieben. Zwei Spiele $\Gamma_1(N, \upsilon)$ und $\Gamma_2(N, \omega)$ mit gleicher Spielermenge N sind genau dann strategisch äquivalent,

---

[28] Aus den Definitionen der einzelnen Spielklassen ergibt sich, dass die konvexen Spiele eine Teilmenge der balancierten Spiele sind, die wiederum eine Teilmenge der quasi-balancierten Spiele sind. Die quasi-balancierten Spiele sind eine Teilmenge der wesentlichen Spiele, die wiederum eine Teilmenge der schwach wesentlichen Spiele sind, die eine Teilmenge der superadditiven Spiele sind (vgl. Fromen 2004, S. 92; Jene 2015, S. 104).

[29] Diese Äquivalenzrelationen sind reflexiv, symmetrisch und transitiv (vgl. Wiese 2015, S. 112).

wenn ein $\alpha \in \mathbb{R}^+$ und n Konstanten $\beta_1, \ldots, \beta_n$ existieren, sodass gilt:[30]

$$\omega(K) = \alpha \upsilon(K) + \sum_{i \in K} \beta_i, \ \forall \, K \subseteq N \tag{6.7}$$

Demnach gibt es eine affin-lineare Funktion, die das Spiel $\Gamma_1(N, \upsilon)$ auf das Spiel $\Gamma_2(N, \omega)$ abbildet. Derartige Spiele können demnach als „gleichwertig" interpretiert werden. Falls die Bedingung der strategischen Äquivalenz für zwei Spiele erfüllt sind, reicht es demnach aus, nur eine Äquivalenzklasse näher zu untersuchen.[31]

Eine beispielhafte, vergleichsweise einfach zu untersuchende Äquivalenzklasse ist die der $(0, 1)-$*normalisierten* Spiele. Ein Spiel $\Gamma(N, \upsilon)$ ist genau dann $(0, 1)-$*normalisiert* wenn formal gilt:[32]

$$\upsilon(\{i\}) = 0 \, \forall i \in N \text{ und } \upsilon(N) = 1 \tag{6.8}$$

Im Rahmen von Kooperationen bedeutet dies, dass die Einerkoalitionen jeweils zu einem Effizienzgewinn von null führen. Ein betrachtetes Kooperationsvorhaben kann demnach nicht gewinnmaximierend allein durchgeführt werden. Bei der Gesamtkooperation wird der höchstmögliche Effizienzgewinn erzielt. *Owen* hat diesbezüglich gezeigt, dass es zu jedem Spiel, das wesentlich ist, ein strategisch äquivalentes (0, 1)-normalisiertes Spiel gibt.[33]

Im Rahmen dieser Arbeit wird angenommen, dass die Kooperationspartner gewinnmaximierend handeln und es sich demnach um einen kooperativen Zusammenschluss handelt, der sich nicht negativ auf die Partner auswirkt (superadditive Spiele) und langfristig Vorteile bringt (wesentliche Spiele). Aufgrund der Annahme, dass die Kooperationspartner bestrebt sind, ihren Effizienzgewinn zu maximieren, würden sie demnach keine Kooperation eingehen, bei der absehbar ist, dass kein positiver Effizienzgewinn entsteht.

---

[30] Vgl. Wiese 2015, S. 111 ff.; Fromen 2004, S. 88 f.; Owen 2001, S. 216 f.

[31] Vgl. Wiese 2015, S. 111 ff.; Fromen 2004, S. 88 f.; Owen 2001, S. 216 f.

[32] Vgl. z. B. Fromen 2004, S. 88; Wiese 2015, S. 115; Owen 2001, S. 217.

[33] Vgl. Owen 2001, S. 217.

6.1.2 Absolute Bewertung der Lösungsansätze

Die absolute Bewertung dient zur Abschätzung der grundsätzlichen Eignung der vorgestellten Lösungsansätze der kooperativen Spieltheorie zur Anwendung auf die zuvor beschriebene mathematische Ausgangssituation. Sollte sich hierbei herausstellen, dass mehr als ein Lösungskonzept potenziell zur Lösung des Verteilungsproblems vor dem mathematischen Hintergrund geeignet ist, so wird im nächsten Schritt eine relative Bewertung dieser Lösungskonzepte durchgeführt.

Bei der absoluten Bewertung der einzelnen Lösungskonzepte werden die zu erfüllenden Kriterien als sogenannte *K.-o.-Kriterien*[34] formuliert. Da im Rahmen der absoluten Bewertung die grundsätzliche Eignung geprüft werden soll und noch keine Aussagen darüber getroffen werden sollen, welches Konzept besser zur Lösung des Verteilungsproblems geeignet ist, bietet sich diese Vorgehensweise zur Bewertung an.[35]

Damit ein Lösungskonzept potenziell zur Lösung eines Verteilungsproblems vor dem beschriebenen Hintergrund geeignet ist, sollten die beiden Kriterien bzw. Anforderungen[36] der Definiertheit und Existenz erfüllt sein.

Im Rahmen der absoluten Bewertung der Lösungskonzepte soll bezüglich der *Definiertheit*[37] herausgearbeitet werden, ob diese für die Klasse der wesentlichen Spiele erfüllt ist. Ist ein Lösungskonzept für die Klasse der wesentlichen Spiele nicht definiert, so kann es für den betrachteten Anwendungsfall nicht verwendet werden.

[34] K.-o.-Kriterien stellen die Anforderungen dar, die zwingend erfüllt sein müssen (vgl. Jene 2015, S. 287; Lempert 2021, S. 380 ff.). Falls diese von einem Lösungskonzept zur Verteilung von Effizienzgewinnen nicht erfüllt werden, so führt dies zum Ausschluss des jeweiligen Verfahrens.

[35] Vgl. Jene 2015, S. 287; Lempert 2021, S, 380 ff.; Janker 2008, S. 40.

[36] Für eine ausführlich Beschreibung der Kriterien bzw. Anforderungen siehe Kapitel 5.

[37] Für mehr Informationen bzgl. dieser Anforderung siehe Kapitel 5 oder z. B. Fischer 2008, S. 140 ff.; Fromen 2004, S. 154; Zelewski 1987, S. 38.

Der Shapley-Wert[38], Kern[39], die ACA-Methode[40] und der χ-Wert[41] sind für die Klasse der wesentlichen Spiele stets definiert. Der τ-Wert ist dagegen lediglich für die Klasse der quasi-balancierten Spiele, einer Unterklasse der wesentlichen Spiele definiert (siehe Formel (6.4)).[42]

Im zweiten Schritt wird die Anforderung der *Existenz*[43] untersucht. Diesbezüglich ist es wichtig, dass ein Lösungskonzept für die betrachtete Klasse der wesentlichen Spiele zu einem Verteilungsergebnis kommt. Im Rahmen der absoluten Bewertung soll daher hinsichtlich der Existenz herausgefunden werden, ob von vornherein ausgeschlossen werden kann, dass ein Verteilungsergebnis bei Anwendung eines Lösungsansatzes für die Klasse der wesentlichen Spiele existiert. Wenn hierbei herauskommt, dass ein Lösungsansatz für die Klasse der wesentlichen Spiele grundsätzlich zu keinem Verteilungsergebnis führt, dann sollte das Lösungskonzept im Folgenden nicht weiter betrachtet werden.

Bezüglich der Existenz kann gezeigt werden, dass bei wesentlichen Spielen die Anwendung des Shapley-Werts[44], der ACA-Methode[45], des τ-Werts[46] und

---

[38] Hinsichtlich der Definiertheit des Shapley-Wertes siehe z. B. Sudhölter und Peleg 1998, S. 386; Fromen 2004, S. 181; Fischer 2008, S. 147; Strangmeier und Fiedler 2011, S. 56; Peng et al. 2022, S. 338.

[39] Hinsichtlich der Definiertheit des Kerns siehe z. B. Fromen 2004, S. 180; Fischer 2008, S. 144.

[40] Hinsichtlich der Definiertheit der ACA-Methode siehe z. B. Fromen 2004, S. 188; Fischer 2008, S. 144; Strangmeier und Fiedler 2011, S. 60.

[41] Hinsichtlich der Definiertheit des χ-Werts siehe z. B. Jene 2015, S. 295; Bergantiños und Massó 2002, S. 270; Gilles 2010, S. 106; Bergantiños und Massó 1996, S. 280 ff.; Zelewski und Heeb 2018, S. 393 f.

[42] Hinsichtlich der Definiertheit des τ-Werts siehe z. B. Sudhölter und Peleg 1998, S. 386; Fromen 2004, S. 181; Fischer 2008, S. 147; Strangmeier und Fiedler 2011, S. 56; Zelewski und Heeb 2018, S. 387; Tijs und Otten 1993, S. 5; Jene 2015, S. 233.

[43] Für mehr Informationen bzgl. dieser Anforderung siehe Kapitel 5 oder z. B. Zelewski 2018, S. 217; Jene 2015, S. 126; Strangmeier und Fiedler 2011, S. 50; Berninghaus et al. 2010, S. 17; Zelewski 2009, S. 68; Fischer 2008, S. 140; Fromen 2004, S. 155 f.; Zelewski 1987, S. 40; Fandel 1979, S. 19.

[44] Hinsichtlich der Existenz des Shapley-Wertes siehe z. B. Sudhölter und Peleg 1998, S. 386; Fromen 2004, S. 181; Fischer 2008, S. 147; Strangmeier und Fiedler 2011, S. 56; Peng et al. 2022, S. 338.

[45] Hinsichtlich der Existenz der ACA-Methode siehe z. B. Fischer 2008, S. 144; Fromen 2004, S. 188; Strangmeier und Fiedler 2011, S. 60; Selders 2014, S. 61; Frank 2003, S. 160.

[46] Hinsichtlich der Existenz des τ-Werts siehe z. B. Fromen 2004, S. 190; Fischer 2008, S. 147; Strangmeier und Fiedler 2011, S. 59; Zelewski 1987, S. 52, 2009, S. 208 ff.; Jene 2015, S. 295; Zelewski und Heeb 2018, S. 382.

des χ-Werts[47] zu einem Verteilungsergebnis führt. Beim Kern kann hingegen die Existenz eines Ergebnisses nicht garantiert werden.[48] Lediglich für die Klasse der balancierten und konvexen Spiele führt die Anwendung des Kerns stets zu einem Verteilungsergebnis.[49]

In der Tabelle 6.1 sind die Ergebnisse der absoluten Bewertung noch einmal zusammenfassend dargestellt.

Tabelle 6.1 Ergebnisse der absoluten Bewertung der Lösungskonzepte

Lösungskonzept	**Anforderung**	
	Definiertheit	Existenz
Kern	✓	O
Shapley-Wert	✓	✓
ACA-Methode	✓	✓
τ-Wert	O	✓
χ-Wert	✓	✓

Legende:

✓ Stets erfüllt für die Klasse der wesentlichen Spiele;
O ggf. erfüllt. Stets erfüllt für eine Unterklasse der wesentlichen Spiele

Quelle: Eigene Darstellung

Die absolute Bewertung kommt demnach zu dem Ergebnis, dass die Anforderungen der Definiertheit und Existenz nicht für alle der betrachteten Lösungskonzepte garantiert werden können. Es kann jedoch im Vorhinein auch nicht ausgeschlossen werden, dass für eine zu betrachtende Kooperation die betrachteten Anforderungen von den jeweiligen Lösungsansätzen nicht erfüllt werden.

[47] Hinsichtlich der Existenz des χ-Werts siehe z. B. Jene 2015, S. 295; Bergantiños und Massó 2002, S. 270; Gilles 2010, S. 105 f.; Bergantiños und Massó 1996, S. 280 ff.; Zelewski und Heeb 2018, S. 393 f.

[48] Siehe z. B. Fromen 2004, S. 180; Fischer 2008, S. 144.

[49] Vgl. Holler et al. 2019, S. 280 ff. (insb. S. 291); Strangmeier und Fiedler 2011, S. 35; Shapley 1971, S. 21 f.; Jene 2015, S. 116; Zelewski 2009, S. 200.

Diesbezüglich bedarf es einer separaten Überprüfung dieser Kriterien anhand des jeweiligen konkreten Anwendungsfalls. Für eine differenzierte Betrachtung der einzelnen Lösungskonzepte wird daher im Folgenden eine relative Bewertung durchgeführt.

6.1.3 Relative Bewertung der Lösungsansätze

Im Folgenden werden zunächst die bereits in Kapitel 4 vorgestellten Lösungsansätze zur Verteilung von Effizienzgewinnen anhand der in Kapitel 5 beschriebenen Anforderungen bewertet. Aufbauend auf diesen Ergebnissen wird anschließend eine zusammenfassende relative Bewertung und ein Vergleich der Lösungsansätze vorgenommen.

6.1.3.1 Überprüfung der Modellanforderungen

Die Modellanforderungen lassen sich, wie in Abschnitt 5.1.1 beschrieben, in die Kategorien *Zulässigkeit*, *Fairness* und *Stabilität* unterteilen.[50]

Der Shapley-Wert, die ACA-Methode und der χ-Wert erfüllen alle Anforderungen im Bereich der *Zulässigkeit.* Bis auf den τ-Wert sind alle der betrachteten Lösungskonzepte für die gesamte Klasse der wesentlichen Spiele definiert *(Definiertheit)*,[51] demnach können sie zur Verteilung von Effizienzgewinnen bei kooperativen Zusammenschlüssen eingesetzt werden, bei denen sich die Kooperation lohnt.[52] Der χ-Wert ist sogar bereits für die Klasse der schwach wesentlichen Spiele definiert (*Definiertheit*).[53] Das bedeutet, dass der Effizienzgewinn ausreichend sein muss, damit jeder Kooperationspartner einen Anteil am Effizienzgewinn erhält, der mindestens dem Betrag entspricht, den dieser

---

[50] Siehe Abschnitt 5.1.

[51] Siehe hinsichtlich der Anforderung der Definiertheit für den Kern z. B. Fromen 2004, S. 180; Fischer 2008, S. 144, für den Shapley-Wert z. B. Sudhölter und Peleg 1998, S. 386; Fromen 2004, S. 181; Fischer 2008, S. 147; Strangmeier und Fiedler 2011, S. 56; Peng et al. 2022, S. 338, für die ACA-Methode z. B. Fromen 2004, S. 188; Fischer 2008, S. 144; Strangmeier und Fiedler 2011, S. 60 und für den χ-Wert z. B. vgl. Jene 2015, S. 295; Bergantiños und Massó 2002, S. 270; Gilles 2010, S. 106; Bergantiños und Massó 1996, S. 280 ff.; Zelewski und Heeb 2018, S. 393 f.

[52] Vgl. Fromen 2004, S. 86; Wiese 2015, S. 109.

[53] Vgl. Jene 2015, S. 295; Bergantiños und Massó 2002, S. 270; Gilles 2010, S. 106; Bergantiños und Massó 1996, S. 280 ff.; Zelewski und Heeb 2018, S. 393 f.

allein erzielen würde, wenn er die Kooperation verlässt.[54] Der τ-Wert ist dagegen nicht für die gesamte Klasse der wesentlichen Spiele, sondern lediglich für die Klasse der quasi-balancierten Spiele definiert *(Definiertheit)*.[55] Demnach ist der τ-Wert dann definiert, wenn die maximalen Anteile am Effizienzgewinn der Kooperationspartner (obere Grenze) größer oder gleich der minimalen Anteile am Effizienzgewinn der Kooperationspartner (untere Grenze) sind und das berechnete Verteilungsergebnis zwischen den Vektoren mit den oberen und unteren Grenzen liegt.[56]

Die Anwendung aller Lösungskonzepte bis auf den Kern führt jeweils zu einem Ergebnis *(Existenz)*.[57] Es kann jedoch gezeigt werden, dass die Anwendung des Kerns stets zu einer nicht-leeren Lösungsmenge führt, wenn es sich um ein balanciertes und/oder konvexes Spiel handelt.[58]

Beim Shapley-Wert, der ACA-Methode, dem τ-Wert und dem χ-Wert handelt es sich um wertbasierte Lösungsansätze, demnach wird für jeden Kooperationspartner ein exakter Wert als Teil des Effizienzgewinns ermittelt *(Eindeutigkeit)*.[59] Beim Kern handelt es sich um einen mengenbasierten Lösungsansatz, der die Menge aller möglichen Lösungen einschränkt. Existiert eine Lösung, so handelt

---

[54] Vgl. Zelewski und Heeb 2018, S. 394.

[55] Siehe z. B. Sudhölter und Peleg 1998, S. 386; Fromen 2004, S. 181; Fischer 2008, S. 147; Strangmeier und Fiedler 2011, S. 56; Zelewski und Heeb 2018, S. 387; Tijs und Otten 1993, S. 5; Jene 2015, S. 233.

[56] Vgl. Driessen und Tijs 1985a, S. 231 f.; Fromen 2004, S. 187; Fischer 2008, S. 146.

[57] Siehe hinsichtlich der Anforderung der Existenz für den Shapley-Wert z. B. Fischer 2008, S. 145; Fromen 2004, S. 181; Sudhölter und Peleg 1998, S. 386; Peng et al. 2022, S. 338, für die ACA-Methode z. B. Fischer 2008, S. 144; Fromen 2004, S. 188; Strangmeier und Fiedler 2011, S. 60; Selders 2014, S. 61; Frank 2003, S. 160, für den τ-Wert z. B. Fromen 2004, S. 190; Fischer 2008, S. 147; Strangmeier und Fiedler 2011, S. 59; Zelewski 1987, S. 52, 2009, S. 208 ff.; Jene 2015, S. 295; Zelewski und Heeb 2018, S. 382 und für den χ-Wert z. B. Jene 2015, S. 295; Bergantiños und Massó 2002, S. 270; Gilles 2010, S. 105 f.; Bergantiños und Massó 1996, S. 280 ff.; Zelewski und Heeb 2018, S. 393 f.

[58] Vgl. Holler et al. 2019, S. 280 ff. (insb. S. 291); Strangmeier und Fiedler 2011, S. 35; Shapley 1971, S. 21 f.; Jene 2015, S. 116; Zelewski 2009, S. 200.

[59] Siehe hinsichtlich der Anforderung der Eindeutigkeit für den Shapley-Wert z. B. Sudhölter und Peleg 1998, S. 386; Fromen 2004, S. 181; Fischer 2008, S. 147; Frank 2003, S. 160; Peng et al. 2022, S. 338, für die ACA-Methode z. B. Fromen 2004, S. 188; Fischer 2008, S. 144; Strangmeier und Fiedler 2011, S. 60; Selders 2014, S. 61; Frank 2003, S. 160, für den τ-Wert z. B. Fromen 2004, S. 190; Fischer 2008, S. 147; Strangmeier und Fiedler 2011, S. 59; Zelewski 1987, S. 62, 2009, S. 208 ff.; Jene 2015, S. 226 und für den χ-Wert z. B. Jene 2015, S. 295; Bergantiños und Massó 2002, S. 270; Gilles 2010, S. 105 f.; Bergantiños und Massó 1996, S. 280 ff.; Zelewski und Heeb 2018, S. 393 f.

es sich demnach dabei in der Regel um eine Lösungsmenge.[60] Die Anforderung der Eindeutigkeit wird daher vom Kern nicht erfüllt.

In der Kategorie *Fairness* wird im Folgenden zunächst das Fairness-Axiom überprüft. Dieses ist erfüllt, wenn die Verhandlungsstärke eines Kooperationspartners umso größer ist, je größer auch sein Anteil am Effizienzgewinn ist. Die Verhandlungsstärke setzt sich wiederum aus zwei Komponenten zusammen: zum einen aus dem maximalen marginalen Betrag, der bei Beitritt eines Unternehmens in eine Koalition entsteht und zum anderen aus dem glaubwürdigen Drohpotenzial dieses Unternehmens, mindestens *eine* Außenseiterkoalition zu bilden.[61] Es kann gezeigt werden, dass diese Anforderung sowohl vom τ-Wert als auch vom χ-Wert stets erfüllt wird.[62] Der Kern erfüllt das *Fairness-Axiom* nicht, da Drohpotenziale einzelner Kooperationspartner die Kooperation zu verlassen sowie Verhandlungsstärken bei diesem Lösungskonzept nicht berücksichtigt werden.[63] Da beim Shapley-Wert der Verlust jedes Kooperationspartners für den Gesamteffizienzgewinn identisch ist,[64] wird das Fairness-Axiom ebenfalls von diesem Lösungskonzept nicht erfüllt. *Strangmeier und Fiedler* weisen zudem darauf hin, dass der Shapley-Wert jedem Kooperationspartner die identische Drohmacht zuordnet, die Kooperation zu verlassen. Die Höhe des Effizienzgewinnverlustes, die entstehen würde, wenn ein Partner die Kooperation verlassen würde, wäre demnach unabhängig davon, um welchen Partner es sich handelt, immer dieselbe. Dies würde jedoch auf viele Kooperationen in der Praxis nicht zutreffen.[65] Auch die ACA-Methode erfüllt das Fairness-Axiom nicht, da bei diesem Lösungskonzept keine Außenseiterkoalitionen betrachtet werden. Darüber hinaus wird bei der ACA-Methode auf eine Betrachtung der Drohpotenziale der einzelnen Kooperationspartner, die Kooperation zu verlassen, verzichtet.[66]

Im Rahmen der *Vernunft-Kompatibilität* wird gefordert, dass der Anteil, den ein Kooperationspartner am Effizienzgewinn erhält, zwischen dem kleinsten und

---

[60] Vgl. Fromen 2004, S. 180; Fischer 2008, S. 144; Wißler 1997, S. 41 ff.; Strangmeier und Fiedler 2011, S. 33; Jene 2015, S. 115; Selders 2014, S. 29.

[61] Vgl. Zelewski 2009, S. 142 ff.; Jene 2015, S. 163 f.; Zelewski 2018, S. 222 f.; Zelewski und Heeb 2018, S. 383 f.

[62] Siehe hinsichtlich der Anforderung des Fairness-Axioms für den τ-Wert z. B. Jene 2015, S. 296 ff.; Zelewski und Heeb 2018, S. 383 ff.; Zelewski 2009, S. 154 ff. und für den χ-Wert z. B. Jene 2015, S. 292 ff.; Zelewski und Heeb 2018, S. 383 ff.

[63] Vgl. Fromen 2004, S. 180.

[64] Vgl. Strangmeier und Fiedler 2011, S. 57.

[65] Vgl. Strangmeier und Fiedler 2011, S. 57.

[66] Vgl. Strangmeier und Fiedler 2011, S. 43.

größten marginalen Beitrag liegt, den dieser Partner zur Kooperation beiträgt.[67]. Hierbei kann gezeigt werden, dass für superadditive Spiele die Bedingung hinsichtlich der unteren Grenze mit der Anforderung der individuellen Rationalität erfüllt ist, was für den Kern der Fall ist.[68] Die Erfüllung der oberen Grenze ist beim Kern laut Definition erfüllt. Daher erfüllt der Kern stets unabhängig von der betrachteten Spielklasse die Anforderungen der *Vernunft-Kompatibilität.*[69] Ebenso kann gezeigt werden, dass die Anforderung der Vernunft-Kompatibilität vom Shapley-Wert, der ACA-Methode und dem τ-Wert erfüllt wird.[70] Laut Definition des χ-Wertes als effiziente Lösung zwischen den maximalen und minimalen Anteilen der Kooperationspartner vom gesamten Effizienzgewinn werden zudem die vernunftkompatiblen Grenzen eingehalten. Die Anforderung der *Vernunft-Kompatibilität* wird daher vom χ-Wert ebenfalls erfüllt.

Die Anforderung der *Effizienz* wird vom Kern laut Definition des Lösungskonzeptes erfüllt.[71] Laut der Definition des Shapley-Werts, der ACA-Methode, des τ-Werts und des χ-Werts wird stets der gesamte Effizienzgewinn auf die Kooperationspartner verteilt, demnach erfüllen die Ergebnisse der Lösungskonzepte die Anforderung der *Effizienz.*[72]

Die Anforderung der *Konsistenz* ist vom Kern ebenfalls laut Definition des Lösungskonzeptes stets erfüllt.[73] Beim Shapley-Werts, der ACA-Methode, dem τ-Werts und dem χ-Werts ist die Erfüllung der Anforderung der Konsistenz jedoch

---

[67] Vgl. Gerard-Varet und Zamir 1987, S. 123 ff.; Fromen 2004, S. 164 f.

[68] Vgl. Fromen 2004, S. 164 f.; Gerard-Varet und Zamir 1987, S. 127.

[69] Vgl. Fromen 2004, S. 190; Gerard-Varet und Zamir 1987, S. 135 ff.; Strangmeier und Fiedler 2011, S. 51; Maschler 1992, S. 619.

[70] Siehe hinsichtlich der Anforderung der Vernunftkompatibilität für den Shapley-Wert z. B. Fromen 2004, S. 182; Strangmeier und Fiedler 2011, S. 56; Gerard-Varet und Zamir 1987, S. 132, für die ACA-Methode z. B. Strangmeier und Fiedler 2011, S. 61 und für den τ-Wert z. B. Fromen 2004, S. 188; Strangmeier und Fiedler 2011, S. 60.

[71] Vgl. Fischer 2008, S. 147; Selders 2014, S. 28 ff.; Gillies 1959, S. 47 ff.; Strangmeier und Fiedler 2011, S. 34; Jene 2015, S. 112 ff.; Wiese 2015, S. 259 ff.; Holler et al. 2019, S. 288.

[72] Siehe hinsichtlich der Anforderung der Effizienz für den Shapley-Wert z. B. Jene 2015, S. 119; Strangmeier und Fiedler 2011, S. 56; Frank 2003, S. 160, für die ACA-Methode z. B. Frank 2003, S. 160; Strangmeier und Fiedler 2011, S. 56; Jene 2015, S. 119; Selders 2014, S. 44, für den τ-Wert z. B. Fromen 2004, S. 129 ff.; Fischer 2008, S. 74; Strangmeier und Fiedler 2011, S. 59; Jene 2015, S. 208; Zelewski 1987, S. 63; Zelewski und Heeb 2018, S. 390; Zelewski 2009, S. 208 ff. und für den χ-Wert z. B. Jene 2015, S. 296; Bergantiños und Massó 2002, S. 279; Gilles 2010, S. 105; Zelewski und Heeb 2018, S. 296; Timmer 2006, S. 98.

[73] Vgl. Fromen 2004, S. 190; Gerard-Varet und Zamir 1987, S. 135.

nicht immer gewährleistet, da die Verteilungsergebnisse nicht immer im Kern liegen.[74] Demnach kann sich das Endergebnis ändern, wenn das Lösungskonzept für einzelne Fachgruppen oder Arbeitspakete separat anstelle der Gesamtkooperation angewendet wird.[75] Beim χ-Wert kann lediglich für Spiele mit zwei Spielern garantiert werden, dass das Verteilungsergebnis im Kern liegt,[76] damit wird die Anforderung der Konsistenz auch vom χ-Wert nicht grundsätzlich erfüllt.

Bei den Anforderungen der *Kovarianz, Anonymität, Dummy-Spieler-Eigenschaft, Präferenz-Kompatibilität, Additivität, Symmetrie* und *Monotonie* handelt es sich um bei mengenbasierten Lösungsansätzen nicht notwendig zu untersuchende Kriterien.[77] Das Ergebnis der Anwendung des Kerns führt zu einer Menge, die Anforderungen beziehen sich jedoch auf ein eindeutiges Verteilungsergebnis. Falls der Kern als alleiniges Lösungskonzept angewendet und das Allokationsergebnis aus der Menge aller möglichen Lösungen ausgewählt werden sollte, so könnten für dieses Ergebnis die Anforderungen noch einmal separat überprüft werden.

Die Anforderungen der *Anonymität*[78] und der *Symmetrie*[79] werden vom Shapley-Wert, der ACA-Methode, dem τ-Werts und dem χ-Wert stets erfüllt. Der Shapley-Wert kann alternativ zu der Berechnungsweise, die in Abschnitt 4.2.2 vorgestellt wurde, bestimmt werden, indem genau die Lösung berechnet wird,

---

[74] Siehe hinsichtlich der Anforderung der Konsistenz für den Shapley-Wert z. B. Fromen 2004, S. 182. Die Anforderung ist für den Shapley-Wert nur für kleine, spezielle Spielklassen erfüllt (vgl. Potters und Sudhölter 1999, S. 100). Für die ACA-Methode siehe für die Anforderung der Konsistenz z. B. Fromen, 2004, S. 188. Potters und Sudhölter 1999, S. 100 und für den τ-Wert vgl. z. B. Fromen 2004, S. 213; Zelewski 1987, S. 49, 2009, S. 110; Potters und Sudhölter 1999, S. 86.

[75] Vgl. Fromen 2004, S. 169 f.; Maschler 1992, S. 618 f.; Peleg 1986, S. 189 f.

[76] Vgl. Timmer 2006, S. 96 ff.

[77] Vgl. Fromen 2004, S. 190; Fischer 2008, S. 147.

[78] Siehe hinsichtlich der Anforderung der Anonymität für den Shapley-Wert z. B. Fischer 2008, S. 146; Sudhölter und Peleg 1998, S. 182; Fromen 2004, S. 182, für die ACA-Methode z. B. Strangmeier und Fiedler 2011, S. 61; Otten 1993, S. 179, für den τ-Wert z. B. Fromen 2004, S. 190; Fischer 2008, S. 147; Strangmeier und Fiedler 2011, S. 60; Tijs und Otten 1993, S. 8; Jene 2015, S. 296 und für den χ-Wert z. B. Jene 2015, S. 296; Timmer 2006, S. 99.

[79] Siehe hinsichtlich der Anforderung der Symmetrie für den Shapley-Wert z. B. Fischer 2008, S. 146; Sudhölter und Peleg 1998, S. 386; Holler et al. 2019, S. 311; Jene 2015, S. 120 f.; Strangmeier und Fiedler 2011, S. 57; Fromen 2004, S. 181; Shapley 1953, S. 307 ff.; Frank 2003, S. 160, für die ACA-Methode z. B. Strangmeier und Fiedler 2011, S. 61; Otten 1993, S. 179; Frank 2003, S. 160, für den τ-Wert z. B. Fromen 2004, S. 188; Potters und Sudhölter 1999, S. 100; Fischer 2008, S. 147; Strangmeier und Fiedler 2011, S. 60; Tijs und Otten 1993, S. 8 und für den χ-Wert z. B. Jene 2015, S. 219 ff.; Bergantiños und Massó 2002, S. 279 f.; Timmer 2006, S. 99.

für die die Bedingungen der *Symmetrie*, der *Dummy-Spieler-Eigenschaft* und der *Additivität* zutreffen.[80] Demnach sind diese Anforderungen laut Definition für den Shapley-Wert erfüllt.

Die *Dummy-Spieler-Eigenschaft* wird ebenfalls vom τ-Wert und χ-Wert erfüllt.[81] Dahingegen weist die ACA-Methode die Dummy-Spieler-Eigenschaft nicht auf.[82]

Im Gegensatz zum Shapley-Wert wird die Anforderung der *Additivität* von der ACA-Methode, dem τ-Wert und dem χ-Wert nicht für alle wesentlichen Spiele erfüllt. Dies zeigt ein eigens erstelltes Beispiel mit drei Szenarien.[83]

Es kann gezeigt werden, dass der Shapley-Wert, die ACA-Methode und der χ-Wert die Anforderungen der *Präferenz-Kompatibilität* und *Monotonie* stets erfüllen.[84] Dagegen kann die Erfüllung der Anforderungen der *Präferenz-Kompatibilität* und der *Monotonie* für den τ-Wert nur für einen Teil der wesentlichen Spiele gewährleistet werden.[85]

---

[80] Siehe z. B. Fischer 2008, S. 146; Sudhölter und Peleg 1998, S. 386; Holler et al. 2019, S. 311; Jene 2015, S. 120 f.; Strangmeier und Fiedler 2011, S. 57; Fromen 2004, S. 181; Shapley 1953, S. 307 ff.; Frank 2003, S. 160; Peng et al. 2022, S. 338.

[81] Siehe hinsichtlich der Anforderung der Dummy-Spieler-Eigenschaft für den τ-Wert z. B. Fromen 2004, S. 190; Fischer 2008, S. 147; Potters und Sudhölter 1999, S. 100; Wißler 1997, S. 56; Strangmeier und Fiedler 2011, S. 60; Tijs und Otten 1993, S. 8; Jene 2015, S. 297 und für den χ-Wert z. B. Jene 2015, S. 297.

[82] Vgl. Strangmeier und Fiedler 2011, S. 61; Fischer 2008, S. 144 ff.; Frank 2003, S. 161.

[83] Die Nicht-Erfüllung der Additivitätsbedingung könne jedoch laut *Strangmeier und Fiedler* vernachlässigt werden, da es lediglich zu geringen Abweichungen komme (vgl. Strangmeier und Fiedler 2011, S. 62). Ein eigens erstelltes Beispiel mit drei Szenarien kommt ebenfalls zu dem Ergebnis, dass die Anforderung der Additivität nicht erfüllt ist, aber es lediglich zu geringen Abweichungen kommt (siehe Anhang F im elektronischen Zusatzmaterial).

[84] Siehe hinsichtlich der Anforderung der Präferenz-Kompatibilität für den Shapley-Wert z. B. Fromen 2004, S. 182; Sudhölter und Peleg 1998, S. 386. Die ACA-Methode und der χ-Wert wurden hinsichtlich dieser Anforderung bisher noch nicht untersucht. Ein eigens erstellter Beweis, dass diese Lösungskonzepte die Anforderung der Präferenz-Kompatibilität erfüllen, findet sich im Anhang H im elektronischen Zusatzmaterial. Siehe hinsichtlich der Erfüllung der Anforderung der Monotonie für den Shapley-Wert z. B. Fischer 2008, S. 146; Young 1985b, S. 67 ff.; Frank 2003, S. 161; Strangmeier und Fiedler 2011, S. 57; Fromen 2004, S. 182, für die ACA-Methode z. B. Fischer 2008, S. 144 ff. und für den χ-Wert z. B. Bergantiños und Massó 2002, S. 280.

[85] Siehe bzgl. der Nicht-Erfüllung der Anforderung der Präferenzkompatibilität z. B. Fromen 2004, S. 190 und bzgl. der Monotonie z. B. Fromen 2004, S. 188; Fischer 2008, S. 147; Zelewski 2009, S. 54.

Der Shapley-Wert, der τ-Wert und der χ-Wert erfüllen im Gegensatz zur ACA-Methode zusätzlich die Anforderung der *Kovarianz*.[86]

Vor dem Hintergrund der *Stabilität* ist die Erfüllung der Anforderungen der Rationalität, der Stabilität im verhandlungstheoretischen Sinne, gegenüber Datenschwankungen, Informationsdefiziten, konzeptionellen Anpassungen sowie die Invarianz bzgl. strategischer Äquivalenz zu untersuchen.[87]

Die Anforderung der Rationalität ist noch einmal in der Anforderung der individuellen Rationalität und der der kollektiven Rationalität untergliedert. Laut der Definition des Kerns sind sowohl die Bedingung der individuellen Rationalität als auch die der kollektiven Rationalität unabhängig von der zu betrachtenden Spielklasse stets erfüllt.[88] Für den τ-Wert und den χ-Wert kann ebenfalls gezeigt werden, dass sowohl die Anforderung der individuellen Rationalität als auch die Anforderung der kollektiven Rationalität von den Lösungskonzepten erfüllt werden.[89] Für den Shapley-Wert ist die Anforderung der *individuellen Rationalität* immer erfüllt.[90] Dagegen kann die Erfüllung der Anforderung der *kollektiven Rationalität* vom Shapley-Wert lediglich für konvexe Spiele gewährleistet werden, da der Shapley-Wert nur bei dieser Spielklasse immer im Kern liegt.[91] Die Anforderung der Rationalität wird von der ACA-Methode ebenfalls nicht immer erfüllt. Eine Erfüllung der individuellen und kollektiven Rationalität kann nur für superadditive Spiele mit maximal drei Spielern garantiert werden.[92]

---

[86] Siehe hinsichtlich der Anforderung der Kovarianz für den Shapley-Wert z. B. Fischer 2008, S. 146; Frank 2003, S. 160, für die ACA-Methode z. B. Fischer 2008, S. 144 ff.; Frank 2003, S. 161, für den τ-Wert z. B. Fischer 2008, S. 147 und für den χ-Wert z. B. Bergantiños und Massó 2002, S. 279.

[87] Siehe Abschnitt 5.1.1.3.

[88] Vgl. Fischer 2008, S. 144; Fromen 2004, S. 190; Holler et al. 2019, S. 288; Strangmeier und Fiedler 2011, S. 34; Jene 2015, S. 112 ff.; Selders 2014, S. 44.

[89] Siehe hinsichtlich der Anforderung der Rationalität für den τ-Wert z. B. Fischer 2008, S. 146; Strangmeier und Fiedler 2011, S. 57; Jene 2015, S. 296; Zelewski und Heeb 2018, S. 380 und für den χ-Wert hinsichtlich der Anforderung der individuellen Rationalität z. B. Jene 2015, S. 296; Bergantiños und Massó 2002, S. 270; Zelewski und Heeb 2018, S. 394 f.; Timmer 2006, S. 99 und hinsichtlich der Anforderung der kollektiven Rationalität z. B. Jene 2015, S. 158; Zelewski und Heeb 2018, S. 394 f.

[90] Siehe z. B. Fischer 2008, S. 146; Strangmeier und Fiedler 2011, S. 57.

[91] Siehe z. B. Fischer 2008, S. 146; Driessen 1986, S. 221; Holler et al. 2019, S. 311; Strangmeier und Fiedler 2011, S. 56; Fromen 2004, S. 182; Driessen und Pailusma 2001, S. 47.

[92] Vgl. Fischer 2008, S. 144; Frank 2003, S. 160; Young 1994, S. 1202; Strangmeier und Fiedler 2011, S. 61; Selders 2014, S. 40.

Die Anforderung der *Stabilität im verhandlungstheoretischen Sinne* ist eng mit dem Lösungskonzept des Kerns verbunden, da diese erfüllt ist, wenn die sich ergebende Lösung im Kern liegt. Der Shapley-Wert liegt lediglich für die Spielklasse der konvexen Spiele immer im Kern.[93] Demnach kann bei nicht-konvexen Spielen nicht gewährleistet werden, dass der berechnete Shapley-Wert stabil in dem Sinne ist, dass kein Kooperationspartner einen Anreiz hat, die Kooperation zu verlassen. Für die mithilfe der ACA-Methode, dem τ-Wert und dem χ-Wert sich ergebende jeweilige Lösung kann ebenfalls nicht garantiert werden, dass diese im Kern liegt und damit die Anforderung der Stabilität im verhandlungstheoretischen Sinne erfüllt.[94] Für Kooperationen mit zwei Partnern kann jedoch gezeigt werden, dass der χ-Wert stabil im verhandlungstheoretischen Sinne ist.[95]

Da es sich beim Kern um einen mengenbasierten[96] Lösungsansatz handelt, wirken sich Datenschwankungen nicht so stark auf das Ergebnis aus wie bei einem wertbasierten Lösungsansatz. Aus der Definition des Shapley-Werts geht dessen stetige Differenzierbarkeit in $v(K)$ hervor.[97] Demnach führen geringfügige Datenschwankungen bspw. bezogen auf einzelne Kosten- oder Erlöspositionen zu geringen Änderungen des Verteilungsergebnisses.[98] Die Anforderung der *Stabilität gegenüber Datenschwankungen* wird demnach beim Kern und Shapley-Wert erfüllt. Die ACA-Methode, der τ-Wert und der χ-Wert sind ebenfalls relativ stabil gegenüber Datenschwankungen.[99] Kommt es zu Änderungen der für

---

[93] Siehe z. B. Fischer 2008, S. 146; Driessen 1986, S. 221; Holler et al. 2019, S. 311; Strangmeier und Fiedler 2011, S. 56; Fromen 2004, S. 182; Driessen und Pailusma 2001, S. 47.

[94] Siehe hinsichtlich der Anforderung der Stabilität im verhandlungstheoretischen Sinne für die ACA-Methode z. B Fischer 2008, S. 144; Frank 2003, S. 88; Young 1994, S. 1202; Strangmeier und Fiedler 2011, S. 61; Selders 2014, S. 40, für den τ-Wert z. B. Fromen 2004, S. 187; Peleg 1986, S. 228; Fischer 2008, S. 146; Wißler 1997, S. 61; Strangmeier und Fiedler 2011, S. 59; Zelewski 1987, S. 63.

[95] Vgl. Timmer 2006, S. 96 ff.

[96] *Fromen* schlägt im Hinblick auf mengenbasierte Lösungsansätze vor, die Anforderungen der *Stabilität gegenüber Datenschwankungen, Stabilität im verhandlungstheoretischen Sinne, Stabilität gegenüber Informationsdefiziten* und die *Stabilität gegenüber konzeptionellen Anpassungen* als nicht notwendig zu untersuchende Anforderungen zu klassifizieren (vgl. Fromen 2004, S. 190).

[97] Vgl. Fromen 2004, S. 182.

[98] Siehe z. B. Fischer 2008, S. 146; Fromen 2004, S. 182.

[99] Eine ähnliche Argumentation jedoch bezogen auf den τ-Wert findet sich bei Fromen 2004, S. 188.

die Verteilung zugrunde gelegten Datenbasis[100], so führt dies beim τ-Wert und beim χ-Wert[101] maximal zu proportionalen Änderungen der oberen und unteren Grenzen der Kooperationspartner. Bei der ACA-Methode führt dies maximal zu proportionalen Änderungen der oberen Grenzen der Kooperationspartner, da die untere Grenze bei der ACA-Methode unabhängig von der Datenbasis der Kooperation ist und daher konstant bleibt. Der τ-Wert, der χ-Wert und die ACA-Methode ergeben sich, wie in Kapitel 4 beschrieben, als Linearkombination der oberen und unteren Grenzen der Kooperationspartner. Das Verteilungsergebnis kann sich daher analog höchstens proportional verändern.

Beim Kern wirken sich Informationsdefizite und konzeptionelle Anpassungen direkt auf die Lösungsmenge aus, da bei der Berechnung des Kerns alle Werte der charakteristischen Funktion verwendet werden. Kleine konzeptionelle Anpassungen können unter Umständen zu sehr großen Änderungen der ermittelten Lösungsmenge führen.[102] Eine *Stabilität gegenüber Informationsdefiziten* und *konzeptionellen Anpassungen* ist demnach nicht gegeben. Da es sich jedoch bei dem Ergebnis um eine Menge handelt, können einzelne Elemente der Menge robust gegenüber Informationsdefiziten und konzeptionellen Anpassungen sein. Beim Shapley-Wert wirken sich Informationsdefizite und konzeptionelle Anpassungen ebenfalls direkt auf das Verteilungsergebnis aus, da bei der Berechnung des Shapley-Werts alle Werte der charakteristischen Funktion verwendet werden.[103] Eine *Stabilität gegenüber Informationsdefiziten* und *konzeptionellen Anpassungen* ist demnach auch beim Shapley-Wert nicht gegeben. Im Gegensatz zum bspw. Shapley-Wert, müssen bei der ACA-Methode nicht alle Koalitionswerte bekannt sein. Mithilfe der Werte der Einerkoalitionen ($c(K)$ mit $|K| = 1$), den Marginalkoalitionswerten ($c(K)$ mit $|K| = |N| - 1$) und dem zu verteilenden Effizienzgewinn ($c(N)$) kann das Verteilungsergebnis berechnet werden.[104] Demnach kann eine Konzentration auf die wenigen relevanten Werte erfolgen. Daher ist die ACA-Methode vergleichsweise stabil gegenüber Informationsdefiziten (*Stabilität gegenüber Informationsdefiziten*).

---

[100] Bei der Betrachtung von Datenschwankungen, wird angenommen, dass diese an der Definiertheit des τ-Werts nicht verändern und es sich immer noch um ein quasi-konvexes Spiel handelt. Andernfalls könnte der τ-Wert nicht mehr angewendet werden.

[101] Die Argumentation bei Fromen 2004, S. 188 bezieht sich auf den τ-Wert. Aufgrund der ähnlichen Struktur der Lösungskonzepte des χ-Werts und der ACA-Methode zum τ-Wert wurde diese auf die Lösungskonzepte übertragen.

[102] Vgl. Fromen 2004, S. 100; Myerson 2004, S. 429 ff.

[103] Siehe z. B. Fischer 2008, S. 146; Strangmeier und Fiedler 2011, S. 58; Fromen 2004, S. 182.

[104] Vgl. Strangmeier und Fiedler 2011, S. 62.

Auch beim τ-Wert bedarf es nicht aller Werte der charakteristischen Funktion zur Ermittlung eines Verteilungsergebnisses. Demnach stufen *Fromen* und *Fischer* den τ-Wert als relativ stabil gegenüber Informationsdefiziten ein.[105] Konzeptionelle Änderungen bspw. der oberen und unteren Grenze sind bei der ACA-Methode und dem τ-Wert möglich, es muss jedoch dann geprüft werden, inwieweit dies einen Einfluss auf die Anforderungen der Existenz und Definiertheit hat.[106] Bei der Berechnung des χ-Wertes werden alle Werte der charakteristischen Funktion verwendet.[107] Informationsdefizite und konzeptionelle Anpassungen wirken sich demnach direkt auf das Verteilungsergebnis aus. Eine *Stabilität gegenüber Informationsdefiziten* und *konzeptionellen Anpassungen* ist demnach nicht gegeben. Um diese Problematik zu reduzieren, entwickelte *Jene* einen ersten Ansatz zur Reduzierung des Ermittlungsaufwands der oberen Grenze.[108]

Es kann gezeigt werden, dass die Anforderung der *Invarianz bzgl. strategischer Äquivalenz* vom Shapley-Wert und der ACA-Methode stets erfüllt wird.[109] Auch für den χ-Wert ist die Anforderung für die Klasse der wesentlichen Spiele stets erfüllt, da in dieser Klasse ein Verteilungsergebnis mithilfe des χ-Wertes berechnet werden kann, dass die entsprechende Bedingung[110] erfüllt. Dagegen kann die Erfüllung der Anforderung vom Kern und vom τ-Wert nicht garantiert werden. Beim Kern kann die Erfüllung der Anforderung jedoch für die Klasse der konvexen Spiele gezeigt werden.[111] Der τ-Wert erfüllt die Anforderungen der Invarianz bzgl. strategischer Äquivalenz ebenfalls nicht immer für die gesamte Klasse der wesentlichen Spiele, sondern für die quasi-balancierten Spiele, da der τ-Wert für diese Spielklasse existiert.[112]

---

[105] Vgl. Fromen 2004, S. 188; Fischer 2008, S. 146; Zelewski und Heeb 2018, S. 390; Zelewski 2009, S. 265.

[106] Vgl. Fromen 2004, S. 188.

[107] Vgl. Jene 2015, S. 142.

[108] Vgl. Jene 2015, S. 195 ff.

[109] Siehe hinsichtlich der Anforderung der Invarianz bzgl. strategischer Äquivalenz für den Shapley-Wert z. B. Fromen 2004, S. 182; Sudhölter und Peleg 1998, S. 386. Insgesamt kann gezeigt werden, dass die Anforderung der Invarianz bzgl. strategischer Äquivalenz immer dann erfüllt ist, wenn ein eindeutiges Verteilungsergebnis für die betrachte Spielklasse garantiert werden kann. Siehe hierzu zur Verdeutlichung Anhang G im elektronischen Zusatzmaterial.

[110] Siehe Kapitel 5 und Formel (5.17).

[111] Vgl. Fromen 2004, S. 190.

[112] Vgl. Fromen 2004, S. 190; Zelewski 2009, S. 54.

6.1.3.2 Überprüfung der Praktikabilitätsanforderungen

Im Rahmen der Praktikabilitätsanforderungen wird untersucht, inwieweit das Lösungskonzept *nutzerfreundlich*, *wirtschaftlich*, *intuitiv verständlich* und *intersubjektiv nachvollziehbar* sowie *transparent* ist.[113]

Alle im Rahmen der Arbeit betrachteten Lösungskonzepte erfüllen die Anforderung der *Nutzerfreundlichkeit* laut Spezifikation, da ein Berechnungsalgorithmus zur Ermittlung der jeweiligen Lösungen existiert und es für die praktische Anwendung auch softwaretechnische[114] Umsetzungen gibt.

Fischer schätzt die Wirtschaftlichkeit des Kerns mit zunehmender Anzahl der Kooperationspartner und dem damit verbundenen höheren Aufwand hinsichtlich der Datenerhebung, Datenpflege und der mathematischen Berechnung als sinkend ein.[115] Dies müsste jedoch für den speziellen Kooperationsfall geprüft werden.

Die Anforderung der *Wirtschaftlichkeit* der Anwendung des Shapely-Werts könnte dadurch, dass alle Varianten des Zusammenkommens der Kooperationspartner betrachtet werden müssen und des damit einhergehenden Aufwands zur Ermittlung der Koalitionsfunktion, für einige kooperative Zusammenschlüsse nicht mehr erfüllt sein. Diese Problematik erhöht sich mit zunehmender Anzahl der Kooperationspartner.[116]

Die Wirtschaftlichkeit der ACA-Methode, des τ-Werts und des χ-Werts ist bisher noch nicht explizit untersucht worden.[117]

Mit zunehmender Anzahl der Kooperationspartner erhöht sich bei der ACA-Methode der Aufwand hinsichtlich der Datenerhebung, Datenpflege und der mathematischen Berechnung. Daher könnte die Wirtschaftlichkeit mit steigender Anzahl der Kooperationspartner in Abhängigkeit, von der konkret zu untersuchenden Kooperation sinken. Hierbei ist anzumerken, dass bei der ACA-Methode im Gegensatz zu anderen Lösungsansätzen nicht alle denkbaren Unterkooperationen betrachtet werden, sondern „lediglich" die Einerkoalitionen und die Koalitionen, bei denen jeweils ein Kooperationspartner nicht beteiligt ist.[118] Demnach müssten

---

[113] Siehe Abschnitt 5.1.2.

[114] Die Programme MATLAB und R haben bspw. bereits Anwendungen zur Berechnung des Kerns, des Shapley-Werts und der ACA-Methode integriert. Für einen Berechnungsalgorithmus zum τ-Wert siehe Zelewski 2009, S. 250 ff.; Jene 2015, S. 253 ff. und für den χ-Wert siehe Jene 2015, S. 162 ff. Auf der Grundlage der Berechnungsalgorithmen ist eine softwaretechnische Berechnung des τ-Werts und des χ-Werts bspw. mithilfe der Programme MATLAB oder Java möglich.

[115] Vgl. Fischer 2008, S. 145. Siehe auch Rosenmüller 1981, S. 274; Fromen 2004, S. 99 ff.

[116] Vgl. Fischer 2008, S. 146.

[117] Siehe hierzu auch die weiteren Ausführungen im Kapitel 2 Forschungsstand.

[118] Vgl. Strangmeier und Fiedler 2011, S. 63.

bspw. bei einer zu betrachtenden Gesamtkooperation von sieben Kooperationspartnern 15[119] anstelle von 127[120] Koalitionen betrachtet werden. Dies könnte sich dagegen im Vergleich positiv auf die Wirtschaftlichkeit des Lösungsansatzes auswirken und müsste für den speziellen Kooperationsfall geprüft werden.

Beim τ-Wert werden alle Außenseiterkoalitionen betrachtet. Die Anforderung der *Wirtschaftlichkeit* könnte durch den damit einhergehenden Aufwand zur Ermittlung der Koalitionsfunktion für einige kooperative Zusammenschlüsse nicht mehr erfüllt sein. Diese Problematik erhöht sich mit zunehmender Anzahl der Kooperationspartner.[121]

Die Anforderung der *Wirtschaftlichkeit* der Anwendung des χ-Werts könnte dadurch, dass, wie beim Shapley-Wert, alle Werte der charakteristischen Funktion zumindest für die Ermittlung der Obergrenze betrachtet werden müssen und des damit einhergehenden Aufwands zur Ermittlung der Koalitionsfunktion, für einige kooperative Zusammenschlüsse nicht mehr erfüllt sein. Diese Problematik erhöht sich ebenfalls mit zunehmender Anzahl der Kooperationspartner.[122]

Der Kern gilt als intuitives und nachvollziehbares Lösungskonzept, bei dem die Idee hinter dem Konzept in der Praxis als leicht verständlich und kommunizierbar eingeschätzt wird.[123] Aufgrund dieser Einschätzungen wird davon ausgegangen, dass die Anforderung der *intuitiven Verständlichkeit und intersubjektiven Nachvollziehbarkeit* von dem Lösungskonzept erfüllt wird. Dadurch, dass die Idee hinter dem Lösungsansatz leicht erklärbar sei, würde zudem die Anforderung der *Transparenz* erfüllt sein.[124]

In der entsprechenden Fachliteratur gibt es unterschiedliche Auffassungen darüber, ob der Shapley-Wert die Anforderung der *intuitiven Verständlichkeit und intersubjektiven Nachvollziehbarkeit* sowie der sich daraus ergebenen *Kommunizierbarkeit* erfüllt. *Zelewski* stuft den Shapley-Wert als kompliziert ein, da die Fakultät eine in den Betriebswirtschaften nur selten angewendete mathematische Operation sei.[125] Auch *Schwarze* und *Mergenthaler* kommen zu dem Ergebnis, dass die Berechnung des Shapley-Werts in der Praxis zu Problemen führt.[126] *Strangmeier und Fiedler* stufen den Shapley-Wert ebenfalls als nicht intuitiv

[119] Berechnung: $2n + 1 = 2 * 7 + 1 = 15$.

[120] Berechnung: $2^n - 1 = 2^7 - 1 = 127$.

[121] Vgl. Zelewski 1987, S. 57; Strangmeier und Fiedler 2011, S. 60.

[122] Vgl. bzgl. des Aspekts der benötigten Koalitionskenntnisse Jene 2015, S. 312.

[123] Vgl. Fromen 2004, S. 100 f.; Jene 2015, S. 112 und S. 116.

[124] Vgl. Fischer 2008, S. 144; Holler et al. 2019, S. 288 ff.; Jene 2015, S. 123.

[125] Vgl. Zelewski 2009, S. 48 f. Siehe auch Jene 2015, S. 15.

[126] Vgl. Schwarze 1983, S. 51; Mergenthaler 1984, S. 131.

nachvollziehbar ein, da ggf. in der Praxis den Kooperationspartnern nicht klar ersichtlich sein könnte, warum alle erdenklichen Koalitionen und darüber hinaus die Reihenfolgen des Zusammenkommens betrachtet werden müssen.[127]

Fischer und *Fromen* stufen den Shapley-Wert dagegen als vergleichsweise einfachen Lösungsansatz ein, da er mit leichten Rechenschritten berechenbar sei.[128] Dadurch, dass die Idee hinter dem Lösungsansatz leicht erklärbar sei, würde zudem die Anforderung der *Transparenz* erfüllt sein.[129]

Hinsichtlich der Anforderung der *intuitiven Verständlichkeit und intersubjektiven Nachvollziehbarkeit* existieren in der Literatur auch unterschiedliche Auffassungen bezüglich der ACA-Methode.

Fischer und *Fromen* kommen bspw. zu dem Ergebnis, dass die ACA-Methode nicht intuitiv nachvollziehbar und verständlich ist.[130] *Fischer* begründet dies damit, dass die bei der ACA-Methode durchgeführte Proportionalisierung der nicht-separablen Werte nicht intuitiv nachvollziehbar sei.[131] Die dennoch relativ weite Verbreitung des Lösungsansatzes begründet *Fromen* mit den Parallelen der spieltheoretischen Modellierung des Lösungsansatzes zu Methoden der Kostenrechnung. Die Verbreitung sei jedoch nicht auf den Lösungsansatz an sich zurückzuführen.[132]

Diese Auffassung teilen bspw. *Strangmeier und Fiedler* nicht. Sie stufen das Lösungskonzept als einfach und intuitiv ein. Dies begründen sie damit, dass eine Verteilung der Effizienzgewinne anhand von Grenzbeiträgen zur Kooperation in der Praxis vermutlich als verständlich eingestuft werden würde. Darüber hinaus würde die bei der ACA-Methode durchgeführte Unterteilung nach separablen und nicht-separablen Kosten voraussichtlich von den Kooperationspartnern akzeptiert werden, da das Konzept Parallelen zu der in der Praxis üblichen Differenzierung zwischen Einzel- und Gemeinkosten aufweise. Weiterhin führen sie als Argument an, dass die ACA-Methode hinsichtlich der Kommunizierbarkeit Vorteile aufweise. Dadurch, dass die Unterkoalitionen $|K| < |N| - 1$ nicht betrachtet werden, käme es nicht nur zu zeitlichen Einsparungen, sondern dies könne von den Kooperationspartnern zusätzlich als positiv aufgenommen werden, da die Einbeziehung der Unterkoalitionen, die oftmals hypothetischer Natur

[127] Vgl. Strangmeier und Fiedler 2011, S. 57. Siehe auch Holler et al. 2019, S. 314.

[128] Vgl. Fromen 2004, S. 182; Fischer 2008, S. 145.

[129] Vgl. Fischer 2008, S. 145.

[130] Vgl. Fromen 2004, S. 188 ff.; Fischer 2008, S. 144 ff.

[131] Vgl. Fischer 2008, S. 144.

[132] Vgl. Fromen 2004, S. 188.

seien, von den Kooperationspartnern gegebenenfalls als nicht verständlich und als *„mathematische Spielerei“*[133] eingestuft werden könnten.[134]

Diese These würde dadurch unterstützt, dass die ACA-Methode als einzige der hier betrachteten Lösungsansätze nicht aus der Theorie heraus, sondern bezogen auf ein reales Verteilungsproblem in der Praxis entwickelt wurde.[135]

Demzufolge gibt es ebenfalls Uneinigkeiten bzgl. der Transparenz des Lösungskonzeptes. Während diejenigen, die die ACA-Methode als intuitiv verständlich und nachvollziehbar einstufen, ebenfalls die Anforderung der Transparenz als erfüllt ansehen,[136] stimmen diejenigen, die das Konzept nicht als verständlich und nachvollziehbar einstufen, dafür, dass die Transparenz ebenfalls nicht erfüllt sei.[137]

Dagegen wird die Anforderung der *intuitiven Verständlichkeit und intersubjektiven Nachvollziehbarkeit* vom τ-Wert[138] und dem χ-Wert[139] überwiegend erfüllt.[140] Die Kommunizierbarkeit des τ-Wertes und des χ-Wertes als Kompromissvorschlag zwischen dem minimal und maximal zu erreichenden Effizienzgewinn der Kooperationspartner wird als in der Praxis nachvollziehbar und verständlich eingeschätzt.[141] Auch die Unterscheidung zwischen separablen und nicht-separablen Kosten beim τ-Wert sei nachvollziehbar und realitätsbezogen.[142] Neben der mathematischen Erklärung der beiden Lösungsansätze würde die grafische Veranschaulichung zur Verständlichkeit und Kommunizierbarkeit beitragen.[143] *Fromen* und *Fischer* weisen jedoch darauf hin, dass die Ermittlung des Kompromisses zwischen der oberen und unteren Grenze jedes Kooperationspartners ggf. nicht intuitiv verständlich sei.[144] *Jene* ist ebenfalls der

---

[133] Strangmeier und Fiedler 2011, S. 62.

[134] Vgl. Strangmeier und Fiedler 2011, S. 62.

[135] Vgl. Strangmeier und Fiedler 2011, S. 62; Straffin und Heaney 1981, S. 35 ff.

[136] Vgl. Strangmeier und Fiedler 2011, S. 62 ff.

[137] Vgl. Fischer 2008, S. 144; Fromen 2004, S. 188 ff.

[138] Vgl. Strangmeier und Fiedler 2011, S. 60; Fischer 2008, S. 146; Fromen 2004, S. 187; Zelewski und Heeb 2018, S. 389 f.; Jene 2015, S. 290.

[139] Vgl. Jene 2015, S. 314 ff.

[140] Vgl. Strangmeier und Fiedler 2011, S. 60; Fischer 2008, S. 146; Fromen 2004, S. 187; Zelewski und Heeb 2018, S. 389 f.; Jene 2015, S. 290.

[141] Vgl. Fromen 2004, S. 187; Strangmeier und Fiedler 2011, S. 60; Zelewski und Heeb 2018, S. 389 f.; Jene 2015, S. 296.

[142] Vgl. Fromen 2004, S. 187; Zelewski 1987, S. 53.

[143] Vgl. Zelewski und Heeb 2018, S. 390; Strangmeier und Fiedler 2011, S. 60.

[144] Vgl. Fischer 2008, S. 146; Fromen 2004, S. 187.

Meinung, dass nicht ausgeschlossen werden kann, dass einzelne Aspekte der beiden Lösungsansätze Unklarheiten hervorrufen.[145]

Sowohl der τ-Wert als auch der χ-Wert erfüllen die Anforderungen der Transparenz. In der Literatur wird konstatiert, dass der τ-Wert und der χ-Wert die Anforderung der *Transparenz* erfüllen, da die Berechnungen auf den vier Grundrechenarten basieren und demnach mit wenig Komplexität verbunden seien.[146] Darüber hinaus sei eine grafische Darstellung des grundsätzlichen Lösungskonzeptes möglich, was ebenfalls zur Transparenz des Lösungskonzeptes beitragen könne.[147] Falls jedoch die beim χ-Wert benötigten Werte der charakteristischen Funktion nicht alle vorliegen und es demnach zu Schätzungen dieser Werte kommen sollte, könnte dies zu einer Reduzierung der Transparenz beitragen.

6.1.3.3 Zusammenfassende Bewertung der Lösungsansätze

Nachdem im Vorherigen alle im Rahmen dieser Arbeit zu betrachtenden Lösungskonzepte zur Verteilung von Effizienzgewinnen anhand der theoretisch abgeleiteten Anforderungen bewertet wurden, erfolgt nun eine zusammenfassende Bewertung sowie ein Vergleich der spieltheoretischen Verfahren.

Auswahl eines Bewertungsansatzes

In der entsprechenden Fachliteratur gibt es eine Vielzahl unterschiedlicher Bewertungsverfahren.[148] Dabei geht es in der Regel darum, Probleme mit mehreren Zielen, die parallel verfolgt werden, zu strukturieren und zu lösen.[149]

Zur Auswahl eines passenden Verfahrens zur relativen Bewertung der spieltheoretischen Lösungsansätze wurden Auswahlkriterien definiert. Demnach sollte das Bewertungsverfahren hinsichtlich des zu lösenden Problems der Auswahl eines geeigneten spieltheoretischen Ansatzes zur Verteilung von Effizienzgewinnen folgende fünf Kriterien erfüllen:

(1) Anwendbarkeit bei einem Auswahlproblem
(2) Berücksichtigung mehrerer Anforderungen
(3) Bewertung einer diskreten Anzahl von Handlungsalternativen

---

145 Vgl. Jene 2015, S. 314.

146 Vgl. Zelewski 1987, S. 49; Fischer 2008, S. 147; Jene 2015, S. 295; Zelewski und Heeb 2018, S. 380.

147 Vgl. Zelewski und Heeb 2018, S. 390; Strangmeier und Fiedler 2011, S. 60.

148 Auf eine detaillierte und umfassende Diskussion und Beschreibung von Bewertungsverfahren wird an dieser Stelle verzichtet, da diese nicht den Kern der Arbeit widerspiegeln.

149 Vgl. Geldermacher und Lerche 2014, S. 9; Wenger 2010, S. 6; Belton und Stewart 2002, S. 1, 2010, S. 1.

(4) Berücksichtigung von unterschiedlichen Bewertungsgrößen (vor allem auch von nicht-monetären Größen)
(5) Ermöglichung der Priorisierung einzelner Anforderungen

Es gibt eine Vielzahl von unterschiedlichen Entscheidungsproblemen, wie bspw. Auswahl-, Sortierungs-, Reihungs-, Beschreibungs-, und Designprobleme.[150] Vor dem Hintergrund des Ziels der Bewertung im Rahmen dieser Arbeit sollte das zu wählende Bewertungsverfahren demnach auf Auswahlprobleme, bei denen eine Alternative von mehreren Alternativen ausgewählt werden soll, angewendet werden können. Es sollte daher eine diskrete Anzahl von Handlungsalternativen bewertet werden können und der Lösungsraum sollte diskret sein. Aufgrund des in Kapitel 5 aufgestellten Anforderungskatalogs, anhand dessen ein spieltheoretischer Ansatz ausgewählt werden soll, sollte mit dem Bewertungsverfahren eine Bewertung anhand von mehreren Anforderungen möglich sein. Dabei ist es wichtig, dass Anforderungen mit unterschiedlichen Bewertungsgrößen beurteilt werden können und bei Bedarf eine Priorisierung einzelner Anforderungen oder Anforderungskategorien durchgeführt werden kann, da ggf. für Entscheidungsträger nicht alle Anforderungen die identische Relevanz haben.

Bewertungsverfahren, die sich speziell auf Auswahlprobleme beziehen und bei denen mehrere Anforderungen im Rahmen des Bewertungsprozesses berücksichtigt werden, werden zusammenfassend als *Methoden der multikriteriellen Entscheidungsunterstützung* bzw. Multi-Criteria/Multiple-Criteria Decision Analysis (MCDA) benannt.[151] Sie können bei der Identifikation von Kompromissen helfen, damit die ausgewählte Alternative möglichst vielen Anforderungen gerecht wird.[152] Mithilfe der MCDA-Methoden sollen Entscheidungen für Alternativen aufgrund von mindestens zwei Kriterien bzw. Anforderungen anhand der individuellen Präferenzen der Entscheidungsträger ermöglicht werden.[153]

Im Rahmen der MCDA werden zwei Bereiche, die *Multi-Objective Decision Making* (MODM) und die *Multi-Attribute Decision Making* (MADM) unterschieden. Die beiden Verfahrensklassen unterscheiden sich anhand der betrachteten Alternativen und dem Lösungsraum. Während beim MODM die Alternativen durch Nebenbedingungen beschränkt sind und der Lösungsraum stetig ist, gibt es beim MADM eine begrenzte Auswahl an Alternativen und es handelt sich um

---

[150] Für weitere Informationen zu unterschiedlichen Problem- bzw. Entscheidungsarten siehe z. B. Wenger 2010, S.11; Belton und Stewart 2002, S. 15 f.

[151] Vgl. Belton und Stewart 2002, S. 1 ff., 2010, S. 1 f.

[152] Vgl. Belton und Stewart 2002, S. 1 ff., 2010, S. 1 f.; Chen 2019, S. 115.

[153] Vgl. Belton und Stewart 2002, S. 1 ff., 2010, S. 1 f.; Schär 2018, S. 147.

einen diskreten Lösungsraum.[154] In der Abbildung 6.3 sind die unterschiedlichen Bewertungsverfahren dargestellt.

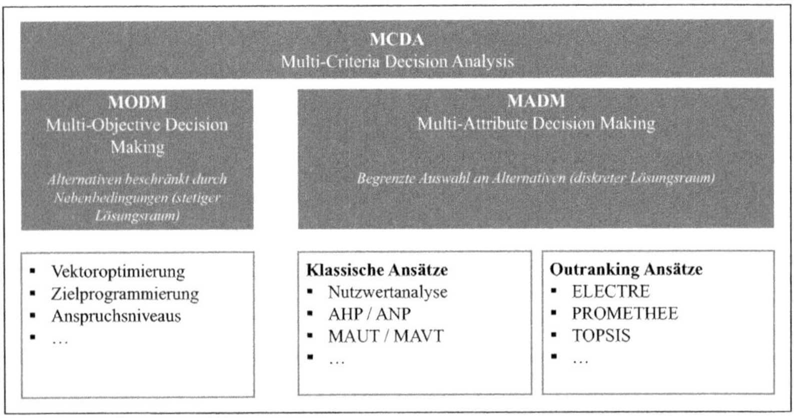

Abbildung 6.3 Schematische Darstellung von MCDA-Methoden. (Quelle: Eigene Darstellung in Anlehnung an Zimmermann und Gutsche 1991, S. 21 ff.; Geldermacher und Lerche 2014, S. 11)

In dem hier betrachtenden Fall handelt es sich um fünf Lösungsansätze zur Verteilung von Effizienzgewinnen, die anhand einer konkreten Liste von Anforderungen bewertet werden sollen. Demnach kommt ein MADM-Verfahren zur Bewertung infrage. Auf das MODM wird daher im Folgenden nicht weiter eingegangen.

Die MADM-Verfahren können noch einmal in *klassische* und *Outranking Ansätze* untergliedert werden.[155]

Bei den *klassischen Ansätzen* wird grundsätzlich angenommen, dass die genaue Formulierung und verständliche Kommunikation von Präferenzen für einzelne Kriterien bzw. Anforderungen von den Entscheidungsträgern durchgeführt werden kann. Diese Präferenzen können bei den klassischen Ansätzen über Nutzenfunktionen, die jeder Ausprägung einer Anforderung einen Nutzwert zuordnen, veranschaulicht werden.[156] Nach der Aufstellung der Nutzenfunktion

[154] Vgl. Geldermacher und Lerche 2014, S. 10.

[155] Vgl. Geldermacher und Lerche 2014, S. 11; Schär 2018, S. 156 ff.; Kolotzek 2018, S. 31; Olsen 2008, S. 299 ff.

[156] Vgl. Geldermacher und Lerche 2014, S. 11 f.; Schär 2018, S. 156 ff.

wird für jede zu untersuchende Alternative ein Gesamtnutzenwert berechnet. Die beste Alternative ergibt sich aus einem Vergleich der Gesamtnutzenwerte, bei dem gilt, dass die Alternative mit dem höchsten Wert bevorzugt werden sollte. Ziel ist es demnach, die Präferenzen der Entscheidungsträger offenzulegen und diese exakt abzubilden.[157] Beispiele für klassische Ansätze sind z. B. die Nutzwertanalyse als Scoring-Technik[158], der Analytische Hierarchie/Netzwerk Prozess (AHP[159] / ANP[160]) und die Multi-Attribute Utility/Value Theory (MAUT[161] / MAVT[162]).

Der Vorteil der Verfahren liegt in der Praktikabilität. Sie gelten als nachvollziehbar und einfach in der Umsetzung und haben sich daher in der Praxis vielfach etabliert.[163] Als Nachteil der Verfahren gilt der Aufwand zur Ermittlung der Daten für die Nutzenfunktionen, die die Präferenzen der Entscheidungsträger exakt wiedergeben. Dies führe dazu, dass die Präferenzen der Entscheidungsträger lediglich vereinfacht dargestellt werden und demnach zu Ungenauigkeiten im Ergebnis.[164] Zudem sei die den klassischen Verfahren vorausgesetzte Annahme, dass vollständige Information über die Präferenzen der Entscheidungsträger herrsche und diese exakt kommuniziert werden können, fraglich. Auch die Annahme der Unabhängigkeit der Anforderungen an die zu betrachtenden Alternativen sei in der Praxis nur schwer umsetzbar.[165]

Mithilfe der *Outranking-Ansätze* sollen der Entscheidungsprozess strukturiert und Informationen generiert werden. Ziel ist es dabei, die Entscheidung für eine Alternative transparent zu machen. Dabei stehen das Entscheidungsproblem und die relevanten Kriterien bzw. Anforderungen im Vordergrund, anhand derer eine fundierte Entscheidung getroffen werden soll. Grundlage der Verfahren ist der paarweise Vergleich der einzelnen Alternativen. Mithilfe von vereinfachten

---

[157] Vgl. Geldermacher und Lerche 2014, S. 11 f.; Schär 2018, S. 156 ff.; Drechsler 1999, S. 189.

[158] Für weitere Informationen zur Scoring-Technik siehe z. B. Kühnapfel 2021; Bartmann und Pope 1980.

[159] Für weitere Informationen zu AHP siehe z. B. Ishizaka und Labib 2011; Vaidya und Kumar 2006; Saaty 1988.

[160] Für weitere Informationen zu ANP siehe z. B. Saaty 2009; Saaty und Vargas 2013; Sipahi und Timor 2010; Kheybari et al. 2020.

[161] Für weitere Informationen zur MAUT siehe z. B. Kailiponi 2010; Von Winterfeldt und Fischer 1975.

[162] Für weitere Informationen zu MAVT siehe z. B. Ferretti et al. 2014; Hostmann et al. 2005.

[163] Vgl. Geldermacher und Lerche 2014, S. 12; Schär 2018, S. 162; Jene 2015, S. 301.

[164] Vgl. Geldermacher und Lerche 2014, S. 12; Kühnapfel 2019b, S. 23.

[165] Vgl. Geldermacher und Lerche 2014, S. 12.

Präferenzfunktionen sollen die individuellen Präferenzen der Entscheidungsträger abgebildet werden. Das Ergebnis nach Durchführung der Bewertung ist eine Rangfolge für die untersuchten Alternativen.[166]

Beispiele für Outranking Ansätze sind z. B. *ÉLimination et Choix Traduisant la REalité* (ELECTRE)[167], *Preference Ranking Organisation Method for Enrichment Evaluations* (PROMETHEE)[168] und *Technique for Order Preference by Similarity to Ideal Solution* (TOPSIS)[169].

Durch die Anwendung eines Outranking-Ansatzes sollen den Entscheidungsträgern die Konsequenzen der vorab definierten Anforderungen und die Subjektivität im Hinblick auf die Gewichtung der Anforderungen deutlich werden. Dies könne dazu beitragen, dass die Entscheider die Komplexität des Auswahlproblems, die Präferenzen und deren Auswirkung auf das Ergebnis entsprechend reflektieren können.[170] Im Gegensatz zu den klassischen Ansätzen wird bei den Outranking-Ansätzen angenommen, dass sich die Entscheidungsträger ihrer exakten Präferenzen für einzelne Kriterien bzw. Anforderungen der Alternativen nicht bewusst sind und diese daher nicht genau abgebildet werden können.[171] Aufgrund des Vorgehens können im Vergleich zu anderen Verfahren auch schwache Präferenzen und Indifferenzen sichtbar werden.[172] Weitere Vorteile der Methoden liegen in der Nachvollziehbarkeit der Verfahren in der Anwendung und dem geringen Informationsbedarf.[173] Nachteil ist, dass die Outranking-Ansätze teilweise mit einer erhöhten Komplexität und einem höheren Rechenaufwand verbunden sind, sodass für viele der Ansätze je nach Anzahl der zu vergleichenden Alternativen eine Software benötigt wird.[174]

---

[166] Vgl. Schär 2018, S. 155 f.; Geldermacher und Lerche 2014, S. 12; Drechsler 1999, S. 189 f.; Stagl 2004, S. 55 f.

[167] Für weitere Informationen zu ELECTRE siehe z. B. Figueira et al. 2013; Figueira et al. 2016; Govindan und Jepsen 2016; Figueira et al. 2010; Roy 1991.

[168] Für weitere Informationen zu PROMETHEE siehe z. B. Behzadian et al. 2010; Brans et al. 1998; Brans und Vincke 1985; Brans et al. 1986; Brans und Mareschal 1994, 2005; Brans und Smet 2016.

[169] Für weitere Informationen zu THOPSIS siehe z. B. Mesran et al. 2021; Sasikumar und Ayyappan 2019; Hwang et al. 1993; Yoon 1987.

[170] Vgl. Zimmermann und Gutsche 1991, S. 204 ff.; Roy 1991, S. 49 ff.; Stagl 2004, S. 55 f.; Olsen 2008, S. 302.

[171] Vgl. Geldermacher und Lerche 2014, S. 12 f.

[172] Vgl. Geldermacher und Lerche 2014, S. 12 f.; Zimmermann und Gutsche 1991, S. 206.

[173] Vgl. Geldermacher und Lerche 2014, S. 12 f.; Stagl 2004, S. 55 f.

[174] Vgl. Jene 2015, S. 302 ff.; Völker 2012, S. 37.

Sowohl die klassischen als auch die Outranking-Verfahren kämen für das zu untersuchende Entscheidungsproblem infrage und sind jeweils durch Vor- und Nachteile gekennzeichnet. Aufgrund der nur schwer zu rechtfertigenden Annahme bei den klassischen Ansätzen, dass die Formulierung und Kommunikation von Präferenzen für einzelne Kriterien bzw. Anforderungen von den Entscheidungsträgern exakt durchgeführt werden kann, wird im Rahmen dieser Arbeit ein Outranking-Verfahren durchgeführt. Dies bietet darüber hinaus den Vorteil, dass eine Rangfolge ermittelt wird und auch schwache Präferenzen und Indifferenzen zwischen den Alternativen deutlich werden, was auch im Rahmen der Entscheidung für einen spieltheoretischen Lösungsansatz hilfreich sein kann. Dadurch, dass die Outranking-Ansätze auf dem Prinzip des paarweisen Vergleichs basieren, gelten sie in der Anwendung als aufwendiger als die klassischen Ansätze. Da im Rahmen der Arbeit die Anzahl der betrachteten Alternativen jedoch vergleichsweise gering ist, ist dies als unproblematisch einzuschätzen.

Von den Outranking-Ansätzen wurde die PROMETHEE-Methode ausgewählt, da diese im Vergleich den anderen Ansätzen als einfach in der Anwendung und verständlich gilt.[175] Die Analyse von *Mareschal und Tsaples* hat zudem ergeben, dass die PROMETHEE-Methode im Vergleich der letzten Jahre zunehmend zum Einsatz kommt. Die Anzahl der Veröffentlichungen pro Jahr zur PROMETHEE-Methode ist in den letzten Jahren kontinuierlich angestiegen. Dabei nimmt sowohl die Zahl der Veröffentlichungen, die sich theoretisch mit der PROMETHEE-Methode auseinandersetzen als auch die Veröffentlichungen, die sich mit realen Anwendungsfällen befassen, zu. Darüber hinaus wird die Methode nicht nur primär bei Entscheidungsproblemen in der Industrie, sondern bei umfassenden gesellschaftlichen Fragestellungen eingesetzt. Dies lässt darauf schließen, dass die Methode auch in der Praxis immer etablierter ist.[176] Da im Rahmen der Arbeit die Praktikabilität mit betrachtet werden soll, bietet sich dieses Verfahren daher zur Durchführung einer relativen Bewertung der Lösungsansätze an.

PROMETHEE

Der Ansatz verfolgt, wie die anderen Outranking-Ansätze das Ziel, eine Rangfolge für eine diskrete Anzahl von Alternativen zu bilden, sodass die Entscheidung für eine Alternative vereinfacht möglich ist.[177] Hierfür wird ein paarweiser

---

[175] Vgl. Geldermacher und Lerche 2014, S. 53 f.; Oubahman und Duleba 2021, S. 72 f.; Wenger 2010, S. 24 ff.; Klauer et al. 2006, S. 12; Behzadian et al. 2010, S. 198 ff.; Drechsler 1999, S. 189.

[176] Vgl. Mareschal und Tsaples 2021, S. 269 f.

[177] Vgl. Geldermacher und Lerche 2014, S. 53; Wenger 2010, S. 24; Brans und Vincke 1985, S. 649; Brans und Mareschal 1994, S. 298 f.; Brans und Smet 2016, S. 188 f.; Brans et al. 1998, S. 429.

Vergleich der Alternativen durchgeführt. Im Gegensatz zu anderen Outranking-Ansätzen wurde bei dessen Entwicklung der Fokus daraufgesetzt, dass der Ansatz für den Entscheidungsträger verständlich und einfach nachvollziehbar ist.[178] Dabei wird nicht das Ziel verfolgt, dass ein Programm nach der Eingabe aller Daten automatisch ein Ergebnis ermittelt. Vielmehr können im Rahmen des Entscheidungsverfahrens externe Veränderungen flexibel vorgenommen werden. So können weitere Informationen eingepflegt werden, die den Anwendern helfen, fundierte Entscheidungen zu treffen.[179] Am Ende soll eine Alternative identifiziert werden, die einem guten Kompromissvorschlag ähnelt, und eine Rangfolge ermittelt werden, die auch Indifferenzen darstellt. Die aktive Beteiligung der Entscheidungsträger an dem Prozess soll sich positiv auf die Akzeptanz des Verfahrens und des Ergebnisses auswirken.[180]

PROMETHEE gilt als einfacher und praktikabler Outranking-Ansatz.[181] Er wurde seit der Entwicklung und Vorstellung zahlreich weiterentwickelt. Die Anwendung von PROMETHEE erfolgt in fünf Schritten.[182] Diese sind in der folgenden Abbildung veranschaulicht (Abbildung 6.4).

Abbildung 6.4
Vorgehensweise zur Anwendung von PROMETHEE. (Quelle: Eigene Darstellung)

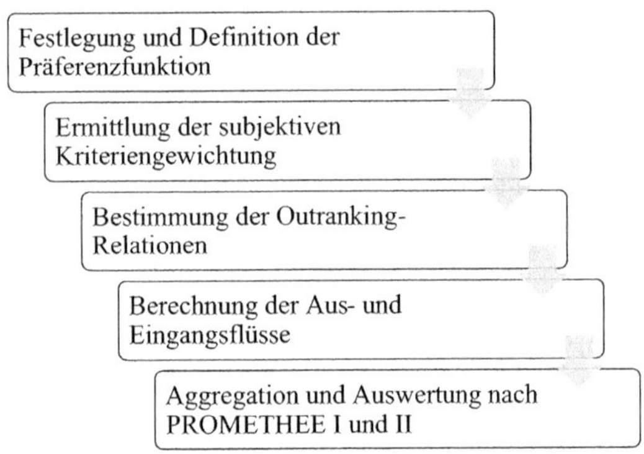

[178] Vgl. Brans und Mareschal 1994, S. 299; Brans und Smet 2016, S. 188 f.; Kühnapfel 2021, S. 96 f.

[179] Vgl. Geldermacher und Lerche 2014, S. 54; Wenger 2010, S. 24.

[180] Vgl. Geldermacher und Lerche 2014, S. 54; Brans und Vincke 1985, S. 649.

[181] Vgl. Geldermacher und Lerche 2014, S. 53 f.; Oubahman und Duleba 2021, S. 72 f.; Wenger 2010, S. 24 ff.; Klauer et al. 2006, S. 12; Behzadian et al. 2010, S. 198 ff.; Drechsler 1999, S. 189.

[182] Vgl. Geldermacher und Lerche 2014, S. 53 f.

Als Erstes sollte die Präferenzfunktion $(p_\kappa(A_i, A_j))$ festgelegt und definiert werden. Die Präferenzfunktion gibt an, inwieweit eine Alternative A_i im Vergleich zu einer Alternative A_j hinsichtlich eines Kriteriums κ bzw. einer Anforderung präferiert wird. Der Präferenzwert zweier Alternativen für ein Kriterium bzw. eine Anforderung sollte anhand der Differenz der Kriterienbewertungen der Alternativen ermittelt werden.[183]

Mithilfe der Auswahl einer geeigneten Präferenzfunktion kann festgelegt werden, inwieweit eine höhere Bewertung einer Alternative hinsichtlich eines Kriteriums gegenüber einer anderen Alternative dazu führt, dass diese Alternative präferiert wird.[184] Hierbei stehen je nach Ausgangssituation eine Vielzahl unterschiedlicher Präferenzfunktionen, wie das gewöhnliche Kriterium[185], das Quasi-Kriterium[186], das Kriterium mit linearer Präferenz[187], das Stufen-Kriterium[188], das Kriterium mit linearer Präferenz und Indifferenzbereich[189] sowie das Gauß-Kriterium[190] zur Verfügung. Der sich ergebende Präferenzwert liegt dabei immer stets zwischen null und eins.[191]

Zwei beispielhafte Präferenzfunktionen sind in der Abbildung 6.5 dargestellt.

---

[183] Vgl. Geldermacher und Lerche 2014, S. 57; Brans und Mareschal 1994, S. 300; Brans und Smet 2016, S. 193 ff.

[184] Vgl. Geldermacher und Lerche 2014, S. 55; Brans und Mareschal 1994, S. 300.

[185] Für weitere Informationen zum gewöhnlichen Kriterium siehe z. B. Brans und Vincke 1985, S. 650; Brans und Mareschal 2005, S. 170; Brans und Smet 2016, S. 195; Oubahman und Duleba 2021, S. 71.

[186] Für weitere Informationen zum Quasi-Kriterium siehe z. B. Brans und Vincke 1985, S. 650; Brans und Mareschal 2005, S. 170; Brans und Smet 2016, S. 195; Oubahman und Duleba 2021, S. 71.

[187] Für weitere Informationen zum Kriterium mit linearer Präferenz siehe z. B. Brans und Vincke 1985, S. 650 f.; Brans und Mareschal 2005, S. 170; Brans und Smet 2016, S. 195; Oubahman und Duleba 2021, S. 71.

[188] Für weitere Informationen zum Stufen-Kriterium siehe z. B. Brans und Vincke 1985, S. 651; Brans und Mareschal 2005, S. 170; Brans und Smet 2016, S. 195; Oubahman und Duleba 2021, S. 71.

[189] Für weitere Informationen zum Kriterium mit linearer Präferenz und Indifferenzbereich siehe z. B. Brans und Vincke 1985, S. 651; Brans und Mareschal 2005, S. 170; Brans und Smet 2016, S. 195; Oubahman und Duleba 2021, S. 71.

[190] Für weitere Informationen zum Gauß'schen Kriterium siehe z. B. Brans und Vincke 1985, S. 651 f.; Brans und Mareschal 2005, S. 170; Brans und Smet 2016, S. 195; Oubahman und Duleba 2021, S. 71.

[191] Vgl. Geldermacher und Lerche 2014, S. 55.

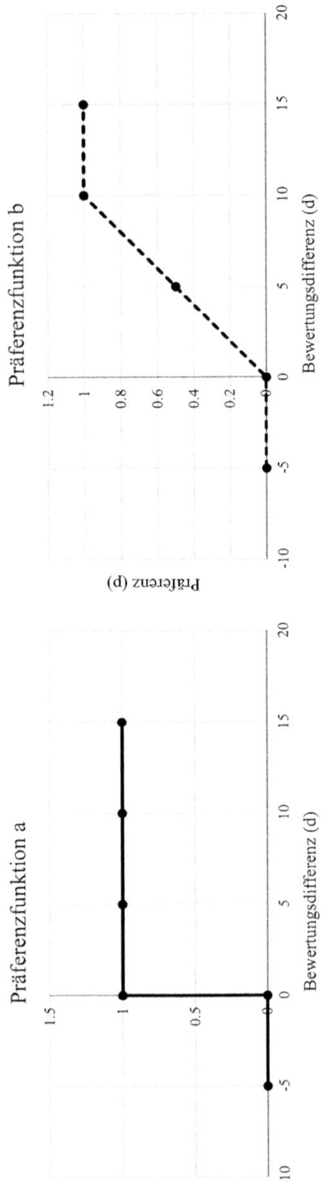

Abbildung 6.5 Darstellung zweier möglicher Präferenzfunktionen. (Quelle: Eigene Darstellung in Anlehnung an Drechsler 1999, S. 191)

Auf der x-Achse ist die Bewertungsdifferenz abgebildet und auf der y-Achse die Präferenz. Erfüllen beide Alternativen ein Kriterium bzw. eine Anforderung in gleicher Weise, so ist die Bewertungsdifferenz null und die Präferenzfunktionen nehmen ebenfalls den Wert null an. Das Gleiche gilt, wenn die betrachtete Alternative A_i von der Alternative A_j dominiert wird und die Bewertungsdifferenz dementsprechend negativ ist. Falls die Alternative A_i im Vergleich zu der Alternative A_j eines Kriteriums bzw. einer Anforderung besser erfüllt, so ist die Bewertungsdifferenz positiv. Die Präferenzfunktion a würde zum Wert Eins kommen. A_i würde demnach hinsichtlich des betrachteten Kriteriums im Vergleich zu A_j präferiert werden. Dabei wird die Höhe der positiven Bewertungsdifferenz nicht berücksichtigt. Bei der Präferenzfunktion b führt dagegen eine höhere Bewertungsdifferenz auch zu einer höheren Präferenz. Falls, wie in dem dargestellten Beispiel, die Bewertungsdifferenz bei fünf liegt, so führt dies bei der Präferenzfunktion a zu einer Präferenz von eins und bei der Präferenzfunktion b zu einem Wert von 0,5.[192] Die passende Präferenzfunktion sollte daher sorgsam anhand der zu betrachtenden Kriterien bzw. Anforderungen und deren Bewertungen festgelegt werde, da die Wahl der Präferenzfunktion das Bewertungsergebnis beeinflussen kann.[193]

Im zweiten Schritt werden die Kriterien bzw. Anforderungen, anhand derer die Alternativen bewertet werden sollen, von den Entscheidungsträgern gewichtet. Es handelt sich dabei um subjektive *Gewichtungen*, die vorgenommen werden.[194] Die Summe der Gewichtungen sollte Eins sein. Bei der Gewichtung gilt ein Kriterium bzw. eine Anforderung als umso wichtiger, je höher die Gewichtung ist. Falls keine Anforderung gegenüber einer anderen bevorzugt werden soll, so erhalten alle Anforderungen den gleichen Gewichtungsfaktor ($w_\kappa = \frac{1}{n}, \forall\, \kappa = \{1, \ldots, n\}$).[195] Dabei steht n in diesem Zusammenhang für die Anzahl der Alternativen.

Anschließend können die *Outranking-Relationen* bzw. Prävalenz-Relationen bestimmt werden. Diese geben an, inwieweit eine Alternative gegenüber einer anderen präferiert wird. Hierfür wird ein paarweiser Vergleich der Alternativen anhand der aufgestellten Kriterien bzw. Anforderungen durchgeführt.[196]

---

192 Vgl. Drechsler 1999, S. 90 f.

193 Vgl. Drechsler 1999, S. 90 f.; Geldermacher und Lerche 2014, S. 55 ff.

194 Vgl. Geldermacher und Lerche 2014, S. 61; Wenger 2010, S. 24; Brans und Mareschal 2005, S. 168, 1994, S. 300 f.; Brans und Smet 2016, S. 193.

195 Vgl. Geldermacher und Lerche 2014, S. 61; Wenger 2010, S. 24; Brans und Mareschal 2005, S. 168, 1994, S. 300 f.; Brans und Smet 2016, S. 193.

196 Vgl. Geldermacher und Lerche 2014, S. 61; Brans und Vincke 1985, S. 649; Brans und Mareschal 2005, S. 171 f., 1994, S. 300 f.; Brans und Smet 2016, S. 196 f.

Bei bspw. drei Alternativen (A,B,C) werden entsprechend sechs paarweise Vergleiche durchgeführt (AB, BA, AC, CA, BC, CB). Im ersten Schritt werden die Präferenzwerte ($p_\kappa(A_i, A_j)$) bestimmt. Diese ergeben sich, indem die Kriterienausprägungen bzw. Anforderungserfüllungsgrade der Alternativen jeweils differenziert und in die Präferenzfunktion eingesetzt werden. Anschließend werden die Präferenzwerte mit den jeweiligen Kriteriengewichtungen (ω_κ) multipliziert. Die Outranking-Relationen ($\pi(A_i, A_j)$) ergeben sich dann durch Summierung der Produkte aus Präferenzwert und Kriteriengewichtung. Formal ergibt sich:[197]

$$\pi(A_i, A_j) = \sum_{\kappa=1}^{K} \omega_\kappa * p_\kappa(A_i, A_j) \tag{6.9}$$

$\pi(A_i, A_j)$ gibt die Outranking-Relation an, also inwieweit die Alternative A_i gegenüber der Alternative A_j bevorzugt wird. Dabei werden alle aufgestellten Kriterien bzw. Anforderungen ($\kappa = 1, \ldots, K$) mit den jeweiligen Präferenzwerten ($p_\kappa(A_i, A_j)$) und Gewichtungen (ω_κ) bei der Berechnung berücksichtigt.[198] Ergibt sich z. B. bei dem Vergleich der Alternative A gegenüber der Alternative B ein Wert von null, so kann dies als Indifferenz interpretiert werden, ergibt sich ein Wert von eins so bedeutet dies, dass Alternative A gegenüber B von den Entscheidungsträgern strikt präferiert wird. Die ermittelten Outranking-Relationen können anschließend in einer Matrix dargestellt werden (siehe Abbildung 6.6).[199]

[197] Vgl. Geldermacher und Lerche 2014, S. 61; Brans und Mareschal 2005, S. 171, 1994, S. 300 f.; Brans und Smet 2016, S. 196 f.

[198] Vgl. Geldermacher und Lerche 2014, S. 61; Brans und Mareschal 2005, S. 171 f., 1994, S. 300 f.; Brans und Smet 2016, S. 196 f.

[199] Vgl. Geldermacher und Lerche 2014, S. 61.

	A_1	...	A_n	Ausgangsflüsse
A_1	$\pi(A_1, A_1)$	...	$\pi(A_1, A_n)$	$\frac{1}{n-1}\sum_{j=1}^{n}\pi(A_1, A_j)$
$\vdots$	$\vdots$	$\ddots$	$\vdots$	$\vdots$
A_n	$\pi(A_n, A_1)$	...	$\pi(A_n, A_n)$	$\frac{1}{n-1}\sum_{j=1}^{n}\pi(A_n, A_j)$
Eingangsflüsse	$\frac{1}{n-1}\sum_{j=1}^{n}\pi(A_j, A_1)$	...	$\frac{1}{n-1}\sum_{j=1}^{n}\pi(A_j, A_n)$	

Abbildung 6.6 Darstellung der Outranking-Relationen anhand einer Matrix. (Quelle: Eigene Darstellung)

Nach der Berechnung der Outranking-Relationen werden die *Aus- und Eingangsflüsse* berechnet, die anschließend die Basis für die spätere Bildung der Rangfolge der Alternativen darstellt.[200] Der Ausgangsfluss einer Alternative A_i gibt an, inwieweit diese gegenüber allen anderen Alternativen präferiert wird. Je höher der Ausgangsfluss einer Alternative ist, desto mehr wird diese gegenüber den anderen Alternativen präferiert. Zur Berechnung des Ausgangsflusses Φ_i^+ von Alternative A_i wird die Zeilensumme bestimmt und normiert. Formal wird der Ausgangsfluss einer Alternative A_i wie folgt bestimmt:[201]

$$\Phi_i^+ = \frac{1}{n-1}\sum_{j=1}^{n}\pi\left(A_i, A_j\right) \tag{6.10}$$

Analog zum Ausgangsfluss gibt der Eingangsfluss einer Alternative A_i an, inwieweit diese von den anderen Alternativen dominiert wird.[202] Zur Berechnung des Eingangsflusses Φ_i^- von Alternative A_i wird die Spaltensumme bestimmt und normiert. Je höher der Eingangsfluss ist, desto mehr wird eine Alternative von den restlichen Alternativen dominiert. Der Eingangsfluss kann formal wie folgt bestimmt werden:[203]

---

[200] Vgl. Geldermacher und Lerche 2014, S. 62; Brans und Mareschal 2005, S. 171 f., 1994, S. 301; Brans und Smet 2016, S. 197 f.

[201] Vgl. Geldermacher und Lerche 2014, S. 62.

[202] Vgl. Geldermacher und Lerche 2014, S. 62; Brans und Mareschal 2005, S. 172 f., 1994, S. 301 f.; Brans und Smet 2016, S. 197 f.

[203] Vgl. Geldermacher und Lerche 2014, S. 62; Brans und Mareschal 2005, S. 172 f., 1994, S. 301 f.; Brans und Smet 2016, S. 197 f.

$$\Phi_i^- = \frac{1}{n-1} \sum_{j=1}^{n} \pi\left(A_j, A_i\right) \quad (6.11)$$

Im letzten Schritt erfolgt die *Auswertung* nach PROMETHEE I und II anhand der ermittelten Ausgangs- und Eingangsflüsse. Bei *PROMETHEE I* wird dabei das Ziel verfolgt, eine partielle Quasiordnung zu ermitteln, mit der Präferenzen, Indifferenzen und Unvergleichbarkeiten abgebildet werden können. Hierfür werden die Aus- und Eingangsflüsse der Alternativen paarweise miteinander verglichen. Eine Alternative A wird nur dann gegenüber einer Alternative B präferiert, wenn A einen größeren Ausgangsfluss und einen kleineren Eingangsfluss gegenüber B aufweist. Ist bspw. der Ausgangsfluss von Alternative A größer als von Alternative B, aber der Eingangsfluss von Alternative A ebenfalls größer als von Alternative B, so kann dies laut PROMETHEE I als Unvergleichbarkeit interpretiert werden.[204]

Mithilfe von *PROMETHEE II* kann eine eindeutige Rangfolge der Alternativen bestimmt werden, indem sogenannte Nettoflüsse berechnet werden. Formal ergibt sich der Nettofluss Φ_i^{net} einer Alternative i durch die Differenz von Ausgangsfluss Φ_i^+ und Eingangsfluss Φ_i^-:[205]

$$\Phi_i^{net} = \Phi_i^+ - \Phi_i^- \quad (6.12)$$

Die Aggregation bei PROMETHEE II ist allerdings mit einem Informationsverlust verbunden, da Unvergleichbarkeiten nicht sichtbar werden. Daher wird empfohlen, sowohl PROMETHEE I als auch PROMETHEE II anzuwenden.[206] Darüber hinaus wird empfohlen, anschließend eine Sensitivitätsanalyse durchzuführen, um bspw. zu überprüfen, inwieweit das Ergebnis von der gewählten Präferenzfunktionen und Gewichtungen beeinflusst wird.[207]

Im Folgenden wird die Anwendung des PROMETHEE Ansatzes zur relativen Bewertung der spieltheoretischen Lösungsansätze zur Verteilung von Effizienzgewinnen verwendet.

---

[204] Vgl. Geldermacher und Lerche 2014, S. 63; Brans und Vincke 1985, S. 653; Brans und Mareschal 2005, S. 173 f., 1994, S. 301 f.; Brans und Smet 2016, S. 198.

[205] Vgl. Brans und Vincke 1985, S. 653 f.; Brans und Mareschal 2005, S. 174; Geldermacher und Lerche 2014, S. 63 f.; Brans und Mareschal 1994, S. 302; Brans und Smet 2016, S. 199; Behzadian et al. 2010, S. 199.

[206] Vgl. Geldermacher und Lerche 2014, S. 63.

[207] Vgl. Geldermacher und Lerche 2014, S. 65; Brans und Mareschal 2005, S. 177 ff., 1994, S. 303 ff.; Brans und Smet 2016, S. 202 ff.; Oubahman und Duleba 2021, S. 72 f.

Anwendung von PROMETHEE zur relativen Bewertung der Lösungsansätze
Im ersten Schritt werden die Anforderungen noch einmal detailliert betrachtet. Für jede Anforderung sollten im Rahmen der relativen Bewertung zunächst Bewertungsausprägungen bzw. Erfüllungsgrade festgelegt werden.[208] Falls die Anforderung von einem Lösungsansatz erfüllt ist, so ist die Bewertung eins, falls nicht, nimmt sie den Wert null an. Bei den Anforderungen der *Definiertheit, Existenz, Monotonie, Konsistenz, Präferenz-Kompatibilität, Stabilität im verhandlungstheoretischen Sinne* und der *Invarianz bzgl. strategischer Äquivalenz* wurde zusätzlich die Bewertung von 0,5 eingefügt. Diese wird dann vergeben, wenn die Anforderung von dem Lösungskonzept nur für einen Teil der wesentlichen Spiele stets erfüllt wird. Bezogen auf einen konkreten Anwendungsfall könnte hierfür separat vorab geprüft werden, ob die Anforderungen erfüllt sind und die Bewertung entsprechend angepasst werden.

Bei der *Rationalitätsanforderung* ist die Bewertung eins, wenn beide hierunter fallenden Rationalitätsbedingungen erfüllt sind. Falls nur eine Bedingung erfüllt ist, so ist die Bewertung 0,5, andernfalls null. Beim *Wirtschaftlichkeitskriterium* wird die Bewertung anhand der erforderlichen Datenbasis vorgenommen. Wenn angenommen wird, dass alle betrachteten Lösungskonzepte mindestens zu einem Verteilungsergebnis kommen, dann hat vor allem der Input, also die benötigte Datenbasis, einen Einfluss auf die Wirtschaftlichkeit. Hierbei wird unterschieden, ob im Vergleich zu den anderen Lösungskonzepten eine hohe (0), mittlere (0,5) oder niedrige (1) Datenbasis zur Berechnung benötigt wird.

Bei den Anforderungen der *intuitiven Verständlichkeit und intersubjektiven Nachvollziehbarkeit* sowie der *Transparenz* gab es teilweise bei den Lösungskonzepten in der Literatur sehr unterschiedliche Auffassungen, sodass dies in den Bewertungsausprägungen berücksichtigt wurde. In der folgenden Tabelle sind die einzelnen Anforderungen mit ihren jeweiligen Bewertungsausprägungen noch einmal dargestellt.

[208] Vgl. Gansen 2020, S. 5 f.

Tabelle 6.2 Übersicht über die Bewertungsausprägungen der einzelnen Anforderungen

Anforderungen	**Bewertung**		
	0	0,5	1
Eindeutigkeit Fairness-Axiom Vernunft-Kompatibilität Effizienz Kovarianz Anonymität Dummer-Spieler-Eigenschaft Symmetrie Stabilität gegenüber Datenschwankungen Stabilität gegenüber Informationsdefiziten Stabilität gegenüber konzeptionellen Anpassungen Nutzerfreundlichkeit	Die Anforderung ist für wesentliche Spiele nicht erfüllt		Die Anforderung ist für alle wesentlichen Spiele erfüllt
Definiertheit Existenz Additivität Monotonie Konsistenz Präferenz-Kompatibilität Stabilität im verhandlungstheoretischen Sinne Invarianz bzgl. strategischer Äquivalenz	Die Anforderung ist für wesentliche Spiele nicht erfüllt	Die Anforderung ist für einen Teil der wesentlichen Spiele erfüllt	Die Anforderung ist für alle wesentlichen Spiele erfüllt
Rationalität	Weder die Anforderung der individuellen Rationalität noch die Anforderung der kollektiven Rationalität ist erfüllt	Eine Rationalitäts-anforderung ist erfüllt	Die Anforderungen der individuellen und kollektiven Rationalität sind beide erfüllt
Wirtschaftlichkeit	Hohe Datenbasis erforderlich	Mittlere Datenbasis erforderlich	Geringe Datenbasis erforderlich
Intuitive Verständlichkeit und intersubjektive Nachvoll- ziehbarkeit Transparenz	Die Anforderung gilt überwiegend als nicht erfüllt	Die Erfüllung der Anforderung wird sehr unterschiedlich diskutiert	Die Anforderung gilt überwiegend als erfüllt

Quelle: Eigene Darstellung

In den Abschnitten 6.1.3.1 und 6.1.3.2 wurde bereits beschrieben, inwieweit die einzelnen im Rahmen dieser Arbeit betrachteten Lösungsansätze die zu untersuchenden Anforderungen erfüllen. Daher können im nächsten Schritt die Bewertungen der Lösungskonzepte anhand der in Tabelle 6.2 dargestellten Bewertungsausprägungen vorgenommen werden. Falls eine Anforderung für ein Lösungskonzept nicht geprüft werden konnte, wurde keine Bewertung eingetragen. Dies betrifft ausschließlich das Kern-Lösungskonzept.[209] Nachfolgend sind die Bewertungen der Lösungskonzepte Kern, Shapley-Wert, ACA-Methode, τ-Wert und χ-Wert hinsichtlich der zu untersuchenden Anforderungen noch einmal übersichtlich dargestellt (siehe Tabelle 6.3).

Tabelle 6.3 Bewertungen der Lösungsansätze

Anforderungen		Lösungsansatz				
		Kern	Shapley-Wert	ACA-Methode	τ-Wert	χ-Wert
		Punkte	Punkte	Punkte	Punkte	Punkte
Modellanforderungen						
Zulässigkeit	Definiertheit	1	1	1	0,5	1
	Existenz	0,5	1	1	1	1
	Eindeutigkeit	0	1	1	1	1
Fairness	Fairness-Axiom	0	0	0	1	1
	Vernunft-Kompatibilität	1	1	1	1	1
	Effizienz	1	1	1	1	1
	Kovarianz		1	0	1	1
	Monotonie		1	1	0,5	1
	Konsistenz	1	0,5	0,5	0,5	0,5
	Anonymität		1	1	1	1
	Dummer-Spieler-Eingenschaft		1	0	1	1
	Symmetrie		1	1	1	1
	Präferenz-Kompatibilität		1	1	0,5	1
	Additivität		1	0,5	0,5	0,5
Stabilität	Rationalität	1	0,5	0	1	1
	Stabilität im verhandlungstheoretischen Sinne	1	0,5	0,5	0,5	0,5
	Stabilität gegenüber Datenschwankungen	1	1	1	1	1
	Stabilität gegenüber Informationsdefiziten	0	0	1	1	0
	Stabilität gegenüber konzeptionellen Anpassungen	0	0	1	1	0
	Invarianz bzgl. strategischer Äquivalenz	0,5	1	1	0,5	1
Praktikabilitätsanforderungen						
Praktikabilität	Nutzerfreundlichkeit	1	1	1	1	1
	Wirtschaftlichkeit	0,5	0	0,5	0,5	0
	Intuitive Verständlichkeit und intersubjektive Nachvollziehbarkeit	1	0,5	0,5	1	1
	Transparenz	1	0,5	0,5	1	1

Quelle: Eigene Darstellung

[209] Siehe Abschnitt 6.1.3.1.

Im nächsten Schritt werden Präferenzfunktionen für die einzelnen Kriterien festgelegt. Für die Anforderungen, die ausschließlich die Bewertungsausprägungen 1 und 0 aufweisen, wird eine Präferenzfunktion vom Typ 1, d. h. das gewöhnliche Kriterium, angenommen, da aufgrund der Ausprägungen keine andere Präferenzfunktion infrage kommt. Hierbei bedarf es keiner zusätzlichen Festlegung von Parametern. Falls beim paarweisen Vergleich die Bewertungsdifferenz (d) zweier Lösungsansätze für eine Anforderung kleiner oder gleich null ist, so ist der Präferenzwert (p) ebenfalls null. Ist dagegen die Bewertungsdifferenz eins, so nimmt der Präferenzwert ebenfalls den Wert eins an. Formal gilt:[210]

$$p(d) = \begin{cases} 0 & d \leq 0 \\ 1 & d > 0 \end{cases} \tag{6.13}$$

Bei den anderen Anforderungen, bei denen die Ausprägungen 0, 1 und 0,5 denkbar sind, können unterschiedliche Präferenzfunktionen angenommen werden. Einerseits könnte auch hier die Präferenzfunktion vom Typ 1 (gewöhnliches Kriterium) festgelegt werden. Sollen jedoch auch schwache Präferenzen sichtbar werden, so kann die Präferenzfunktion vom Typ 4, d. h. das Stufen-Kriterium angenommen werden. Demnach würde, wie beim gewöhnlichen Kriterium, eine Bewertungsdifferenz von kleiner oder gleich null zu einem Präferenzwert von null führen. Ist die Bewertungsdifferenz jedoch wie im betrachteten Beispiel denkbar positiv und liegt kleiner gleich 0,5, so kann dies als schwache Präferenz mit einem Wert von 0,5 angegeben werden. Falls die Bewertungsdifferenz über 0,5 liegt, so wird ein Lösungskonzept gegenüber dem anderen Lösungskonzept hinsichtlich der betrachteten Anforderung stark präferiert. Die Präferenzfunktion nimmt demnach in diesem Fall den Wert eins an. Formal gilt:[211]

$$p(d) = \begin{cases} 0 & d \leq 0 \\ 0,5 & 0 < d \leq 0,5 \\ 1 & d > 0,5 \end{cases} \tag{6.14}$$

Damit auch schwache Präferenzen in die Bewertungen berücksichtigt werden, wird im Folgenden für alle Anforderungen, die mehr als zwei Bewertungsausprägungen haben, die Präferenzfunktion vom Typ 4 (Stufen-Kriterium) angenommen.

---

[210] Vgl. Geldermacher und Lerche 2014, S. 56 f.; Geldermann et al. 2003, S. 140.

[211] Vgl. Geldermann et al. 2003, S. 140; Geldermacher und Lerche 2014, S. 58 f.

Die *Gewichtung* sollte von den Kooperationspartnern individuell festgelegt werden. Dabei können sowohl einzelne Anforderungen als auch Anforderungsbereiche, wie z. B. Stabilitäts-, Fairness- und Praktikabilitätsanforderungen stärker oder schwächer gewichtet werden. Im Folgenden werden zunächst alle Anforderungen mit Ausnahme der Anforderung der Additivität identisch gewichtet. Die Additivitätsanforderung wird in der Literatur sehr kontrovers diskutiert und kritisiert,[212] sodass diese im Rahmen der folgenden Bewertung herausgenommen und dementsprechend mit dem Wert null gewichtet wird.

Mithilfe der Bewertungen, der Präferenzfunktionen und der Gewichtungen können nun die Outranking-Relationen, wie zuvor beschrieben, bestimmt werden. Die Ergebnisse sind in der Tabelle 6.4 dargestellt.

Tabelle 6.4 Outranking-Relationen für die einzelnen Lösungskonzepte

Lösungskonzept	Kern	Shapley-Wert	ACA-Methode	τ-Wert	χ-Wert	Ausgangsflüsse
Kern		0,13	0,13	0,07	0,07	**0,10**
Shapley-Wert	0,35		0,11	0,09	0,00	**0,14**
ACA-Methode	0,35	0,11		0,09	0,11	**0,16**
τ-Wert	0,41	0,22	0,22		0,11	**0,24**
χ-Wert	0,39	0,11	0,22	0,09		**0,20**
Eingangsflüsse	**0,38**	**0,14**	**0,17**	**0,08**	**0,07**	

Quelle: Eigene Darstellung und Berechnung

Die Werte in der Matrix geben die Outranking-Relationen für die einzelnen paarweisen Vergleiche an. Der Vergleich vom Kern mit dem Shapley-Wert führt demnach zu einer Outranking-Relation von 0,13, mit der ACA-Methode von 0,13, mit dem τ-Wert von 0,07 und mit dem χ-Wert von 0,07.

Die Eingangsflüsse ergeben sich dann als normierte Zeilensumme der Outranking-Relationen der einzelnen Lösungskonzepte und die Ausgangsflüsse als normierte Spaltensumme.[213] Je höher der Ausgangsfluss einer Alternative ist, desto mehr wird diese gegenüber den anderen Alternativen präferiert.[214] Der

212 Siehe bspw. Zelewski 1987, S. 10; Fromen 2004, S. 174 f.

213 Siehe Formel (6.10) und Formel (6.11).

214 Vgl. Geldermacher und Lerche 2014, S. 62.

τ-Wert hat den höchsten Ausgangsfluss. Demnach wird dieser gegenüber den anderen Lösungskonzepten am meisten präferiert. Analog zum Ausgangsfluss gibt der Eingangsfluss einer Alternative an, inwieweit diese von den anderen Alternativen dominiert wird.[215] Der Kern hat den höchsten Eingangsfluss, demnach wird dieses Lösungskonzept von den anderen betrachteten Lösungskonzepten am stärksten dominiert. Der χ-Wert hat den niedrigsten Eingangsfluss, demnach wird dieses Lösungskonzept am wenigsten von den anderen Lösungskonzepten dominiert.

Im nächsten Schritt wird als erstes PROMETHEE I angewendet. Hierfür werden, die Eingangs- und Ausgangsflüsse der Alternativen miteinander verglichen. Hierbei zeigt sich, dass der τ-Wert und der χ-Wert, den Kern, den Shapley-Wert und die ACA-Methode dominieren, da die Ausgangsflüsse vom τ-Wert und vom χ-Wert höher sind als die Ausgangsflüsse vom Kern, Shapley-Wert und der ACA-Methode und gleichzeitig die Eingangsflüsse vom τ-Wert und vom χ-Wert niedriger sind als die Eingangsflüsse vom Kern, Shapley-Wert und der ACA-Methode. Damit sollte der τ-Wert und der χ-Wert den anderen Lösungskonzepten vorgezogen werden. Unvergleichbarkeit herrscht zwischen dem τ-Wert und dem χ-Wert. Der Ausgangsfluss vom τ-Wert ist zwar höher als der vom χ-Wert, aber der Eingangsfluss vom χ-Wert ist niedriger als der vom τ-Wert. Das Gleiche gilt für den Shapley-Wert und die ACA-Methode, auch diese beiden Lösungskonzepte sind nach PROMETHEE I unvergleichbar. Der Shapley-Wert und die ACA-Methode dominieren beide den Kern. Der Kern dominiert dagegen keines der betrachteten Lösungskonzepte.

Als Nächstes wird PROMETHEE II angewendet. Hierfür werden, wie zuvor beschrieben, die Nettoflüsse berechnet. Diese ergeben sich aus der Differenz der Ausgangs- und Eingangsflüsse.[216] Die Ergebnisse sind in der Tabelle 6.5 dargestellt.

---

[215] Vgl. Geldermacher und Lerche 2014, S. 62; Brans und Mareschal 2005, S. 172 f., 1994, S. 301 f.; Brans und Smet 2016, S. 197 f.

[216] Vgl. Brans und Vincke 1985, S. 653 f.; Brans und Mareschal 2005, S. 174; Geldermacher und Lerche 2014, S. 63 f.; Brans und Mareschal 1994, S. 302; Brans und Smet 2016, S. 199; Behzadian et al. 2010, S. 199.

Tabelle 6.5 Ergebnisse PROMETHEE II

Lösungskonzept	Nettoflüsse	Rang
Kern	-0,28	5
Shapley-Wert	-0,01	4
ACA-Methode	-0,01	3
τ-Wert	0,16	1
χ-Wert	0,13	2

Quelle: Eigene Darstellung und Berechnung

Die Rangfolge ergibt sich in Abhängigkeit von der Höhe der Nettoflüsse. Der τ-Wert hat mit 0,16 den höchsten Nettofluss, daher erhält das Lösungskonzept den Rang 1. Der χ-Wert ist entsprechend seinem Nettoflusses auf Rang 2, die ACA-Methode mit einem gering höheren Nettofluss auf Rang 3, der vierte Rang geht an den Shapley-Wert und an letzter Stelle kommt das Lösungskonzept des Kerns.

Zum Schluss wird die Durchführung einer Sensitivitätsanalyse empfohlen, um bspw. zu überprüfen, inwieweit das Ergebnis von den gewählten Präferenzfunktionen und Gewichtungen beeinflusst wird.[217] Diese kann zum Beispiel zeiteffektiv mit einer speziell für diesen Anwendungszweck entwickelten Software durchgeführt werden. Daher wurde die Sensitivitätsanalyse mit der Software *Visual PROMETHEE* durchgeführt.[218]

Im Rahmen der Sensitivitätsanalyse stehen unterschiedliche Verfahren zur Verfügung.[219] Um zu überprüfen, inwieweit sich Veränderungen der Gewichte auf das Ergebnis hinsichtlich der Rangfolge der Lösungskonzepte auswirken, wurde

[217] Vgl. Geldermacher und Lerche 2014, S. 65; Brans und Mareschal 2005, S. 177 ff., 1994, S. 303 ff.; Brans und Smet 2016, S. 202 ff.; Oubahman und Duleba 2021, S. 72 f.

[218] Weitere Informationen zur der verwendeten Software finden sich bspw. auf der Homepage. http://en.promethee-gaia.net/visual-promethee.html.

[219] Eine Übersicht einzelner Sensitivitätsanalysen für das Bewertungsverfahren PROMETHEE findet sich bspw. bei Geldermann et al. 2003.

eine sogenannte Walking Weights Analyse durchgeführt sowie Stabilitätsintervalle berechnet.[220] Dabei zeigten sich jedoch bei geringfügigen Veränderungen der Gewichtungen keine bedeutenden Änderungen des Ergebnisses. Der τ-Wert und der χ-Wert dominierten weiterhin die anderen Lösungsansätze, im Hinblick auf den untersuchten Anforderungskatalog.

Zudem wurden die einzelnen Präferenzfunktionen variiert. Wenn bspw. bei allen Anforderungen eine Präferenzfunktion von Typ 1 (gewöhnliches Kriterium) angenommen wird, also keine schwachen Präferenzen entsprechend berücksichtigt werden, hat dies nur geringfügige Änderungen auf die Ergebnisse von PROMETHEE I (siehe Tabelle 6.6). Der τ-Wert und der χ-Wert sind weiterhin unvergleichbar. Allerdings dominiert der Shapley-Wert nicht mehr den Kern, die Lösungskonzepte sind indifferent.

Tabelle 6.6 Outranking-Relationen bei Variation der Präferenzfunktionen

Lösungskonzept	Kern	Shapley-Wert	ACA-Methode	τ-Wert	χ-Wert	Ausgangsflüsse
Kern		0,26	0,22	0,13	0,13	**0,18**
Shapley-Wert	0,39		0,13	0,17	0,00	**0,17**
ACA-Methode	0,39	0,13		0,17	0,13	**0,21**
τ-Wert	0,48	0,30	0,26		0,13	**0,29**
χ-Wert	0,43	0,17	0,26	0,17		**0,26**
Eingangsflüsse	**0,42**	**0,22**	**0,22**	**0,16**	**0,10**	

Quelle: Eigene Darstellung und Berechnung

Die Anwendung von PROMETHEE II führt dagegen zu einer Änderung der ersten beiden Ränge. Statt dem τ-Wert ist dann der χ-Wert auf Rang 1. Im Folgenden sind die Nettoflüsse und die Rangfolgen für dieses Szenario abgebildet (siehe Tabelle 6.7).

[220] Vgl. Mareschal 2013, S. 121 ff.

Tabelle 6.7 Ergebnisse PROMETHEE II bei Variation der Präferenzfunktionen

Lösungskonzept	Nettoflüsse	Rang
Kern	-0,24	5
Shapley-Wert	-0,04	4
ACA-Methode	-0,01	3
τ-Wert	0,13	2
χ-Wert	0,16	1

Quelle: Eigene Darstellung und Berechnung

Demnach ist das Ergebnis nicht robust gegenüber Veränderungen der Präferenzfunktionen. Der τ-Wert und der χ-Wert grenzen sich jedoch gegen die anderen Lösungskonzepte ab. Im Gegensatz zum τ-Wert hat der χ-Wert den Vorteil, dass er für alle wesentlichen Spiele angewendet werden kann, während beim τ-Wert vorab geprüft werden müsste, ob es sich um ein quasi-balanciertes Spiel handelt. Unter Berücksichtigung dieser Einschränkung beim τ-Wert, liegt es somit nahe, den χ-Wert den anderen Lösungskonzepten vorzuziehen.

6.1.4 Zwischenfazit zur Bewertung der Lösungsansätze

Vor der eigentlichen Bewertung der spieltheoretischen Lösungsansätze zur fairen Verteilung von Effizienzgewinnen im Rahmen von Innovationsnetzwerken wurde der mathematische Hintergrund beschrieben. Dabei erfolgte eine Einordnung der im Rahmen dieser Arbeit zu untersuchende Anwendungskontext in die Klasse der wesentlichen Spiele.

Es wird demnach angenommen, dass es sich bei den zu untersuchenden Innovationsnetzwerken um kooperative Zusammenschlüsse handelt, die sich nicht negativ auf die Kooperationspartner und sich zumindest langfristig gewinnsteigernd auswirken. Aufgrund der Annahme, dass die Kooperationspartner bestrebt sind, ihren Effizienzgewinn zu maximieren, würden sie demnach keine Kooperation eingehen, bei der absehbar ist, dass sich diese nicht gewinnsteigernd auswirkt. Nach der Durchführung der absoluten Bewertung mit den K.-o.-Kriterien der Definiertheit und Existenz konnte keines der betrachteten Lösungskonzepte grundsätzlich für die Klasse der wesentlichen Spiele von vornherein ausgeschlossen werden. Die Definiertheit und Existenz kann jedoch auch nicht für alle Lösungskonzepte garantiert werden. Diesbezüglich bedarf es einer separaten Überprüfung dieser Kriterien anhand des jeweiligen konkreten Anwendungsfalls.

Im nächsten Schritt wurde eine relative Bewertung der Lösungskonzepte durchgeführt. Hierfür wurde PROMETHEE als ein geeignetes Bewertungsverfahren identifiziert. Die Durchführung der relativen Bewertung der Lösungskonzepte mithilfe von PROMETHEE I hat ergeben, dass der χ-Wert und der τ-Wert unvergleichbar sind, aber die anderen untersuchten Lösungskonzepte dominieren. Dieses Ergebnis ist auch robust gegenüber Veränderungen der Präferenzfunktionen. Die Anwendung von PROMETHEE II kommt im Hinblick auf die Rangfolge der Lösungskonzepte zu unterschiedlichen Ergebnissen hinsichtlich der ersten beiden Platzierungen. Demnach ist der τ-Wert einmal auf Rang eins und der χ-Wert auf Rang zwei und bei Veränderung der Präferenzfunktionen kommt es zum umgekehrten Ergebnis. Die im Anschluss durchgeführte Sensitivitätsanalyse hat ergeben, dass das Ergebnis recht robust gegenüber Veränderungen der Gewichtungen ist.

Die Anforderungen wurden alle gleich gewichtet, bis auf die Anforderung der Additivität. Da die Sinnhaftigkeit dieser Anforderung kontrovers diskutiert wird,[221] wurde diese mit null gewichtet und demnach aus der Analyse herausgenommen. Je nach zu betrachtender Kooperation können die Gewichtungen jedoch angepasst werden oder einzelne Anforderungsbereiche stärker oder schwächer gewichtet werden. Bei einem konkreten Anwendungsfall könnte zudem vorab geprüft werden, ob einzelne Anforderungen erfüllt sind. Für den hier betrachteten allgemeinen Fall wurden Lösungsansätze abgewertet, wenn diese nicht immer für die Klasse der wesentlichen Spiele erfüllt sind. Diese können jedoch für eine zu untersuchende konkrete Kooperation erfüllt sein, sodass die Bewertung entsprechend abgeändert werden könnte.

Einige Anforderungen konnten auf das Lösungskonzept des Kerns nicht sinnvoll angewendet werden, weil das Ergebnis in der Regel aus einer Lösungsmenge und nicht aus einem konkreten Lösungswert[222] für jeden Kooperationspartner besteht. Daher erhält der Kern im Rahmen der Analyse eine schlechtere Bewertung zugeteilt als bei ausschließlicher Berücksichtigung der Anforderungen, die

[221] Siehe bspw. Zelewski 1987, S. 10; Fromen 2004, S. 174 f.

[222] Mit Lösungswert ist an dieser Stelle ein Verteilungsergebnis gemeint.

sowohl bei mengenwertigen als auch bei wertbasierten Lösungsansätzen zu untersuchen sind. Das Lösungskonzept sollte daher nicht vorab verworfen werden, da auch eine Kombination des Kerns mit einem wertbasierten Ansatz denkbar ist.

Für die Bewertung der Lösungsansätze sind bisher lediglich die theoretischen Anforderungen berücksichtigt worden, da die Anforderungen aus der Praxis sich vermehrt auf die Anwendung des Entscheidungsunterstützungssystems beziehen. Im nächsten Schritt wird aufbauend auf den Ergebnissen der vorherigen Kapitel zur Operationalisierung und Verteilung von Effizienzgewinnen, den Ergebnissen der qualitativen leitfadengestützten Experteninterviews und den Bewertungsergebnissen ein Ansatz für ein Entscheidungsunterstützungssystem entwickelt.

6.2 Entscheidungsunterstützungssystem

Der Begriff Entscheidungsunterstützungssystem (*engl. Decision Support System*) entstand in den 70er-Jahren und in der Literatur gibt es unterschiedliche Begriffsdefinitionen und -interpretationen.[223] Allgemein dienen Entscheidungsunterstützungssysteme Menschen[224] zur erfolgreichen Entscheidungshilfe bei einem Problem oder einer Aufgabe, derer sie sich konfrontiert sehen.[225] Dabei sollen Informationen, Zusammenhänge und Abläufe transparent dargestellt und dadurch die Beurteilung von Handlungsalternativen erleichtert werden.[226]

In der vorliegenden Arbeit wird der Begriff Entscheidungsunterstützungssystem explizit als Methode zur Unterstützung von Kooperationspartnern bei der Operationalisierung und Verteilung der durch die Kooperation entstandenen Effizienzgewinne verstanden. Es soll daher ein System entstehen, das die Kooperationspartner durch die einzelnen Schritte des Operationalisierungs- und Verteilungsprozesses führt, Informationen und Zusammenhänge transparent darstellt und Auswahlmöglichkeiten sichtbar macht. Es sollte so gestaltet sein, dass es bei Bedarf als Grundlage für softwaretechnische Umsetzungen dienen kann.

---

[223] Vgl. Markert et al. 2022, S. 246; Power 2002, S. 1; Keen 1980, S. 15 ff.; Power 2008, S. 121 ff.; Keenan und Jankowski 2019, S. 64 ff.; Wall 2008, S. 83. Eine Übersicht unterschiedlicher Definitionen nach Anwendungsbereich findet sich z. B. bei Markert et al. 2022, S. 246; Power 2002, S. 1 ff., 2008, S. 121 ff.; Laudon et al. 2015, S. 728 ff.

[224] Oftmals wird ein Entscheidungsunterstützungssystem auf der Managementebene angewendet (vgl. Wall 2008, S. 83; Laudon et al. 2015, S. 718).

[225] Vgl. Markert et al. 2022, S. 246; Power 2002, S. 1; Keen 1980, S. 15 ff.; Power 2008, S. 121 ff.; Keenan und Jankowski 2019, S. 64 ff.

[226] Vgl. Wall 2008, S. 83.

Bisher existiert, wie bereits in Kapitel 2 erläutert, noch kein ausgereiftes Entscheidungsunterstützungssystem, mit dessen Hilfe Kooperationspartner sowohl bei der Operationalisierung als auch bei der Verteilung der erzielten Effizienzgewinne unterstützt werden können. Ein erster Ansatz bezogen auf die Operationalisierung findet sich bei *Jene*, die mögliche Schritte einer Operationalisierung visualisiert hat.[227] Im Hinblick auf die Verteilung finden sich erste Ansätze bei *Fromen*, der ein Rahmenwerk zur Lösung von Aufteilungsproblemen entwickelt hat.[228] Zudem hat *Zelewski* eine erste Überblicksdarstellung für einen mehrstufigen Algorithmus bezogen auf den τ-Wert vorgestellt.[229]

Das oben beschriebene Vorhaben entspricht den Vorstellungen der Befragten hinsichtlich eines entsprechenden Entscheidungsunterstützungssystems.[230] Sie erhoffen sich u. a. dadurch eine vereinfachte Darstellung der Prozesse und Abläufe,[231] einen offeneren Umgang,[232] die Schaffung von *Transparenz*[233] sowie eine Reduzierung von Konflikten innerhalb der Kooperationen.[234]

Das Entscheidungsunterstützungssystem sollte aus Sicht der Interviewten beinhalten, dass alle Beteiligten sich frühzeitig Klarheit darüber verschaffen können, ob und inwieweit die Kooperation einen Mehrwert erzeugt und welche Vorstellungen die anderen Partner haben.[235] Außerdem soll es dazu beitragen, über eigene und gemeinsame Standpunkte, Kosten, Risiken und Ziele frühzeitig nachzudenken.[236] Dadurch könne, aus Sicht der Befragten, eine vertrauensvolle Atmosphäre entstehen, die freiere und offenere Diskussionen und damit ein effizienteres und kreativeres Arbeiten ermöglichen würde.[237]

---

[227] Vgl. Jene 2015, S. 86.

[228] Vgl. Fromen 2004, S. 233.

[229] Vgl. Zelewski 2009, S. 260.

[230] Siehe Abschnitt 5.3.2.

[231] Vgl. E5_T1 39; E9_W2: 35.

[232] Vgl. E5_T1: 39.

[233] E1_F1: 30; Vgl. E2_W1: 61.

[234] Vgl. E6_T2: 17; E6_T2: 89; E9_W2: 43; E7_K1: 27.

[235] Vgl. E4_F2: 38; E6_T2: 37.

[236] Vgl. E6_T2: 29.

[237] Vgl. E7_K1: 9; E6_T2: 33.

Als Grundlage für die Prozessdarstellungen dienen die theoretischen Ausführungen zur Operationalisierung (Kap. 3) und Verteilung (Kap. 4) von Effizienzgewinnen sowie die Ergebnisse der qualitativen Experteninterviews (Kap. 5).

Für die Prozessdarstellungen wird die Methode des Flussdiagramms verwendet. Die Darstellung erfolgt aufgrund der Verständlichkeit und einheitlichen Lesbarkeit anhand der DIN 66001[238] zum Programmablaufplan. Die Flussdiagramme werden im Rahmen der Arbeit zur übersichtlichen Darstellung von Abläufen, Tätigkeiten und Entscheidungen im Rahmen der Operationalisierung und Verteilung von Effizienzgewinnen in Kooperationen verwendet.[239] Zudem soll dadurch für die späteren Anwender leicht ersichtlich werden, welche Prozessschritte in welcher Reihenfolge durchzuführen sind.[240] Dies kann zur mehr Transparenz beitragen und bei der praktischen Umsetzung des Vorhabens hilfreich sein.[241] Gegenüber anderen Prozessdarstellungen, wie zum Beispiel den ereignisgesteuerten Prozessketten (EPK)[242] oder dem Entity-Relationship-Model (ERM)[243], bieten Flussdiagramme den Vorteil, dass sie auch ohne tiefergehende Kenntnisse von Prozesssprachen schnell verständlich sind,[244] weshalb diese Methodik vor dem Hintergrund der praktischen Anwendbarkeit für das Entscheidungsunterstützungssystem ausgewählt wurde. Dabei wurde folgende Symbolik verwendet (siehe Tabelle 6.8):

[238] DIN e. V. 1983.

[239] Vgl. Hensen 2016, S. 221; Becker 2018, S. 143 f.

[240] Vgl. DIN e. V. 1983, S. 2; Becker 2018, S. 144 f.; Becker et al. 2011b, S. 219.

[241] Vgl. Hensen 2016, S. 221 f.; Becker 2018, S. 144 f.

[242] Für weitere Informationen zur Methodik der ereignisgesteuerten Prozessketten siehe z. B. Staud 2006, S. 59 ff.; Drescher et al. 2017, S. 36 ff.

[243] Für weitere Informationen zum Entity-Relationship-Model siehe z. B. Bagui und Earp 2022, S. 33 ff.; Moss 2012, S. 1 ff.

[244] Vgl. Becker 2018, S. 144 f.; Becker et al. 2011b, S. 219.

Tabelle 6.8 Erläuterung der Symbolik und der Farben zu den Prozessdarstellungen

Symbol	Bedeutung
	Ablauflinie (mit Richtungsangabe)
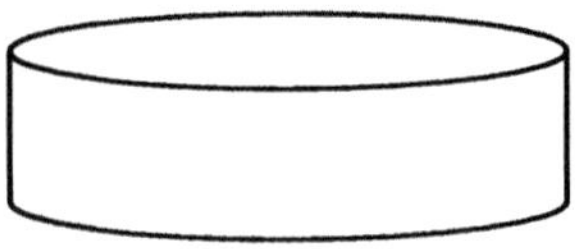	Themenabschnitt / Modul
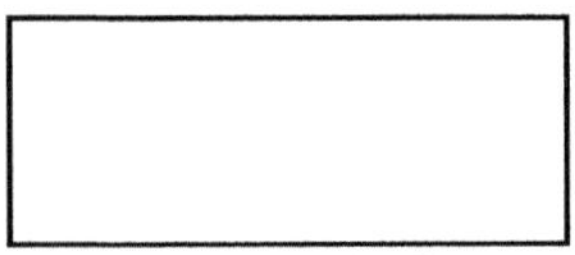	Prozessaktivität (zu bearbeitende Tätigkeit)
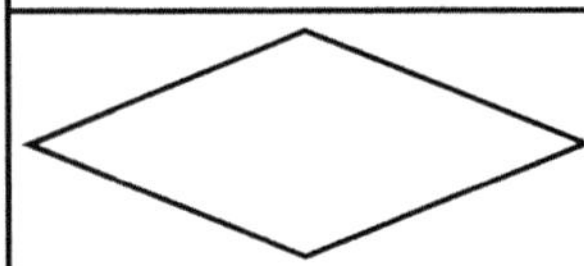	Entscheidung
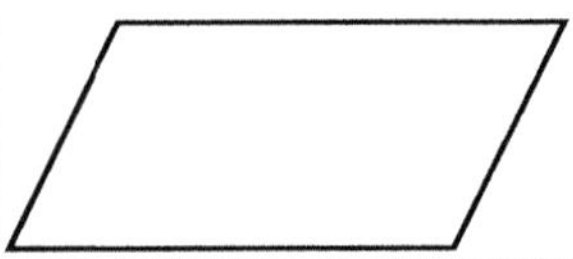	Ergebnis / Daten in Datenbank
	Verbindungsstelle
Farbe	**Bedeutung**
Grau: 	Unternehmensebene
Weiß: 	Kooperationsebene

Quelle: Eigene Darstellung

Die Tabelle gibt einen Überblick über die in den folgenden Prozessdarstellungen verwendeten Symbole und Graustufen. Einzelne Elemente werden in den Darstellungen jeweils mit Pfeilen verbunden. Ziel ist es, sowohl für den Operationalisierungs- als auch für den Verteilungsprozess jeweils eine eigene Prozessdarstellung zu entwickeln. Die jeweiligen Prozesse lassen sich noch einmal in Themenabschnitte bzw. Module unterteilen. Zur Kenntlichmachung wird jeweils zu Beginn eines neuen Themenabschnitts bzw. Moduls das Zylinder-Symbol verwendet. Prozessaktivitäten bzw. zu bearbeitende Tätigkeiten werden im Folgenden mit einem Rechteck-Symbol und Entscheidungen mit einem Rauten-Symbol dargestellt. Die Auswahlmöglichkeiten werden zur besseren Übersichtlichkeit mit in der Raute abgebildet. Ergebnisse, die sich im Prozess ergeben, werden mithilfe des Parallelogramms symbolisch gekennzeichnet. Ein ausgefüllter Kreis gibt eine Verbindungsstelle an. Dies ist bspw. notwendig, wenn im Verteilungsprozess auf Ergebnisse aus dem Operationalisierungsprozess zurückgegriffen wird und daher keine direkte Verbindungslinie möglich ist. Werden die Symbole in grau dargestellt, so bedeutet dies, dass Prozessaktivitäten, Entscheidungen oder Ergebnisse auf der Unternehmensebene und in weiß auf der Kooperationsebene durchgeführt, getroffen bzw. erzielt werden.

Im Folgenden wird zunächst der Operationalisierungsprozess (Abschn. 6.2.1) und anschließend der Verteilungsprozess (Abschn. 6.2.2) grafisch dargestellt und beschrieben. Bei den Prozessdarstellungen wird versucht, diese möglichst allgemeingültig darzustellen, sodass diese für beliebige kooperative Zusammenschlüsse angewendet werden können. Eine besondere Betrachtung der Vorgehensweisen im Rahmen von Innovationsnetzwerken im Gesundheits- und Pflegebereich erfolgt anschließend im Abschnitt 6.3.

6.2.1 Operationalisierungsprozess

Im Rahmen dieses Kapitels wird der entwickelte Operationalisierungsprozess vorgestellt. Ziel des Operationalisierungsprozesses ist es, eine gute Grundlage für die Kooperation zu schaffen und den durch die Kooperation entstandenen Effizienzgewinn zu operationalisieren, sodass dieser in einem weiteren Schritt unter den Kooperationspartnern aufgeteilt werden kann. Dieser basiert sowohl auf den in Kapitel 3 erarbeiteten Inhalten zur Operationalisierung als auch auf den Ergebnissen der Anforderungsanalyse, die in Kapitel 5 vorgestellt wurden.

Der entwickelte Operationalisierungsprozess besteht aus insgesamt fünf Modulen:

Modul 1: Beschreibung des kooperativen Zusammenschlusses

Modul 2: Festlegung der Ziele des Zusammenschlusses

Modul 3: Auswahl eines Operationalisierungsverfahrens

Modul 4: Festlegung der Rahmenbedingungen für die Operationalisierung

Modul 5: Durchführung der Operationalisierung

Diese werden im Folgenden einzeln beschrieben und erläutert.[245] Die ersten zwei Module können im Vergleich zu dem eigentlichen Prozess als vorgelagert interpretiert werden. Diese beziehen sich nicht explizit auf den Operationalisierungsprozess, sondern auf die Kooperation an sich.

Modul 1: Beschreibung des kooperativen Zusammenschlusses

In der Abbildung 6.7 ist das erste Modul dargestellt.

[245] Die Module werden aus Gründen der Übersichtlichkeit einzeln abgebildet und beschrieben.

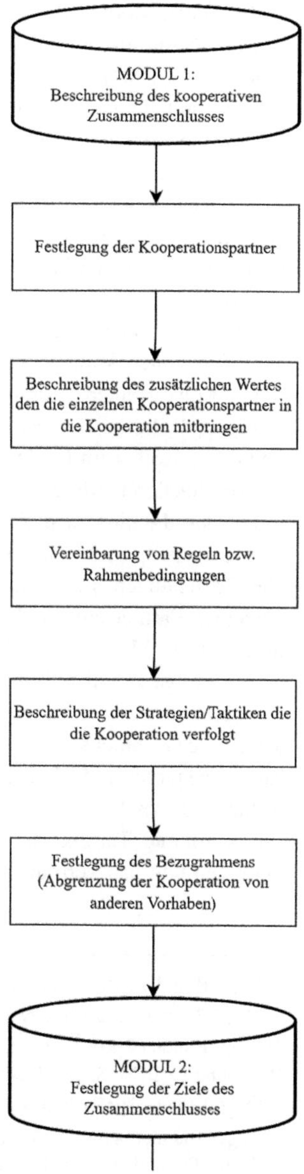

Abbildung 6.7 Modul 1 des Operationalisierungsprozesses. (Quelle: Eigene Darstellung)

Im ersten Modul erfolgt die *Beschreibung des kooperativen Zusammenschlusses*. Diese Schritte orientieren sich an dem Rahmenwerk PARTS der kooperativen Spieltheorie. PARTS ist ein Akronym für die Begriffe ***P****layer*, ***A****dded Value*, ***R****ules*, ***T****actics* und ***S****cope*. Eine Entscheidungssituation wird demnach mithilfe dieser fünf Komponenten beschrieben.[246] Ziel ist es dabei, eine kooperative Situation in einem organisatorischen Kontext zu formulieren und zu analysieren.[247]

Bezogen auf den betrachteten Anwendungsfall einer Kooperation werden zunächst die direkten *Kooperationspartner festgelegt*, die für ein bestimmtes Vorhaben zusammenarbeiten wollen. Im PARTS-Modell entspricht dies der ersten Komponente Spieler. Neben einer Festlegung der Kooperationspartner kann in diesem Schritt auch überlegt werden, welche Rollen diese aktuell und ggf. potenziell einnehmen können. Je nach Anwendungskontext kann zum Beispiel zwischen Konkurrenten, Komplementoren, Lieferanten und Kunden unterschieden werden.[248] Hierbei könnte beachtet werden, dass sich die Kooperationspartner und deren Rollen im Laufe der Zusammenarbeit verändern können.[249]

Anschließend erfolgt die *Beschreibung des zusätzlichen Wertes bzw. Mehrwerts*, den die einzelnen Kooperationspartner in die Kooperation bringen. Dabei geht es bspw. darum zu überlegen, welche Stärken, welches Wissen oder welche Beziehungen sie in die Kooperation einbringen und welchen Einfluss die einzelnen Partner auf das Kooperationsergebnis haben.[250] Dies kann auch dabei unterstützen, Machtverhältnisse transparenter zu machen.[251]

Nachfolgend sollten *Regeln und Rahmenbedingungen* der Zusammenarbeit im Kooperationsteam diskutiert und vereinbart werden. Dabei kann es etwa sinnvoll sein, feste Gesprächstermine und Fristen zu vereinbaren, aber auch je nach Art der Zusammenarbeit z. B. Verträge und Vereinbarungen schriftlich festzulegen.[252] Im Rahmen dieses Schrittes könnte bei Bedarf vereinbart werden, dass alle Partner für bestimmte Tätigkeiten Nachweise erbringen. Dies könnte zur Transparenz beitragen und das Vertrauen der Kooperationspartner stärken.

---

[246] Vgl. Brandenburger und Nalebuff 1995, S. 61.

[247] Vgl. Brandenburger und Nalebuff 1995, S. 61; Sharma und Bhattacharya 2013, S. 12.

[248] Vgl. Fromen 2004, S. 228 f.; Nalebuff und Brandenburger 2007, S. 223 f.; Sharma und Bhattacharya 2013, S. 14; Poeschl 2013, S. 64; Hague 2019, S. 306.

[249] Vgl. Brandenburger und Nalebuff 1995, S. 61 ff.

[250] Vgl. Brandenburger und Nalebuff 1995, S. 64 ff.; Sharma und Bhattacharya 2013, S. 12 ff.; Poeschl 2013, S. 64; Fromen 2004, S. 228 ff.; Hague 2019, S. 306.

[251] Vgl. Fromen 2004, S. 228 f.

[252] Vgl. Fromen 2004, S. 230 f.; Sharma und Bhattacharya 2013, S. 14.

In der qualitativen Befragung waren die Experten bspw. der Meinung, dass die Vereinbarung regelmäßiger Abstimmungen und Gespräche gerade bei interdisziplinären Zusammenschlüssen sinnvoll sei, um bei bestimmten Themen Missverständnisse frühzeitig aufzulösen.[253] Falls die Kooperation schon länger bestehe, könne im Rahmen dieses Schrittes im Kooperationsteam auch überlegt werden, welche Regeln existieren, wie diese von den Partnern bewertet werden und ob Anpassungen gewünscht werden.[254] Die frühzeitige Vereinbarung von Regeln, die aber auch im Laufe der Zusammenarbeit nachjustiert werden können, hätte aus Sicht der Befragten auch einen Einfluss auf die Fairness.[255]

Im nächsten Schritt erfolgt eine *Beschreibung von Strategien und Taktiken*, die die Kooperation verfolgt. Dabei geht es darum festzulegen, welche übergreifende Strategie nach Auffassung der Partner mit der Kooperation verfolgt werden soll und was der Zweck der Zusammenarbeit ist.[256] Hierbei kann noch einmal überprüft werden, ob die Partner wirklich zusammenarbeiten wollen oder ob es Missverständnisse gibt, die sich auf den übergreifenden Sinn der Zusammenarbeit beziehen.[257]

Im letzten Schritt dieses Moduls wird der *Bezugsrahmen festgelegt*. Hierbei wird das Kooperationsvorhaben von anderen Vorhaben abgegrenzt. Kooperationsvorhaben sind teilweise mit anderen angrenzenden Ideen, Problemen, Projekten und Vorhaben verbunden. Daher sollte im Rahmen des Kooperationsteams festgelegt werden, wie weit die Kooperation ausgedehnt werden soll. Also welche Bereiche, Inhalte oder Themen nicht mehr Teil der Kooperation sind.[258] Dies ist insbesondere wichtig, wenn Kooperationspartner in anderen Bereichen auch Konkurrenten sind.[259]

Modul 2: Festlegung der Ziele des Zusammenschlusses

Im zweiten Modul (siehe Abbildung 6.8) geht es darum, die *Ziele der Zusammenarbeit* festzulegen. Als ideal gilt eine Differenzierung in SMARTE Ziele, also spezifische, messbare, attraktive, realistische und terminierte Ziele.[260]

---

253 Vgl. E8_P2: 19.

254 Vgl. Fromen 2004, S. 230 f.; Poeschl 2013, S. 64; Brandenburger und Nalebuff 1995, S. 67 f.

255 Vgl. E3_P1: 23, E8_P2: 61; E8_P2: 63; E9_E2: 87, E9_W2: 89. E1_F1: 19; E7_K1: 57; E6_T2: 13.

256 Vgl. Poeschl 2013, S. 64; Brandenburger und Nalebuff 1995, S. 70; Hague 2019, S. 307.

257 Vgl. Fromen 2004, S. 231 f.; Sharma und Bhattacharya 2013, S. 14.

258 Vgl. Fromen 2004, S. 232; Brandenburger und Nalebuff 2021, S. 55; Poeschl 2013, S. 64; Sharma und Bhattacharya 2013, S. 14; Hague 2019, S. 307.

259 Vgl. Brandenburger und Nalebuff 2021, S. 55.

260 Vgl. Doran 1981, S. 35 f.

Abbildung 6.8 Modul 2 des Operationalisierungsprozesses. (Quelle: Eigene Darstellung)

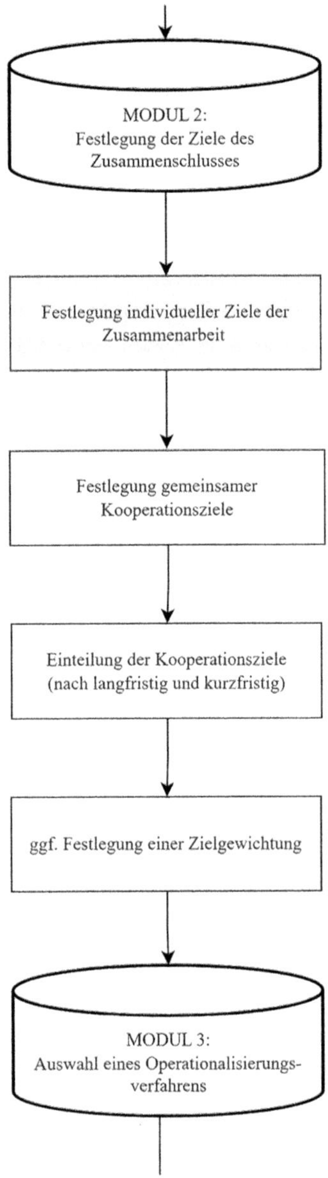

Zur Bestimmung der Ziele kann es sinnvoll sein, dass die Kooperationspartner zunächst separat die *individuellen Ziele* identifizieren und festlegen, die sie im Rahmen der Zusammenarbeit anstreben.[261] Bei den Zielen könnte es sich zum Beispiel um eine Reduzierung von Kosten, höhere Erlöse, Erschließung neuer Produktfelder oder Imagesteigerungen handeln. In der Regel werden nicht alle Kooperationspartner identische Ziele mit der Kooperation anstreben. Die Ziele werden sich aber ggf. an manchen Stellen überschneiden, es kann jedoch auch zu Ziel- und Interessenkonflikten innerhalb des Kooperationsteams kommen.[262] Insgesamt soll dieser Schritt dazu beitragen, dass sich die Kooperationspartner individuell mit ihren Zielsetzungen auseinandersetzen und sich dieser bewusst sind. Die Koordination der teilweise unterschiedlichen Interessen der Kooperationspartner wird als entscheidend für den Erfolg einer Kooperation angesehen.[263]

Anschließend erfolgt die Festlegung von *gemeinsamen Kooperationszielen* im Kooperationsteam. Hierbei wäre es sinnvoll, die individuellen Zielsetzungen mit den anderen Kooperationspartnern zu besprechen.[264] Dies bietet die Chance, die Ansichten und Handlungen der anderen Partner nachvollziehen zu können und sich besser kennenzulernen. Je nachdem, wie gut sich die Partner bereits kennen und Vertrauen zueinander aufgebaut haben, könnte das mit Herausforderungen verbunden sein, insbesondere wenn es zu Zielkonflikten zwischen den angestrebten Zielen der Kooperationspartner kommt. Andererseits wäre es erstrebenswert, Zielkonflikte möglichst am Anfang der Kooperation bereits zu identifizieren und zu versuchen, Kompromisse zu finden.[265] In diesem Schritt können entweder durch Sammlung innerhalb des Kooperationsteams oder aufbauend auf den individuellen Kooperationszielen gemeinsame Kooperationsziele festgelegt werden. Die Liste der gemeinsamen Kooperationsziele kann in den folgenden Schritten wichtig sein, um bspw. darauf aufbauend zu operationalisierende Effizienzgewinne festzulegen und das geeignete Operationalisierung- und Verteilungsverfahren auszuwählen.

Je nach Umfang der Kooperationsziele können diese im Folgenden nach ihrer Fristigkeit in *lang- und kurzfristige Ziele* unterteilt werden und ggf. *Zielgewichtungen* festgelegt bzw. die Ziele priorisiert werden. Diese Schritte können zu

[261] Siehe bspw. Jüttner et al. 2019, S. 81.

[262] Siehe bspw. Kuster et al. 2022, S. 473; Somorowsky 2022, S. 39 f.; Pillath 2020, S. 201.

[263] Siehe bspw. Jüttner et al. 2019, S. 81; Balke und Küpper 2003, S. 957.

[264] Siehe bspw. Jüttner et al. 2019, S. 81; Pillath 2020, S. 380; Arnold und Eßig 2003, S. 661.

[265] Siehe bspw. Kuster et al. 2022, S. 473; Somorowsky 2022, S. 39 f.; Pillath 2020, S. 201.

einer besseren Fokussierung des Kooperationsteams sowie zu mehr Transparenz beitragen.[266]

Dieses zweite Modul ist nicht nur aus der theoretischen Perspektive, wie bereits erläutert, sinnvoll, sondern wurde auch von einigen Befragten explizit eingebracht. So wurde von den Experten z. B. vorgeschlagen, dass jeder Partner vorab Ziele definiert, die er persönlich erreichen will, diese kommuniziert und gegebenenfalls darauf aufbauend gemeinsame Kooperationsziele definiert werden.[267] Die Befragten sahen durch das frühzeitige Nachdenken und den Austausch u. a. über Standpunkte und Ziele Vorteile gegenüber derzeitigen Vorgehensweisen, bei denen selten frühzeitig und transparent darüber gesprochen werde.[268] Die frühzeitige Diskussion über Ziele, Zielkonflikte und Priorisierungen könne daher aus Sicht von einigen Befragten zu längeren, zielgerichteten und erfolgreichen Kooperationen beitragen.[269]

Modul 3: Auswahl eines Operationalisierungsverfahrens

Im Modul 3 erfolgt, wie in der Abbildung 6.9 dargestellt, die Auswahl eines Operationalisierungsverfahrens.

[266] Siehe bspw. Wohlgemuth 2002, S. 178 f.; Bode et al. 2011, S. 674; Kaplan und Norton 1997, S. 10.

[267] Vgl. E1_F1: 46; E6_T2: 21; E6_T2: 23; E8_P2: 69. Einer der Befragten aus dem Bereich Pflege vertrat die Meinung, dass Ziele am Anfang sowohl für das Gesamtteam als auch von jedem Partner definiert und kommuniziert werden müssten, anhand derer später überprüft werden könne, welcher Partner in welchem Umfang von der Zusammenarbeit profitiert (vgl. E8_P2: 63).

[268] Vgl. E4_F2: 11; E9_W2: 45; E7_K1: 15.

[269] Vgl. E9_W2: 45; E7_K1: 15.

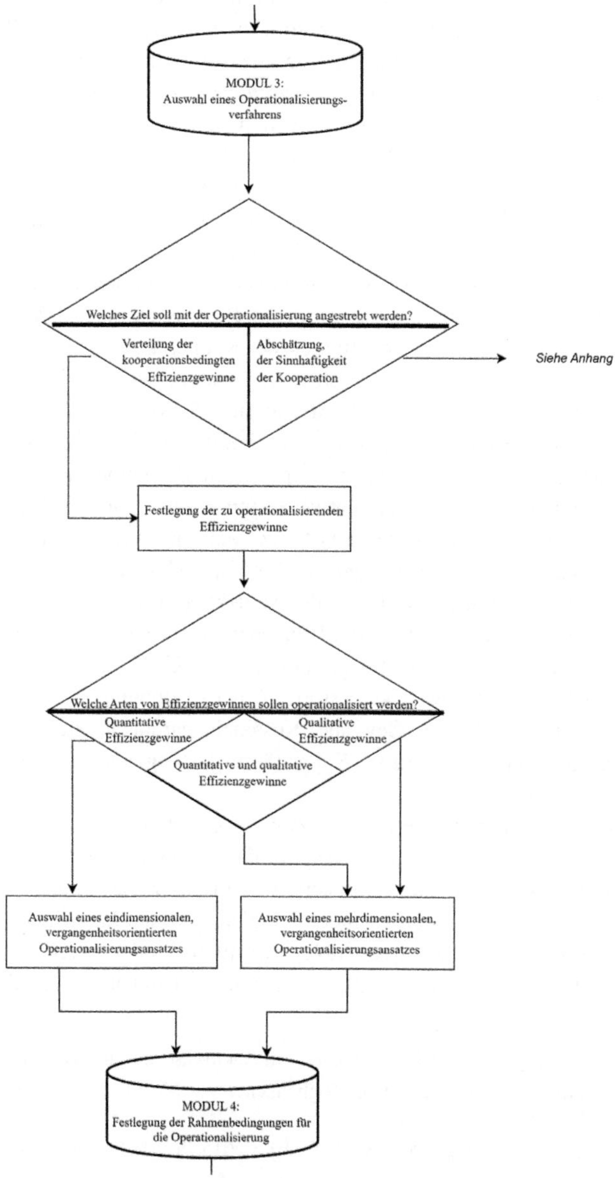

Abbildung 6.9 Modul 3 des Operationalisierungsprozesses. (Quelle: Eigene Darstellung)

Hierfür bedarf es als Erstes der Beantwortung der Frage, welches *Ziel* mit *der Operationalisierung* angestrebt werden soll. Im Kooperationsteam sollte demnach festgelegt werden, ob die Operationalisierung zur anschließenden *Verteilung der kooperativen Effizienzgewinne* oder zur *Abschätzung der Sinnhaftigkeit der Kooperation* durchgeführt werden soll. Es können auch beide Ziele verfolgt werden. In diesem Fall macht es in der Regel zunächst Sinn, die Operationalisierung zur Abschätzung der Sinnhaftigkeit der Kooperation und anschließend die Operationalisierung zur Verteilung der Effizienzgewinne durchzuführen. Im Rahmen dieser Arbeit steht die Operationalisierung und Verteilung kooperationsbedingter Effizienzgewinne im Fokus, sodass aufgrund der Übersichtlichkeit im Rahmen der Abbildung auf die Darstellung der weiteren Prozessschritte bei Verfolgung des Ziels der Abschätzung der Sinnhaftigkeit der Kooperation verzichtet wurde.[270]

Für die Operationalisierung der Effizienzgewinne, um diese im Kooperationsteam verteilen zu können, erfolgt im nächsten Schritt eine *Festlegung der zu operationalisierenden Effizienzgewinne*. Wie bereits in Abschnitt 2.1 beschrieben, können die Effizienzgewinne eines kooperativen Zusammenschlusses unterteilt werden in qualitative und quantitative Komponenten. Die qualitativen Effizienzgewinne lassen sich im Gegensatz zu den quantitativen Effizienzgewinnen nicht oder nur teilweise objektiv messen, sodass eine Ermittlung[271] der Effizienzgewinne stattdessen durch die subjektive Erfassung einzelner Werte erfolgt.[272] Beispiele für diese Art der Effizienzgewinne sind eine erhöhte Kunden- bzw. Mitarbeiterzufriedenheit, Imagesteigerungen, Risikominimierungen, Marktzutrittserleichterungen sowie verbesserte Arbeitsbedingungen. Als quantitative Effizienzgewinne sind z. B. Gewinne, Kosteneinsparungen, Preisreduzierungen, aber auch Qualitätsverbesserung, Kapazitätsauslastung und eine Erhöhung des Marktanteils zu nennen.

Zur Unterstützung der *Festlegung der zu operationalisierenden Effizienzgewinne* können den Kooperationspartnern die vorab definierten gemeinsamen Kooperationsziele sowie die Priorisierungen dieser Ziele dienen. Anhand der abgestimmten zu operationalisierenden Effizienzgewinne kann identifiziert werden, ob es sich dabei um qualitative, quantitative oder einer Mischung aus quantitativen und qualitativen Effizienzgewinnen handelt.[273] Handelt es sich

---

[270] Diese Darstellung findet sich im Anhang I im elektronischen Zusatzmaterial.

[271] Eine detaillierte Beschreibung von Möglichkeiten zur Messung von Effizienzgewinnen erfolgt im Abschnitt 3.2.

[272] Vgl. Schütte und Vering 2004, S. 92 f.; Jene 2015, S. 81; Schütte und Vering 2011, S. 106 f.

[273] Eine Beschreibung der Arten von Effizienzgewinnen sowie Beispiele zu den einzelnen Arten, findet sich in Abschnitt 2.1.

um quantitative Effizienzgewinne, so sollte beim Ziel der Verteilung ein eindimensionaler, vergangenheitsorientierter Operationalisierungsansatz[274] und bei qualitativen oder qualitativen und quantitativen Effizienzgewinnen ein mehrdimensionaler, vergangenheitsorientierter Operationalisierungsansatz[275] ausgewählt werden.[276]

Modul 4: Festlegung der Rahmenbedingungen für die Operationalisierung
In der Abbildung 6.10 ist das vierte Modul dargestellt.

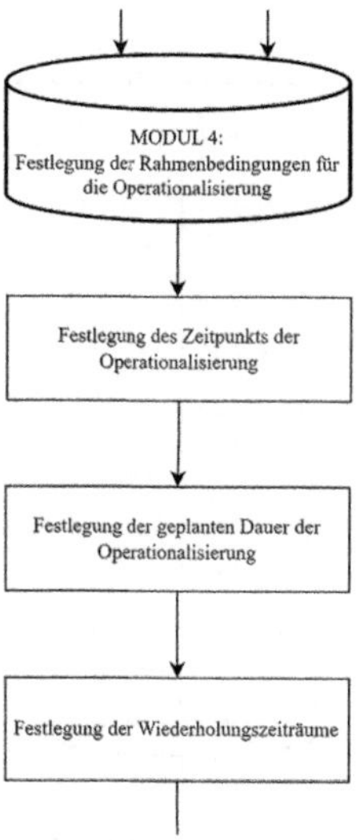

Abbildung 6.10 Modul 4 des Operationalisierungsprozesses. (Quelle: Eigene Darstellung)

[274] Bei der Netzwerkergebnisrechnung und der Aktivitätsbasierten Erfolgsmessung handelt es sich bspw. um eindimensionale, vergangenheitsorientierte Operationalisierungsansätze (siehe Abschn. 3.3).

[275] Bei der Balanced Scorecard und der kooperationsbezogenen Erfolgsmessung durch Erfolgsfaktorenerfassung handelt es sich bspw. um mehrdimensionale, vergangenheitsorientierte Operationalisierungsansätze (siehe Abschn. 3.3).

[276] Eine Beschreibung ausgewählter Methoden zur Operationalisierung von Effizienzgewinnen in Kooperationen sowie ein zusammenfassender Vergleich der Methoden findet sich in den Abschnittn 3.2 und 3.3.

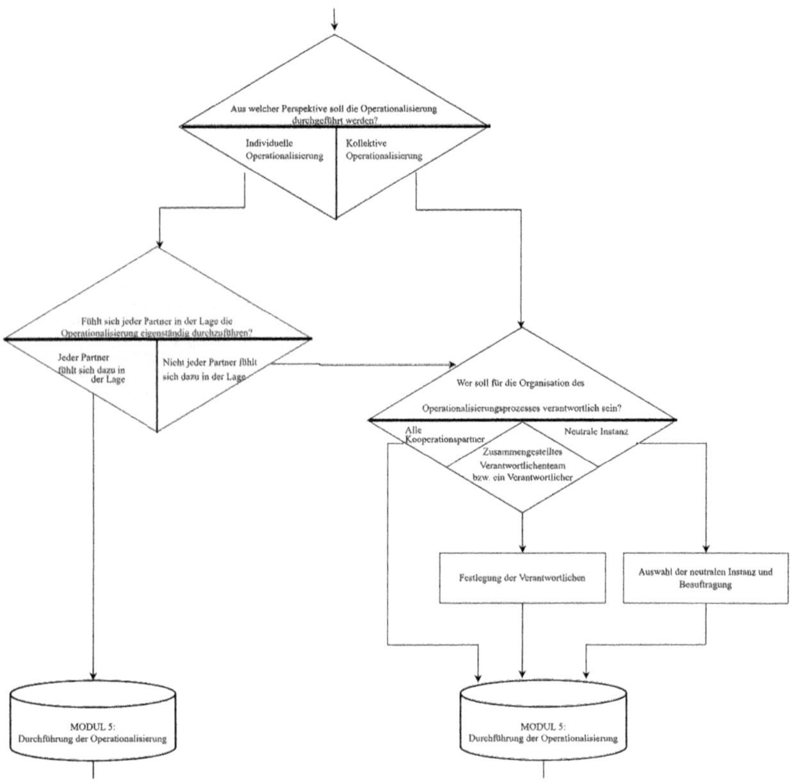

Abbildung 6.10 (Fortsetzung)

Im Rahmen des vierten Moduls erfolgt die *Festlegung der Rahmenbedingungen für die Operationalisierung.*[277] Demnach sollte im Kooperationsteam zunächst festgelegt werden, zu welchem *Zeitpunkt* die Operationalisierung durchgeführt wird und wie viel Zeit (*Dauer*) hierfür eingeplant ist. Zudem sollte festgelegt werden, ob die Operationalisierung nur einmal bspw. zu Beginn der Zusammenarbeit durchgeführt oder in festen Zeitabständen wiederholt werden soll. Hierbei kann auch nach dem Ziel der Operationalisierung differenziert werden. So könnte

[277] Dieser Aspekt wurde im Rahmen der qualitativen, leitfadengestützten Experteninterviews vermehrt angesprochen und von den Befragten als wichtig eingeschätzt (vgl. E3_P1: 23; E8_P2: 61; E8_P2: 63; E9_E2: 87).

die Operationalisierung zur Überprüfung der Sinnhaftigkeit der Zusammenarbeit bspw. nur vor Beginn der Kooperation und die Operationalisierung zur Verteilung der Effizienzgewinne in jedem Quartal durchgeführt werden. Falls eine Wiederholung stattfinden soll, können die *Wiederholungszeiträume* vorab festgelegt werden.[278]

Anschließend bedarf es der Beantwortung der Frage, aus welcher *Perspektive* die Operationalisierung durchgeführt werden soll. Wie in Kapitel 3 beschrieben, kann die Operationalisierung einerseits individuell auf der Ebene der einzelnen Kooperationspartner, also auf der Mikroebene und andererseits kooperationspartnerübergreifend auf der Makroebene durchgeführt werden.[279]

Falls sich das Kooperationsteam für eine *individuelle Operationalisierung* entscheidet, sollte im nächsten Schritt noch einmal hinterfragt werden, ob sich *jeder Partner dazu in der Lage fühlt,* die Operationalisierung eigenständig durchzuführen. Falls dies nicht der Fall ist, so bedarf es der Durchführung einer kollektiven Operationalisierung. Falls sich alle Kooperationspartner dazu fähig fühlen, kann diese im nächsten Schritt (Modul 5: Durchführung der Operationalisierung) erfolgen (siehe Abbildung 6.11).

[278] Die Vereinbarung fester Wiederholungszeiträume entweder zu vorher festgelegten, regelmäßigen Abständen (vgl. E1_F1: 23; E5_T1: 33; E4_F2: 34; E6_T2: 29, E2_W1: 57) oder bei Veränderungen wichtiger Parameter (vgl. E5_T1: 33; E4_F2: 34; E4_F2: 36) wurde auch zusätzlich in den Interviews von den Befragten angesprochen.

[279] Siehe Kapitel 3 und vgl. Wohlgemuth und Hess 1999, S. 30.

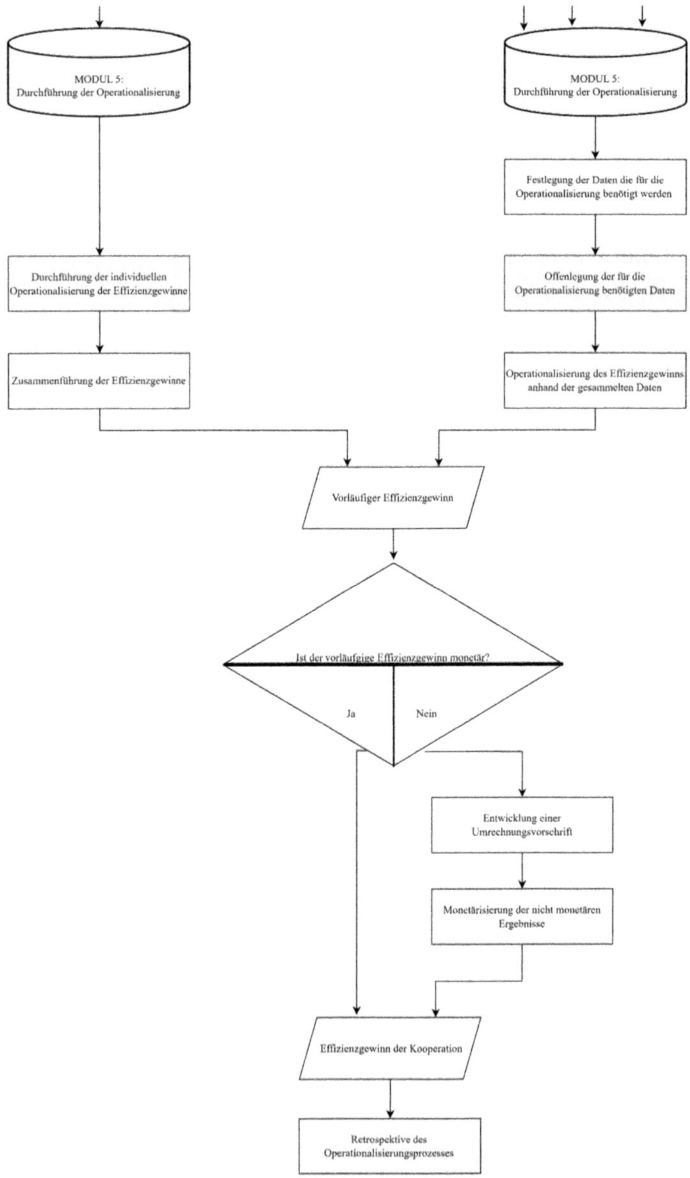

Abbildung 6.11 Modul 5 des Operationalisierungsprozesses. (Quelle: Eigene Darstellung)

Entscheidet sich das Kooperationsteam für eine *kollektive Operationalisierung*, so sollte zunächst geklärt werden, wer für die Organisation des Operationalisierungsprozesses verantwortlich ist. Je nach Größe des kooperativen Zusammenschlusses und den jeweiligen Präferenzen der Beteiligten kann es sinnvoll sein, dass *alle* ein aus den Kooperationspartnern zusammengestelltes *Verantwortlichenteam bzw. ein Verantwortlicher* oder eine *neutrale Instanz* hierfür zuständig sein sollen. Falls eine neutrale Instanz die Organisation des Operationalisierungsprozesses übernehmen soll, so muss diese im nächsten Schritt *ausgewählt* und *beauftragt* werden.[280]

Modul 5: Durchführung der Operationalisierung
In der nachfolgenden Abbildung ist das letzte Modul dargestellt.

Wurde im vorherigen Modul eine individuelle Operationalisierung gewählt, dann werden im Rahmen des 5. Moduls die Effizienzgewinne zunächst *individuell* von jedem Kooperationspartner einzeln *operationalisiert*. Anschließend erfolgt eine *Zusammenführung der Effizienzgewinne* auf der Kooperationsebene.[281] Das Ergebnis wird zunächst als *vorläufiger Effizienzgewinn* bezeichnet.

Bei Wahl der kollektiven Operationalisierung wird als Erstes im Kooperationsteam festgelegt, welche *Daten für die Operationalisierung* von den einzelnen Partnern benötigt werden. Hierbei ist es ebenfalls wichtig, den Detaillierungsgrad der offenzulegenden Daten festzulegen und abzustimmen, inwieweit bzw. in welcher Form Belege für die einzelnen Daten, wie bspw. Personalkosten, Anschaffungskosten etc., vorzulegen sind.

In diesem Schritt wird demnach auch festgelegt, welche Informationen und Daten gegenüber den anderen Kooperationspartnern offengelegt werden. Anschließend erfolgt die *Offenlegung der für die Operationalisierung benötigten Daten* von jedem Kooperationspartner. Aufbauend auf den gesammelten Informationen und Daten erfolgt dann im nächsten Schritt die *Operationalisierung der Effizienzgewinne*. Das Ergebnis wird, wie bei der individuellen Operationalisierung, zunächst als *vorläufiger Effizienzgewinn* bezeichnet.

Ist der entweder durch individuelle oder kollektive Operationalisierung erzielte vorläufige Effizienzgewinn *monetär*, so handelt es sich um den *Effizienzgewinn*

---

[280] Im Rahmen der qualitativen Befragungen wurde der Aspekt der Verantwortlichkeit für den Prozess in Abhängigkeit vom Kooperationsvorhaben, also bspw. von der Größe des Kooperationsteams und dem Umfang der Kooperation, von den Interviewten konträr diskutiert (siehe Abschn. 5.3.2 (Anforderungen an die Bedienung)).

[281] Für eine detailliertere Erläuterung der Perspektiven der Operationalisierung siehe Abschnitt 3.1.

der Kooperation, der anschließend verteilt werden kann. Falls dieser vorläufige Effizienzgewinn *nicht-monetär* ist, so bedarf es für das Ziel einer späteren Verteilung der Effizienzgewinne zunächst der Entwicklung einer *Umrechnungsvorschrift* und einer anschließenden *Monetarisierung*[282] der nicht-monetären Ergebnisse.

Das Ergebnis ist der Effizienzgewinn der Kooperation. Der Operationalisierungsprozess ist damit abgeschlossen. Es kann jedoch sinnvoll sein, zum Abschluss eine Retrospektive des Operationalisierungsprozesses durchzuführen.

Die Retrospektive ist ein wichtiger Bestandteil, insbesondere im agilen Projektmanagement.[283] Im Rahmen einer Kooperation kann die Retrospektive als ein Gesprächstermin genutzt werden, um über die Zusammenarbeit, Kommunikation, Vereinbarungen und die Vorgehensweise im Kooperationsteam zu reflektieren.[284] Dabei kann z. B. überprüft werden, wie die Stimmung innerhalb des kooperativen Zusammenschlusses ist und inwieweit die Kooperationspartner mit dem Operationalisierungsprozess zufrieden sind. Aufbauend auf den Ergebnissen der Reflexion können Verbesserungen abgestimmt und Anpassungen bspw. der Vorgehensweise für den nächsten Termin zur Operationalisierung der Effizienzgewinne vereinbart werden.[285] Retrospektiven sollen dadurch zu einer besseren Zusammenarbeit beitragen, dass es regelmäßig zum Austausch kommt und nicht nur bei negativen Ereignissen. Zudem bieten Retrospektiven die Möglichkeit, dass sich das Kooperationsteam kontinuierlich verbessert.[286]

Nach Abschluss des Operationalisierungsprozesses kann der ermittelte Effizienzgewinn verteilt werden. Der hierfür erstellte Verteilungsprozess wird im nachfolgenden Kapitel dargestellt und erläutert.

---

[282] Eine Monetarisierung von nicht-monetären und teilweise nicht-quantitativen Messgrößen ist nicht trivial und bisher existiert diesbezüglich noch kein zufriedenstellendes Verfahren. Dies führt auch in anderen Forschungsbereichen, wie bspw. bei der Messung von Lebensqualität in Rahmen der Gesundheitsökonomik zu Herausforderungen (siehe z. B. Fleßa und Greiner 2020, S. 183 ff., Steel et al. 2018, S. 1 ff.).

[283] Vgl. Kusay-Merkle 2021, S. 39; Preußig 2020, S. 101.

[284] Vgl. Kusay-Merkle 2021, S. 35 ff.; Preußig 2020, S. 101 ff. Eine detaillierter Vorschlag zur Durchführung der Retrospektive findet sich z. B. in Löffler 2014, S. 6 ff.

[285] Vgl. Kusay-Merkle 2021, S. 38; Preußig 2020, S. 101 ff.; Löffler 2014, S. 1 ff.

[286] Vgl. Kusay-Merkle 2021, S. 38; Hofert 2021, S. 11 ff.

6.2.2 Verteilungsprozess

Im Rahmen dieses Kapitels wird der entwickelte Verteilungsprozess vorgestellt. Der Verteilungsprozess wäre zeitlich im Anschluss an den Operationalisierungsprozess durchzuführen. Demnach sollte bei Beginn des Verteilungsprozesses bereits ein monetärer Effizienzgewinn vorliegen. Ziel des Verteilungsprozesses ist es, ein Kooperationsteam durch den Prozess der Verteilung der Effizienzgewinne zu leiten und die Kooperation dabei zu unterstützen, ein Verteilungsergebnis für den Effizienzgewinn zu erhalten, dass als fair zu bewerten ist. Der Prozess basiert auf den in Kapitel 4 erarbeiteten Inhalten zur Verteilung, auf den Ergebnissen der Anforderungsanalyse, die in Kapitel 5 vorgestellt wurden, und den Bewertungsergebnissen der spieltheoretischen Lösungskonzepte (Abschn. 6.1).

Der Verteilungsprozess besteht aus insgesamt drei Modulen:

Modul 1: Festlegung der Rahmenbedingungen für die Verteilung der Effizienzgewinne

Modul 2: Auswahl eines Verteilungsverfahrens

Modul 3: Durchführung der Verteilung der Effizienzgewinne

Diese werden im Folgenden einzeln beschrieben und erläutert.[287]

Modul 1: Festlegung der Rahmenbedingungen für den Verteilungsprozess
In der Abbildung 6.12 ist das erste Modul dargestellt.

[287] Die Module werden aus Gründen der Übersichtlichkeit einzeln abgebildet und beschrieben.

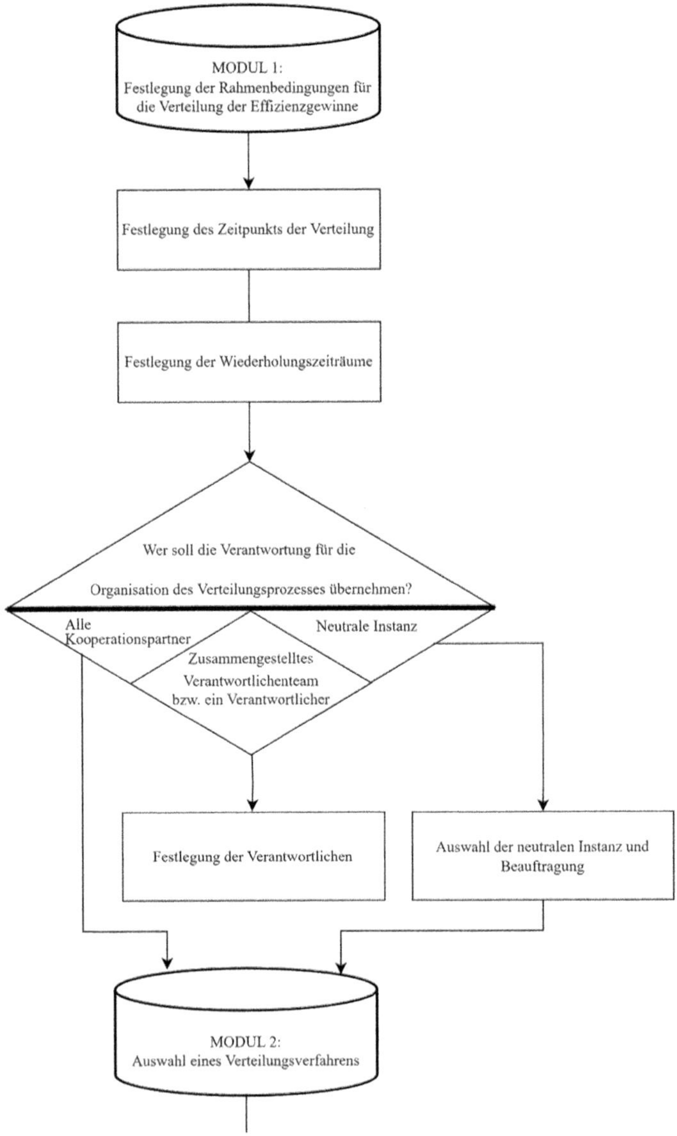

Abbildung 6.12 Modul 1 des Verteilungsprozesses. (Quelle: Eigene Darstellung)

Im Rahmen des ersten Moduls erfolgt die *Festlegung der Rahmenbedingungen für die Verteilung der Effizienzgewinne.* Zur praktischen Vorgehensweise bei der Verteilung von Effizienzgewinnen im Rahmen von Kooperationen gibt es bisher, wie bereits im Forschungsstand beschrieben, keine konkreten Untersuchungen. Eine kontinuierliche Abstimmung innerhalb von Kooperationen wird aber in der Literatur als Erfolgsfaktor für eine langfristige Zusammenarbeit angesehen.[288] Insbesondere das Festlegen von organisationalen Strukturen und Verantwortlichkeiten im Kooperationsteam wurde als wichtiger Einflussfaktor identifiziert.[289] Dieser Aspekt wurde auch im Rahmen der qualitativen leitfadengestützten Experteninterviews vermehrt angesprochen und von den Befragten als wichtig eingeschätzt.[290] Zuerst wäre der *Zeitpunkt* im Kooperationsteam festzulegen, wann die Verteilung durchgeführt wird. Als Nächstes sollte abgestimmt werden, zu welchen Zeitpunkten die Verteilung erneut durchgeführt wird. Hierbei wäre es möglich, dass das Kooperationsteam feste Wiederholungszeiträume (bspw. jeden Monat, in jedem Quartal oder halbjährig) vorab definiert oder Kenngrößen definiert, die bei Veränderung zu einer erneuten Durchführung des Verteilungsprozesses führen (bspw. Veränderungen der Kooperationspartner). Die vorherige Festlegung der Wiederholungszeiträume bzw. der Variablen, die zu einer erneuten Durchführung des Verteilungsprozesses führen, hat den Vorteil, dass Diskussionen im Nachhinein reduziert werden können und das Vorgehen für alle Partner transparent ist.

Anschließend sollte im Kooperationsteam vereinbart werden, wer für die Verteilung der Effizienzgewinne verantwortlich ist. Je nach Größe des kooperativen Zusammenschlusses und den jeweiligen Präferenzen der Beteiligten kann es wie beim Operationalisierungsprozess sinnvoll sein, dass *alle*, ein aus den Kooperationspartnern zusammengestelltes *Verantwortlichenteam bzw. ein Verantwortlicher* oder eine *neutrale Instanz* hierfür verantwortlich sein soll. Falls eine neutrale Instanz die Organisation des Verteilungsprozesses übernehmen soll, so muss diese im nächsten Schritt *ausgewählt* und beauftragt werden. Wenn ein Verantwortlicher oder ein Verantwortlichenteam hierfür gewählt werden soll, so müsste dieses im nächsten Schritt bestimmt werden.

Die Festlegung von Verantwortlichkeiten im Kooperationsteam gilt ebenfalls als ein Erfolgsfaktor. Die Festlegung und Zuweisung von Verantwortlichkeiten

[288] Siehe bspw. Becker et al. 2018, S. 12; Kern 2020, S. 37 f.; Rybnicek und Königsgruber 2019, S. 230.

[289] Siehe bspw. Becker et al. 2018, S. 28; Busch und Schulz 2022, S. 96 f.; Rybnicek und Königsgruber 2019, S. 230; Rajalo und Vadi 2017, S. 49.

[290] Vgl. E3_P1: 23; E8_P2: 61; E8_P2: 63; E9_E2: 87.

kann bei der Koordination von Aufgaben und Aktivitäten helfen.[291] Externe Koordinatoren und Moderatoren können in diesem Zusammenhang unterstützen, den Dialog und die Zusammenarbeit zwischen Kooperationspartnern zu erleichtern und mögliche Konflikte frühzeitig zu lösen.[292]

Das erste Modul des Verteilungsprozesses weist Ähnlichkeiten zu dem Modul 4 im Operationalisierungsprozess auf. Dort wurden die Rahmenbedingungen, also wie etwa der Zeitpunkt der Operationalisierung, Wiederholungszeiträume sowie derjenige oder diejenigen, die dafür verantwortlich sind, festgelegt. Beim Verteilungsprozess kann das Kooperationsteam separat entscheiden, ob die Rahmenbedingungen identisch zum Operationalisierungsprozess oder abweichend bestimmt werden.

Modul 2: Auswahl eines Verteilungsverfahrens

Im zweiten Modul geht es um die Auswahl eines Verteilungsverfahrens (siehe Abbildung 6.13).

[291] Siehe bspw. Rybnicek und Königsgruber 2019, S. 230; Franco und Haase 2015, S. 46 f.; Barnes et al. 2002, S. 274.

[292] Siehe bspw. Klerkx und Aarts 2013, S. 196; Pittaway et al. 2004, S. 154; Leppert und Posor 2020, S. 163. Im Rahmen der qualitativen Befragungen wurde der Aspekt der Verantwortlichen für den Prozess in Abhängigkeit vom Kooperationsvorhaben, also bspw. von der Größe des Kooperationsteams und dem Umfang der Kooperation, von den Interviewten konträr diskutiert (siehe Abschn. 5.3.2).

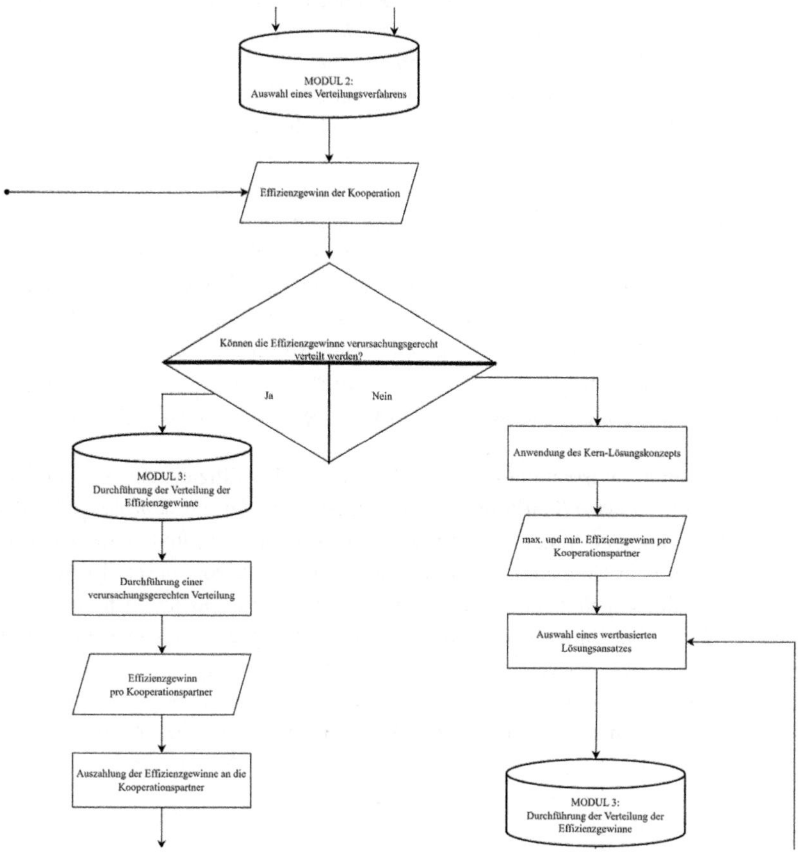

Abbildung 6.13 Modul 2 des Verteilungsprozesses. (Quelle: Eigene Darstellung)

Für die Auswahl eines Verteilungsverfahrens wird der Effizienzgewinn der Kooperation benötigt, also das Ergebnis des Operationalisierungsprozesses. Zuerst sollte die Frage beantwortet werden, ob der ermittelte Effizienzgewinn verursachungsgerecht auf die Kooperationspartner verteilt werden kann. Dies ist der Fall, wenn bspw. anhand von sehr strikten Aufgaben- oder Tätigkeitsabgrenzungen leicht ermittelt werden kann, wie viel ein Kooperationspartner prozentual zum Effizienzgewinn der Kooperation beigetragen hat. Wenn eine verursachungsgerechte Verteilung möglich ist, so sollte diese auch entsprechend, wie bereits erläutert, durchgeführt werden. Demnach kann in diesem Fall direkt zum *Modul 3: Durchführung der Verteilung der Effizienzgewinne* übergegangen werden.

Die Durchführung einer verursachungsgerechten Verteilung der Effizienzgewinne ist jedoch, wie bereits beschrieben, in Kooperationen oftmals nicht umsetzbar, bei denen der Effizienzgewinn durch die Kooperationspartner gemeinsam verursacht wird, da gemeinsam erwirtschaftete Effizienzgewinne in der Regel nicht mehr eindeutig verursachungsgerecht auf die einzelnen Kooperationspartner verteilt werden können.[293] Dieses Problem hat im Laufe der Jahre immer stärker an Bedeutung gewonnen, da sich die Kosten- und Erlösstrukturen einer Vielzahl von Unternehmen verändert haben und der Anteil der nicht direkt zurechenbaren Kosten gestiegen ist.[294] Insbesondere in Bereichen, bei denen der Produktionsfaktor Information im Vordergrund steht, wie bspw. bei der Entwicklung einer Software, können die entstandenen Kosten kaum den Kooperationspartnern zugeordnet und damit keine verursachungsgerechte Verteilung durchgeführt werden.[295]

Falls keine verursachungsgerechte Verteilung der Effizienzgewinne möglich ist, sollte im nächsten Schritt die *Anwendung des Kern-Lösungskonzeptes*[296] erfolgen. Die Grundidee hinter dem Ansatz ist, eine Lösung zu finden, die stabil ist, d. h. bei der kein Kooperationspartner einen Anreiz hat, von dieser abzuweichen. Ein Allokationsergebnis gilt dann als stabil, wenn kein Kooperationspartner durch die Bildung von Unterkoalitionen oder durch alleiniges Handeln bessergestellt ist gegenüber der großen Koalition.[297] Alle Allokationsergebnisse, die im Kern liegen, müssen die Bedingungen der kollektiven Rationalität bzw. der Pareto-Effizienz erfüllen und zudem durch keine andere Unter- oder Einerkoalition

---

293 Vgl. Fromen 2004, S. 3 Jene 2015, S. 7 f.; Strangmeier und Fiedler 2011, S. 21 f.; Zelewski 2009, S. 20.

294 Vgl. Fromen 2004, S. 3; Strangmeier und Fiedler 2011, S. 15 f.

295 Vgl. Fromen 2004, S. 3; Satzger und Huther 2000, S. 479 ff.

296 Für weitere Information zum Lösungskonzept des Kerns siehe auch Abschnitt 4.2.1.

297 Vgl. z. B. Gillies 1959, S. 55 ff.; Jene 2015, S. 112; Fromen 2004, S. 96 f.; Fischer 2008, S. 65 ff.; McCain 2009, S. 122 ff.; Holler et al. 2019, S. 287 ff.; Eichberger 1993, S. 274 ff.; Wiese 2015, S. 60 ff.; Zelewski 2009, S. 193 ff.; Strangmeier und Fiedler 2011, S. 34 ff.

blockiert werden.[298] Die Erfüllung dieser Anforderungen wird auch als *Kernstabilität* bezeichnet und des öfteren zur Bewertung des Ergebnisses wertbasierter Lösungskonzepte verwendet.[299]

Konkret bedeutet dies für den betrachteten Anwendungsfall, dass durch die Anwendung des Kern-Lösungskonzeptes für jeden Kooperationspartner ein *maximaler und minimaler Effizienzgewinn* ermittelt wird.[300]

Aus theoretischer Perspektive wird diese Vorgehensweise, wie bereits in Kapitel 2 (*Stand der Forschung*) und Kapitel 5 (*Anforderungsanalyse*) erläutert, konträr diskutiert. Eine alleinige Durchführung eines mengenbasierten Lösungsansatzes, der in der Regel zu mehreren möglichen Verteilungsergebnissen führt, wird für die Praxis als unbefriedigend bewertet, da das Problem bestünde, aus der Menge möglicher Lösungen eine auszuwählen.[301] *Zelewski* nennt jedoch Gründe, die in der Praxis für einen mengenbasierten Lösungsansatz sprechen könnten. Zum einen könne den Kooperationspartnern so gewisse Gestaltungsfreiheiten eingeräumt und die Chance gegeben werden, ihre Kompetenzen mit einzubringen. Andernfalls könnte bei den Beteiligten das Gefühl entstehen, einem *„mathematischen Formalismus"*[302] gegenüberzustehen. Zum anderen bildet der Lösungsansatz gegebenenfalls, aufgrund von Modellannahmen, nicht alle realen Einflussfaktoren ab. Wird die Lösungsmenge nur eingeschränkt, so haben die Kooperationspartner noch die Möglichkeit, weiteres Wissen oder nicht berücksichtigte Parameter bei der Auswahl der Lösung mit einzubringen.[303] Diese Überlegungen von *Zelewski*, die im Gegensatz zur weitverbreiteten spieltheoretischen Anforderung der Lösungseindeutigkeit stehen, werden in der entsprechenden Fachliteratur auch bspw. von *Sackmann und Rittmann* vertreten.[304]

---

[298] Vgl. Holler et al. 2019, S. 287 ff.; Wiese 2015, S.259 ff.; Strangmeier und Fiedler 2011, S. 34 ff.; Fromen 2004, S. 96 ff.; Gillies 1959, S. 47 ff.; Jene 2015, S. 112 ff.; Fischer 2008, S. 65 ff.

[299] Vgl. Wiese 2015, S. 143; Jene 2015, S. 116; Fischer 2008, S. 145; Fromen 2004, S. 180; Zelewski 2009, S. 260.

[300] Falls der Kern leer sein sollte, kann entsprechend nur ein wertbasierter Lösungsansatz bestimmt werden.

[301] Vgl. Sudhölter und Peleg 1998, S. 386; Fromen 2004, S. 156 f.; Strangmeier und Fiedler 2011, S. 50; Fischer 2008, S. 140; Zelewski 1987, S. 44 f., 2018, S. 216 f.; Jene 2015, S. 126; Wißler 1997, S. 34 f.; Berninghaus et al. 2010, S. 17; Hofstadter 2016, S. 113 ff.; Adam 2014, S. 83.

[302] Zelewski 1987, S. 45.

[303] Vgl. Zelewski 1987, S. 44 f.

[304] Vgl. Sackmann und Rittmann 2012, S. 252.

Aufgrund der nachvollziehbaren Kritik eines mengenbasierten Lösungsansatzes in der Praxis, aber auch den entsprechenden Gegenargumenten wird eine Kombination des Kern-Lösungskonzeptes mit einem wertbasierten Lösungsansatz im Rahmen dieser Arbeit in den Verteilungsprozess integriert. Diese Kombination hat den Vorteil, dass ein exaktes Verteilungsergebnis berechnet wird, aber dieses bei Bedarf geringfügig von den Kooperationspartnern angepasst werden kann.[305]

Nach der Durchführung des Kern-Lösungskonzeptes erfolgt daher die Auswahl eines wertbasierten Lösungskonzeptes. Im Rahmen dieser Arbeit erfolgte im vorherigen Kapitel ein Vergleich der wertbasierten Lösungsansätze Shapley-Wert, ACA-Methode, τ-Wert und χ-Wert. Bei der Auswahl eines Lösungskonzeptes bietet sich daher an, die Bewertungsergebnisse zu berücksichtigen und zunächst den τ-Wert oder den χ-Wert anzuwenden. Wird der τ-Wert als Lösungskonzept gewählt, so sollte vorab geprüft werden, ob das Lösungskonzept definiert ist.[306]

Es besteht aber auch die Möglichkeit, die Bewertung der Lösungskonzepte speziell auf die zu betrachtende Kooperation noch einmal separat mit individuellen Gewichtungen der einzelnen Anforderungen oder der Anforderungskategorien mithilfe der in Abschnitt 6.1 beschriebenen Vorgehensweise durchzuführen.

Modul 3: Durchführung der Verteilung der Effizienzgewinne

Im letzten Modul erfolgt die Verteilung der Effizienzgewinne (siehe Abbildung 6.14).

---

[305] Diese Vorgehensweise wurde auch von den Befragten favorisiert bzw. selbst angesprochen (siehe Kapitel 5 bzw. E4_F2: 54; E6_T2: 51; E1_F1: 11; E3_P1: 53; E5_T1: 65; E2_W1: 39; E9_W2: 83).

[306] Hinsichtlich der Definiertheit des τ-Werts siehe z. B. Sudhölter und Peleg 1998, S. 386; Fromen 2004, S. 181; Fischer 2008, S. 147; Strangmeier und Fiedler 2011, S. 56; Zelewski und Heeb 2018, S. 387; Tijs und Otten 1993, S. 5; Jene 2015, S. 233. Siehe auch Abschnitt 6.1.

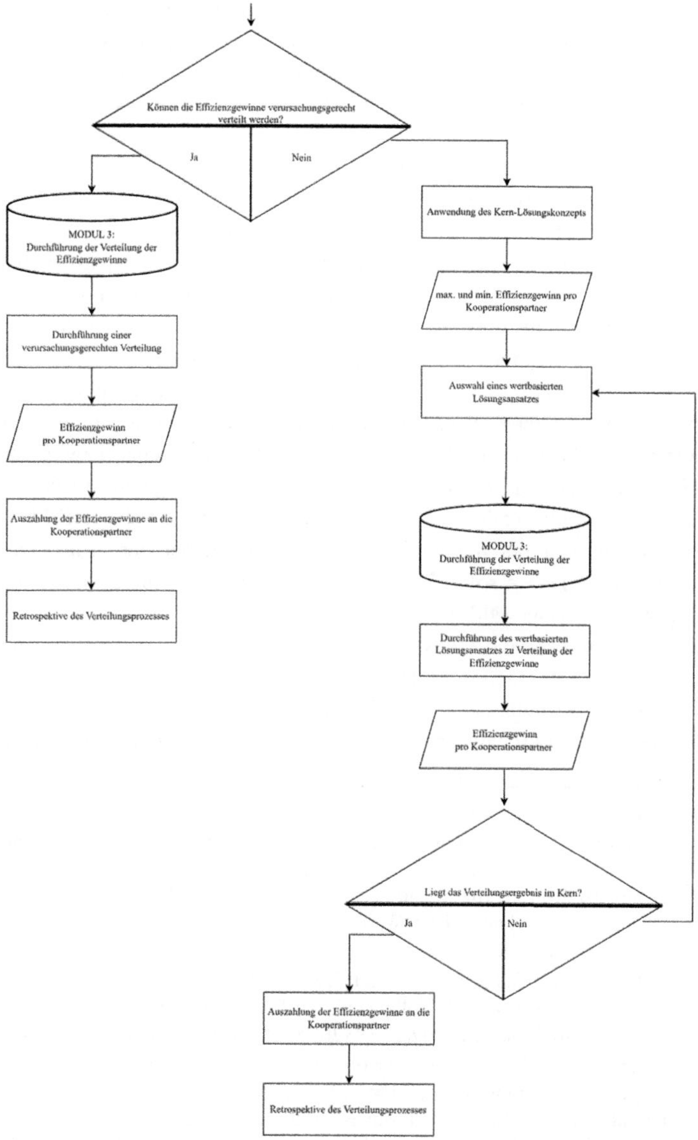

Abbildung 6.14 Modul 3 des Verteilungsprozesses. (Quelle: Eigene Darstellung)

Falls die Effizienzgewinne verursachungsgerecht verteilt werden können, sollte entsprechend auch eine verursachungsgerechte Verteilung durchgeführt werden. Andernfalls erfolgt, nachdem in Modul 2 ein wertbasierter Lösungsansatz ausgewählt wurde, dessen Durchführung. Hierfür empfiehlt sich, auf Softwareansätze oder bereits existierende Berechnungsalgorithmen zurückzugreifen.[307]

In beiden Fällen sollte das Ergebnis aus jeweils einem Effizienzgewinn pro Kooperationspartner bestehen, dessen Summe dem im Operationalisierungsprozess ermittelten Effizienzgewinn der Kooperation entspricht.

In dem Fall, in dem der Effizienzgewinn pro Kooperationspartner nicht verursachungsgerecht ermittelt werden konnte, wird anschließend noch geprüft, ob das ermittelte Ergebnis im Kern liegt. Dies ist der Fall, wenn der Effizienzgewinn jedes Kooperationspartners der mithilfe des Kern-Lösungskonzeptes ermittelten Untergrenze entspricht oder größer ist, aber maximal der ermittelten Obergrenze entspricht. Unter- oder überschreitet der ermittelte Effizienzgewinn eines Kooperationspartners die mithilfe des Kerns berechnete Untergrenze bzw. Obergrenze des Kooperationspartners, so bedeutet dies, dass das Ergebnis nicht stabil ist. Demnach kann sich mindestens ein Kooperationspartner durch die Bildung einer Unterkoalition oder durch alleiniges Handeln gegenüber der großen Koalition besserstellen.[308] Daher sollte in einem solchen Fall ein anderes, wertbasiertes Lösungskonzept ausgewählt werden.[309]

Nach der Berechnung eines Effizienzgewinns pro Kooperationspartner können diese im nächsten Schritt an die Kooperationspartner ausgezahlt werden. Anschließend kann eine Retrospektive des Verteilungsprozesses erfolgen. Wie bereits beim Operationalisierungsprozess erläutert, ist die Retrospektive ein

---

[307] Die Programme MATLAB und R haben bspw. bereits Anwendungen zur Berechnung des Kerns, des Shapley-Werts und der ACA-Methode integriert. Für einen Berechnungsalgorithmus zum τ-Wert siehe Zelewski 2009, S. 250 ff.; Jene 2015, S. 253 ff. und für den χ-Wert siehe Jene 2015, S. 162 ff. Auf der Grundlage der Berechnungsalgorithmen ist eine softwaretechnische Berechnung des τ-Werts und des χ-Werts bspw. mithilfe der Programme MATLAB oder Java möglich.

[308] Vgl. z. B. Gillies 1959, S. 55 ff.; Jene 2015, S. 112; Fromen 2004, S. 96 f.; Fischer 2008, S. 65 ff.; McCain 2009, S. 122 ff.; Holler et al. 2019, S. 287 ff.; Eichberger 1993, S. 274 ff.; Wiese 2015, S. 60 ff.; Zelewski 2009, S. 193 ff.; Strangmeier und Fiedler 2011, S. 34 ff.

[309] Wie in Abschnitt 6.1 beschrieben, kann für keines der Lösungskonzepte garantiert werden, dass das Ergebnis im Kern liegt. Um bspw. vorab sicherzustellen, dass das Ergebnis im Kern liegt, könnte alternativ das Nucleolus-Lösungskonzept angewendet werden (vgl. z.B. Zelewski 2009, S. 260). Dieses wurde aber aufgrund der vergleichsweisen geringen Praktikabilität im Rahmen dieser Arbeit nicht in die Analyse mit aufgenommen (siehe Kap. 2 und 4).

wichtiger Bestandteil insbesondere im agilen Projektmanagement und kann zur Reflexion der Vorgehensweise, der positiven Aspekte sowie der identifizierten Herausforderungen oder Verbesserungswünsche im Kooperationsteam genutzt werden.[310] Falls die Kooperationspartner zu der Erkenntnis kommen, dass ein Änderungsbedarf besteht, so kann dies beim nächsten Durchlauf des Operationalisierungs- und Verteilungsprozesses entsprechend angepasst werden.

6.3 Fallstudie im AAL-Bereich

Im Rahmen dieses Kapitels wird die Anwendung des zuvor beschriebenen Operationalisierungs- und Verteilungsprozesses anhand einer Fallstudie aus dem AAL-Bereich verdeutlicht.

Fallstudien werden sowohl als Forschungs- als auch als didaktische Methode eingesetzt.[311] Sie dienen zur Veranschaulichung und Diskussion konkreter Herausforderungen in der Praxis.[312] Dabei wird ein praxisrelevanter Fall möglichst detailliert beschrieben, um daran bestimmte Fragestellungen und Wirkzusammenhänge zu untersuchen und zu diskutieren.[313] Diese Methode wird meist angewendet, wenn neue Konzepte analysiert oder wenn die zu betrachteten Fragestellungen in einem speziellen Unternehmenskontext untersucht werden sollen.[314] Insbesondere dann, wenn der bisherige Erkenntnisstand hinsichtlich des Untersuchungsgegenstands gering ist, es einer Exploration von Frage- bzw. Problemstellungen bedarf oder die zu analysierende Situation durch die beteiligten Akteure stark beeinflusst wird, bietet sich die Durchführung einer Fallstudie an.[315] Eine Fallstudie bietet dabei die Möglichkeit, neue Aspekte zu erkennen, indem ein Fall aus mehreren Perspektiven bzw. mit jeweils kleineren Veränderungen der Rahmenbedingungen betrachtet wird.[316] Zudem haben Fallstudien

[310] Vgl. Kusay-Merkle 2021, S. 39; Preußig 2020, S. 101; Löffler 2014, S. 6 ff.

[311] Vgl. Bonoma 1985, S. 203; Schögel und Tomczak 2009, S. 80 f.; Rashid et al. 2019, S. 1 f.; Crossley und Vulliamy 1984, S. 193.

[312] Vgl. Schögel und Tomczak 2009, S. 82.

[313] Vgl. Kriz 2009, S. 563 f.; Schögel und Tomczak 2009, S. 82; Rashid et al. 2019, S. 1 f.

[314] Vgl. Bonoma 1985, S. 204; Schögel und Tomczak 2009, S. 82.

[315] Vgl. Bonoma 1985, S. 203 f.; Eisenhardt 1989, S. 534 ff.; Schögel und Tomczak 2009, S. 83.

[316] Vgl. Eisenhardt 1989, S. 546 f.; Schögel und Tomczak 2009, S. 98.

idealerweise einen hohen Praxisbezug, wodurch ihnen ein tendenziell hoher Innovationsgrad zugesprochen wird, weil Erkenntnisse nicht allein aus den theoretischen Rahmenbedingungen, sondern zusätzlich aus den Einsichten hinsichtlich der Situation in der Praxis gewonnen werden.[317] Die Ergebnisse einer Fallstudie gehen jedoch mit einer gewissen Komplexität einher, sind erst einmal fallbezogen zu interpretieren und die Validität der Ergebnisse ist teilweise gering.[318] Beim Fallstudiendesign kann zwischen der Anzahl der Fälle (*Einzelfall-Studie* und *Mehrfallstudie*) differenziert werden.[319]

Im Rahmen dieser Arbeit wird eine Einzelfallstudie anstelle einer Mehrfallstudie durchgeführt, da es sich bei den zu untersuchenden Prozessen um ein unerschlossenes Forschungsfeld, insbesondere im Gesundheits- und Pflegebereich, handelt.[320]

Die Fallstudie soll dazu dienen, eine Anwendung des Entscheidungsunterstützungssystems im Rahmen einer Kooperation im AAL-Bereich darzustellen sowie Herausforderungen in der Praxis aufzuzeigen und zu diskutieren. Dabei werden neben einer vergleichsweisen einfachen Kooperationszusammensetzung weitere Anwendungsszenarien analysiert.

Nach einer Beschreibung der Fallstudie (Abschn. 6.3.1) sowie der beispielhaften Operationalisierung (Abschn. 6.3.2) und Verteilung der Effizienzgewinne (Abschn. 6.3.3) für dieses Anwendungsszenario erfolgt eine Betrachtung und Diskussion von Weiterentwicklungen der Fallstudie (Abschn. 6.3.4). Dabei werden sowohl Einschränkungen (Abschn. 6.3.4.1) als auch Erweiterungen (Abschn. 6.3.4.2) der Ausgangssituation und deren Einfluss auf die Anwendung des Entscheidungsunterstützungssystems analysiert.

---

[317] Vgl. Crossley und Vulliamy 1984, S. 199 ff.; Eisenhardt 1989, S. 546 f.; Schögel und Tomczak 2009, S. 98.

[318] Vgl. Eisenhardt 1989, S. 546 f.; Schögel und Tomczak 2009, S. 98.

[319] Vgl. Schögel und Tomczak 2009, S. 87; Yin 2014, S. 44 ff.

[320] Vgl. Schögel und Tomczak 2009, S. 87 f.; Jene 2015, S. 259 f.; Mayr 2010, S. 188.

6.3.1 Beschreibung der Fallstudie

Im Rahmen der Fallstudie wird ein fiktives Innovationsnetzwerk betrachtet, dass aus drei Kooperationspartnern besteht. Bei den Kooperationspartnern handelt es sich um ein IT-Unternehmen, das als Portalbetreiber (*PB*) agiert, sowie um ein pflegerisches (*PD*) und ein technisches Dienstleistungsunternehmen (*TD*). Hierbei wird angenommen, dass die Unternehmen gemeinsam die Idee für ein AAL-System hatten und dieses zusammen entwickelt haben. Das AAL-System soll dabei aus einem Sprachassistenten, bspw. für Erinnerungen, und aus in den Wohnbereichen der Nutzer zu befestigenden Sensoren für verschiedene Sicherheitsfunktionen bestehen. Zudem können Daten von netzwerkfähigen Geräten, wie Blutdruck- und Blutzuckergeräten, auf einer Plattform gespeichert werden. Dies ermöglicht den Nutzern eine übersichtliche Darstellung ihrer Daten zur Erkennung von größeren Abweichungen sowie bei Bedarf das Teilen der Daten bspw. mit Ärzten, pflegerischen Dienstleistern und Angehörigen. Darüber hinaus soll das AAL-System Abweichungen im Tagesverlauf erkennen und, je nach Stärke der Abweichungen, z. B. den pflegerischen Dienstleister informieren, sodass dieser nach der Person schauen kann. Die Nutzer können, je nach Bedarf, einzelne Funktionen aktivieren oder deaktivieren und in dem Portal ihre Daten jederzeit einsehen und verwalten.

Im nächsten Schritt soll das AAL-System von den drei Kooperationspartnern vermarktet werden, wobei sich die Frage stellt, wie die gemeinsam erzielten Effizienzgewinne operationalisiert und fair unter den Unternehmen aufgeteilt werden können.

In der nachfolgenden Abbildung ist der beschriebene Fall veranschaulicht.

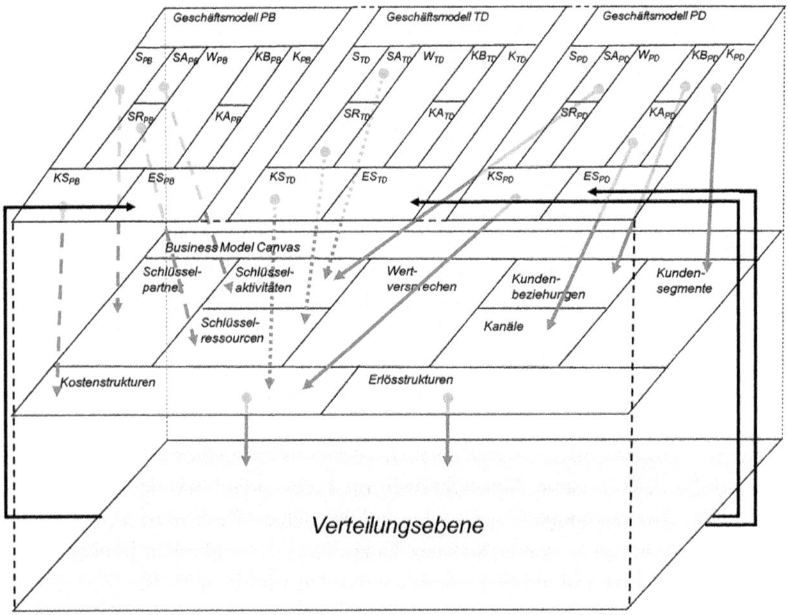

Abbildung 6.15 Kollaborative Geschäftsmodellstruktur zur Veranschaulichung der Fallstudie. (Quelle: Eigene Darstellung in Anlehnung an Bleja et al. 2018, S. 80; Bleja et al. 2019, S. 465; Bleja et al. 2020, S. 3)

Bei den drei in der Fallstudie betrachteten Partnern (*PB, TD, PD*) handelt es sich um Unternehmen, die bereits auf dem Markt tätig sind und auf einer Ebene als gleichberechtigte Partner zusammenarbeiten wollen. Die Abbildung stellt eine mögliche Geschäftsmodellstruktur für dieses Fallbeispiel dar. Jedes der Unternehmen verfolgt ein individuelles Geschäftsmodell[321], das auf die jeweilige Geschäftstätigkeit ausgerichtet ist.

Zur Beschreibung eines Geschäftsmodells existieren in der Literatur zahlreiche verschiedene Geschäftsmodellstrukturen.[322] Ausgangspunkt in der Abbildung

[321] Geschäftsmodelle dienen als Methode zur systematischen Erfassung aller relevanten Aspekte (bezogen auf eine Dienstleistung oder ein Produkt), um u. a. eine erfolgreiche nachhaltige Positionierung im Markt zu erreichen (vgl. Wirtz et al. 2016, S. 36 ff.).

[322] Für eine Übersicht einzelner Geschäftsmodellstrukturen siehe bspw. Schallmo 2014, 2021; Geissdoerfer et al. 2018.

ist das Business Model Canvas. Mit diesem Modell können Geschäftsmodellstrukturen iterativ entwickelt und dokumentiert werden. Es gilt zudem als intuitiv verständlich sowie übersichtlich und bietet daher eine gute Grundlage für Weiterentwicklungen.[323] Das Business Model Canvas besteht aus neun Kernelementen: Schlüsselpartner (S), Schlüsselaktivitäten (SA), Schlüsselressourcen (SR), Kundensegmente (K), Wertversprechen (W), Kanäle (KA), Kundenbeziehungen (KB), Kostenstrukturen (KS) und Erlösstrukturen (ES).[324] Mittelpunkt des Modells ist das Wertversprechen, das den Mehrwert widerspiegelt, den die Kunden[325] durch den Kauf des Produktes oder die Inanspruchnahme der Dienstleistung erzielen.[326] In der betrachteten Fallstudie könnte der Mehrwert der Nutzung des AAL-Systems sich bspw. durch ein erhöhtes Sicherheitsgefühl, die Ermöglichung eines längeren selbstbestimmten Lebens im eigenen Zuhause oder die Erleichterung des Alltags durch Erinnerungsfunktionen, automatisches Protokollieren von Messwerten wie Blutdruck und Blutzucker ergeben.

In der Abbildung 6.15 repräsentiert die linke Seite, bestehend aus Schlüsselpartnern, Schlüsselaktivitäten, Schlüsselressourcen sowie Kosten, die ressourcenbasierte Sichtweise.[327] Schlüsselpartner des Geschäftsmodells sind in der Regel die Akteure, die Teil der Wertschöpfungskette sind.[328] Im betrachteten Beispiel wären dies zusätzliche Partner, wie etwa die Unternehmen, die die Sensoren für das AAL-System herstellen. Die Schlüsselaktivitäten und Schlüsselressourcen spiegeln die Aufgaben und Ressourcen wider, die erforderlich sind, um das Wertversprechen zu erfüllen. In dem betrachteten Beispiel könnten die Daten, die Sensoren oder die Algorithmen Schlüsselressourcen und die technische Installation der Wohnung, die Datenspeicherung, -übertragung, -verwaltung, -analyse sowie die Servicebereitstellung Schlüsselaktivitäten sein. Die dabei entstehenden Kosten werden in Abbildung 6.15 links unten visualisiert.[329]

---

[323] Siehe z. B. Faust und Lotter 2018, S. 433; Qiao et al. 2022, S. 69 ff.; Tokarski et al. 2017, S. 24; Becker und Bröcker 2021, S. 3 f. Für eine Diskussion von Vor- und Nachteilen des Business Model Canvas siehe z. B. Becker und Bröcker 2021.

[324] Vgl. Osterwalder und Pigneur 2010, S. 16 ff.

[325] Vor dem hier beschriebenen Hintergrund kann der Kunde sowohl eine Person mit Assistenzbedarf sein, die das Assistenzsystem nutzt und demnach als Nutzer auftritt als auch bspw. Personen, die das Assistenzsystem für Angehörige kaufen. Wenn im weiteren Verlauf von Nutzer oder Klient gesprochen wird, dann wird im Rahmen der Fallstudie die Person darunter verstanden, die das AAL-System bei sich zu Hause nutzt.

[326] Vgl. Osterwalder und Pigneur 2010, S. 22 f.

[327] Vgl. Osterwalder und Pigneur 2010, S. 44.

[328] Vgl. Osterwalder und Pigneur 2010, S. 38 f.

[329] Vgl. Osterwalder und Pigneur 2010, S. 40 ff.

Auf der rechten Seite ist die auf den Markt gerichtete, kundenbezogene Sichtweise bestehend aus den Elementen Kanäle, Kundenbeziehungen, Kundensegmente und Erlöse abgebildet.[330] Dabei wird zunächst festgelegt, welche Kundengruppen mit dem AAL-System angesprochen werden sollen, also bspw. Personen ab einer bestimmten Altersklasse oder mit Assistenzbedarf, Pflegebedürftige oder Angehörige. Darauf aufbauend können passende Kanäle zur Ansprache der ausgewählten Kundengruppen gewählt werden.[331] Weiterhin ist die Art der Kundenbeziehung zu definieren, also ob es sich z. B. um eine enge und direkte Kundenbeziehung oder eine eher anonyme, formale Beziehung zum Kunden handelt.[332] Die erzielten Erlöse sowie die einzelnen Erlösquellen werden im Business Model Canvas rechts unten visualisiert.[333]

Das Geschäftsmodell für die Vermarktung des AAL-Systems entsteht aus der Integration und Einbindung der bereits existierenden Geschäftsmodelle der drei kooperierenden Unternehmen (*PB, PD, TD*).[334] Jedes der beteiligten Unternehmen bringt in der Regel schon bestehendes Know-how sowie bestimmte Kernkompetenzen in den unterschiedlichsten Bereichen mit. In dem betrachteten Fallbeispiel haben der Portalbetreiber und der technische Dienstleister schon Schlüsselaktivitäten und Schlüsselressourcen und der Portalbetreiber noch zusätzlich Schlüsselpartner, die für das Vorhaben relevant sind, sodass sie diese einbringen. Der pflegerische Dienstleister hat stattdessen bspw. schon Kanäle zu relevanten Kundengruppen oder Kundenbeziehungen aufgebaut, die genutzt werden können. Darüber hinaus werden die einzelnen Schlüsselkomponenten für das neue Vorhaben jeweils ergänzt. Die Kosten und Erlöse, die durch die Zusammenarbeit entstehen, werden zuerst gesammelt, operationalisiert und anschließend auf die einzelnen Partner verteilt.[335] Die Operationalisierung und Verteilung wird entsprechend mithilfe des in Abschnitt 6.2 beschriebenen Entscheidungsunterstützungssystems erfolgen. Dabei wird der Verteilungsgegenstand (bspw. Kosten, Erlöse, Effizienzgewinne (qualitative, quantitative bzw. qualitative und quantitative Effizienzgewinne) im Projektteam festgelegt.

---

[330] Vgl. Osterwalder und Pigneur 2010, S. 44.

[331] Vgl. Osterwalder und Pigneur 2010, S. 26 f.

[332] Vgl. Osterwalder und Pigneur 2010, S. 28 f.

[333] Vgl. Osterwalder und Pigneur 2010, S. 31 ff.

[334] Vgl. Bleja et al. 2018, S. 80; Bleja et al. 2019, S. 465; Bleja et al. 2020, S. 3.

[335] Vgl. Bleja et al. 2018, S. 80; Bleja et al. 2019, S. 465; Bleja et al. 2020, S. 3.

6.3.2 Operationalisierung der Effizienzgewinne im Rahmen der Fallstudie

Für die Operationalisierung der Effizienzgewinne sollten, wie im Abschnitt 6.2 beschrieben, zunächst die beiden Module zur Beschreibung des kooperativen Zusammenschlusses und zur Festlegung der Ziele der Zusammenarbeit im Kooperationsteam durchlaufen werden. Anschließend wird in Modul 3 ein geeignetes Operationalisierungsverfahren ausgewählt. In dem hier beschriebenen Fallbeispiel soll die Operationalisierung mit dem Ziel der anschließenden Verteilung der kooperationsbedingten Effizienzgewinne durchgeführt werden. Dabei wird vereinfacht angenommen, dass das übergeordnete Ziel der drei Kooperationspartner die Gewinnmaximierung ist. Demnach sollte ein vergangenheitsorientierter Operationalisierungsansatz ausgewählt werden.

Insgesamt kann die Zusammenarbeit der Kooperationspartner neben der Gewinnsteigerung noch weitere positive und negative Effekte haben, die sich auf den Effizienzgewinn auswirken, wobei die Effekte nicht alle voneinander unabhängig zu betrachten sind. Zum Beispiel könnten die Kooperationspartner positiv von der Erweiterung ihres Kundenangebots, durch eine Imagesteigerung, Steigerung der Attraktivität der Unternehmen für Arbeitnehmer, der Generierung zusätzlicher Kunden sowie der Aufteilung der Risiken des Vorhabens profitieren. Negativ auf den Effizienzgewinn könnten sich zunächst bspw. der Bedarf an zusätzlichen Mitarbeiterschulungen, der Aufwand zur Weiterentwicklung und Verbesserung des AAL-Systems sowie höhere Marketing- und Netzwerkaktivitäten auswirken. Es wird jedoch vereinfacht angenommen, dass die beschriebenen Effekte das übergeordnete Ziel der Gewinnmaximierung beeinflussen, sodass im Folgenden der Gewinn operationalisiert und anschließend verteilt werden soll. Demnach handelt es sich um einen quantitativen Effizienzgewinn. Hierfür kommt z. B. ein eindimensionales Operationalisierungsverfahren infrage. Im Folgenden wurde sich, der Einfachheit halber, für die Netzwerkergebnisrechnung als eindimensionales, vergangenheitsorientiertes Operationalisierungsverfahren entschieden.[336] Dieses hat im Vergleich zur aktivitätsbasierten Erfolgsmessung den Vorteil, dass keine Nutzenfunktion erstellt werden muss.[337] Nach der Festlegung der Rahmenbedingungen für die Operationalisierung (Modul 4) erfolgt im fünften Modul die Durchführung der Operationalisierung.

[336] Die vereinfachte, exemplarische Anwendung der Netzwerkergebnisrechnung für die Operationalisierung erfolgt anlog zur vorgestellten Vorgehensweise von Jene 2015, S. 265 ff.
[337] Vgl. Hugenberg et al. 2002, S. 267 f.; Deike 2006, S. 60 f; Bode et al. 2011, S. 671.

In der Tabelle 6.9 sind die Gewinne der drei Kooperationspartner für die betrachtete Periode eingetragen.

Tabelle 6.9 Gewinne der Kooperationspartner in der betrachteten Periode[338]

Kooperationspartner	Gewinne in der betrachteten Periode
Portalbetreiber (PB)	102.430 €
Pflegerischer Dienstleister (PD)	91.230 €
Technischer Dienstleister (TD)	84.500 €

Quelle: Eigene Darstellung

Die Gewinne setzten sich aus den Gewinnen der Unternehmen zusammen, die diese ohne die Kooperation erzielt hätten, zuzüglich der Gewinne, die sich durch die gemeinsame Vermarktung des AAL-Systems ergeben. Zur Berechnung des Effizienzgewinns der Kooperation, also dem Gewinn, der sich aus der Zusammenarbeit der Kooperationspartner ergeben hat, bedarf es einer Differenzierung dieser einzelnen Gewinnanteile für jeden Kooperationspartner. Der sich aus der Analyse vergangener Perioden ergebende fortgeschriebene Gewinn für die betrachtete Periode kann bspw. mithilfe von Zeitreihenanalysen[339] ermittelt werden. In der Tabelle 6.10 ist dies exemplarisch für die betrachtete Fallstudie abgebildet.

Tabelle 6.10 Operationalisierung der Effizienzgewinne der Kooperation[340]

Kooperationspartner	Gewinne in der Vorperiode	Prognostizierte Veränderung	Prognostizierte Gewinne der betrachteten Periode	Gewinne in der betrachteten Periode	Effizienzgewinn
PB	91.420 €	−1,0 %	90.506 €	102.430 €	11.924 €
PD	82.070 €	2,0 %	83.711 €	91.230 €	7.519 €
TD	70.420 €	1,5 %	71.476 €	84.500 €	13.024 €
Summe					**32.467 €**

Quelle: Eigene Darstellung und Berechnung

338 Bei den Werten in der Tabelle handelt es sich um fiktive Werte für die betrachtete Fallstudie.

339 Zeitreihenanalysen können für kurzfristige Prognosen verwendet werden, bei denen angenommen wird, dass die anhand der Zeitreihe analysierten Rahmenbedingungen mit großer Wahrscheinlichkeit für die nächste Periode konstant sind (vgl. Süssmuth und Komlos 2022, S. 178 ff.). Für weitere Informationen zu Zeitreihenanalysen siehe z. B. Neusser und Wagner 2022; Süssmuth und Komlos 2022, Kap. 9.

340 Bei den Werten in der Tabelle handelt es sich um fiktive Werte für die betrachtete Fallstudie.

Zunächst wird der prognostizierte Gewinn für die betrachtete Periode bspw. mithilfe des Gewinns der Vorperiode und der ermittelten prognostizierten Veränderung für die betrachtete Periode ermittelt. Der Effizienzgewinn jedes Kooperationspartners ergibt sich anschließend aus der Differenz des tatsächlichen Gewinns mit dem prognostizierten Gewinn für die betrachtete Periode. Insgesamt wird in der betrachteten Periode ein Effizienzgewinn von 32.467 € erzielt. Dieser soll im nächsten Schritt auf die einzelnen Kooperationspartner verteilt werden.

6.3.3 Verteilung der Effizienzgewinne im Rahmen der Fallstudie

Für die Verteilung des Effizienzgewinns auf die einzelnen Kooperationspartner wird die Fallstudie zuerst als *kooperatives Spiel*[341] beschrieben. Für die hier betrachtete Fallstudie besteht die Spielermenge aus den drei Kooperationspartnern. Es gilt:

$$N = \{PB, PD, TD\} \tag{6.15}$$

Für eine Spielermenge von drei ergeben sich insgesamt sieben mögliche Koalitionen. Die Werte für die charakteristische Funktion v sind in der folgenden Tabelle eingetragen.

Dabei wurde angenommen, dass die Partner ohne die Kooperation in der betrachteten Periode die prognostizierten Gewinne erzielt hätten, die in der Tabelle 6.11 angegeben sind. In diesem Fall liegt der Effizienzgewinn jedes Kooperationspartners bei 0 €. In dem Fall, in dem jeweils nur zwei Kooperationspartner miteinander kooperieren, wird angenommen, dass die entsprechende Leistung des jeweils nicht an der Kooperation beteiligten Unternehmens extern eingekauft werden muss und das Fehlen seines Know-hows im Rahmen der Entwicklung der AAL-Leistung sich zusätzlich negativ auf den Effizienzgewinn der Kooperation auswirkt.[342]

---

[341] Ein kooperatives Spiel ($\Gamma = (N, v)$) besteht aus einer sogenannten *Spielermenge* (N = $\{1, 2, \ldots, n\}$), die alle Spieler bzw. Kooperationspartner beinhaltet und einer *charakteristischen Funktion* v, die jeder Koalition einen Wert zuweist (vgl. z. B. Owen 2001, S. 213; Fromen 2004, S. 83). In dem hier betrachteten Fall, werden Effizienzgewinne betrachtet. Die charakteristische Funktion υ, weißt demnach jeder Koalition einen Effizienzgewinn zu.

[342] Demnach wird angenommen, dass zu Beginn der Kooperation noch keine Alleinstellungsmerkmale in der Form existieren, dass ohne eine direkte Beteilung eines Partners die Kooperation und damit die Vermarktung des Kooperationsgegenstands nicht zu Stande käme.

Tabelle 6.11 Werte der charakteristischen Funktion für die betrachtete Fallstudie[343]

Charakteristische Funktion	Effizienzgewinn in Euro
$\upsilon(\emptyset)$	0 €
$\upsilon(\{PB\})$	0 €
$\upsilon(\{PD\})$	0 €
$\upsilon(\{TD\})$	0 €
$\upsilon(\{PB, PD\})$	15.300 €
$\upsilon(\{PB, TD\})$	19.900 €
$\upsilon(\{PD, TD\})$	16.000 €
$\upsilon(\{PB, PD, TD\})$	32.467 €

Quelle: Eigene Darstellung und Berechnung

Der insgesamt zu verteilende Effizienzgewinn bei Kooperation aller drei Partner liegt bei 32.467 €.

Bei dem hier betrachteten Spiel handelt es sich um ein wesentliches Spiel, da der Effizienzgewinn bei Kooperation der drei Partner ($\upsilon(\{PB, PD, TD\})$) größer ist als die Summe der Effizienzgewinne der Partner bei alleinigem Handeln ($\upsilon(\{PB\}) + \upsilon(\{PD\}) + \upsilon(\{TD\})$).[344]

Bei der Auswahl des Verteilungsverfahrens (Modul 2) wird angenommen, dass aufgrund der engen Zusammenarbeit der Kooperationspartner und hoher Gemeinkosten keine verursachungsgerechte Verteilung möglich ist. Daher wird als Nächstes das Kern-Lösungskonzept angewendet. Die Ergebnisse sind in der nachfolgenden Tabelle dargestellt.[345]

Nach Eingabe der Werte der charakteristischen Funktion für die jeweiligen Koalitionen (siehe Tabelle 6.12) werden die einzelnen Ergebnisse bei Anwendung der spieltheoretischen Lösungskonzepte berechnet. Mit zunehmender Anzahl der Kooperationspartner steigt die Komplexität der Berechnungen, weil bspw. beim Shapley-Wert alle möglichen Reihenfolgen der Zusammenkunft der Kooperationspartner separat betrachtet werden.

Ein Verteilungsergebnis, dass die Anforderung der Kernstabilität erfüllt, sollte jedem Kooperationspartner einen Effizienzgewinn zuweisen, der in dem jeweiligen berechneten Bereich liegt.

Ein Fall, bei dem eine sogenannte Big-Boss-Konstellation auftritt, wird jedoch beispielhaft in Abschnitt 6.3.4 analysiert.

343 Bei den Werten in der Tabelle handelt es sich um fiktive Werte.

344 Für die Definition von wesentlichen Spielen siehe Abschnitt 6.1.1.

345 Für die Vorgehensweise zur Berechnung des Kerns siehe Abschnitt 4.2.1.

Tabelle 6.12 Verteilungsergebnis bei Anwendung des Kern-Lösungskonzeptes für die Fallstudie

Kooperationspartner	Verteilungsergebnis des Effizienzgewinns für die Fallstudie
	Kern
PB	$0\,€ \leq x_{PB} \leq 16.467\,€$
PD	$0\,€ \leq x_{PD} \leq 12.567\,€$
TD	$0\,€ \leq x_{TD} \leq 17.167\,€$

Quelle: Eigene Darstellung und Berechnung

Nach der Berechnung des Kerns erfolgen die Auswahl eines wertbasierten Lösungsansatzes und anschließend die Durchführung der Verteilung des Effizienzgewinns mithilfe dieses Verfahrens (Modul 3). Die Ergebnisse der Anforderungsanalyse haben ergeben, dass der τ-Wert und der χ-Wert gegenüber den anderen Methoden, wie in Abschnitt 6.1 beschrieben, einige Vorteile bieten. Im Rahmen der Fallstudie wird angenommen, dass das Kooperationsteam sich auf das Lösungskonzept des τ-Wertes einigt, da dieses im Bereich der Praktikabilität und der Stabilität gegenüber Informationsdefiziten und konzeptionellen Anpassungen Vorteile gegenüber dem χ-Wert bietet. Die Tabelle 6.13 zeigt die Verteilungsergebnisse für die hier betrachtete Fallstudie.[346]

Tabelle 6.13 Verteilungsergebnis bei Anwendung der dargestellten Lösungskonzepte für die Fallstudie

Kooperationspartner	Verteilungsergebnis des Effizienzgewinns für die Fallstudie[347]
	τ-Wert
PB	11.755,55 €
PD	8.255,89 €
TD	12.455,55 €

Quelle: Eigene Darstellung und Berechnung

Nach der Berechnung des Verteilungsergebnisses sollte geprüft werden, ob dieses im Kern liegt. Beim Vergleich der Verteilungsergebnisse (Tabelle 6.13) mit

[346] Für die Formeln und weiteren Erklärungen zur Berechnung der Verteilungsergebnisse siehe Abschnitt 4.2.

[347] Die Ergebnisse in der Tabelle sind jeweils auf zwei Nachkommastellen gerundet.

den mithilfe des Kern-Lösungskonzeptes ermittelten Wertebereichen zeigt sich, dass die Ergebnisse für alle Kooperationspartner im Kern liegen.

Nach der Auszahlung der Effizienzgewinne an jeden Kooperationspartner erfolgt eine Retrospektive der jeweiligen Prozesse.

6.3.4 Weiterentwicklung der Fallstudie

Im Rahmen dieses Kapitels erfolgt eine Weiterentwicklung der in Abschnitt 6.3.1 beschriebenen Fallstudie. Jede Kooperation ist individuell in der Zusammensetzung. Das Ziel dieses Abschnittes ist es daher, verschiedene beispielhafte Veränderungen der betrachteten Ausgangssituation zu diskutieren. Hierfür werden sowohl Einschränkungen als auch Erweiterungen der Fallstudie analysiert (siehe Abbildung 6.16).

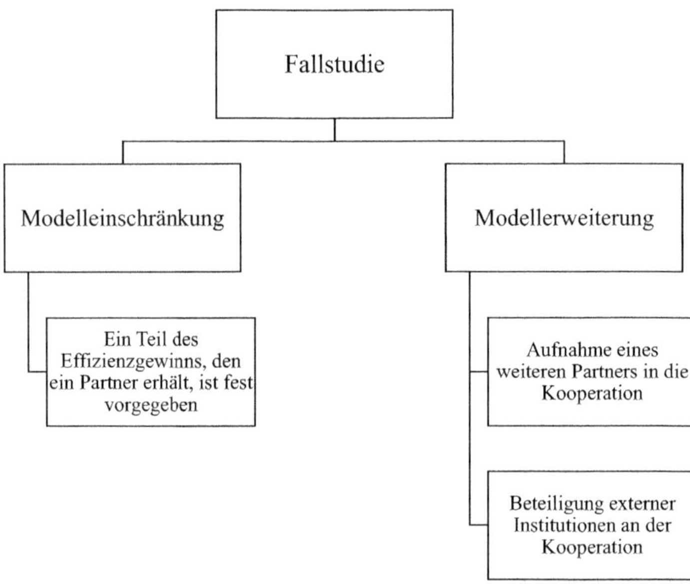

Abbildung 6.16 Weiterentwicklung der Fallstudie – Überblick über die Modelleinschränkungen und –erweiterungen. (Quelle: Eigene Darstellung)

Bei der Modelleinschränkung wird angenommen, dass ein Teil des Effizienzgewinns eines Partners bspw. durch gesetzliche Regelungen fest vorgegeben ist. Diese Einschränkung wurde ausgewählt, weil es insbesondere im Pflegebereich für bestimmte Leistungen fest vorgegebene Vergütungssätze gibt.[348] Im Rahmen von Vorhaben im AAL-Bereich ist es daher wahrscheinlich, dass ein solcher Fall in der Praxis auftreten kann.

Bei der Modellerweiterung werden zwei beispielhafte Fälle diskutiert. Zum einen die Vergrößerung der Kooperation durch die Aufnahme eines weiteren Partners. Insbesondere wenn die Kooperation erfolgreich ist, können im Laufe der Zusammenarbeit aufgrund von Standorterweiterungen oder Erweiterungen des Produkts- bzw. Dienstleistungsangebots weitere Partner zur Kooperation hinzukommen. Daher ist es sinnvoll, diese Modellerweiterung und deren Auswirkungen zu analysieren. Des Weiteren wird diskutiert, wie sich eine Beteiligung externer Institutionen, wie Pflegekassen oder Kommunen, an der Kooperation auswirken kann.

6.3.4.1 Einschränkung des Modells

Im Folgenden wird die Einschränkung betrachtet, dass ein Teil des Effizienzgewinns eines Partners durch äußere Rahmenbedingungen, wie bspw. gesetzliche Regelungen festgesetzt ist. Hierfür wird angenommen, dass der pflegerische Dienstleister bei den Nutzern des AAL-Systems für die Durchführung einiger Leistungen, z. B. bei der Arzneimittelgabe und der Blutdruckmessung, ein festes Entgelt erhält. Im Rahmen der Kooperation können vorrangig zwei optionale Vorgehensweisen zum Umgang mit dieser Situation diskutiert werden.

Einerseits könnte der Effizienzgewinn der Kooperation ohne Berücksichtigung dieser Einschränkung berechnet werden. Hierbei würde angenommen, dass der Anteil des Effizienzgewinns von dem betreffenden Kooperationspartner, der fest vorgegeben ist, relativ gering im Vergleich zum gesamten in der betrachteten Periode erzielten Effizienzgewinn ist. Liegt das Verteilungsergebnis für diesen Partner anschließend über dem gesetzlich vorgeschriebenen Wert, ist keine Veränderung der Vorgehensweise erforderlich. Liegt der Wert jedoch unterhalb des dem Partner zustehenden gesetzlichen Wertes, so bedarf es eines Ausgleichs der Differenz durch die anderen Partner. Dies könnte sich negativ auf die Fairness und

[348] Die gesetzliche Grundlage hierfür findet sich für ambulante Pflegeleistungen im SGB XI §90 und §91 sowie für häusliche Krankenpflege im SGB V §37.

Stabilität der Kooperation auswirken, weil bspw. das sich dadurch ergebende Verteilungsergebnis möglicherweise nicht mehr im Kern liegt. Darüber hinaus sieht die eigentliche Vorgehensweise keine Diskussion des Verteilungsergebnisses nach dessen Berechnung vor. Eine mögliche Anpassung der Vorgehensweise sollte erst in der Retrospektive diskutiert und für die nächste Periode abgestimmt werden. Ansonsten könnte dies unter der Annahme, dass die Unternehmen gewinnmaximierend handeln, im Kooperationsteam zu vermehrten Diskussionen und zu einer fehlenden Akzeptanz des Verteilungsergebnisses führen.

Andererseits könnte diese Einschränkung bereits bei der Operationalisierung berücksichtigt werden. In diesem Fall würde der betreffende Kooperationspartner (*hier: PD*) die entsprechenden Leistungen im Rahmen des prognostizierten Gewinns mit einberechnen, sodass diese kein Bestandteil des zu verteilenden Effizienzgewinns der Kooperation sind. Diese Vorgehensweise kann damit begründet werden, dass die pflegerischen Leistungen direkt zurechenbar sind und demnach nicht im Rahmen des Effizienzgewinns berücksichtigt werden müssten. Die Vorgehensweise hat den Vorteil, dass es keiner Überprüfung des Verteilungsergebnisses bedarf.

6.3.4.2 Erweiterung des Modells

Im Folgenden werden zwei Erweiterungen der Fallstudie näher untersucht. Als erstes wird eine Kooperationserweiterung durch die Aufnahme eines weiteren Kooperationspartners untersucht. Je nach Kooperation kann diese Erweiterung unter unterschiedlichen Bedingungen durchgeführt werden. Zuerst soll angenommen werden, dass ohne die bisherigen Partner das Kooperationsvorhaben nicht umgesetzt werden kann (*Annahme 1*). Dies kann sich bspw. dadurch ergeben, dass die Kooperationspartner ein Unternehmen zusammen gegründet haben und bindende Verträge bezüglich des Kooperationsvorhabens abgeschlossen haben. Als zweites wird angenommen, dass nur einer der bisherigen Partner zwingend für das Kooperationsvorhaben beteiligt sein muss (*Annahme 2*). Dieser Fall kann sich bspw. im Laufe des Projektes ergeben, wenn Verträge auslaufen oder eine Vergrößerung der Reichweite erzielt werden soll. Für die betrachtete Fallstudie könnte z. B. eine Erreichung von Kunden in anderen Bundesländern angestrebt werden. Aufgrund von personellen Ressourcen wäre eine Betreuung dieser Kunden durch den pflegerischen und technischen Dienstleister bspw. nicht möglich, sodass diese Erweiterung in Absprache mit den Kooperationspartnern lediglich von dem Portalbetreiber und neuen Kooperationspartnern in den entsprechenden Regionen umgesetzt wird.

Bei der ersten Annahme bilden die bereits kooperierenden Partner zusammen eine Einheit und bei der zweiten beschriebenen Annahme handelt es sich im

Rahmen der kooperativen Spieltheorie um ein Big-Boss-Spiel.[349] Bei einem Big-Boss-Spiel gelten für einen Spieler i^* die folgenden zwei Bedingungen:

$$v(K) = 0 \, \text{falls} \, i^* \notin K \tag{6.16}$$

$$v(N) - v(K) \geq \sum_{i \in N \backslash K} (v(N) - v(N \backslash \{i\})) \, \text{falls} \, i^* \in K \tag{6.17}$$

Demnach beträgt der Effizienzgewinn einer Koalition ohne den Partner, der die Big-Boss-Position einnimmt, Null. Darüber hinaus sagt die zweite Bedingung, dass jede Kooperation, bei der i^* nicht beteiligt ist, einen Beitrag zur großen Koalition N leistet, der nicht kleiner ist als die Summe der Beiträge der einzelnen Partner zur großen Koalition. Demnach können die schwächeren Partner durch die Bildung von Unterkoalitionen ihre Machtposition verbessern.[350]

Die vorgestellten Annahmen hinsichtlich der Erweiterung des Zusammenschlusses um einen Kooperationspartner sollen im Folgenden einzeln erläutert werden. Hierfür wird angenommen, dass z. B. ein Partner aus dem Bereich der Wohnungsbaugesellschaften (WD) zur Kooperation dazukommen soll. Der Effizienzgewinn der Kooperation kann analog zu Abschnitt 6.3.2 bspw. mit der Netzwerkergebnisrechnung berechnet werden. Die sich durch die Erweiterung ergebende Spielermenge kann wie folgt beschrieben werden:

$$N = \{PB, PD, TD, WD\} \tag{6.18}$$

Für eine Spielermenge von vier ergeben sich insgesamt fünfzehn mögliche Koalitionen.[351]

Als erstes wird die Annahme 1 betrachtet, bei der eine Umsetzung des Kooperationsvorhabens ohne die bisherigen Kooperationspartner PB, PD und TD nicht möglich ist. Die Werte für die charakteristische Funktion v sind in der Tabelle 6.14 eingetragen.

[349] Vgl. Muto et al. 1988, S. 303 f.; Strangmeier und Fiedler 2011, S. 47.

[350] Vgl. Muto et al. 1988, S. 303 f.; Strangmeier und Fiedler 2011, S. 47.

[351] Die Anzahl der Koalition kann wie folgt berechnet werden: $2^N - 1$. Für vier Kooperationspartner ergeben sich damit $2^4 - 1 = 15$ Koalitionsmöglichkeiten.

Tabelle 6.14 Werte der charakteristischen Funktion (Fallstudie – Erweiterung 1.1)[352]

Charakteristische Funktion	Effizienzgewinn in Euro
$\upsilon(\emptyset)$	0 €
$\upsilon(\{PB\})$	0 €
$\upsilon(\{PD\})$	0 €
$\upsilon(\{TD\})$	0 €
$\upsilon(\{WD\})$	0 €
$\upsilon(\{PB, PD\})$	0 €
$\upsilon(\{PB, TD\})$	0 €
$\upsilon(\{PB, WD\})$	0 €
$\upsilon(\{PD, TD\})$	0 €
$\upsilon(\{PD, WD\})$	0 €
$\upsilon(\{TD, WD\})$	0 €
$\upsilon(\{PB, PD, TD\})$	32.467 €
$\upsilon(\{PB, PD, WD\})$	0 €
$\upsilon(\{PD, TD, WD\})$	0 €
$\upsilon(\{PB, TD, WD\})$	0 €
$\upsilon(\{PB, PD, TD, WD\})$	45.000 €

Quelle: Eigene Darstellung und Berechnung

Durch die Big-Boss-Konstellationen führen alle Koalitionen bei denen PB, PD und TD nicht beteiligt sind, zu einem Effizienzgewinn von null, da diese zwingend für das Kooperationsvorhaben beteiligt werden müssen. Damit nimmt die charakteristische Funktion lediglich für $\upsilon(\{PB, PD, TD\})$ und für $\upsilon(\{PB, PD, TD, WD\})$ einen Wert größer Null an. Des Weiteren ist zu erkennen, dass es sich um ein wesentliches Spiel handelt, da der Effizienzgewinn bei Kooperation der vier Partner größer ist als die Summe der Effizienzgewinne der Partner bei alleinigem Handeln.[353]

Wird das Verteilungsergebnis jetzt ausschließlich anhand der in der vorherigen Tabelle angegebenen charakteristischen Funktion berechnet, so erhalten die Partner, die zuvor bereits kooperiert haben (PB, PD, TD), jeweils den gleichen Anteil am Effizienzgewinn, da die vorherigen Perioden bei der Berechnung nicht berücksichtigt werden. Falls dies nicht im Sinne der Kooperationspartner ist, so

[352] Bei den Werten in der Tabelle handelt es sich um fiktive Werte für die betrachtete Fallstudie.

[353] Für die Definition von wesentlichen Spielen siehe Abschnitt 6.1.1.

könnte die Annahme getroffen werden, dass die prozentuale Verteilung, die in der Vorperiode berechnet wurde, konstant gehalten wird. Bei der Berechnung der Verteilung mithilfe des τ-Wertes ergibt sich dabei folgendes Ergebnis:[354]

Tabelle 6.15 Verteilungsergebnis bei Anwendung des Kern-Lösungskonzeptes und des τ-Wertes (Fallstudie – Erweiterung 1.1)

Kooperationspartner	Verteilungsergebnis des Effizienzgewinns[355]		
	τ-Wert	Modifiziertes Verteilungsergebnis	Kern
PB	13.725,74 €	14.910,27 €	$0 € \leq x_{PB} \leq 45.000 €$
PD	13.725,74 €	10.471,37 €	$0 € \leq x_{PD} \leq 45.000 €$
TD	13.725,74 €	15.795,59 €	$0 € \leq x_{TD} \leq 45.000 €$
WD	3.822,77 €	3.822,77 €	$0 € \leq x_{WD} \leq 12.533 €$
Summe	**45.000,00 €**	**45.000,00 €**	

Quelle: Eigene Darstellung und Berechnung

Wird der τ-Wert als Lösungsverfahren gewählt und das Verteilungsergebnis anhand der Tabelle 6.14 berechnet, so erhalten die Partner, die bereits zuvor kooperiert haben, jeweils 13.725,74 € und WD 3.822,77 € vom gesamten Effizienzgewinn. Diese Lösung würde jedoch vermutlich von den bereits kooperierenden Partnern als unfair eingestuft werden und eine Modifizierung der Vorgehensweise gefordert. Werden die prozentualen Verteilungen bei Anwendung des τ-Wertes der letzten Periode, bei der nur PB, PD und TD kooperiert haben, konstant gehalten, so ergibt sich das modifizierte Verteilungsergebnis, das in der mittleren Ergebnisspalte der Tabelle 6.15 abgebildet ist.[356]

[354] Das Verteilungsergebnis bei Anwendung der ACA-Methode oder dem χ-Wert ist für diesen Kooperationsfall identisch. Lediglich der Shapley-Wert kommt zu einem anderen Verteilungsergebnis ($x_{PB} = x_{PD} = x_{TD} = 10.822,33$ €; $x_{WD} = 12.533,00$ €).

[355] Die Ergebnisse in der Tabelle sind jeweils auf zwei Nachkommastellen gerundet.

[356] Die prozentuale Verteilung des Effizienzgewinns bei Anwendung des τ-Wertes lässt sich anhand der Tabelle 6.13 erschließen (PB: 36,21 %, PD: 25,43 %, TD: 38,36 %). Der Effizienzgewinn von WD liegt bei 3.822,77 €. Die Effizienzgewinne der anderen Partner ergeben sich durch Multiplikation der jeweiligen Anteile mit dem gesamten Effizienzgewinn abzüglich des Effizienzgewinns von dem neuen Partner WD, also in diesem Beispiel mit 41.177,23 €.

Beide Verteilungsergebnisse liegen im Kern. Zudem profitieren alle Partner, wenn auch nicht im gleichen Umfang von der Kooperation, da ihre jeweiligen Effizienzgewinne bei Kooperation der vier Partner höher sind als bei der ursprünglichen Kooperation von PB, PD und TD.

Als nächstes wird angenommen, dass WD als Partner zur Kooperation dazukommt, aber die zuvor beschriebene Big-Boss-Konstellation nur noch für einen Partner gilt. Bezogen auf das betrachte Fallbeispiel ist das Vorhaben z. B. ohne PB nicht umsetzbar, während PD und TD theoretisch durch entsprechende andere Dienstleister ausgetauscht werden könnten. Die Spielermenge[357] besteht dementsprechend wiederum aus den vier Kooperationspartnern PB, PD, TD und WD, wodurch sich fünfzehn mögliche Koalitionen ergeben. Die Werte der charakteristischen Funktion für diese Ergänzung der Fallstudie sind in der Tabelle 6.16 abgebildet.

Tabelle 6.16 Werte der charakteristischen Funktion (Fallstudie – Erweiterung 1.2)[358]

Charakteristische Funktion	Effizienzgewinn in Euro
$\upsilon(\emptyset)$	0 €
$\upsilon(\{PB\})$	0 €
$\upsilon(\{PD\})$	0 €
$\upsilon(\{TD\})$	0 €
$\upsilon(\{WD\})$	0 €
$\upsilon(\{PB, PD\})$	15.300 €
$\upsilon(\{PB, TD\})$	19.900 €
$\upsilon(\{PB, WD\})$	6.000 €
$\upsilon(\{PD, TD\})$	0 €
$\upsilon(\{PD, WD\})$	0 €
$\upsilon(\{TD, WD\})$	0 €
$\upsilon(\{PB, PD, TD\})$	32.467 €
$\upsilon(\{PB, PD, WD\})$	29.370 €
$\upsilon(\{PD, TD, WD\})$	0 €
$\upsilon(\{PB, TD, WD\})$	28.210 €
$\upsilon(\{PB, PD, TD, WD\})$	45.000 €

Quelle: Eigene Darstellung und Berechnung

[357] Siehe Formel (6.18).

[358] Bei den Werten in der Tabelle handelt es sich um fiktive Werte für die betrachtete Fallstudie.

Der Effizienzgewinn beträgt immer Null, wenn PB nicht an der Kooperation beteiligt ist. Darüber hinaus handelt es sich auch hierbei um ein wesentliches Spiel. Basierend auf den Werten der charakteristischen Funktion, die in Tabelle 6.16 angegeben sind, kann das Verteilungsergebnis bestimmt werden. Je nach zuvor ausgewähltem Verfahren ergibt sich eins der angegebenen Verteilungsergebnisse (Tabelle 6.17):

Tabelle 6.17 Verteilungsergebnis bei Anwendung der Lösungskonzepte (Fallstudie – Erweiterung 1.2)

Kooperationspartner	Verteilungsergebnis des Effizienzgewinns[359]				
	Shapley-Wert	ACA-Wert	τ-Wert	χ-Wert	Kern
PB	16.689,00 €	22.511,76 €	23.631,28 €	16.882,03 €	$0\,€ \leq x_{PB} \leq 45.000\,€$
PD	6.739,00 €	8.399,39 €	7.981,24 €	8.767,40 €	$0\,€ \leq x_{PD} \leq 16.790\,€$
TD	9.039,00 €	7.819,08 €	7.429,83 €	8.332,22 €	$0\,€ \leq x_{TD} \leq 15.630\,€$
WD	12.533,00 €	6.269,77 €	5.957,65 €	11.018,34 €	$0\,€ \leq x_{WD} \leq 12.533\,€$
Summe	**45.000,00 €**	**45.000,00 €**	**45.000,00 €**	**45.000,00 €**	

Quelle: Eigene Darstellung und Berechnung

Die Verteilungsergebnisse liegen alle in den mithilfe des Kern-Lösungsansatzes berechneten Wertebereichen. Während PB und WD unabhängig vom Lösungsverfahren profitieren, wirken sich die neuen Rahmenbedingungen in dem betrachteten Fallbeispiel negativ auf die Höhe des Effizienzgewinns von PD und TD aus. PD und TD erzielen durch die Kooperation aber immer noch einen positiven Effizienzgewinn. Dieser ist jedoch im Vergleich zur Ausgangssituation geringer.

Als nächstes wird eine Erweiterung der Fallstudie betrachtet, die sich durch die Beteiligung externer Institutionen an dem Kooperationsvorhaben ergibt. Im Rahmen der beschriebenen Fallstudie wird ein altersgerechtes Assistenzsystem von den Kooperationspartnern entwickelt und vermarktet. AAL-Systemen wird das Potenzial zugesprochen, die Selbstständigkeit und Unabhängigkeit von Personen mit Assistenzbedarf zu stärken.[360] Dies kann zu einer effizienteren Verteilung von Ressourcen im Gesundheits- und Pflegebereich beitragen, wenn bspw. durch die Unterstützung des Assistenzsystems im Alltag der Aufwand des pflegerischen

[359] Die Ergebnisse in der Tabelle sind jeweils auf zwei Nachkommastellen gerundet.

[360] Vgl. van den Broek et al. 2010, S. 23 f.; Pfabigan et al. 2020, S. 465; Ziefle 2021, S. 453; Mähs und Fachinger 2022, S. 527.

Personals reduziert und ein längerer Verbleib im eigenen zu Hause ermöglicht werden kann.[361]

Durch den Kauf eines Assistenzsystems profitiert der Pflegebedürftige bzw. die Person mit Assistenzbedarf nicht nur selbst, sondern auch Externe, wie z. B. Pflegekassen und Kommunen, wenn dadurch u. a. eine längere ambulante Versorgung möglich ist. In dem Fallbeispiel würden demnach die Pflegekassen und Kommunen von dem durch das AAL-System ggf. ermöglichten späteren Eintritt in die stationäre Pflege finanziell in Form von Kosteneinsparungen profitieren, obwohl die pflegebedürftige Person den alleinigen finanziellen Aufwand für den Erwerb des Assistenzsystems hat.

Die Pflegekassen und Kommunen generieren positive externe Effekte. Durch den Kauf des AAL-Systems erhöht sich der Nutzen externer Institutionen. Diese beziehen diesen Effekt jedoch nicht in ihr Verhaltenskalkül mit ein, denn es erfolgt aktuell meist keine Kompensation zwischen den Nutzenstiftern (z. B. Personen mit Assistenzbedarf, die das AAL-System gekauft haben) und den Nutzenempfängern (z. B. Pflegekassen und Kommunen).[362] Diese positiven externen Effekte führen dazu, dass die Nachfrage im Vergleich zum Wohlfahrtsmaximum zu niedrig ist. Dies wird in der Literatur auch als Trittbrettfahrerproblem bezeichnet.[363] In der Spieltheorie kann dies auch mit dem Gefangenendilemma beschrieben werden.[364] Sowohl Personen mit Assistenzbedarf als auch Pflegekassen und Kommunen profitieren bei der Nutzung eines AAL-Systems und wenn alle hierzu etwas finanziell beitragen im Vergleich zu einer Nichtnutzung des AAL-Systems. Die Beteiligten profitieren aber noch mehr von dem AAL-System, wenn sie hierfür keinen Beitrag leisten. Diese Problematik kann dazu führen, dass das AAL-System gar nicht auf den Markt kommt, obwohl alle Beteiligten hiervon profitieren würden.[365]

Eine Internalisierung dieser positiven externen Effekte könnte zu einer Abschwächung des Trittfahrerproblems beitragen. Hierzu müssten z. B. die Pflegekassen und Kommunen einen Teil der Kosteneinsparungen, die sie bei pflegebedürftigen Nutzern des Assistenzsystems im Durchschnitt erzielen, an das Kooperationsteam auszahlen. Darüber hinaus würde diese Zahlung zu einem Anstieg der Effizienzgewinne des kooperativen Zusammenschlusses führen,

---

[361] Vgl. Fachinger et al. 2015b, S. 44; Grünendahl et al. 2017, S. 56; Fachinger 2018, S. 52; Heinze 2018, S. 17; Ziefle 2021, S. 453 ff.; Mähs und Fachinger 2022, S. 527.

[362] Vgl. Woeckener 2019, S. 125; Jurack et al. 2012, S. 19.

[363] Vgl. Woeckener 2019, S. 126; Jurack et al. 2012, S. 19.

[364] Vgl. Woeckener 2019, S. 127.

[365] Vgl. Woeckener 2019, S. 126 f.; Jurack et al. 2012, S. 19.

sodass die Zusammenarbeit von den Partnern als profitabler bewertet würde. Am Anfang der Zusammenarbeit könnte dies u. a. zu einer schnelleren Generierung von positiven Effizienzgewinnen sowie zu einer Risikoreduzierung beitragen. Das Kooperationsvorhaben könnte nachhaltiger und intensiver von den Partnern verfolgt werden, wodurch sich zum Beispiel Standortausweitungen und die Aufnahme weiterer Kunden schneller realisieren ließen. Dies hätte dann wiederum einen positiven Effekt für Pflegekassen und Kommen.

Für die Förderung der altersgerechten Assistenzsysteme durch Pflegekassen und Kommunen bedarf es vorab einer gesundheitsökonomischen Evaluierung dieser Technologien, bei der u. a. die ökonomischen Rahmenbedingungen identifiziert, gemessen und untersucht werden.[366] Diese Evaluierungen können zu einer Reduzierung des Informationsdefizits hinsichtlich der Wirksamkeit und des Nutzens von AAL-Systemen sowie zu einer Unterstützung dieser Technologien durch Pflegekassen und Kommunen beitragen.[367] Die Konzeption und Durchführung ist jedoch nicht trivial und mit Herausforderungen verbunden. Die Analyse kann aus unterschiedlichen Perspektiven, wie etwa der gesamtwirtschaftlichen Sicht, der Entscheidungsträger, der Leistungserbringer oder der Nutzer, durchgeführt werden, wodurch sich möglicherweise widersprechende Ergebnisse ergeben.[368] Darüber hinaus gelten die Auswahl für die Evaluation geeigneter Indikatoren sowie die Messung der Auswirkungen der Technologien als Herausforderungen.[369]

Es bedarf für die Evaluierung zudem einer transparenten und strukturieren Vorgehensweise.[370] *Mähs* hat hierfür z. B. ein Framework entlang des Lebenszyklus der zu evaluierenden Technologie entwickelt, das als Orientierung dienen kann.[371]

---

[366] Vgl. Mähs und Fachinger 2022, S. 542; Fachinger et al. 2022, S. 512 f.; Mähs 2022, S. 199.

[367] Vgl. Mähs 2022, S. 199.

[368] Vgl. Fachinger 2018, S. 63; Mähs und Fachinger 2022, S. 542; Fachinger et al. 2022, S. 515 f.

[369] Vgl. Mähs und Fachinger 2022, S. 542.

[370] Vgl. Mähs 2022, S. 199.

[371] Vgl. Mähs 2022, S. 157.

6.3.5 Zwischenfazit zur Fallstudie im AAL-Bereich

Im Rahmen dieses Kapitels wurde zunächst ein fiktives Innovationsnetzwerk im AAL-Bereich, bestehend aus drei Kooperationspartnern sowohl inhaltlich als auch spieltheoretisch beschrieben. Anschließend erfolgte die Anwendung des Entscheidungsunterstützungssystems und der darin enthaltenen Operationalisierungs- und Verteilungsprozesse beispielhaft anhand des Falls und abschließend die Diskussion von Weiterentwicklungen der Fallstudie.

Die Methodik der Fallstudie wurde angewendet, weil es sich bei den zu untersuchenden Prozessen um ein recht unerschlossenes Forschungsfeld insbesondere im Gesundheits- und Pflegebereich handelt und der Untersuchungsgegenstand nur schwer standardisierbar ist.[372] Mithilfe der Fallstudie konnten die Prozesse detailliert veranschaulicht und praxisrelevante Einschränkungen und Erweiterungen der Rahmenbedingungen analysiert werden.[373] Dabei ist zu berücksichtigen, dass die Ergebnisse von Fallstudien nicht unmittelbar auf andere Fälle übertragbar sind.[374]

Die Untersuchung ermöglicht jedoch einen Einblick, wie das Entscheidungsunterstützungssystem in der Praxis angewendet werden kann, wenngleich die Fallstudie einigen Einschränkungen unterlag. So wurde bspw. nur ein quantitativer Effizienzgewinn betrachtet und ein Operationalisierungsansatz detailliert dargestellt.

Insgesamt hat die Fallstudie gezeigt, dass der Operationalisierungs- und Verteilungsprozess je nach Kooperation und den individuell festzulegenden Parametern unterschiedlich gestaltet sein kann. Die Fallstudie zeigt zudem, dass sich einige Herausforderungen ergeben. Insbesondere bei der Wahl des Operationalisierungsverfahrens bei unterschiedlichen Kooperationspartnern ist es wichtig, vorab herauszufinden, über welche Datenbasis die Partner verfügen und inwieweit regelmäßige (Gewinn-)Prognosen durchgeführt werden, um ein für alle Kooperationspartner geeignetes Verfahren auszuwählen.

Darüber hinaus könnte die Anwendung des Tools zur Verteilung der Effizienzgewinne sowie die Berücksichtigung von Spezialfällen, die über die diskutierten Fälle hinausgehen, mit Schwierigkeiten verbunden sein, wodurch eine anfängliche professionelle Begleitung des Operationalisierungs- und Verteilungsprozesses durch einen Experten sinnvoll sein kann. Diese kann neben Fehlanwendungen

[372] Vgl. Schögel und Tomczak 2009, S. 87 f.; Jene 2015, S. 259 f.; Mayr 2010, S. 188.

[373] Vgl. Eisenhardt 1989, S. 546 f.; Schögel und Tomczak 2009, S. 98.

[374] Vgl. Eisenhardt 1989, S. 546 f.; Schögel und Tomczak 2009, S. 98.

auch ggf. Manipulationen entgegenwirken und das Vertrauen der Kooperationspartner in das Entscheidungsunterstützungssystem erhöhen.

Des Weiteren sind Evaluierungen des Entscheidungsunterstützungssystems notwendig, sodass dieses aufbauend auf den Ergebnissen der Untersuchungen iterativ für eine Anwendung in der Praxis weiterentwickelt werden kann.

Fazit und weiterer Forschungsbedarf 7

Gegenstand dieser Arbeit ist die Analyse von Verfahren zur Operationalisierung und Verteilung von Effizienzgewinnen in Innovationsnetzwerken im Gesundheits- und Pflegebereich. Rückblickend werden im Folgenden die Hauptergebnisse zusammengefasst und kritisch diskutiert. Den Abschluss bildet eine Analyse des weiteren Forschungsbedarfs.

7.1 Zusammenfassung und kritische Würdigung

Ziel der Arbeit ist es, die Forschungslücke hinsichtlich der Eignung und praktischen Anwendung spieltheoretischer Verfahren zur fairen Verteilung von Effizienzgewinnen innerhalb von Innovationsnetzwerken im Gesundheits- und Pflegebereich zu verringern. Dabei wurden die Fragen erörtert, wie gemeinsam erwirtschaftete Effizienzgewinne, die bei Innovationsnetzwerken im Gesundheits- und Pflegekontext auftreten, operationalisiert und fair auf die Kooperationspartner verteilt werden können und wie diesbezüglich eine praxistaugliche Gestaltung ermöglicht werden kann.

Für die Operationalisierung von Effizienzgewinnen in Kooperationen wurden zunächst zwei unterschiedliche Perspektiven der Durchführung – die kumulative und die kollektive Operationalisierung – vorgestellt und diskutiert. Das Ergebnis der Diskussion war, dass die Wahl der Perspektive für die Operationalisierung für jede Kooperation individuell getroffen werden muss. Die dargestellten Vor- und Nachteile, auch im Hinblick auf die Art des Zusammenschlusses, können jedoch bei der Entscheidung hilfreich sein.

J. Bleja, *Entscheidungsunterstützungssystem für Innovationsnetzwerke im Bereich Ambient Assisted Living*, Vechtaer Beiträge zur Gerontologie,
https://doi.org/10.1007/978-3-658-46661-9_7

Anschließend erfolgte eine Darstellung, Diskussion sowie ein systematischer Vergleich von jeweils drei eindimensionalen und mehrdimensionalen Operationalisierungsansätzen.[1] Für den im Rahmen dieser Arbeit betrachteten Fall eines Innovationsnetzwerks, bei dem die Operationalisierung mit dem Ziel der anschließenden Verteilung der ermittelten Effizienzgewinne durchgeführt werden soll, stellte sich heraus, dass sich vor allem ein vergangenheitsorientierter Ansatz eignet. Im Ergebnis zeigt sich für den Fall eines monetären Effizienzgewinns, dass sich die Netzwerkergebnisrechnung sowie die aktivitätsbasierte Erfolgsmessung als Operationalisierungsansatz anbieten. Wenn auch qualitative Effizienzgewinne operationalisiert werden sollen, bedarf es eines mehrdimensionalen, vergangenheitsorientierten Ansatzes wie der Balanced Scorecard oder der kooperationsbezogenen Erfolgsmessung durch Erfolgsfaktorenerfassung, bei der das Ergebnis vor der Verteilung jedoch noch monetarisiert werden muss.

Bei der Analyse von Operationalisierungsverfahren hat sich herausgestellt, dass die Auswahl eines Verfahrens zur Operationalisierung von Effizienzgewinnen in Kooperationen sowie die Durchführung der Operationalisierung als komplex zu bewerten und von vielfältigen Kriterien abhängig ist. Insbesondere wenn zusätzlich qualitative Effizienzgewinne operationalisiert werden sollen, besteht anschließend die Herausforderung der Monetarisierung des Operationalisierungsergebnisses. Demnach konnte im Rahmen der Arbeit auch kein Verfahren identifiziert werden, das gegenüber den anderen generell bevorzugt werden sollte. Die identifizierten Kriterien und die darauf aufbauend erstellte Bewertungsmatrix zum Vergleich der Operationalisierungsverfahren stellen jedoch einen Ansatz zur Auswahl eines geeigneten Verfahrens dar. Dieser Ansatz kann Kooperationspartnern als Entscheidungshilfe zur Wahl einer geeigneten Methode zur Operationalisierung dienen. Darüber hinaus kann er als Grundlage für die weitere Forschung in diesem Bereich verwendet werden. Für eine Lösung des Problems der Operationalisierung müsste jedoch eine Identifikation und Bewertung aller Operationalisierungsverfahren durchgeführt sowie Anforderungen aus der Praxis an derartige Verfahren berücksichtigt werden.

Im Hinblick auf die Verteilung von Effizienzgewinnen wurden in der vorliegenden Dissertation erstmals Lösungskonzepte basierend auf dem Kern, dem Shapley-Wert, der ACA-Methode, dem τ-Wert und dem χ-Wert gemeinsam untersucht und einem systematischen Vergleich unterzogen. Nach einer Beschreibung

[1] Im Rahmen dieser Arbeit wurde die Netzwerkergebnisrechnung, die Wertsteigerungsanalyse und die aktivitätsbasierte Erfolgsmessung als eindimensionale und die kooperationsbezogene Nutzwertkalkulation, die Balanced Scorecard sowie die kooperationsbezogene Erfolgsmessung durch Erfolgsfaktorenerfassung als mehrdimensionale Operationalisierungsansätze vorgestellt und analysiert (siehe Kap. 3).

der Grundidee und der mathematischen Definition der Lösungsansätze erfolgte eine beispielhafte Anwendung. Beim Vergleich der berechneten Verteilungsergebnissen wurde deutlich, dass die Auswahl eines Verfahrens zur Verteilung der Effizienzgewinne einer differenzierteren Betrachtung und Auswertung der einzelnen Lösungsansätze bedarf und die Verfahren bestimmten Anforderungen genügen sollten.

Daher erfolgte anschließend eine Anforderungsanalyse. Anhand einer ausführlichen Literaturrecherche wurden hierfür in einem ersten Schritt bestehende Anforderungen an Allokationsansätze der kooperativen Spieltheorie ermittelt und klassifiziert. Das Ergebnis ist ein Anforderungskatalog, der aus zwanzig Modellanforderungen, die den Kategorien Zulässigkeit, Fairness und Stabilität zugeordnet wurden, sowie vier Praktikabilitätsanforderungen besteht. Im zweiten Schritt wurden diese Anforderungen durch praxisrelevante Anforderungen an die Modellierung eines Entscheidungsunterstützungssystems zur Operationalisierung und fairen Verteilung von Effizienzgewinnen im AAL-Bereich ergänzt. Hierzu wurden systematisierende, leitfadengestützte Experteninterviews mit neun erfahrenen Personen aus dem AAL-Bereich durchgeführt.

Dabei zeigte sich der Bedarf eines entsprechenden Entscheidungsunterstützungssystems in der Praxis. Zusätzlich zu den in der Fachliteratur diskutierten theoretischen Anforderungen an Lösungskonzepte wurden auch Hinweise auf praktische Anforderungen sowie Möglichkeiten einer Anwendung der Konzepte erfasst. Beim Vergleich der theoretischen Anforderungen mit den Aussagen der interviewten Experten wurde u. a. festgestellt, dass diese sich gut ergänzen, da sie unterschiedliche Bereiche fokussieren. Während die theoretischen Anforderungen spezifisch auf die mathematischen Eigenschaften der Verteilungsverfahren aus der kooperativen Spieltheorie und deren Konzeption ausgerichtet sind, erweitern die Anforderungen, die sich aus den Experteninterviews ergeben, diesen Rahmen. Sie geben zudem Auskunft darüber, wie ein Innovationsnetzwerk ein solches Entscheidungsunterstützungssystem praktisch einführen könnte, wie der Operationalisierungs- und Verteilungsprozess gestaltet werden sollte und geben damit wichtige Hinweise darauf, welche Bedingungen für einen Einsatz in der betrieblichen Praxis aus Sicht der Experten erfüllt sein müssten.

Die erarbeiteten Anforderungskataloge können zur Bewertung von Lösungsansätzen und zur Entwicklung eines Entscheidungsunterstützungssystems dienen. Dabei ist anzumerken, dass für den AAL-Bereich im Rahmen der Interviews nur wenige spezielle Anforderungen an ein Entscheidungsunterstützungssystem, die sich von anderen Innovationsnetzwerken unterscheiden, identifiziert werden. Aufgrund des begrenzten Umfangs lässt die qualitative Analyse nur begrenzt Einblicke in die Anforderungen aus der Praxis zu. Sie ist aber trotzdem von

Bedeutung, da bisher noch keine relevanten Befragungen hierzu durchgeführt wurden. Eine größere empirische Untersuchung zur Erhebung weiterer Anforderungen sowie der Diskussion der ermittelten Anforderungen könnte demnach zu noch detaillierteren und aussagekräftigeren Ergebnissen führen. Dies war jedoch kein Ziel dieser Arbeit.

Anhand der identifizierten Anforderungen an Lösungsansätze zur Verteilung von Effizienzgewinnen wurden diese im nächsten Schritt bewertet. Dafür erfolgte als erstes eine spieltheoretische Beschreibung der zu betrachtenden Ausgangssituation eines Innovationsnetzwerks im AAL-Bereich. Der im Rahmen dieser Arbeit betrachtete Kooperationsfall wurde in die Klasse der wesentlichen Spiele eingeordnet. Aufgrund der Annahme, dass die Partner bestrebt sind, ihren Effizienzgewinn zu maximieren, würden sie demnach keine Kooperation eingehen, bei der absehbar ist, dass diese keinen Mehrwert hat.

Anschließend erfolgte eine absolute Bewertung zur Abschätzung der grundsätzlichen Eignung der vorgestellten Lösungsansätze der kooperativen Spieltheorie zur Anwendung auf die zuvor beschriebene mathematische Ausgangssituation. Hierfür wurden die Anforderungen der *Definiertheit* und *Existenz* als sogenannte K.-o.-Kriterien formuliert und die Lösungsansätze dahin gehend untersucht. Dabei kam es zu dem Ergebnis, dass keins der betrachteten Lösungsansätze prinzipiell für wesentliche Spiele ungeeignet ist. Aus diesem Grund erfolgte im nächsten Schritt eine relative Bewertung zur differenzierten Analyse und zum Vergleich der einzelnen Lösungskonzepte.

Hierzu wurde zunächst analysiert, inwieweit die spieltheoretischen Lösungsansätze die identifizierten Modell- und Praktikabilitätsanforderungen erfüllen. Anschließend erfolgte eine zusammenfassende Bewertung dieser Ansätze. Hierfür wurden vorab verschiedene Bewertungsverfahren diskutiert und der PROMETHEE-Ansatz anhand vorab definierter Kriterien als für das Vorhaben geeignet ausgewählt. Nach einer detaillierten Beschreibung wurde der PROMETHEE-Ansatz angewendet, um die spieltheoretischen Lösungsansätze zur Verteilung von Effizienzgewinnen relativ zu bewerten. Die Anwendung von PROMETHEE I hat ergeben, dass der χ-Wert und der τ-Wert zwar nicht miteinander vergleichbar sind, aber die anderen untersuchten Lösungskonzepte dominieren. Dieses Ergebnis erwies sich auch als robust gegenüber Veränderungen der Präferenzfunktionen. Die Anwendung von PROMETHEE II kam im Hinblick auf die Rangfolge der Lösungskonzepte zu unterschiedlichen Ergebnissen hinsichtlich der ersten beiden Lösungsansätze.

Der χ-Wert hat im Gegensatz zum τ-Wert den Vorteil, dass er für alle wesentlichen Spiele angewendet werden kann, während beim τ-Wert vorab geprüft werden müsste, ob es sich um ein quasi-balanciertes Spiel handelt. Unter Berücksichtigung dieser Einschränkung beim τ-Wert, liegt es somit nahe, bei der betrachteten Ausgangssituation den χ-Wert den anderen Lösungskonzepten vorzuziehen.

Im Rahmen der Arbeit wurde aufgezeigt, wie die Auswahl eines geeigneten Bewertungsverfahrens zum Vergleich mehrerer Lösungsansätze erfolgen und die Bewertung praktisch durchgeführt werden kann. Sie bietet zudem das Potenzial, weitere, im Rahmen der Arbeit nicht berücksichtigte Lösungskonzepte zur Verteilung von Effizienzgewinnen oder neu entwickelte Verfahren anhand der vorgestellten Vorgehensweise und des erstellten Katalogs von Anforderungen zu analysieren und trägt somit zur weiteren wissenschaftlichen Diskussion bei.

Auf der Grundlage der bisherigen Forschungsergebnisse, den theoretischen Ausführungen zur Operationalisierung und Verteilung von Effizienzgewinnen sowie der Ergebnisse der qualitativen Experteninterviews wurde ein Entwurf für ein Entscheidungsunterstützungssystem erarbeitet. Unter einem solchen System wurde im Rahmen der vorliegenden Arbeit explizit eine Methode zur Unterstützung von Kooperationspartnern bei der Operationalisierung und Verteilung der durch die Kooperation entstandenen Effizienzgewinne verstanden. Der entwickelte Operationalisierungsprozess besteht aus fünf Modulen. Nach einer Beschreibung des kooperativen Zusammenschlusses (Modul 1) erfolgt die Festlegung von Zielen (Modul 2). Anschließend werden die Kooperationspartner bei der Wahl eines Operationalisierungsverfahrens unterstützt (Modul 3). Nach der Festlegung der Rahmenbedingungen (Modul 4) erfolgt die Durchführung der Operationalisierung (Modul 5).

Nach Abschluss des Operationalisierungsprozesses können Aussagen zur Verteilung des ermittelten Effizienzgewinns getroffen werden. Der Verteilungsprozess besteht aus insgesamt drei Modulen. Nach einer Festlegung der Rahmenbedingungen für die Verteilung der Effizienzgewinne (Modul 1), erfolgt die Auswahl eines Verteilungsverfahrens (Modul 2) und anschließend die Verteilung der Effizienzgewinne (Modul 3).

Mithilfe des Entscheidungsunterstützungssystems werden die Kooperationspartner durch die einzelnen Schritte der Operationalisierung und Verteilung geleitet und darin unterstützt, ein Verteilungsergebnis für den Effizienzgewinn zu erhalten, das als *fair* zu bewerten ist. Darüber hinaus werden Empfehlungen gegeben, welche Schritte zunächst unternehmensintern und welche im Rahmen der Kooperation bearbeitet werden sollten. Bei der Gestaltung des Entscheidungsunterstützungssystems wurde darauf geachtet, dass es bei Bedarf als Grundlage für softwaretechnische Umsetzungen dienen kann.

Es stellt damit eine Unterstützung von Kooperationspartnern beim Operationalisieren und Verteilen der kooperationsbedingten Effizienzgewinne dar und kann als Basis für weitere Forschungsarbeiten dienen. Es fungiert darüber hinaus als Diskussionsgrundlage und bietet ein Konzept, wie die Thematik in der Praxis umgesetzt werden könnte. Zusätzlich bedarf es dazu noch einer softwaretechnischen Umsetzung.

Zur Veranschaulichung des Vorgehens wurde im Rahmen einer Fallstudie ein fiktives Innovationsnetzwerk im AAL-Bereich sowohl inhaltlich als auch spieltheoretisch beschrieben. Anschließend erfolgte die Anwendung des Entscheidungsunterstützungssystems und der darin enthaltenen Operationalisierungs- und Verteilungsprozesse beispielhaft anhand des Falls und abschließend die Diskussion von Weiterentwicklungen der Fallstudie. Hierfür wurden sowohl Einschränkungen als auch Erweiterungen der Fallstudie analysiert, wobei darauf geachtet wurde, praxisnahe Fälle in die Untersuchung aufzunehmen. Das Fallbeispiel eines Innovationsnetzwerks im AAL-Bereich verdeutlicht exemplarisch die Anwendung in der Praxis und zeigt Herausforderungen sowie notwendige Anpassungen der Verfahren auf. Die Analyse beispielhafter Veränderungen der betrachteten Ausgangssituation und deren Auswirkungen auf den Operationalisierungs- und Verteilungsprozess kann darüber hinaus zu einem tieferen Verständnis der Anwendung des Entscheidungsunterstützungssystems im AAL-Bereich beitragen. Es handelt sich bei der Fallstudie jedoch um ein fiktives Beispiel.

Insbesondere wird im Rahmen der Arbeit aufgezeigt, welche Bedeutung das Forschungsthema für langfristige Kooperationen hat. Zugleich wird die Komplexität des Themas erkennbar. Eine Herausforderung bei der weiteren Entwicklung und Einführung eines entsprechenden Entscheidungsunterstützungssystems ist der Bedarf an umfangreichem Fachwissen. Hierzu zählen bspw. Kenntnisse im Bereich Kostenrechnung und Controlling für die Operationalisierung der Effizienzgewinne, mathematisches und spieltheoretisches Fachwissen für die Analyse der Lösungskonzepte zur Verteilung von Effizienzgewinnen, Inhalte der Wirtschaftsinformatik zur Erstellung von Prozessdarstellungen und der späteren softwaretechnischen Umsetzung sowie Fertigkeiten im Bereich Projektmanagement zur Durchführung der einzelnen Prozessschritte im Rahmen der Kooperation. Zudem sind für die Erhebung der Anforderungen aus der Praxis sowie für eine spätere Evaluation des Entscheidungsunterstützungssystems sozialwissenschaftliches Know-how sowie ggf. Kenntnisse im Bereich Human-centered Design hilfreich. Für die Diskussion und ggf. Anpassung des Entscheidungsunterstützungssystems für Innovationsnetzwerke im AAL-Bereich ist Fachwissen bezogen auf interdisziplinäre Kooperationen sowie speziell innerhalb der Strukturen und Besonderheiten im Gesundheits- und Pflegebereich wertvoll.

Abschließend kann konstantiert werden, dass die Arbeit trotz der beschriebenen Einschränkungen Mehrwerte aufweist, die ihre Bedeutung im akademischen Kontext unterstreicht. Ein zentraler Aspekt ist die Verbindung von Theorie und Praxis. So wurden theoretische Konzepte zur Operationalisierung und Verteilung von Effizienzgewinnen auf ihre praktische Anwendung hin untersucht und daraus Anwendungsvorschläge abgeleitet. Insbesondere die Übersicht zum Vergleich der wichtigsten Merkmale von Operationalisierungsverfahren im Hinblick auf den hier betrachteten Forschungshintergrund sowie der umfangreiche Bewertungskatalog für Lösungsansätze zur Verteilung von Effizienzgewinnen, der im Rahmen dieser Arbeit entwickelt wurde, stellen eine solide Grundlage für weitere Forschungen dar. Eine weitere Besonderheit im Gegensatz zu einem Großteil der bisherigen Arbeiten besteht in der gemeinsamen Betrachtung der Operationalisierung und Verteilung von Effizienzgewinnen. Der integrative Ansatz zeigt auf, dass eine ganzheitliche Betrachtung erforderlich ist, um bestehende Lösungskonzepte in die Praxis zu übertragen und damit einen Mehrwert im Rahmen von Kooperationen, speziell im Gesundheits- und Pflegebereich, zu schaffen. In Anbetracht der bislang geringen Erforschung der untersuchten Thematik sowohl im Rahmen von Netzwerken als auch im Gesundheits- und Pflegebereich tragen die Ergebnisse zu einer Erweiterung des bisherigen Forschungsstands und zu neuen Impulsen und Diskussionen in diesem Bereich bei.

7.2 Ausblick und weiterer Forschungsbedarf

Die vorliegende Arbeit verringert die Forschungslücke hinsichtlich der Eignung und praktischen Anwendung spieltheoretischer Verfahren zur fairen Verteilung von Effizienzgewinnen innerhalb von Innovationsnetzwerken im Gesundheits- und Pflegebereich. Bei der zu untersuchenden Thematik handelt es sich um ein recht unerschlossenes Forschungsfeld,[2] sodass weiterer Forschungsbedarf auf der Grundlage der erzielten Ergebnisse besteht.

Qualitativen Effizienzgewinnen wie beispielsweise Imagesteigerung, Risikominimierung oder Marktzutrittserleichterungen wird insbesondere innerhalb von Kooperationen eine zunehmend hohe Bedeutung beigemessen. Bisher gibt es jedoch nur begrenzt Möglichkeiten, diese zu operationalisieren. Darüber hinaus basieren vorhandene Operationalisierungsverfahren, die zur Erfassung qualitativer Effizienzgewinne geeignet sind, häufig auf subjektiven Einschätzungen. Für eine spätere Verteilung der Effizienzgewinne ist es in der Praxis unerlässlich, dass

[2] Siehe Forschungsstand.

der ermittelte Effizienzgewinn einen monetären Wert darstellt. Insbesondere für die Monetarisierung von nicht-monetären und teilweise nicht-quantitativen Messgrößen gibt es bisher noch keine sinnvollen Lösungen, sodass hier noch weiterer Forschungsbedarf besteht.

Insgesamt zeigt die Betrachtung der Operationalisierungsverfahren, dass bisher nur wenige Verfahren speziell für Kooperationen vorhanden sind. Viele der Operationalisierungsverfahren wurden zunächst für einzelne Unternehmen entwickelt und später auf Kooperationen erweitert. Dabei beziehen sich die Verfahren oder erweiterten Operationalisierungsverfahren überwiegend nicht auf Kooperationen im Allgemeinen, sondern auf spezifische Kooperationsformen, wie Joint Ventures, Cluster oder strategische Allianzen. Es bedarf daher einer tiefer gehenden Identifikation und Analyse vorhandener Operationalisierungsverfahren sowie deren Bewertung bspw. hinsichtlich der Akzeptanz des Operationalisierungsergebnisses, des Aufwands, der Anwendbarkeit für bestimmte Kooperationsformen und der Eignung für eine spätere Verteilung von Effizienzgewinnen. Hierfür könnten zunächst theoretische und empirische Kriterien ermittelt werden, um darauf aufbauend einen detaillierteren Vergleich der Operationalisierungsverfahren durchzuführen.

Insbesondere bei der Untersuchung von Arbeiten zur Verteilung von Gewinnen oder Kosten hat sich gezeigt, dass die Operationalisierung selbst in der Regel kein Untersuchungsgegenstand ist, sondern das Verteilungsergebnis als gegeben angenommen wird. Die Operationalisierung des späteren Verteilungsgenstands stellt jedoch gerade im Hinblick auf die praktische Anwendung der Lösungskonzepte einen relevanten Aspekt dar. Daher ist es sinnvoll, die Operationalisierung und Verteilung gemeinsam zu untersuchen.

Im Rahmen der Arbeit wurden erstmals der Kern als mengenbasierter Lösungsansatz und der Shapley-Wert, die ACA-Methode, der τ-Wert und der χ-Wert als wertbasierte Lösungsansätze zusammen zur Verteilung von Effizienzgewinnen analysiert. Dabei hat sich ergeben, dass keiner der analysierten Lösungsansätze alle identifizierten Anforderungen erfüllt. Daher sollten weitere Verteilungsansätze entwickelt und untersucht werden. Insbesondere wenn sich weiterhin herausstellt, dass eine Kombination aus mengen- und wertbasierten Lösungsansätzen im Rahmen von Kooperationen bevorzugt wird, wäre es sinnvoll, die Untersuchung um zusätzliche mengenbasierte Verfahren zu erweitern. Dies könnte auch relevant sein, wenn der Kern für den betrachteten Kooperationszusammenschluss leer ist, wobei zu beachten ist, dass in diesem Fall kein stabiles[3] Verteilungsergebnis ermittelt werden kann. Es wäre darüber hinaus auch interessant, weitere Lösungsansätze anhand der identifizierten Anforderungen zu untersuchen und sie mit den bereits analysierten Verfahren zu vergleichen.

Zudem wäre es sinnvoll zu analysieren, ob es weitere Anforderungen gibt, die für spezifische Gesundheits-, Pflege- oder AAL-Bereiche sowie bei unterschiedlichen Kooperationsformen berücksichtigt werden müssten. Darüber hinaus sollten die anhand der Interviews identifizierten Anforderungen auf ihre Allgemeingültigkeit geprüft werden. Zudem könnten diese u. a. mit weiteren Experten aus dem AAL-Bereich, weiteren potenziellen Nutzern sowie Wirtschaftsmediatoren diskutiert werden. Zusätzlich wäre es interessant zu prüfen, inwieweit ein Verfahren, das in der kooperativen Spieltheorie als fair eingestuft wird, auch von den Nutzern als fair bewertet wird.

Das entwickelte Entscheidungsunterstützungssystem sollte im nächsten Schritt in realen Kooperationen bspw. im AAL-Bereich angewendet und evaluiert werden. Eine anfängliche professionelle Begleitung des Operationalisierungs- und Verteilungsprozesses durch einen Experten könnte dabei hilfreich sein. Dieser könnte nicht nur Fehlanwendungen verhindern, sondern auch möglichen Manipulationen entgegenwirken und das Vertrauen der Kooperationspartner in das Entscheidungsunterstützungssystem stärken.

Zur Entwicklung des Entscheidungsunterstützungssystems bedarf es einer Softwarelösung zur Unterstützung der Kooperationspartner sowohl bei der Operationalisierung als auch bei der Verteilung der Effizienzgewinne. Diese sollte die Kooperationspartner bei der Durchführung der einzelnen Prozessschritte begleiten. Zudem könnte eine Software bei der Übersicht der für die Operationalisierung benötigten Daten und bei der Verwaltung von Zugriffsrechten sowie beim sicheren Datenaustausch Unterstützung bieten. Dies könnte sich auch positiv auf die Bereitschaft der Kooperationspartner zur Offenlegung von Daten auswirken und zudem zeitliche und personelle Ressourcen einsparen. Für die Verteilung wäre mithilfe einer entsprechenden Softwarelösung kein Wechsel auf separate Programme zur Ermittlung des Verteilungsergebnisses notwendig. Der bisher als hoch zu bewertende Operationalisierungs- und Verteilungsaufwand könnte mit einer entsprechenden Softwareunterstützung reduziert werden. Um

---

[3] Stabil bedeutet in diesem Zusammenhang, dass kein Kooperationspartner einen Anreiz hat, von diesem Verteilungsergebnis abzuweichen (vgl. z. B. Gillies 1959, S. 55 ff.; Jene 2015, S. 112; Fromen 2004, S. 96 f.; Fischer 2008, S. 65 ff.; McCain 2009, S. 122 ff.; Holler et al. 2019, S. 287 ff.; Eichberger 1993, S. 274 ff.; Wiese 2015, S. 60 ff.; Zelewski 2009, S. 193 ff.; Strangmeier und Fiedler 2011, S. 34 ff.).

den Mehrwert des Entscheidungsunterstützungssystems zu erhöhen, empfiehlt sich eine iterative Vorgehensweise, wie sie bspw. im Rahmen eines Human-Centered-Design-Ansatzes etabliert ist, bei der das Nutzerfeedback kontinuierlich einbezogen wird, um den Mehrwert des Systems für die Nutzer zu steigern. Aufgrund der dargestellten Komplexität des Forschungsgegenstandes wird für die weitere Entwicklung des Entscheidungsunterstützungssystems die Bildung von interdisziplinären Expertenteams empfohlen.

Zusätzlich zu den bereits genannten Aspekten besteht branchenübergreifend Forschungsbedarf hinsichtlich der rechtlichen Form des kooperativen Zusammenschlusses und der Gestaltung von Verträgen, die eine Aufteilung der Effizienzgewinne zwischen den Kooperationspartnern basierend auf einem entsprechenden Entscheidungsunterstützungssystem regeln.

Zusammenfassend lässt sich konstatieren, dass Innovationsnetzwerke sowohl in der Fachliteratur als auch von den befragten Experten als wichtige Voraussetzung für die Entwicklung von innovativen Produkten und Dienstleistungen bewertet werden. Sie gelten aber auch als komplex, bspw. im Hinblick auf eine gemeinsame Vermarktung sowie die Entwicklung eines Geschäftsmodells. Insgesamt bedarf es weiterer Forschung, um Lösungen für die Operationalisierung und Verteilung von Effizienzgewinnen zu entwickeln und die Potenziale von Kooperationen im Gesundheits- und Pflegebereich vollständig auszuschöpfen. Hierfür ist eine Analyse speziell zur Verbindung von Operationalisierungs- und Verteilungsansätzen sowie deren Einsatz in der Praxis erforderlich.

Ungeachtet des bestehenden Forschungsbedarfs lässt sich abschließend festhalten, dass die vorliegende Dissertation durch ihre differenzierte Analyse von Operationalisierungs- und Verteilungsverfahren sowie des entwickelten Entscheidungsunterstützungssystems und der kritischen Diskussion der Anwendung des Systems in Innovationsnetzwerken im AAL-Bereich zu einer besseren Abschätzung der Eignung und dem Verständnis von Perspektiven und Herausforderungen des Einsatzes derartiger Verfahren in der Praxis beiträgt. Die Originalität der Forschungsarbeit im Vergleich zu den bisher durchgeführten Analysen zur fairen Verteilung von Effizienzgewinnen liegt nicht nur in der Zugrundelegung der kooperativen Spieltheorie in einem Bereich, in dem diese Methoden weitestgehend noch nicht eingesetzt und untersucht wurden, sondern auch in der Interdependenz von Theorie und Praxis. So wurde im Rahmen dieser Arbeit die Anwendbarkeit in der Praxis als Kriterium mit aufgenommen.

Kooperative Zusammenschlüsse sind insbesondere zur Entwicklung und erfolgreichen Etablierung von hochkomplexen, innovativen Produkten und

Dienstleistungen, wie sie im AAL-Bereich auftreten, von immer höherer Bedeutung. Eine wesentliche Voraussetzung für das Zustandekommen und die langfristige Stabilität von Kooperationen zwischen Unternehmen ist, dass alle beteiligten Unternehmen in angemessenem Umfang von der Zusammenarbeit profitieren und sich kein Unternehmen benachteiligt fühlt. Die Ergebnisse der Arbeit leisten hierzu eine Hilfestellung aufgrund der erzielten Forschungsergebnisse zur Operationalisierung und fairen Verteilung kooperationsbedingter Effizienzgewinne.

Literaturverzeichnis

Aadland, D.; Kolpin, V. (2004): Environmental determinants of cost sharing. Journal of Economic Behavior & Organization 53 (4), S. 495–511.

Abran, A.; Moore, J. Q.; Bourque, P.; Dupuis, R., (2004): SWEBOK. Guide to the Software Engineering Body of Knowledge. 2004 Version. 1. Auflage. Los Alamitos, Kalifornien: IEEE Computer Society.

Abrantes, D.; Teles, S.; Tavares de Sousa, R.; Freitas, A.; Vieira-Marques, P.; Ferreira, A. (2021): A Multipurpose Platform for Ambient Assisted Living (ActiveAdvice). Usability Study. Journal of Medical Internet Research Aging 4 (1), e18164.

Adam, D. (2014): Planung und Entscheidung. Modelle – Ziele – Methoden. Mit Fallstudien und Lösungen. 4. Auflage. Wiesbaden: Gabler.

Akerlof, G. A. (1970): The Market for „Lemons". Quality Uncertainty and the Market Mechanism. In: The Quarterly Journal of Economics 84 (3), S. 488–500.

Albers, S. (2000): Optimal allocation of profit across companies operating with a joint salesforce. Optimale Allokation von Deckungsbeiträgen bei Unternehmen mit einem gemeinsamen Vertrieb. OR Spektrum 22 (1), S. 19–33.

Alchian, A. A. (1989): Property Rights. In: Eatwell, J.; Milgate, M.; Newma, P. (Hrsg.): The Invisible Hand. London: The New Palgrave, Palgrave Macmillan, S. 232–238.

Alegre, A.; Claramunt, M. M. (1995): Allocation of solvency cost in group annuities. Actuarial principles and cooperative game theory. Insurance: Mathematics and Economics 17 (1), S. 19–34.

Algaba, E.; Fragnelli, V.; Llorca, N.; Sánchez-Soriano, J. (2019): Horizontal cooperation in a multimodal public transport system. The profit allocation problem. European Journal of Operational Research, Elsevier 275 (2), S. 659–665.

Alidaee, B. (1999): Three-person spanning tree games. Mathematical and Computer Modelling 29 (1), S. 107–123.

J. Bleja, *Entscheidungsunterstützungssystem für Innovationsnetzwerke im Bereich Ambient Assisted Living*, Vechtaer Beiträge zur Gerontologie,
https://doi.org/10.1007/978-3-658-46661-9

Alig, S. (2013): Wettbewerbsvorteile durch Innovationskooperationen. Eine ressourcen- und beziehungsorientierte Untersuchung in der deutschen Metall- und Elektroindustrie. Dissertation, Technisches Universität Darmstadt. Lohmar: Eul Verlag (Reihe: Technologiemanagement, Innovation und Beratung, Band 31).

Arnold, U.; Eßig, M. (2003): Kooperationen in der industriellen Beschaffung. In: Zentes, J.; Swoboda, B.; Morschett, D. (Hrsg.): Kooperationen, Allianzen und Netzwerke. Grundlagen – Ansätze – Perspektiven. Wiesbaden: Gabler.

Aumann, R. J.; Shapley, L. S. (2015): Values of Non-Atomic Games. Princeton University Press.

Bagui, S. S.; Earp, R. W. (2022): Database Design Using Entity-Relationship Diagrams. 3. Auflage. New York: Auerbach Publications.

Balke, N.; Küpper, H.-U. (2003): Controlling in Netzwerken: Struktur und Systeme. In: Zentes, J.; Swoboda, B.; Morschett, D. (Hrsg.): Kooperationen, Allianzen und Netzwerke. Grundlagen – Ansätze – Perspektiven. Wiesbaden: Gabler.

Barnes, T.; Pashby, I.; Gibbons, I. (2002): Effective University – Industry Interaction: A Multi-case Evaluation of Collaborative R&D Projects. European Management Journal, Elsevier 20 (3), S. 272–285.

Barth, H. (2022): Erfolgversprechende Kooperationen zwischen Corporates und Startups. In: Weber, J.; Elz, A. (Hrsg.): Corporate-Startup-Partnerschaften. Innovation durch Kollaboration. 1. Auflage. Berlin, Heidelberg: Springer Gabler (Organisationskompetenz Zukunftsfähigkeit), S. 321–327.

Bartholomae, F.; Wiens, M. (2020): Spieltheorie. Ein anwendungsorientiertes Lehrbuch. 2. Auflage. Wiesbaden: Springer Gabler.

Bartmann, D. R.; Pope, J. A. (1980): Ein Scoring-Modell bei mehrfacher Zielsetzung mit unsicheren oder fehlenden Daten und abhängigen Zielen. Zeitschrift für Operations Research 24 (2), B29–B45.

Baur, N.; Blasius, J. (Hrsg.) (2022): Handbuch Methoden der empirischen Sozialforschung. 3. Auflage. Wiesbaden: Springer VS.

Becker, M.; Bröcker, J.-O. (2021): Business Model Canvas – Wesentliche Vor- und Nachteile im Überblick. IUCF Working Paper, 5/202. Kiel, Hamburg: ZBW – Leibniz Information Centre for Economics.

Becker, T. (2018): Prozesse in Produktion und Supply Chain optimieren. 3. Auflage. Berlin, Heidelberg: Springer Vieweg.

Becker, T.; Dammer, I.; Howaldt, J.; Killich, S.; Loose, A. (2011a): Netzwerke – praktikabel und zukunftssicher. In: Becker, T.; Dammer, I.; Howaldt, J.; Loose, A. (Hrsg.) Netzwerkmanagement. Mit Kooperation zum Unternehmenserfolg. 3. Auflage. Berlin, Heidelberg: Springer, S. 3–11.

Becker, T.; Lee, B.-S.; Koch, R. (2011b): Effiziente Entscheidungsunterstützung im Krisenfall durch interaktive Standard Operating Procedures. In: Reussner, R. (Hrsg.): Software Engineering 2011 – Workshopband. Bonn: Gesellschaft für Informatik e. V. (GI-Edition: Proceedings, 184), S. 217–224.

Becker, W.; Ulrich, P.; Botzkowski, T.; Fibitz, A.; Stradtmann, M. (2018): Kooperationen zwischen Mittelstand und Start-up-Unternehmen. 1. Auflage. Wiesbaden: Springer Gabler (Management und Controlling im Mittelstand).

Behnke, J. (2020): Entscheidungs- und Spieltheorie. 2. Auflage. Baden-Baden: Nomos (Studienkurs Politikwissenschaft).

Behzadian, M.; Kazemzadeh, R. B.; Albadvi, A.; Aghdasi, M. (2010): PROMETHEE: A comprehensive literature review on methodologies and applications. European Journal of Operational Research 200 (1), S. 198–215.

Bellinger, B. (1980): Wirtschaftswissenschaftliche Nutzwertanalysen für die Modernisierung von Grundfonds. Zeitschrift für Betriebswirtschaft 50 (1), S. 3–17.

Belton, V.; Stewart, T. J. (2002): Multiple Criteria Decision Analysis. An Integrated Approach. 1. Auflage. Bosten, MA: Springer.

Belton, V.; Stewart, T. J. (2010): Problem Structuring and Multiple Criteria Decision Analysis. In: Ehrgott, M.; Figueira, J. R.; Greco, S. (Hrsg.): Trends in Multiple Criteria Decision Analysis. 1. Auflage. Boston, MA: Springer (International Series in Operations Research & Management Science, Band 142), S. 209–239.

Bergantiños, G.; Casa-Médez, B.; Vázquez-Brage, M. (2000): A Non-cooperative bargaining procedure generalizing the Kalai-Smorodinsky bargaining solution to NTU games. International Game Theory Review 02 (04), S. 273–286.

Bergantiños, G.; Massó, J. (1994): Notes on a New Compromise Value. The χ-Value. Working Paper, 266.94. Bellaterra, Barcelona: Department d'Economia i d'Història Econòmica and Institut d'Anàlisi Econòmica, Universitat Autonòma de Barcelona, Eigenverlag.

Bergantiños, G.; Massó, J. (1996): Notes on a New Compromise Value: The χ-Value. Optimization 38 (3), S. 277–286.

Bergantiños, G.; Massó, J. (2002): The Chi-compromise value for non-transferable utility games. Mathematical Methods of Operations Research (ZOR). Gesellschaft für Operations Research (GOR). Nederlands Genootschap voor Besliskunde (NGB) 56 (2), S. 269–286.

Berkovich, M.; Leimeister, J. M.; Krcmar, H. (2011): Requirements Engineering for Product Service Systems. Eine State-of-the-Art-Analyse. Business & Information Systems Engineering: The International Journal of WIRTSCHAFTSINFORMATIK. Springer. Gesellschaft für Informatik e.V. (GI), 3 (6), S. 357–370.

Berninghaus, S. K.; Ehrhart, K.-M.; Güth, W. (2010): Strategische Spiele. Eine Einführung in die Spieltheorie. 3. Auflage. Berlin, Heidelberg: Springer (Springer-Lehrbuch).

Beyer, D. (2016): Kooperationserfolg in Clustern mit Netzwerkcharakter. Eine Analyse der Erfolgswirkung von Koordination und relationalen Quellen. 1. Auflage. Wiesbaden: Springer Gabler (Schriften zum europäischen Management).

Bieta, V. (2000): How to Win the Games in Hospital Management. Prozesskostenmanagement als Spielregelsystem der Prozessoptimierung. Betriebswirtschaftliche Forschung und Praxis 52 (4), S. 399–416.

Bjørndal, E.; Hamers, H.; Koster, M. (2004): Cost Allocation in a Bank ATM Network. Mathematical Methods of Operations Research 59 (3), S. 405–418.

Bleja, J.; Grossmann, U.; Horster, B.; Roß, A.; Löhrke, E.; Röhrig, C.; Celik, A.; Hormann, R. (2019): IoT Systems of the AAL Sector: Application, Business Model, Data Privacy. Kharchenko, V.; Kor, A. L.; Ruciński, A. (Hrsg.): Dependable IoT for Human and Industry. Modeling, Architecting, Implementation. 1. Auflage. Gistrup, Denmark: River Publishers (River Publishers Series in Information Science and Technology), S. 455–473.

Bleja, J.; Grossmann, U.; Langer, H. (2018): A Collaborative System Business Model for Ambient Assisted Living Systems. 2018 IEEE 4th International Symposium on Wireless Systems within the International Conferences on Intelligent Data Acquisition and Advanced Computing Systems (IDAACS-SWS). S. 78–81.

Bleja, J.; Neumann, S.; Krüger, T.; Grossmann, U. (2022): Collaborative Business Model Structures for a Digital Care Platform. Value Proposition, Partners, Customer Relations, and Revenues. Proceedings of the 19th International Conference on Smart Business Technologies (ICSBT 2022). SCITEPRESS – Science and Technology Publications. S. 111–119.

Bleja, J.; Wiewelhove, D.; Grossmann, U.; Mörz, E. (2020): Collaborative Business Model Structures for Wireless Ambient Assisted Living Systems. 2020 IEEE 5th International Symposium on Smart and Wireless Systems within the Conferences on Intelligent Data Acquisition and Advanced Computing Systems (IDAACS-SWS). S. 1–5.

Blickle, G. (2019): Anforderungsanalyse. In: Nerdinger, F. W.; Blickle, G.; Schaper, N. (Hrsg.): Arbeits- und Organisationspsychologie. 4. Auflage. Berlin, Heidelberg: Springer (Springer-Lehrbuch), S. 235–249.

Bode, A.; Däberitz, I.; Fionik, J. (2011): Messung von Kooperationserfolg in Clustern. Schmalenbachs Zeitschrift für betriebswirtschaftliche Forschung 63 (7), S. 662–688.

Bogner, A.; Menz, W. (2005): Das theoriegenerierende Experteninterview. Erkenntnisinteresse, Wissensformen, Interaktion. In: Bogner A.; Littig, B.; Menz W. (Hrsg.): Das Experteninterview. Theorie, Methode, Anwendung. 2. Auflage. Wiesbaden: Springer VS, S. 33–70.

Bönisch, S. (2017): Was bringt Vernetzung im Gesundheitswesen. Eine wirkungsorientierte Betrachtung interorganisationaler Netzwerke. 1. Auflage. Wiesbaden: Springer VS.

Bonneau, N.; Debbah, M.; Altman, E.; Hjørungnes, A. (2008): Non-Atomic Games for Multi-User Systems. IEEE Journal on Selected Areas in Communications, Institute of Electrical and Electronics Engineers, 26 (7), S. 1047–1058.

Bonoma, T. V. (1985): Case Research in Marketing. Opportunities, Problems, and a Process. Journal of Marketing Research 22 (2), S. 199–208.

Bontrup, H.-J. (2004): Volkswirtschaftslehre. Grundlagen der Mikro- und Makroökonomie. 2. Auflage. München: Oldenbourg Wissenschaftsverlag (Managementwissen für Studium und Praxis).

Borchert, J. E.; Goos, P.; Hagenhoff, S. (2004): Innovationsnetzwerke als Quelle von Wettbewerbsvorteilen. Arbeitsbericht Nr. 11/2004. Georg-August-Universität Göttingen. Institut für Wirtschaftsinformatik.

Borgwardt, K. H. (2001): Optimierung Operations Research Spieltheorie. Mathematische Grundlagen. 1. Auflage. Basel: Birkhäuser Basel. Springer Basel AG.

Borm, P. E. M.; De Waegenaere, A. M. B.; Rafels, C.; Suijs, J. P. M.; Tijs, S. H.; Timmer, J. B. (2001): Cooperation in capital deposits. OR Spektrum 23 (2), S. 265–281.

Borm, P. E. M.; Fernández, C.; Hendrickx, R. L. P.; Tijs, S. H. (2005): Drop out monotonic rules for sequencing situations. Mathematical Methods of Operations Research 61 (3), S. 501–504.

Borm, P. E. M.; Keiding, H.; McLean, R. P.; Oortwijn, S.; Tijs, S. H. (1992): The compromise value for NTU-games. International Journal of Game Theory 21 (2), S. 175–189.

Bornemann, S. (2012): Kooperation und Kollaboration. Das Kreative Feld als Weg zu innovativer Teamarbeit. 1. Auflage. Wiesbaden: Springer VS (Research).

Bös, D.; Tillmann, G. (1983): Cost-axiomatic regulatory pricing. Journal of Public Economics 22 (2), S. 243–256.

Bosler, M. (2023): Digitale Transformation: etablierte Unternehmen im Spannungsfeld zwischen Kerngeschäft und digitalen Innovationen. In: Schallmo, D. R. A.; Werani T.; Krumay, B. (Hrsg.): Digitalisierung. Fallstudien, Tools und Erkenntnisse für das digitale Zeitalter. 1. Auflage. Wiesbaden: Springer Gabler (Schwerpunkt Business Model Innovation), S. 345–373.

Bourque, P.; Fairley, R. E. (2014): SWEBOK vol 3.0. Guide to the Software Engineering Body of Knowledge. IEEE Computer Society Press.

Brandenburger, A. M.; Nalebuff, B. J. (1995): The Right Game. Use Game Theory to Shape Strategy. Harvard Business Review 76 (7), S. 57–71.

Brandenburger, A. M.; Nalebuff, B. J. (2021): The Rules of Co-opetition. Harvard Business Review 99 (1), S. 48–57.

Brans, J. P.; Macharis, C.; Kunsch, P. L.; Chevalier, A.; Schwaninger, M. (1998): Combining multicriteria decision aid and system dynamics for the control of socio-economic processes. An iterative real-time procedure. European Journal of Operational Research, Elsevier 109 (2), S. 428–441.

Brans, J. P.; Vincke, P. (1985): A Preference Ranking Organisation Method. The PROMETHEE Method for Multiple Criteria. Decision-Making. Management Science 31 (6), S. 647–656.

Brans, J.-P.; Mareschal, B. (1994): PROMCALC & GAIA: A New Decision Support System for Multicriteria Decision Aid. Decision Support Systems 12 (4–5), S. 297–310.

Brans, J.-P.; Mareschal, B. (2005): Promethee Methods. In: Figueira, S.; Greco, D.; Ehrgott M. (Hrsg.): Multiple Criteria Decision Analysis: State of the Art Surveys. 1. Auflage. New York, NY: Springer (International Series in Operations Research & Management Science, Band 78), S. 163–186.

Brans, J.-P.; Smet, Y. (2016): PROMETHEE Methods. In: Greco, S.; Ehrgott, M.; Figueira, J. R. (Hrsg.): Multiple Criteria Decision Analysis. State of the Art Surveys. 2. Auflage. New York, NY: Springer (International Series in Operations Research & Management Science, Band 233), S. 187–219.

Brans, J.-P.; Vincke, Ph.; Mareschal, B. (1986): How to select and how to rank projects. The Promethee method. European Journal of Operational Research 24 (2), S. 228–238.

Brânzei, R.; Dimitrov, D.; Tijs, S. H. (2008): Models in Cooperative Game Theory. 2. Auflage. Berlin, Heidelberg: Springer.

Brânzei, R.; Ferrari, G.; Fragnelli, V.; Tijs, S. H. (2002): Two Approaches to the Problem of Sharing Delay Costs in Joint Projects. Annals of Operations Research 109 (1), S. 359–374.

Brânzei, R.; Iñarra, E.; Tijs, S. H.; Zarzuelo, J. M. (2006): A Simple Algorithm for the Nucleolus of Airport Profit Games. International Journal of Game Theory 34 (2), S. 259–272.

Brânzei, R.; Tijs, S. H. (2001): Additivity Regions for Solutions in Cooperative Game Theory. Discussion Paper 2001–81. Tilburg University. Center for Economic Research.

Brânzei, R.; Tijs, S. H.; Timmer, J. B. (2001a): Collecting Information to Improve Decision-Making. International Game Theory Review. 3 (01), S. 1–12.

Brânzei, R.; Tijs, S. H.; Timmer, J. B. (2001b): Information collecting situations and bi-monotonic allocation schemes. Mathematical Methods of Operations Research. Springer.

Gesellschaft für Operations Research (GOR). Nederlands Genootschap voor Besliskunde (NGB) 54 (2), S. 303–313.

Brendel-Schauberger, A. (2023): Digitalisierungs-induzierte Veränderungen für die Geschäftsmodelle von B2B-Unternehmen. Ergebnisse einer Delphi-Studie. In: Schallmo, D. R. A.; Werani T.; Krumay, B. (Hrsg.): Digitalisierung. Fallstudien, Tools und Erkenntnisse für das digitale Zeitalter. 1. Auflage. Wiesbaden: Springer Gabler (Schwerpunkt Business Model Innovation), S. 245–278.

Bronder, C.; Pritzl, R. (1992): Ein konzeptioneller Ansatz zur Gestaltung und Entwicklung Strategischer Allianzen. In: Bronder, C.; Pritzl, R. (Hrsg.): Wegweiser für Strategische Allianzen. Meilen- und Stolpersteine bei Kooperationen. 1. Auflage. Wiesbaden: FAZ – Gabler Edition. Gabler Verlag, S. 16–44.

Bundesministerium für Bildung und Forschung (BMBF) (2018): Forschung und Innovation für die Menschen. Die Hightech-Strategie 2025. Berlin: Bundesministerium für Bildung und Forschung. Referat Innovationspolitische Querschnittsfragen, Rahmenbedingungen.

Bundesministeriums für Familie, Senioren, Frauen und Jugend (BMFSFJ) (2020): Ältere Menschen und Digitalisierung. Erkenntnisse und Empfehlungen des Achten Altersberichts. 1. Auflage. Berlin: Bundesministerium für Familie, Senioren, Frauen und Jugend.

Busch, A. M.; Schulz, A.-C. (2022): Ziele, Erfolgsfaktoren und Chancen von Unternehmenskooperationen für Start-ups in Österreich. In: Rußmann, U.; Aubke, F.; Ortiz, D.; Pezenka, I.; Schulz, A.-C.; Schweiger, C. (Hrsg.): Zukunft verantwortungsvoll gestalten. Forschungsforum der österreichischen Fachhochschulen 2021. Wiesbaden: Springer Gabler (Forschung und Praxis an der FHWien der WKW), S. 91–101.

Busse von Colbe, W.; Witte, F. (2018): Investitionstheorie und Investitionsrechnung. 5. Auflage. Berlin, Heidelberg: Springer.

Cachon, G. P.; Lariviere, M. A. (1999): Capacity Choice and Allocation. Strategic Behavior and Supply Chain Performance. Management Science 45 (8), S. 1091–1108.

Calderita, L. V.; Vega, A.; Barroso-Ramírez, S.; Bustos, P.; Núñez, P. (2020): Designing a Cyber-Physical System for Ambient Assisted Living. A Use-Case Analysis for Social Robot Navigation in Caregiving Centers. Sensors 20 (14). 4005, S. 1–24.

Casas-Méndez, B.; García-Jurado, I.; van den Nouweland, A.; Vázquez-Brage, M. (2003): An extension of the τ-value to games with coalition structures. European Journal of Operational Research. Elsevier 148 (3), S. 494–513.

Castaño-Pardo, A.; Garcia-Diaz, A. (1995): Highway cost allocation. An application of the theory of nonatomic games. Transportation Research Part A: Policy and Practice. Elsevier 29 (3), S. 187–203.

Castro, J.; Gómez, D.; Tejada, J. (2008): A polynomial rule for the problem of sharing delay costs in PERT networks. Computers & Operations Research 35 (7), S. 2376–2387.

Chang, J. E.; Brundage, S. C.; Chokshi, D. A. (2015): Convenient Ambulatory Care. Promise, Pitfalls, and Policy. The New England Journal of Medicine 373 (4), S. 382–388.

Chen, T.-Y. (2019): Multiple criteria decision analysis under complex uncertainty. A Pearson-like correlation-based Pythagorean fuzzy compromise approach. International Journal of Intelligent Systems 34 (1), S. 114–151.

Christmann, G. B. (2009): Expert Interviews on the Telephone. A Difficult Undertaking. In: Bogner, A.; Littig B.; Menz W. (Hrsg.): Interviewing Experts. London: Palgrave Macmillan (Research methods series), S. 157–183.

Chun, Y. (1989): A new axiomatization of the shapley value. Games and Economic Behavior 1 (2), S. 119–130.

Cicirelli, G.; Marani, R.; Petitti, A.; Milella, A.; D'Orazio, T. (2021): Ambient Assisted Living. A Review of Technologies, Methodologies and Future Perspectives for Healthy Aging of Population. Sensors 21 (10), 3549.

Corcho, P.; Ferreira, J. L. (2003): Generalized externality games. Theory and Decision 54 (2), S. 163–184.

Crook, T. R.; Combs, J. G. (2007): Sources and Consequences of Bargaining Power in Supply Chains. Journal of Operations Management 25 (2), S. 546–555.

Crossley, M.; Vulliamy, G. (1984): Case-Study Research Methods and Comparative Education. Comparative Education 20 (2), S. 193–207.

Cruijssen, F. C. A. M.; Borm, P. E. M.; Fleuren, H. A.; Hamers, H. J. M. (2005): Insinking. A Methodology to Exploit Synergy in Transportation. CentER Discussion Paper 2005–121. Operations research.

Curiel, I. (1997): Cooperative Game Theory and Applications. Cooperative Games Arising from Combinatorial Optimization Problems. Boston, MA: Springer (Theory and Decision Library, Series C, Band 16).

Curiel, I.; Hamers, H.; Klijn, F. (2002): Sequencing Games: a Survey. In: Borm, P.; Peters, H. (Hrsg.): Chapters in Game Theory. In honor of Stef Tijs. Boston, MA: Springer (Theory and Decision Library, Series C, Band 31). S. 27–50.

Curiel, I.; Maschler, M.; Tijs, S. H. (1987): Bankruptcy games. Zeitschrift für Operations Research 31 (5), A143–A159.

Czarnowski, I.; Caballero, A. M.; Howlett, R. J.; Jain, L. C. (Hrsg.) (2016): Intelligent Decision Technologies 2016. Proceedings of the 8th KES International Conference on Intelligent Decision Technologies (KES-IDT 2016) – Part I. Cham: Springer (Smart Innovation, Systems and Technologies, Band 56).

Däberitz, I. (2019): Unternehmensindividuelle Wettbewerbsvorteile aus netzwerkübergreifenden Kooperationen. Ein ressourcenbasierter Ansatz für Cross Cluster. Darmstadt: Dissertation, TU Darmstadt.

Dautovic, A.; Pfannstiel, M. A. (2020): Einordnung und Entwicklung von Produktdienstleistungssystemen im Innovationsmanagement. In: Pfannstiel, M. A.; Kassel K.; Rasche, C. (Hrsg.): Innovationen und Innovationsmanagement im Gesundheitswesen. Technologien, Produkte und Dienstleistungen voranbringen. 1. Auflage. Wiesbaden: Springer Gabler, S. 321–333.

Dawid, R. (Hrsg.) (2022): Verrechnungspreise. Grundlagen und Praxis. 3. Auflage. Wiesbaden: Springer Gabler.

De Waegenaere, A. M. B.; Suijs, J. P. M.; Tijs, S. H. (2005): Stable profit sharing in cooperative investments. OR Spectrum 27 (1), S. 85–93.

Deike, A. (2006): Erfolg von Unternehmenskooperationen. Grundlagen und Perspektiven für die Bewertung Strategischer Allianzen. Saarbrücken: VDM Verlag Dr. Müller.

Demsetz, H. (1974): Toward a Theory of Property Rights. In: Gopalakrishnan, C. (Hrsg.): Classic Papers in Natural Resource Economics. London: Palgrave Macmillan, S. 163–177.

Deutscher Bundestag (2020): Unterrichtung durch die Bundesregierung. Achter Bericht zur Lage der älteren Generation in der Bundesrepublik Deutschland. Ältere Menschen und

Digitalisierung. Stellungnahme der Bundesregierung. Bundestags-Drucksache. Berlin: Deutscher Bundestag 19/21650.
Deutscher Ethikrat (Hrsg.) (2020): Robotik für gute Pflege. Stellungnahme. Berlin: Deutscher Ethikrat.
Diaz, H.; Owen, G. (1979): Fair Subsidies for Urban Transportation Systems. In: Brams, S. J.; Schotter, A.; Schwödiauer, G. (Hrsg.): Applied Game Theory. IHS-Studies No. 1. Heidelberg: Physica, S. 325–333.
Díaz, J. G.; Borm, P.; Hendrickx, R.; Quant, M. (2005): A Geometric Characterisation of the Compromise Value. Mathematical Methods of Operations Research 61 (3), S. 483–500.
Dieterle, A.-K.; Duchek, S. (2020): Unternehmenskooperation als Resilienzstrategie. Nutzen für die Kriesenbewältigung. Der Betriebswirt 61 (3), S. 173–184.
DIN e.V. (Hrsg.) (1983): DIN 66001:1983–12. Informationsverarbeitung; Sinnbilder und ihre Anwendung. Berlin: Beuth Verlag GmbH.
Doran, G. T. (1981): There's a S.M.A.R.T. way to write management's goals and objectives. Management Review 70 (11), S. 35–36.
Drechsel, J. (2010): Cooperative Lot Sizing Games in Supply Chains. 1. Auflage. Berlin, Heidelberg: Springer (Lecture Notes in Economics and Mathematical Systems, Band 644).
Drechsel, J.; Kimms, A. (2007): Berechnung von Kernelementen in kooperativen Bestellmengen-Spielen. Bonn: Lecture Notes in Informatics — Informatik 2007 Proceedings "Informatik trifft Logistik". Gesellschaft für Informatik, S. 79–82.
Drechsler, M. (1999): Verfahren zur multikriteriellen Entscheidungsanalyse bei Unsicherheit. In: Hosch, H.; Ring, I. (Hrsg.): Naturressourcenschutz und wirtschaftliche Entwicklung. Nachhaltige Wasserbewirtschaftung und Landnutzung im Elbeeinzugsgebiet. UFZ-Bericht 16. S. 187–214.
Drescher, A.; Koschmider A.; Oberweis, A. (2017): Modellierung und Analyse von Geschäftsprozessen. Grundlagen und Übungsaufgaben mit Lösungen. Berlin, Boston: De Gruyter Oldenbourg.
Driessen, T. S. H. (1986): Solution Concepts of k-Convex n-Person Games. International Journal of Game Theory 15 (4), S. 201–229.
Driessen, T. S. H. (1988): Cooperative Games, Solutions and Applications. Dordrecht: Springer (Theory and Decision Library: Series C: Game Theory, Mathematical Programming and Mathematical Economics, Band 3).
Driessen, T. S. H. (1991): A Survey of Consistency Properties in Cooperative Game Theory. Society for Industrial and Applied Mathematics (SIAM Review) 33 (1), S. 43–59.
Driessen, T. S. H.; Khmelnitskaya, A. B.; Sales, J. (2005): 1-concave basis for TU games. Enschede: University of Twente. Memorandum Afdeling TW; Nr. 1777).
Driessen, T. S. H.; Pailusma, D. (2001): Two extensions of the Shapley value for cooperative games. Mathematical Methods of Operations Research 53 (1), S. 35–49.
Driessen, T. S. H.; Tijs, S. H. (1984): Extensions and modifications of the τ-value for cooperative games. In: Hammer, G.; Pallaschke D. (Hrsg.): Selected topics in operations research and mathematical economics. Proceedings of the 8th symposium on operations research, held at the University of Karlsruhe. Springer (Lecture notes in economics and mathematical systems; No. 226), S. 252–261.
Driessen, T. S. H.; Tijs, S. H. (1985a): The t-value, the core and semiconvex games. International Journal of Game Theory 14 (4), S. 229–247.

Driessen, T. S. H.; Tijs, S. H. (1985b): The cost gap method and other cost allocation methods for multipurpose water projects. Water Resources Research 21 (10), S. 1469–1475.

Dutta, B.; Kar, A. (2004): Cost monotonicity, consistency and minimum cost spanning tree games. Games and Economic Behavior 48 (2), S. 223–248.

Dyckhoff, H.; Ahn, H. (2001): Sicherstellung der Effektivität und Effizienz der Führung als Kernfunktion des Controlling. Zeitschrift für Controlling & Management 45 (2), S. 111–121.

Edgeworth, F. Y. (1881): Mathematical Psychics: An Essay on the Application of Mathematics to the Moral Sciences. London: C. Kegan Paul and Co.

Ehrgott, M.; Figueira, J. R.; Greco, S. (Hrsg.) (2010): Trends in Multiple Criteria Decision Analysis. 1. Auflage. International Series in Operations Research and Management Science. Boston, MA: Springer (Band 142).

Eichberger, J. (1993): Game Theory for Economists. 1. Auflage. Bingley: Emerald Group Publishing Limited.

Eisenhardt, K. M. (1989): Building Theories from Case Study Research. The Academy of Management Review 14 (4), S. 532–550.

Engevall, S.; Göthe-Lundgren, M.; Värbrand, P. (1998): The traveling salesman game. An application ofcost allocation in a gas and oil company. Annals of Operations Research 82 (0), S. 453–472.

Eppler, M. J.; Hoffmann, F.; Bresciani, S. (2011): New Business Models Trough Collaborative Idea Generation. International Journal of Innovation Management (ijim). World Scientific Publishing Co., Pte. Ltd. 15(06), S. 1323–1341.

Eßig, M.; Hofmann, E.; Stölzle, W. (2013): Supply Chain Management. 1. Auflage. München: Vahlen (Vahlens Handbücher).

Estevez-Fernandez, M.; Borm, P.; Hamers, H. (2007): Project games. International Journal of Game Theory 36 (2), S. 149–176.

Ewig, M. (2006): Der Transformationsprozess zum Collaborative Business. Eine strategische, organisatorische und informatorische Betrachtung. 1. Auflage. Peter Lang GmbH, Internationaler Verlag der Wissenschaften (Schriften zur Wirtschaftsinformatik, Band 17).

Eyckmans, J. (1997): Nash Implementation of a Proportional Solution to International Pollution Control Problems. Journal of Environmental Economics and Management 33 (3), S. 314–330.

Fachinger, U. (2017a): Gesundheitsstandort privater Haushalt. In: Müller-Mielitz, S.; Lux, T. (Hrsg.): E-Health-Ökonomie. Wiesbaden: Springer Gabler, S. 473–478.

Fachinger, U. (2017b): Technikeinsatz bei Pflegebedürftigkeit. In: Jacobs, K.; Kuhlmey, A.; Greß, S.; Klauber, J.; Schwinger, A. (Hrsg.): Pflege-Report 2017. Die Versorgung der Pflegebedürftigen. Stuttgart: Schattauer, S. 83–93.

Fachinger, U. (2018): Altern und Technik: Anmerkungen zu den ökonomischen Potentialen. In: Künemund, H.; Fachinger, H. (Hrsg.): Alter und Technik. Vechtaer Beiträge zur Gerontologie. Wiesbaden: Springer VS, S. 51–68.

Fachinger, U.; Henke, K.-D.; Mähs, M. (2022): Rahmenbedingungen für assistierende Technologien aus gesundheitswirtschaftlicher Sicht: Ein Überblick. In: Luthe, E.-W.; Müller, S. V.; Schiering, I. (Hrsg.): Assistive Technologien im Sozial- und Gesundheitssektor. Wiesbaden: Springer VS (Gesundheit. Politik – Gesellschaft – Wirtschaft), S. 501–526.

Fachinger, U.; Koch, H.; Schöpke, B.; Henke, K.-D.; Troppens, S. (2015a): Gesund altern: Sicherheit und Wohlbefinden zu Hause. Marktpotenzial und neuartige Geschäftsmodelle altersgerechter Assistenzsysteme. 1. Auflage. Baden-Baden: Nomos (Europäische Schriften zu Staat und Wirtschaft, Band 38).

Fachinger, U.; Nelüssen, G.; Siltmann, S. (2015b): Neue Umsatzpotenziale für altersgerechte Assistenzsysteme? Ausweitung der Regelversorgung im SGB V. Zeitschrift für Sozialreform 61 (1), S. 43–72.

Fachinger, U.; Schöpke, B.; Helten, S. (2015c): Zur ökonomischen Relevanz von Lösungen zur Sturzerkennung. Discussion Paper 2015–22. Vechta: Fachgebiet Ökonomie und Demographischer Wandel, Institut für Gerontologie.

Fachinger, U.; Schöpke, B.; Schweigert, H. (2012): Systematischer Überblick über bestehende Geschäftsmodelle im Bereich assistierender Technologien. Discussion Paper 2012–7. Vechta: Fachgebiet Ökonomie und Demographischer Wandel, Institut für Gerontologie.

Faigle, U.; Kern, W. (1993): On Some Approximately Balanced Combinatorial Cooperative Games. ZOR – Methods and Models of Operations Research 38 (2), S. 141–152.

Fanara, P.; Grimm, C. M. (1985): Stand-alone cost: Use and abuse in determining maximum U.S. railroad rates. Transportation Research Part A: General 19 (4), S. 297–303.

Fandel, G. (1979): Optimale Entscheidungen in Organisationen. Berlin, Heidelberg: Springer (Lecture Notes in Economics and Mathematical Systems, Band 163).

Fandel, G. (1985): Game and Bargaining Solutions for Group Decision Problems. In: Grauer, M; Thompson, M. (Hrsg.): Plural Rationality and Interactive Decision Processes, Berlin, Heidelberg: Springer (Lecture Notes and Economics and Mathematical Systems, Band 248), S. 187–201.

Faulhaber, G. R. (1975): Cross-Subsidization: Pricing in Public Enterprises. The American Economic Review 65 (5), S. 966–977.

Faust, M.; Lotter, D. (2018): Mit dem Sustainable Business Model Canvas Geschäftsmodelle nachhaltig gestalten. In: Bungard P. (Hrsg.): CSR und Geschäftsmodelle. Berlin, Heidelberg: Springer Gabler (Management-Reihe Corporate Social Responsibility), S. 433–444.

Ferretti, V.; Bottero, M.; Mondini, G. (2014): Decision making and cultural heritage: An application of the Multi-Attribute Value Theory for the reuse of historical buildings. Journal of Cultural Heritage 15 (6), S. 644–655.

Figueira, J. R.; Greco, S.; Roy, B.; Słowiński, R. (2010): ELECTRE Methods: Main Features and Recent Developments. In: Zopounidis, C.; Pardalos, P. M. (Hrsg.): Handbook of Multicriteria Analysis. Berlin, Heidelberg: Springer (Applied Optimization, Band: 103), S. 51–89.

Figueira, J. R.; Greco, S.; Roy, B.; Słowiński, R. (2013): An overview of ELECTRE methods and their recent extensions. Journal of Multi-Criteria Decision Analysis 20 (1–2), S. 61–85.

Figueira, J. R.; Mousseau, V.; Roy, B. (2016): ELECTRE Methods. In: Greco, S.; Ehrgott, M.; Figueira, J. R. (Hrsg.): Multiple Criteria Decision Analysis. State of the Art Surveys. 2. Auflage. New York, NY: Springer (International Series in Operations Research & Management Science, Band 233), S. 155–185.

Filar, J. A.; Gaertner, P. S. (1997): A regional allocation of world CO2 emission reductions. Mathematics and Computers in Simulation 43 (3–6), S. 269–275.

Fine, A.; Frazier, B. (2011): Can a hospital benefit from partnering with physicians? Healthcare Financial Management 65 (5), S. 70–76.

Fischer, D. (2008): Leistungsgerechte Zuteilung von Erlösen in Netzwerkorganisationen. Am Beispiel von Verkehrsverbünden. 1. Auflage. Baden-Baden: Nomos.

Fischer, U. H. P.; Müller, M.; Neumüller, M. (2021): Digitalisierung in der Pflegebranche fördern. Pflegezeitschrift 11.

Fleßa, S.; Greiner, W. (2020): Grundlagen der Gesundheitsökonomie. Eine Einführung in das wirtschaftliche Denken im Gesundheitswesen. 4. Auflage. Berlin, Heidelberg: Springer Gabler.

Flick, U. (2016): Qualitative Sozialforschung. Eine Einführung. 7. Auflage. Reinbek bei Hamburg: Rowohlt Taschenbuch Verlag (Rororo Rowohlts Enzyklopädie, 55694).

Flick, U.; Kardorff, E. v.; Steinke, I. (2017): Qualitative Forschung. Ein Handbuch. 12. Auflage. Reinbek bei Hamburg: Rowohlt Taschenbuch Verlag (Rororo Rowohlts Enzyklopädie, 55628).

Flisberg, P.; Frisk, M.; Rönnqvist, M.; Guajardo, M. (2015): Potential savings and cost allocations for forest fuel transportation in Sweden: A country-wide study. Energy, Elsevier 85 (C), S. 353–365.

Ford, E. W.; Welly, R.; Bailey, B. (2004): Sustainable Network Advantages: A Game Theoretic Approach to Community-Based Health Care Coalitions. Health Care Management Review 29 (2), S. 159–169.

Franco, M.; Haase, H. (2015): University–industry cooperation: Researchers' motivations and interaction channels. Journal of Engineering and Technology Management 36, S. 41–51.

Frank, M. (2003): Entwicklung und Anwendung einer integrierten Methode zur Analyse von betriebsübergreifenden Energieversorgungskonzepten. Dissertation. Karlsruhe: Universität Fridericiana.

Franz, T. (2013): Einführung in die Verwaltungswissenschaft. 1. Auflage. Wiesbaden: Springer VS.

Friedman, J. W. (1991): Game Theory with Applications to Economics. 2. Auflage. New York, NY: Oxford University Press Inc.

Frings, S.; Kett, H.; Härle, J.; Meyer, O.; Stock, D.; Mietzner, R.; Mateja, D.; Halckenhäußer, A.; Pieper, M.; Rüffer, F.; Dietrich, A. (2021): Studie: Innovation durch Kooperation. Cloud Computing als Wegbereiter gemeinsamer Leistungsangebote und verbesserter Wertschöpfungsketten. Stuttgart: Fraunhofer-Institut für Arbeitswirtschaft und Organisation IAO.

Fromen, B. (2004): Faire Aufteilung in Unternehmensnetzwerken. Lösungsvorschläge auf der Basis der kooperativen Spieltheorie. Wiesbaden: Deutscher Universitätsverlag (Information – Organisation – Produktion).

Gansen, F. (2020): Nutzwertanalyse. In: Rogowski W. (Hrsg.): Management im Gesundheitswesen. Fallstudien, Aufgaben und Lösungen. 1. Auflage. Wiesbaden: Springer Gabler, S. 5–17.

Gao, E.; Sowlati, T.; Akhtari, S. (2019): Profit allocation in collaborative bioenergy and biofuel supply chains. Energy, Elsevier 188 (C), 116013.

Gately, D. (1974): Sharing the Gains from Regional Cooperation: A Game Theoretic Application to Planning Investment in Electric Power. International Economic Review 15 (1), S. 195–208.

Geanakoplos, J. (1994): Common knowledge. In: Aumann, R.; Hart, S. (Hrsg.): Handbook of Game Theory with Economic Applications. Band 2. Elsevier, S. 1437–1496.

Gebert, F. (2023): Internationaler Markterfolg. Wachstum im globalen Wettbewerb. 1. Auflage. Wiesbaden: Springer Gabler.

Geissdoerfer, M.; Vladimirova, D.; Evans, S. (2018): Sustainable business model innovation: A review. Journal of Cleaner Production 198, S. 401–416.

Geldermacher, J.; Lerche, N. (2014): Leitfaden zur Anwendung von Methoden der multikriteriellen Entscheidungsunterstützung. Methode: PROMETHEE. Göttingen: Georg-August-Universität Göttingen, Wirtschaftswissenschaftliche Fakultät – Lehrstuhl für Produktion und Logistik.

Geldermann, J.; Zhang, K.; Rentz, O. (2003): Sensitivitätsanalysen für das Outranking-Verfahren PROMETHEE. In: Habenicht, W.; Scheubrein, B.; Scheubrein, R. (Hrsg.): Multi-Criteria- und Fuzzy-Systeme in Theorie und Praxis. Lösungsansätze für Entscheidungsprobleme mit komplexen Zielsystemen. Wiesbaden: Deutscher Universitätsverlag (Gabler Edition Wissenschaft), S. 127–151.

Gerard-Varet, L. A.; Zamir, S. (1987): Remarks on the Reasonable Set of Outcomes in a General Coalition Function Form Game. International Journal of Game Theory 16 (2), S. 123–143.

Gersch, M.; Hewing, M. (2012): AAL-Geschäftsmodelle im Gesundheitswesen. Eine empirisch gestützte Typologie relevanter Grundtypen ökonomischer Aktivitäten zur Nutzung von Ambient Assisted Living in sich verändernden Wertschöpfungsketten. In: Gersch, M; Liesenfeld, J. (Hrsg.): AAL- und E-Health-Geschäftsmodelle. Wiesbaden: Gabler, S. 3–26.

Gilles, R. P. (2010): The Cooperative Game Theory of Networks and Hierarchies. 1. Auflage. Berlin, Heidelberg: Springer (Theory and Decision Library Series C, Game Theory, Mathematical Programming and Operations Research, Band 44).

Gillies, D. B. (1953): Some theorems on n-person games. Dissertation. Princeton, New Jersey: Princeton University Press.

Gillies, D. B. (1959): Solutions to General Non-Zero-Sum Games. In: Tucker, A. W.; Luce, R. D.; Aumann, R. J. (Hrsg.): Contributions to the theory of games. Volume IV. Princeton, New Jersey: Princeton University Press, S. 47–86.

Glaser, B. G.; Strauss, A. L. (1967): The Discovery of Grounded Theory. Strategies for Qualitative Research. Chicago: Aldine Publishing Company.

Gläser, J.; Laudel, G. (2010): Experteninterviews und qualitative Inhaltsanalyse als Instrumente rekonstruierender Untersuchungen. 4. Auflage. Wiesbaden: VS Verlag (Lehrbuch).

Gorden, R. L. (1975): Interviewing. Strategy, techniques, and tactics. 2. Auflage. London: Dorsey Press (The Dorsey series in sociology).

Göthe-Lundgren, M.; Jörnsten, K.; Värbrand, P. (1996): On the nucleolus of the basic vehicle routing game. Mathematical Programming 72 (1), S. 83–100.

Götte, S. (2017): Balanced Scorecard. In: Zerres C. (Hrsg.): Handbuch Marketing-Controlling. Grundlagen – Methoden – Umsetzung. 4. Auflage. Berlin: Springer Gabler, S. 425–437.

Govindan, K.; Jepsen, M. B. (2016): ELECTRE: A comprehensive literature review on methodologies and applications. European Journal of Operational Research, Elsevier 250 (1), S. 1–29.

Granot, D.; Hamers, H. J. M.; Tijs, S. H. (1999): On some balanced, totally balanced and submodular delivery games. Mathematical Programming 86 (2), S. 355–366.

Greco, S.; Ehrgott, M.; Figueira, J. R. (Hrsg.) (2016): Multiple Criteria Decision Analysis. State of the Art Surveys. 2. Auflage. New York: Springer (International Series in Operations Research & Management Science, Band: 233).

Grünendahl, M.; Leonhardt, S.; Teich, T. (2017): Mehrwert in der häuslichen Pflege durch vernetzte Ambient-Assisted-Living-Systeme. In: Pfannstiel, M. A.; Krammer, S.; Swoboda, W. (Hrsg.): Digitale Transformation von Dienstleistungen im Gesundheitswesen III. Impulse für die Pflegepraxis. Wiesbaden: Springer, S. 55–69.

Guardiet, T.; Oreschenko, A.; Wawers, H. (2022): Success Factors of Corporate Accelerators. Business & Entrepreneurship Journal 11(1), S. 1–25.

Günter, B. (2013): Projektkooperation. In: Kleinaltenkamp, M.; Plinke, W.; Geiger, I. (Hrsg.): Auftrags- und Projektmanagement. 2. Auflage. Wiesbaden: Springer Fachmedien Wiesbaden.

Güth, W. (1999): Spieltheorie und ökonomische (Bei)Spiele. 2. Auflage. Berlin, Heidelberg: Springer.

Habel S.; Hengst M. : Digitale Technologien in der Live-In-Pflege. „Ambient Assisted Living“ zur Reduktion von Arbeitszeit? Working Paper Forschungsförderung 233. Hans Böckler Stiftung.

Häder, M. (2015): Empirische Sozialforschung. Eine Einführung. 3. Auflage. Wiesbaden: Springer VS (Lehrbuch).

Hafezalkotob, A.; Khodabakhsh, M.; Saghaei, A.; Eshghipour, M. (2018): Cooperation of advertising companies in social networks: A graph and game theory approaches. Computers & Industrial Engineering 125, S. 212–220.

Hafezalkotob, A.; Naseri, F. (2016): Cooperative network flow problem with pricing decisions and allocation of benefits: A game theory approach. Journal of Industrial and Systems Engineering 9 (special issue on supply chain), S. 73–87.

Hague, P. (2019): The Business Models Handbook. Templates, theory and case studies. London, New York: Kogan Page.

Hamers, H. J. M. (1997): On the concavity of delivery games. European Journal of Operational Research 99 (2), S. 445–458.

Hamers, H. J. M.; Borm, P. E. M.; Tijs, S. H. (1995): On games corresponding to sequencing situations with ready times. Mathematical Programming 69 (3), S. 471–483.

Hamers, H. J. M.; Borm, P. E. M.; van de Leensel, R.; Tijs, S. H. (1999a): Cost allocation in the Chinese postman problem. European Journal of Operational Research, Elsevier 118 (1), S. 153–163.

Hamers, H. J. M.; Klijn, F.; Suijs, J. (1999b): On the balancedness of multiple machine sequencing games. European Journal of Operational Research 119 (3), S. 678–691.

Hartman, B. C.; Dror, M.; Shaked, M. (2000): Cores of Inventory Centralization Games. Games and Economic Behavior 31 (1), S. 26–49.

Hatak, I.; Hyslop, K. (2015): Cooperation between family businesses of different size: A case study. Journal of Co-operative Organization and Management 3 (2), S. 52–59.

Hauschild, W.; Wallacher, L. (2004): Ad-hoc-Befragung über Unternehmenskooperationen. Ergebnisse für das Jahr 2003. Wiesbaden: Statistisches Bundesamt.

Häußling, R. (2020): Innovation und Netzwerke. In: Blättel-Mink, B.; Schulz-Schaeffer, I.; Windeler, A. (Hrsg.): Handbuch Innovationsforschung. Wiesbaden: Springer VS (Springer Reference), S. 429–445.

Heaney, J. P. (1979): Efficiency / Equity Analysis of Environmental Problems — A Game Theoretic Perspective. In: Brams, S. J.; Schotter, A.; Schwödiauer, G. (Hrsg.): Applied game theory. Proceedings of a conference at the Institute for Advanced Studies, Vienna, June 13–16, 1978. Heidelberg, Physica, S. 352–369.

Heaney, J. P.; Dickinson, R. E. (1982): Methods for apportioning the cost of a water resource project. Water Resources Research 18 (3), S. 476–482.

Heidenreich, S.; Landsperger, J.; Spieth, P. (2016): Are innovation networks in need of a conductor? Examining the contribution of network managers in low and high complexity settings. Long Range Planning: International Journal of Strategic Management 49 (1), S. 55–71.

Heinze, R. G. (2018): Alter und Technik. In: Künemund, H.; Fachinger, H. (Hrsg.): Alter und Technik. Vechtaer Beiträge zur Gerontologie. Wiesbaden: Springer VS, S. 15–31.

Helfferich, C. (2011): Die Qualität qualitativer Daten. Manual für die Durchführung qualitativer Interviews. 4. Auflage. Wiesbaden: Springer VS.

Helfferich, C. (2022): Leitfaden- und Experteninterviews. Baur, N.; Blasius, J. (Hrsg.): Handbuch Methoden der empirischen Sozialforschung. 3. Auflage. Wiesbaden: Springer VS, S. 875–892.

Hensen, P. (2016): Qualitätsmanagement im Gesundheitswesen. Grundlagen für Studium und Praxis. 1. Auflage. Wiesbaden: Springer Gabler.

Hermens, A.; Pitelis, C. N. (2018): Inter-Firm Cooperation. In: Augier, M.; Teece, D. J. (Hrsg.): The Palgrave Encyclopedia of Strategic Management. London: Palgrave Macmillan, S. 777–786.

Herrmann, A. (2022): Grundlagen der Anforderungsanalyse. Standardkonformes Requirements Engineering. 1. Auflage. Wiesbaden: Springer Vieweg.

Hofert, S. (2021): Agiler Führen. Einfache Maßnahmen für bessere Teamarbeit, mehr Leistung und höhere Kreativität. 2. Auflage. Wiesbaden: Springer Gabler.

Hofstadter, D. R. (2016): Gödel, Escher, Bach. Ein Endloses Geflochtenes Band. 6. Auflage. Stuttgart: Klett-Cotta.

Höllebrand, J.; Oppenauer, C. (2020): Ethik und AAL (Active and Assisted Living). Wien: Bundesministerium für Klimaschutz, Umwelt, Energie, Mobilität, Innovation und Technologie.

Holler, M. J.; Illing, G.; Napel, S. (2019): Einführung in die Spieltheorie. 8. Auflage. Berlin, Heidelberg: Springer Gabler.

Hopf, C. (1978): Die Pseudo-Exploration. Überlegungen zur Technik qualitativer Interviews in der Sozialforschung / Pseudo-exploration. Thoughts on the techniques of qualitative interviews in social research. Zeitschrift für Soziologie 7 (2), S. 97–115.

Hopf, H.-G. (2020): Human Centered Requirements Engineering – Disziplinübergreifend Synergien organisieren. In: Fischer, H.; Hess, S. (Hrsg.): Mensch und Computer 2020 – Usability Professionals. Bonn: Gesellschaft für Informatik e. V. und German UPA e. V.

Horsch, J. (2023): Kostenrechnung. Klassische und neue Methoden in der Unternehmenspraxis. 5. Auflage. Wiesbaden: Springer Gabler.

Hostmann, M.; Bernauer, T.; Mosler, H.-J.; Reichert, P.; Truffer, B. (2005): Multi-attribute value theory as a framework for conflict resolution in river rehabilitation. Journal of Multi-Criteria Decision Analysis 13 (2–3), S. 91–102.

Howaldt, J.; Dammer, I. (2011): Innovationsnetzwerke – ein (nicht nur) wirtschaftliches Erfolgsmodell. In: Becker, T.; Dammer, I.; Howaldt, J.; Loose, A. (Hrsg.) Netzwerkmanagement. Mit Kooperation zum Unternehmenserfolg. 3. Auflage. Berlin, Heidelberg: Springer, S. 77–86.

Howaldt, J.; Ellerkmann, F. (2011): Entwicklungsphasen von Netzwerken und Unternehmenskooperationen. In: Becker, T.; Dammer, I.; Howaldt, J.; Loose, A. (Hrsg.) Netzwerkmanagement. Mit Kooperation zum Unternehmenserfolg. 3. Auflage. Berlin, Heidelberg: Springer, S. 23–35.

Huemer, U.; Giesswein, M. (2017): Stadt Wien: DigitalCity.Wien. Eine neue Art der Zusammenarbeit in der Smart City Wien. In: Bartz, M.; Gnesda, A.; Schmutzer, T. (Hrsg.): Unternehmen der nächsten Generation. Atlas des neuen Arbeitens. 1. Auflage. Berlin, Heidelberg: Springer Gabler, S. 363–371.

Hugenberg, H.; Wulf, T.; Maack, B. (2002): Erfolgsmessung in strategischen Allianzen. Ein Ansatz zur aktivitätsbasierten Erfolgsmessung illustriert am Beispiel einer Luftverkehrsallianz. Zeitschrift für Planung 13 (3), S. 263–283.

Hunke, F.; Seebacher, S.; Schymanietz, M.; Jonas, J.; Genennig, S.; Kühne, B.; Schüritz, R.; Satzger, G.; Möslein, K.; Böhmann, T. (2019): Geschäftsmodelle 4.0. In: Stich, V.; Schumann, J. H.; Beverungen, D.; Gudergan, G.; Jussen, P. (Hrsg.): Digitale Dienstleistungsinnovationen. Smart Services agil und kundenorientiert entwickeln. Berlin, Heidelberg: Springer Vieweg, S. 167–183.

Hwang, C.-L.; Lai, Y.-J.; Liu, T.-Y. (1993): A new approach for multiple objective decision making. Computers & Operations Research 20 (8), S. 889–899.

International Institute of Business Analysis (2015): BABOK. A Guide to Business Analysis Body of Knowledge. 3. Auflage. Toronto: IIBA.

Ishizaka, A.; Labib, A. (2011): Review of the main developments in the analytic hierarchy process. Expert Systems with Applications 38 (11), S. 14336–14345.

James, L. D.; Lee, R. R. (1971): Economics of Water Resources Planning. 2. Auflage. New York: McGraw-Hill (McGraw-Hill Series in Water Resources and Environmental Engineering).

Janker, C. (2008): Multivariate Lieferantenbewertung. Empirisch gestützte Konzeption eines anforderungsgerechten Bewertungssystems. 2. Auflage. Wiesbaden: Gabler (Gabler Edition Wissenschaft).

Jene, S. (2015): Die faire Verteilung von Effizienzgewinnen in Kooperationen. Eine kritische Analyse der Eignung des τ-Werts und des χ-Werts. Wiesbaden: Springer Gabler (Research).

Jene, S.; Zelewski, S. (2011): Distributive Justice in Supply Chains – Fair Distribution of Collectively Earned Profits in Supply Chains. In: Sucky, E.; Asdecker, B.; Dobhan, A.; Haas, S.; Wiese, J. (Hrsg.): Logistikmanagement. Herausforderungen, Chancen und Lösungen. Bamberg: University of Bamberg Press (Schriftenreihe Logistik und Supply Chain Management, Band 3), S. 115–132.

Jene, S.; Zelewski, S. (2013): Practical Application of Cooperative Solution Concepts for Distribution Problems. An Analysis of Selected Game Theoretic Solution Concepts from an Economic Point of View. In: Meunier, F.; Carre, J. (Hrsg.): Game Theory. Economics, Theoretical Concepts and Finance Applications. Hauppauge, N.Y: Nova Science Publishers Inc (Mathematics Research Developments), S. 25–49.

Jurack, A.; Karmann, A.; Lukas, D.; Werblow, A. (2012): Gesundheitsökonomie: Nachfrage nach Gesundheitsleistungen. In: Hoffmann, S.; Schwarz, U.; Mai, R. (Hrsg.): Angewandtes Gesundheitsmarketing. Wiesbaden: Springer Gabler, S. 15–31.

Jüttner, U.; Huber, S.; Furrer, S.; Windler, K.; Meldau, S. (2019): Mit wem, warum und wie in Dienstleistungen kooperieren? Der Entwicklungsprozess einer Toolbox für die Praxis. In: Bruhn, M.; Hadwich, K. (Hrsg.): Kooperative Dienstleistungen. Spannungsfelder zwischen Service Cooperation und Service Coopetition. Wiesbaden: Springer Gabler (Forum Dienstleistungsmanagement), S. 71–88.

Kailiponi, P. (2010): Analyzing evacuation decisions using multi-attribute utility theory (MAUT). Procedia Engineering 3, S. 163–174.

Kaiser, R. (2021): Qualitative Experteninterviews. Konzeptionelle Grundlagen und praktische Durchführung. 2. Auflage. Wiesbaden: Springer VS (Elemente der Politik).

Kammler, F.; Schoormann, T.; Fuchs, A.; Mauruschat, A.; Thomas, O.; Knackstedt, R. (2020): Innovationsnetzwerke als Treiber für Wissenschaft-Praxis-Kooperationen: Ein Erfahrungsbericht. HMD 57 (2), S. 205–217.

Kaplan, R. S.; Norton, D. P. (1992): The Balanced Scorecard. Measures that Drive Performance. Harvard Business Review 70 (1), S. 71–79.

Kaplan, R. S.; Norton, D. P. (1997): Balanced Scorecard. Strategien erfolgreich umsetzen. 1. Auflage. Stuttgart: Schäffer-Poeschel (Handelsblatt-Reihe).

Keen, P. G. W. (1980): Adaptive Design for Decision Support Systems. ACM SIGMIS Database: The DATABASE for Advances in Information Systems 12 (1–2), S. 15–25.

Keenan, P. B.; Jankowski, P. (2019): Spatial Decision Support Systems: Three decades on. Decision Support Systems 116, S. 64–76.

Kern, K.-H. (2020): Gemeinsam mehr bewegen – Erfolgsfaktoren für Kooperationen zwischen sozialen Organisationen und Wirtschaftsunternehmen in Zeiten von CSR. In: Stoll, B.; Herrmann, H. (Hrsg): Corporate Social Responsibility. Impulse aus der und für die Profit- und Sozialwirtschaft. Verantwortung und Nachhaltigkeit. Opladen: Verlag Barbara Budrich (Gesellschaft und Nachhaltigkeit, Band 7, S. 37–46.

Ketchen, D. J.; Giunipero, L. C. (2004): The intersection of strategic management and supply chain management. Industrial Marketing Management 33 (1), S. 51–56.

Kheybari, S.; Rezaie, F. M.; Farazmand, H. (2020): Analytic network process: An overview of applications. Applied Mathematics and Computation 367, 124780.

Kiener, S. (1990): Die Principal-Agent-Theorie aus informationsökonomischer Sicht. Heidelberg: Physica (Physica-Schriften zur Betriebswirtschaft, Band 28).

Killich, S. (2011): Formen der Unternehmenskooperation. In: Becker, T.; Dammer, I.; Howaldt, J.; Loose, A. (Hrsg.) Netzwerkmanagement. Mit Kooperation zum Unternehmenserfolg. 3. Auflage. Berlin, Heidelberg: Springer, S. 13–22.

Killich, S.; Luczak, H. (2003): Unternehmenskooperation für kleine und mittelständische Unternehmen. Lösungen für die Praxis. Berlin, Heidelberg: Springer (VDI-Buch).

Kirchgässner, G. (2008): Homo Oeconomicus. The Economic Model of Behaviour and Its Applications in Economics and Other Social Sciences. New York: Springer (The European Heritage in Economics and the Social Sciences, Band 6).

Klauer, B.; Drechsler, M.; Messner, F. (2006): Multicriteria Analysis under Uncertainty with IANUS. Method and Empirical Results. Environment and Planning C: Government and Policy 24 (2), S. 235–256.

Klerkx, L.; Aarts, N. (2013): The interaction of multiple champions in orchestrating innovation networks: Conflicts and complementarities. Technovation 33 (6–7), S. 193–210.

Kleuker, S. (2018): Grundkurs Software-Engineering mit UML. Der pragmatische Weg zu erfolgreichen Softwareprojekten. 4. Auflage. Wiesbaden: Springer Vieweg.

Klingebiel, N. (1999): Performance Measurement. Grundlagen – Ansätze – Fallstudien. Wiesbaden: Gabler.

Klingebiel, N. (2000): Integriertes Performance Measurement. Wiesbaden: Deutscher Universitätsverlag (Neue betriebswirtschaftliche Forschung, Band 263).

Kolker, A. (2012): Healthcare Management Engineering: What Does This Fancy Term Really Mean? The Use of Operations Management Methodology for Quantitative Decision-Making in Healthcare Settings. 1. Auflage. New York: Springer (Springer Briefs in Health Care Management and Economics).

Kolker, A. (2014): Game Theory for Cost Allocation in Healthcare. In: Wang, J. (Hrsg.): Encyclopedia of Business Analytics and Optimization. Hershey, Pennsylvania: IGI Global, S. 1067–1079.

Kolker, A. (2018): The Concept of the Shapley Value and the Cost Allocation Between Cooperating Participants. In: Mehdi Khosrow-Pour, D. B. A. (Hrsg.): Encyclopedia of Information Science and Technology. 4. Auflage. Hershey, Pennsylvania: IGI Global, S. 2095–2107.

Koller, P. (1983): Rawls' Differenzprinzip und seine Deutungen. Erkenntnis 20 (1), S. 1–25.

Kolokoltsov, V. N.; Malafeyev, O. A. (2010): Understanding Game Theory. Introduction to the Analysis of Many Agent Systems with Competition and Cooperation. Singapore: World Scientific.

Kolotzek, C. (2018): Entwicklung einer nachhaltigkeitsorientierten Rohstoffbewertung zur Unterstützung von Entscheidungsprozessen in Unternehmen. 1. Auflage. Wiesbaden: Springer Gabler (Sustainable Management, Wertschöpfung und Effizienz).

Kortus-Schultes, D. (2019): Konvergenz der Ökosysteme. In: Proff, H. (Hrsg.): Mobilität in Zeiten der Veränderung. Technische und betriebswirtschaftliche Aspekte. 1. Auflage. Wiesbaden: Springer Gabler, S. 93–107.

Koschatzky, K.; Gundrum, U. (1997): Die Bedeutung von Innovationsnetzwerken für kleine Unternehmen. In: Koschatzky, K. (Hrsg.): Technologieunternehmen im Innovationsprozeß. Management, Finanzierung und regionale Netzwerke. Heidelberg: Physica-Verlag (Technik, Wirtschaft und Politik, Band 23), S. 207–227.

Koster, M. (2002): Concave and Convex Serial Cost Sharing. In: Borm, P.; Peters, H. (Hrsg.): Chapters in Game Theory. In honor of Stef Tijs. Boston, MA: Springer, (Theory and Decision Library C, Band 31) S. 143–155.

Krabs, W. (2005): Spieltheorie. Dynamische Behandlung von Spielen. Berlin: Vieweg+Teubner Verlag.

Krabs, W.; Pickl, S. (2004): A Game-Theoretic Treatment of a Time-Discrete Emission Reduction Model. International Game Theory Review 06 (01), S. 21–34.

Krabs, W.; Pickl, S. W. (2003): Analysis, Controllability and Optimization of Time-Discrete Systems and Dynamical Games. Berlin, Heidelberg: Springer (Lecture Notes in Economics and Mathematical Systems, Band 529).

Krabs, W.; Pickl, S.; Scheffran, J. (2000): Optimization of an n-Person Game Under Linear Side Conditions. In: Dockner, E. J.; Hartl, R. F.; Luptačik, M.; Sorger, G. (Hrsg.): Optimization, Dynamics, and Economic Analysis. Essays in Honor of Gustav Feichtinger. Heidelberg: Physica-Verlag, S. 76–85.

Kriegel, J. (2017): E-Health Service Development Loom. Geschäftsmodellentwicklung für E-Health-Dienstleistungen. In: Müller-Mielitz, S.; Lux, T. (Hrsg.): E-Health-Ökonomie. Wiesbaden: Springer Gabler, S. 531–555.

Kriz, W. (2009): Planspiel. In: Kühl, S.; Strodtholz, P.; Taffertshofer, A. (Hrsg.): Handbuch Methoden der Organisationsforschung. Quantitative und Qualitative Methoden. 1. Auflage. Wiesbaden: VS Verlag für Sozialwissenschaften, S. 558–579.

Kruse, J. (2015): Qualitative Interviewforschung. Ein integrativer Ansatz. 2. Auflage. Weinheim, Basel: Beltz Juventa (Grundlagentexte Methoden).

Kubek, V. (2020): Digitalisierung in der Pflege. Überblick über aktuelle Ansätze. In: Kubek, V.; Velten, S.; Eierdanz, F.; Blaudszun-Lahm, A. (Hrsg.): Digitalisierung in der Pflege. Zur Unterstützung einer besseren Arbeitsorganisation. Berlin, Heidelberg: Springer Vieweg, S. 15–20.

Kubista, B. (2008): Der genossenschaftliche FinanzVerbund. Überlegungen zur Erfolgsbewertung. In: Aulinger A. (Hrsg.): Netzwerk-Evaluation. Herausforderungen und Praktiken für Verbundnetzwerke. 1. Auflage. Stuttgart: Kohlhammer, S. 42–54.

Kuckartz, U. (2014): Mixed Methods. Methodologie, Forschungsdesign und Analyseverfahren. Wiesbaden: Springer VS.

Kühnapfel, J. B. (2019a): Balanced Scorecards im Vertrieb. 2. Auflage. Wiesbaden: Springer Gabler (essentials).

Kühnapfel, J. B. (2019b): Nutzwertanalysen in Marketing und Vertrieb. 2. Auflage. Wiesbaden: Springer Gabler (essentials).

Kühnapfel, J. B. (2021): Scoring und Nutzwertanalysen. Ein Leitfaden für die Praxis. 1. Auflage. Wiesbaden: Springer Gabler.

Kumar, H.; Khatod, D. K. (2022): τ-Value Based Approach for Loss Allocation in Radial and Weakly Meshed Distribution Networks With Distributed Generation. In: IEEE Transactions on Power Delivery 37 (3), S. 1845–1855.

Kusay-Merkle, U. (2021): Agiles Projektmanagement im Berufsalltag. Für mittlere und kleine Projekte. 2. Auflage. Berlin: Springer Gabler.

Kuster, J.; Bachmann, C.; Hubmann, M.; Lippmann, R.; Schneider, P. (2022): Handbuch Projektmanagement. Agil – Klassisch – Hybrid. 5. Auflage. Berlin, Heidelberg: Springer Gabler.

Laudon, K. C.; Laudon, J. P.; Schoder, D. (2015): Wirtschaftsinformatik. Eine Einführung. 3. Auflage. Hallbergmoos: Pearson Deutschland (Pearson Studium – Economic BWL).

Laux, H.; Gillenkirch, R. M.; Schenk-Mathes, H. Y. (2018): Entscheidungstheorie. 10. Auflage. Berlin, Heidelberg: Springer Gabler, S. 31–62.

Leininger, W. (1996): Mikroökonomik. In: von Hagen, J. (Hrsg.): Springers Handbuch der Volkswirtschaftslehre. Berlin: Springer, S. 1–42.

Lemaire, J. (1984): An Application of Game Theory: Cost Allocation. In: ASTIN Bulletin: The Journal of the IAA 14 (1), S. 61–81.

Lempert, S. (2021): IoT-Software-Plattformen. Methode zur Bewertung und Auswahl der am besten geeigneten Plattform. Wiesbaden: Springer Gabler.

Leppert, T.; Posor, H. (2020): Social Innovations. Innovationen aus der Kooperation von Wirtschaft und sozialem Sektor. In: Dahm, M. H. (Hrsg.): Kooperationsmanagement in der Praxis. Lösungsansätze und Beispiele erfolgreicher Kooperationsgestaltung- Wiesbaden: Springer Gabler (FOM-Edition), S. 151–171.

Levine, D. M.; Linder, J. A. (2016): Retail Clinics Shine a Harsh Light on the Failure of Primary Care Access. Journal of General Internal Medicine 31 (3), S. 260–262.

Lightfoot, J. M. (2019): A Game-Theoretic Approach to Share the Costs of Cooperating Healthcare Networks. In: Journal of International Technology and Information Management 27 (3).

Littlechild, S. C. (1970): A Game-Theoretic Approach to Public Utility Pricing. Economic Inquiry 8 (2), S. 162–166.

Littlechild, S. C. (1974): A simple expression for the nucleolus in a special case. International Journal of Game Theory 3 (1), S. 21–29.

Littlechild, S. C.; Owen, G. (1973): A Simple Expression for the Shapely Value in a Special Case. Management Science 20 (3), S. 370–372.

Littlechild, S. C.; Thompson, G. F. (1977): Aircraft Landing Fees: A Game Theory Approach. The Bell Journal of Economics 8 (1), S. 186–204.

Littlechild, S. C.; Vaidya, K. G. (1976): The propensity to disrupt and the disruption nucleolus of a characteristic function game. International Journal of Game Theory 5, S. 151–161.

Loehman, E.; Orlando, J.; Tschirhart, J.; Whinston, A. (1979): Cost allocation for a regional wastewater treatment system. Water Resources Research 15 (2), S. 193–202.

Löffler, M. (2014): Retrospektiven in der Praxis. Veränderungsprozesse in IT-Unternehmen effektiv begleiten. Heidelberg: dpunkt.verlag.

Löhe, J. (2017): Angehörigenpflege neben dem Beruf. Mixed Methods Studie zu Herausforderungen und betrieblichen Lösungsansätzen. Wiesbaden: Springer VS.

Löher, J. (2022): Motive der Zusammenarbeit zwischen etabliertem Mittelstand und Startups. In: Weber, J.; Elz, A. (Hrsg.): Corporate-Startup-Partnerschaften. Innovation durch Kollaboration. 1. Auflage. Berlin, Heidelberg: Springer Gabler (Organisationskompetenz Zukunftsfähigkeit), S. 9–19.

Lucas, W. F. (1981): Applications of Cooperative Games to Equitable Allocation. In: Lucas, W. F. (Hrsg.): Game Theory and its Applications. Proceedings of Symposia in Applied Mathematics. American Mathematical Society, Band 24. S. 19–36.

Lucchetti, R.; Patrone, F.; Tijs, S. H.; Torre, A. (1987): Continuity properties of solution concepts for cooperative games. Operation-Research-Spektrum 9 (2), S. 101–107.

Luce, R. D.; Raiffa, H. (2012): Games and Decisions. Introduction and Critical Survey. (Dover Books on Mathematics).

Luo, C.; Zhou, X.; Lev, B. (2022): Core, shapley value, nucleolus and nash bargaining solution: A Survey of recent developments and applications in operations management. Omega, Elsevier 110 (C).

Lützig, W.-P. (1982): Die vieldimensionale Kalkulation der Kooperation. Dissertation. Berlin: Freie Universität Berlin.

Lyytinen, K.; Yoo, Y.; Boland Jr., R. J. (2016): Digital product innovation within four classes of innovation networks. Information Systems Journal 26 (1), S. 47–75.

Mähs, M. (2022): Gesundheitsökonomische Evaluation von AAL-Technologien. Eine Analyse am Beispiel von Intelligenten Rollatoren in der häuslichen Versorgung. Wiesbaden: Springer VS (Vechtaer Beiträge zur Gerontologie).

Mähs, M.; Fachinger, U. (2022): Die Analyse ökonomischer Potentiale assistierender Technologien im Pflege- und Gesundheitssektor. Zur Problematik einer adäquaten Kosten-Nutzen-Bewertung. In: Luthe, E.-W.; Müller, S. V.; Schiering, I. (Hrsg.): Assistive Technologien im Sozial- und Gesundheitssektor. Wiesbaden: Springer VS (Gesundheit. Politik – Gesellschaft – Wirtschaft), S. 527–545.

Mandl, J. (2005): Spieltheoretische Verfahren der Kapitalallokation im Versicherungsunternehmen. Zeitschrift für die gesamte Versicherungswissenschaft 94 (1), S. 79–103.

Mareschal, B. (2013): PROMETHEE Methods. Visual PROMETHEE 1.4 Manual. VP Solutions.

Mareschal, B.; Brans, J. P.; Vincke, P. (1984): Prométhée: a new family of outranking methods in multicriteria analysis. ULB, Universite Libre de Bruxelles: ULB Institutional Repository 2013/9305.

Mareschal, B.; Tsaples, G. (2021): The History and Future of PROMETHEE. In: Papathanasiou, J.; Zaraté, P.; Freire de Sousa, J. (Hrsg.): EURO Working Group on DSS. A Tour of the DSS Developments Over the Last 30 Years. 1. Auflage. Cham: Springer (Integrated Series in Information Systems), S. 259–272.

Markert, C.; Bruns, J.; Budde, M.; Lott, F.; Abecker, A. (2022): Konzept und Prototyp für ein räumliches Entscheidungsunterstützungssystem. In: Fuchs-Kittowski, F.; Abecker, A., Hosenfeld, F. (Hrsg.): Umweltinformationssysteme. Wie trägt die Digitalisierung zur Nachhaltigkeit bei? Tagungsband des 28. Workshops "Umweltinformationssysteme (UIS 2021)" des Arbeitskreises „Umweltinformationssysteme" der Fachgruppe „Informatik im Umweltschutz" der Gesellschaft für Informatik (GI) Wiesbaden: Springer Vieweg, S. 245–262.

Marques, G. (2019): Ambient Assisted Living and Internet of Things. In: Cardoso, P.; Monteiro, J.; Semião, J.; Rodrigues, J. (Hrsg.): Harnessing the Internet of Everything (IoE) for Accelerated Innovation Opportunities: IGI Global (Advances in Computer and Electrical Engineering), S. 100–115.

Maschler, M. (1992): Chapter 18. The bargaining set, kernel, and nucleolus. In: Aumann, R.; Hart, S. (Hrsg.): Handbook of Game Theory. With Economic Applications, Amsterdam: Elsevier North-Holland (Handbook in Economics, Band 1), S. 591–667.

Mayr, S. (2010): Stakeholdermanagement in der Unternehmenskrise. Eine unternehmensethische Betrachtung. Wiesbaden: Gabler.

Mayring, P. (2022): Qualitative Inhaltsanalyse. Grundlagen und Techniken. 13. Auflage. Weinheim: Beltz (Beltz Pädagogik).

Mayring, P. (2023): Einführung in die qualitative Sozialforschung. 7. Auflage. Weinheim, Basel: Beltz.

Mayring, P.; Fenzl, T. (2022): Qualitative Inhaltsanalyse. In: Baur, N.; Blasius, J. (Hrsg.): Handbuch Methoden der empirischen Sozialforschung. 3. Auflage. Wiesbaden: Springer VS, S. 691–706.

McCain, R. A. (2009): Game Theory and Public Policy. Cheltenham, U.K., Northampton, Mass: Edward Elgar Publishing.

McDonald, J. (1975): The Game of Business. 1. Auflage. Doubleday Anchor Press.

Megiddo, N. (1974): On the Nonmonotonicity of the Bargaining Set, the Kernel and the Nucleolus of a Game. SIAM Journal on Applied Mathematics 27 (2), S. 355–358.

Memon, M.; Wagner, S. R.; Pedersen, C. F.; Beevi, F. H. A.; Hansen, F. O. (2014): Ambient assisted living healthcare frameworks, platforms, standards, and quality attributes. Sensors (Basel) 14 (3), S. 4312–4341.

Mergenthaler, H. (1984): Kostenträgerrechnungsverfahren in der Elektrizitätswirtschaft – unter gesonderter Berücksichtigung der Ermittlung der Lastanteile der Kundengruppen. Darmstadt: Dissertation Universität Stuttgart.

Merkens, H. (1997): Stichproben bei qualitativen Studien. In: Friebertshäuser, B.; Prengel, A. (Hrsg.): Handbuch qualitative Forschungsmethoden in der Erziehungswissenschaft. Weinheim und München: Juventa-Verlag, S. 97–106.

Mesran, M.; Sumantri, E. P.; Supriyanto S; Sahir, S. H.; Daulay, N. K. (2021): Implementation of Technique for Order Preference by Similarity to Ideal Solution (TOPSIS) in Recommendations for New Position in Companies. International Journal of Information System & Technology 4 (2), S. 661–669.

Meuser, M.; Nagel, U. (2005): ExpertInneninterview – vielfach erprobt, wenig bedacht. Ein Beitrag zur qualitativen Methodendiskussion. In: Bogner, A.; Littig, B.; Menz, W. (Hrsg.): Das Experteninterview. Theorie, Methode, Anwendung. 2. Auflage. Wiesbaden: VS Verlag für Sozialwissenschaften, S. 71–94.

Mey, G.; Mruck, K. (2011): Qualitative Interviews. In: Naderer, G.; Balzer, E. (Hrsg.): Qualitative Marktforschung in Theorie und Praxis. Wiesbaden: Gabler, S. 257–288.

Meyer, S. (2016): Technische Unterstützung im Alter – Was ist möglich, was ist sinnvoll? Expertise zum Siebten Altenbericht der Bundesregierung. Block, J.; Hagen, C.; Berner, F. (Hrsg.). Berlin: Deutsches Zentrum für Altersfragen.

Meyer, S. (2018): Technische Assistenzsysteme zu Hause – warum nicht? Vergleichende Evaluation von 14 aktuellen Forschungs- und Anwendungsprojekten. In: Künemund, H.; Fachinger, H. (Hrsg.): Alter und Technik. Vechtaer Beiträge zur Gerontologie. Wiesbaden: Springer VS, S. 147–176.

Michel, L. M. (2009): Management von Kooperationen im Bereich Forschung und Entwicklung. Eine empirische Studie. Konstanz: Hochschule Konstanz (Konstanzer Managementschriften, Band 7).

Michel, U. (1996): Wertorientiertes Management strategischer Allianzen. 1. Auflage. München: Vahlen (Controlling-Praxis).

Mishra, D.; Rangarajan, B. (2005): Cost sharing in a job scheduling problem using the Shapley value. Proceedings 6th ACM Conference on Electronic Commerce (EC-2005), Vancouver, BC, Canada, S. 232–239.

Mishra, D.; Rangarajan, B. (2007): Cost sharing in a job scheduling problem. Social Choice and Welfare 29 (3), S. 369–382.

Möhring, W.; Schlütz, D. (2019): Die Befragung in der Medien- und Kommunikationswissenschaft. Eine praxisorientierte Einführung. 3. Auflage. Wiesbaden: Springer VS.

Möller, K. (2006): Wertschöpfung in Netzwerken. München: Vahlen (Controlling).

Mondello, E. (2022): Corporate Finance. Theorie und Anwendungsbeispiele. Wiesbaden: Springer Gabler.

Moretti, S.; Patrone, F. (2008): Transversality of the Shapley value. TOP 16 (1), S. 1–41.

Moss, K. (2012): The Entity-Relationship model. Proceedings of the 2012 IEEE Global Engineering Education Conference (EDUCON), S. 1–6.

Mrabti, N.; Hamani, N.; Delahoche, L. (2022): A new metric for gain sharing assessment in collaborative distribution: the sustainability and flexibility rate. International Journal of Systems Science: Operations & Logistics 10 (1), 2038714.

Müller, A. (2021): Management von Intangible Assets. Wiesbaden: Springer Gabler.

Müller, D. (2015): Erweiterung des Instrumentariums des Kooperationscontrollings durch Lösungskonzepte der kooperativen Spieltheorie – eine Analyse. Betriebswirtschaftliche Forschung und Praxis (BfuP) (4), S. 457–481.

Müller, D. (2020): Betriebswirtschaftslehre für Ingenieure. 3. Auflage. Berlin, Heidelberg: Springer Gabler.

Muto, S.; Nakayama, M.; Potters, J.; Tijs, S. H. (1988): On big boss games. The Economic Studies Quarterly 39 (4), S. 303–321.

Muto, S.; Potters, J.; Tijs, S. H. (1989): Information market games. International Journal of Game Theory 18 (2), S. 209–226.

Myerson, R. B. (2004): Game theory. Analysis of conflict. 6. Auflage. Cambridge: Harvard University Press.

Nakabayashi, K.; Tone, K. (2006): Egoist's dilemma: a DEA game. Omega 34 (2), S. 135–148.

Nalebuff, B.; Brandenburger, A. (2007): Coopetition – kooperativ konkurrieren. Mit der Spieltheorie zum Unternehmenserfolg. In: Boersch, C.; Elschen, R. (Hrsg.): Das Summa Summarum des Management. Wiesbaden: Gabler, S. 217–230.

Nambisan, S.; Lyytinen, K.; Majchrzak, A.; Song, M. (2017): Digital Innovation Management: Reinventing Innovation Management Research in a Digital World. MISQ 41 (1), S. 223–238.

Nash, J. (1951): Non-Cooperative Games. Annals of Mathematics 54 (2), S. 286–295.

Nash, J. (1953): Two-Person Cooperative Games. Econometrica 21 (1), S. 128–140.

Naß, H.; Lüssem, J.; Eilers, H. (2020): Einführung humanoider Roboter in eine Demenz-WG – Herangehensweise an eine technische Innovation. In: Pfannstiel, M. A.; Kassel, K.; Rasche, C. (Hrsg.): Innovationen und Innovationsmanagement im Gesundheitswesen. Technologien, Produkte und Dienstleistungen voranbringen. Wiesbaden: Springer Gabler, S. 653–665.

Nett, L. (1998): Der Shapley-Wert: ein Allokationsmechanismus für die Zuordnung von Gemeinkosten. Wirtschaftswissenschaftliches Studium: WiSt; Zeitschrift für Studium und Forschung 27 (10), S. 525–528.

Neusser, K.; Wagner, M. (2022): Zeitreihenanalyse in den Wirtschaftswissenschaften. Einführung und Grundlagen für den Einstieg in die aktuelle Forschung. 4. Auflage. Berlin, Heidelberg: Springer Gabler (Studienbücher Wirtschaftsmathematik).

Niemojewski, C. (2005): Wissensmanagement und Unternehmenskooperationen. Die Strukturierung der wissensintensiven strategischen Allianz. 1. Auflage Wiesbaden: Deutscher Universitätsverlag (Betriebswirtschaftliche Forschung zur Unternehmensführung, Band 48).

Nitschke, M. (2020): Beratung zu altersgerechten Assistenzsystemen. Wiesbaden: Springer VS (Vechtaer Beiträge zur Gerontologie).

Norde, H.; Fragnelli, V.; García-Jurado, I.; Patrone, F.; Tijs, S. H. (2002): Balancedness of infrastructure cost games. European Journal of Operational Research, Elsevier 136 (3), S. 635–654.

Norton, D. P.; Kaplan, R. S. (2016): Balanced Scorecard. In: Augier, M.; Teece, D. (Hrsg.): The Palgrave Encyclopedia of Strategic Management. London: Palgrave Macmillan, S. 1–5.

Okamoto, Y. (2003): Fair Cost Allocations under Conflicts. A Game-Theoretic Point of View. In: Ibaraki, T.; Katoh, N., Ono, H. (Hrsg.): Algorithms and Computation. Berlin, Heidelberg: Springer, S. 686–695.

Olsen, D. L. (2008): Multi-Criteria Decision Support. In: Burstein, F.; W. Holsapple, C. (Hrsg.): Handbook on Decision Support Systems 1. 1. Auflage. Berlin, Heidelberg: Springer, S. 299–314.

Osborne, M. J.; Rubinstein, A. (2011): A Course in Game Theory. Cambridge: The MIT Press.

Osterwalder, A.; Pigneur, Y. (2010): Business Model Generation. A Handbook for Visionaries, Game Changers, and Challengers. Hoboken, N.J.: Wiley.

Otten, G.-J. (1993): Characterizations of a game theoretical cost allocation method. ZOR – Methods and Models of Operations Research 38 (2), S. 175–185.

Oubahman, L.; Duleba, S. (2021): Review of PROMETHEE method in transportation. Production Engineering Archives 27 (1), S. 69–74.

Owen, G. (2001): Game Theory. 3. Auflage. San Diego, California: Academic Press.

Patro, S. P.; Padhy, N.; Chiranjevi, D. (2021): Ambient assisted living predictive model for cardiovascular disease prediction using supervised learning. Evolutionary Intelligence 14, S. 941–969.

Pederson, T. (2011): The nucleolus. Cold Spring Harbor Perspectives in Biology 3 (3), a000638.

Peleg, B. (1986): On the reduced game property and its converse. International Journal of Game Theory 15 (3), S. 187–200.

Peleg, B.; Sudhölter, P. (2007): Introduction to the Theory of Cooperative Games. 2. Auflage. Berlin, Heidelberg: Springer (Theory and Decision Library, Series C, Band 34).

Peng, S.; Lin, Y.; Lu, X.; Yang, Y.; Li, Z.; Zuo, Z. (2022): Reliability Tracing Method of HVDC System Based on Shapley Value Allocation. 2022 5th International Conference on Energy, Electrical and Power Engineering (CEEPE). IEEE, S. 335–341.

Peters, H. (2008): Game Theory. A Multi-Leveled Approach. 1. Auflage. Berlin, Heidelberg: Springer.

Peters, M. L.; Zelewski, S. (2008): Der Analytic Network Process (ANP) als Technik zur Lösung multikriterieller Entscheidungsprobleme unter Berücksichtigung von Abhängigkeiten zwischen Kriterien. In: WiSt – Wirtschaftswissenschaftliches Studium 37 (9), S. 475–482.

Pfabigan, J.; Wosko, P.; Pleschberger, S. (2020): Assistive Technologien und ihr Potential zur Stärkung des Sozialkapitals alleinlebender älterer Menschen. Das Gesundheitswesen 82 (05), 465.

Phillips, M. (2018): CMMI for Acquisition (CMMI-ACQ) Primer, Version 1.3. Carnegie Mellon University. Report.

Pickl, S. (2001): Convex games and feasible sets in control theory. Mathematical Methods of Operations Research (ZOR) 53 (1), S. 51–66.

Pickl, S. W. (1999): Der τ-value als Kontrollparameter. Modellierung und Analyse eines Joint-Implementation-Programmes mithilfe der dynamischen kooperativen Spieltheorie und der diskreten Optimierung. Aachen: Shaker Verlag (Berichte aus der Mathematik).

Pijetlovic, D. (2020): Das Potential der Pflege-Robotik. Eine systemische Erkundungsforschung. Wiesbaden: Springer Gabler (Systemaufstellungen in Wissenschaft und Praxis).

Pillath, M. (2020): Kooperationen zwischen Großunternehmen und Nonprofit-Organisationen im Sport. Eine sozialwissenschaftliche Studie. Wiesbaden: Springer VS (Angewandte Forschung im Sport).

Pittaway, L.; Robertson, M.; Munir, K.; Denyer, D.; Neely, A. (2004): Networking and innovation: a systematic review of the evidence. International Journal of Management Reviews 5 (3–4), S. 137–168.

Poeschl, H. (2013): Strategische Unternehmensführung zwischen Shareholder-Value und Stakeholder-Value. Wiesbaden: Springer Gabler.

Potters, J.; Sudhölter, P. (1999): Airport problems and consistent allocation rules. Mathematical Social Sciences 38 (1), S. 83–102.

Power, D. J. (2002): Decision Support Systems. Concepts and Resources for Managers. Westport, CN: Quorum Books. Faculty Book Gallery. 67.

Power, D. J. (2008): Decision Support Systems: A Historical Overview. Handbook on Decision Support Systems 1. Berlin, Heidelberg: Springer, S. 121–140.

Preim, B.; Dachselt, R. (2015): Interaktive Systeme. Band 2: User Interface Engineering, 3D-Interaktion, Natural User Interfaces. 2. Auflage. Berlin Heidelberg: Springer Vieweg (eXamen.press), S. 45–109.

Preußig, J. (2020): Agiles Projektmanagement. Agilität und Scrum im klassischen Projektumfeld. 2. Auflage. Stuttgart: Haufe (Haufe Fachbuch).

Przyborski, A.; Wohlrab-Sahr, M. (2014): Qualitative Sozialforschung. Ein Arbeitsbuch. 4. Auflage. München: Oldenbourg.

Qiao, S.; Chen, G.; Ray, P. (2022): Applicability of Business Model Canvas in the Context of Entrepreneurship in Asia: A Systematic Literature Review. In: Ray, P.; Shaw, R. (Hrsg.): Technology Entrepreneurship and Sustainable Development. Singapore: Springer (Disaster Risk Reduction), S. 69–96.

Queirós, A.; Dias, A.; Silva, A.; Rocha, N. (2017): Ambient Assisted Living and Health-Related Outcomes. A Systematic Literature Review. Informatics 4 (3), 19.

Rajalo, S.; Vadi, M. (2017): University-industry innovation collaboration: Reconceptualization. Technovation 62–63, S. 42–54.

Rajasekharan, J.; Eriksson, J.; Koivunen, V. (2011): Cooperative game theory and auctioning for spectrum allocation in cognitive radios. PIMRC 22nd IEEE International Symposium on Personal Indoor and Mobile Radio Communications (PIMRC). Toronto Canada, S. 656–660.

Ransmeier, J. S. (1942): The Tennessee Valley Authority: A Case Study in the Economics of Multiple Purpose Stream Planning. Nashville, Tennessee: The Vanderbilt University Press.

Rappaport, A. (1986): Creating shareholder value. The new standard for business performance. New York: Free Press 14.

Rappaport, A. (1999): Shareholder value. Ein Handbuch für Manager und Investoren. 2. Auflage. Stuttgart: Schäffer-Poeschel (Handelsblatt-Reihe).

Rashid, Y.; Rashid, A.; Warraich, M. A.; Sabir, S. S.; Waseem, A. (2019): Case Study Method: A Step-by-Step Guide for Business Researchers. International Journal of Qualitative Methods 18, 160940691986242.

Rat für Sozial- und Wirtschaftsdaten (RatSWD) (2017): Forschungsethische Grundsätze und Prüfverfahren in den Sozial- und Wirtschaftswissenschaften. Gefördert vom Bundesministerium für Bildung und Forschung.

Rawls, J. (2017): Eine Theorie der Gerechtigkeit. 20. Auflage. Frankfurt am Main: Suhrkamp (Suhrkamp-Taschenbuch Wissenschaft, Band 271).

Raza-Ullah, T. (2021): When does (not) a coopetitive relationship matter to performance? An empirical investigation of the role of multidimensional trust and distrust. Industrial Marketing Management 96, S. 86–99.

Reck, F.; Posset, S. (2023): Mehr „Anarchie" wagen? – Kooperationsmuster in Innovationsnetzwerken und deren Entwicklung im Zuge der Digitalisierung der Automobilbranche. In: Schallmo, D. R. A.; Werani T.; Krumay, B. (Hrsg.): Digitalisierung. Fallstudien, Tools und Erkenntnisse für das digitale Zeitalter. 1. Auflage. Wiesbaden: Springer Gabler (Schwerpunkt Business Model Innovation), S. 613–642.

Reinders, H. (2005): Qualitative Interviews mit Jugendlichen führen. Ein Leitfaden. 1. Auflage. München, Wien: R. Oldenbourg Verlag.

Remsperger-Kehm, R.; Pötter, N.; Schäfer, A.; Scherschel, K.; Hafezi, W. (2019): Sozialisation und Soziale Arbeit in unterschiedlichen Lebensphasen und Erfahrungskontexten. In: Grendel, T. (2019): Sozialisation und Soziale Arbeit. Studienbuch zu Theorie, Empirie und Praxis. Wiesbaden: Springer VS (Lehrbuch).

Ricciardi, F.; Zardini, A.; Czakon, W.; Rossignoli, C.; Kraus, S. (2022): Revisiting the cooperation–competition paradox: A configurational approach to short- and long-term coopetition performance in business networks. European Management Journal 40 (3), S. 320–331.

Rodríguez-Pereira, J.; Balcik, B.; Rancourt, M.-È.; Laporte, G. (2021): A Cost-Sharing Mechanism for Multi-Country Partnerships in Disaster Preparedness. Production and Operations Management 30 (12), S. 4541–4565.

Röhling, A. (2018): Interdisziplinäre Zusammenarbeit im Verbundprojekt: Herausforderungen und kritische Faktoren einer erfolgreichen Forschungskooperation. HWWI Research Papers 181, Hamburg Institute of International Economics (HWWI).

Rosenmüller, J. (1981): The theory of games and markets. Amsterdam-New York-Oxford: North-Holland. TG.

Ross, S. A. (1973): The Economic Theory of Agency: The Principal's Problem. American Economic Review 63 (2), S. 134–139.

Rotering, J. (1993): Zwischenbetriebliche Kooperation als alternative Organisationsform. Ein transaktionskostentheoretischer Erklärungsansatz. Stuttgart: Schäffer-Poeschel Verlag.

Roth, A. E. (1977): The Shapley Value as a von Neumann-Morgenstern Utility. Econometrica 45 (3), S. 657–664.

Roth, A. E.; Shapley, L. S. (Hrsg.) (1988): The Shapley Value. Essays in honor of Lloyd S. Shapley. Cambridge: Cambridge University Press.

Roth, S. J. (2021): VWL für Einsteiger. 6. Auflage. Konstanz, München: UVK Verlag. (utb Wirtschaftswissenschaften, Sozialwissenschaften, Rechtswissenschaften, 2742).

Rothschild, M.; Stiglitz, J. (1976): Equilibrium in Competitive Insurance Markets: An Essay on the Economics of Imperfect Information. The Quarterly Journal of Economics 90 (4), S. 629–649.

Roy, B. (1991): The outranking approach and the foundations of electre methods. Theory and Decision 31 (1), S. 49–73.

Rybnicek, R.; Königsgruber, R. (2019): What makes industry–university collaboration succeed? A systematic review of the literature. Journal of Business Economics, Springer 89 (2), S. 221–250.

Saad, W.; Han, Z.; Hjørungnes, A. (2011): Coalitional Games for Cooperative Cellular Wireless Networks. In: Hossain, E.; Kim, T.-I. Bhargava, V. K. (Hrsg.): Cooperative cellular wireless networks. Cambridge: Cambridge University Press, S. 347–381.

Saarijärvi, M.; Bratt, E.-L. (2021): When face-to-face interviews are not possible: tips and tricks for video, telephone, online chat, and email interviews in qualitative research. European Journal of Cardiovascular Nursing 20 (4), S. 392–396.

Saaty, T. L. (1988): What is the Analytic Hierarchy Process? Mathematical Models for Decision Support. Berlin, Heidelberg: Springer, S. 109–121.

Saaty, T. L. (2009): Theory and Applications of the Analytic Network Process. Decision Making with Benefits, Opportunities, Costs, and Risks. 1. Auflage. Pittsburgh: RWS Publications.

Saaty, T. L.; Vargas, L. G. (2013): Decision Making with the Analytic Network Process. Economic, Political, Social and Technological Applications with Benefits, Opportunities, Costs and Risks. Boston, MA.: Springer (International Series in Operations Research & Management Science, Band 195).

Sackmann, D.; Rittmann, A. (2012): Verteilung von Koalitionsgewinnen in horizontalen Beschaffungskooperationen. In: Bogaschewsky, R.; Eßig, M.; Lasch, R.; Stölzle, W. (Hrsg.): Supply Management Research. Aktuelle Forschungsergebnisse 2012. Dordrecht: Springer (Reihe: Advanced studies in supply management, Band 5), S. 241–254.

Sánchez-Soriano, J. (2000): A note on compromise values. Mathematical Methods of Operations Research (ZOR) 51 (3), S. 471–478.

Sasikumar, G.; Ayyappan, S. (2019): Multi-criteria Decision Making for Solar Panel Selection Using Fuzzy Analytical Hierarchy Process and Technique for Order Preference by Similarity to ideal Solution (TOPSIS): An Empirical Study. Journal of The Institution of Engineers (India): Series C 100 (4), S. 707–715.

Satzger, G.; Huther, A. (2000): Informations- und Kommunikationskosten (IuK-Kosten). In: Fischer, T. M. (Hrsg.): Kosten-Controlling. Neue Methoden und Inhalte. Stuttgart: Schäffer-Poeschel, S. 479–506.

Schallmo, D. R. A. (2014): Kompendium Geschäftsmodell-Innovation. Grundlagen, aktuelle Ansätze und Fallbeispiele zur erfolgreichen Geschäftsmodell-Innovation. 1. Auflage. Wiesbaden: Springer Gabler.

Schallmo, D. R. A. (2021): Digitale Transformation von Geschäftsmodellen. Grundlagen, Instrumente und Best Practices. 2. Auflage. Wiesbaden: Springer Gabler (Schwerpunkt Business Model Innovation).

Schär, S. (2018): State-of-the-Art dynamischer Methoden zur multikriteriellen Entscheidungsunterstützung. Junior Management Science 3 (3), S. 146–165.

Scharbert, K. (2005): Requirements Analysis realisieren. Praktischer Leitfaden für die Anforderungsanalyse bei IT-Projekten. Kundenanforderungen erfragen, verstehen und spezifizieren. 1. Auflage. Wiesbaden: Vieweg (Aus dem Bereich IT erfolgreich gestalten).

Schelisch, L. (2016): Technisch unterstütztes Wohnen im Stadtquartier. Wiesbaden: Springer VS.

Scheuch, E. K. (1996): Die Notwendigkeit von Pretests zur Vorbereitung statistischer Erhebungen. In: Statistisches Bundesamt (Hrsg.): Pretest und Weiterentwicklung von Fragebogen. Stuttgart: Metzler-Poeschel (Schriftenreihe Spektrum Bundesstatistik, Band 9), S. 16–27.

Schier, M.; Heinrich, B. (2020): Dynamische Innovationsnetzwerke als Erfolgsfaktor. In: Pfannstiel, M. A.; Kassel, K.; Rasche, C. (Hrsg.): Innovationen und Innovationsmanagement im Gesundheitswesen. Technologien, Produkte und Dienstleistungen voranbringen. Wiesbaden: Springer Gabler, S. 417–436.

Schmeidler, D. (1969): The Nucleolus of a Characteristic Function Game. SIAM Journal of Applied Mathematics 17 (6), S. 1163–1170.

Schneider, H. K.; Schulz, W. (1977): Die Gaspreisbildung nach dem Anlegbarkeitsprinzip: ein Beitrag zu ihrer wirtschaftspolitischen Beurteilung, Aktuelle Fragen der Energiewirtschaft, Band 11, Oldenbourg.

Schögel, M.; Tomczak, T. (2009): Fallstudie. In: Baumgarth, C. (Hrsg.): Empirische Mastertechniken. Eine anwendungsorientierte Einführung für die Marketing- und Managementforschung. Wiesbaden: Gabler, S. 79–105.

Schulz, W. (1979): Ordnungsprobleme der Elektrizitätswirtschaft. München: R. Oldenbourg Verlag (Schriftenreihe des Energiewirtschaftlichen Instituts, Band 25).

Schütte, R.; Vering, O. (2004): Erfolgreiche Geschäftsprozesse durch standardisierte Warenwirtschaftssysteme. Marktanalyse, Produktübersicht, Auswahlprozess. 2. Auflage. Berlin, Heidelberg: Springer (Roland Berger-Reihe: Strategische Management für Konsumgüterindustrie und -handel).

Schütte, R.; Vering, O. (2011): Erfolgreiche Geschäftsprozesse durch moderne Warenwirtschaftssysteme. Produktübersicht marktführender Systeme und Auswahlprozess. 3. Auflage. Berlin, Heidelberg: Springer.

Schwarze, B. (1983): Auszahlungsaufteilungsverhalten in Apex-Spielen und Versteigerung der Spielerrollen. Eine spieltheoretische und experimentelle Analyse. Berlin: Duncker & Humblot (Volkswirtschaftliche Schriften, Band 331).

Schwerdt, D. (2022): Verrechnungspreismethoden und Ökonomische Analyse. In: Dawid, R. (Hrsg.): Verrechnungspreise. Grundlagen und Praxis. 3. Auflage. Wiesbaden: Springer Gabler, S. 185–274.

Selders, J. (2014): Ein praktikabler spieltheoretischer Lösungsvorschlag zur Kostenzuteilung in kooperativen Märkten. Dissertation. Fakultät für Wirtschaftswissenschaften (WIWI). Karlsruhe: Institut für Volkswirtschaftslehre (ECON).

Selki, G. (2022): A cooperative game approach to integrated healthcare. Working Papers. 2022–06. CRESE EA3190, Univ. Bourgogne Franche-Comté.

Shapley, L. S. (1953): A Value for n-Person Games. In: Kuhn, H. W.; Tucker, A. W. (Hrsg.): Contributions to the Theory of Games. Princeton: Princeton University Press (Annals of Mathematics Studies, Band 2), S. 307–317.

Shapley, L. S. (1971): Cores of convex games. International Journal of Game Theory 1 (1), S. 11–26.

Shapley, L. S. (1988): A value for n-person games. In: Roth, A. E. (Hrsg.): The Shapley value. Essays in honor of Lloyd S. Shapley. Cambridge: Cambridge University Press, S. 31–40.

Sharkey, W. W. (1982): Suggestions for a Game-Theoretic Approach to Public Utility Pricing and Cost Allocation. Bell Journal of Economics 13 (1), S. 57–68.

Sharma, R. S.; Bhattacharya, S. (2013): Knowledge Dilemmas within Organizations: Resolutions from Game Theory. Knowledge-Based Systems 45, S. 100–113.

Shubik, M. (1962): Incentives, Decentralized Control, the Assignment of Joint Costs and Internal Pricing. Management Science 8 (3), S. 325–343.

Shubik, M. (1965): Spieltheorie und Sozialwissenschaften. Hamburg: S. Fischer (Welt im Werden).

Sibbertsen, P.; Lehne, H. (2021): Statistik. Einführung für Wirtschafts- und Sozialwissenschaftler. 3. Auflage. Berlin, Heidelberg: Springer Gabler.

Sieg, G. (2010): Spieltheorie. 3. Auflage. München: Oldenbourg.

Siller, H. (2019): Integriertes Management und integriertes Controlling. In: Stierle, J.; Siller, H.; Fiedler, M.; Ortner, S. (Hrsg.): Handbuch Strategisches Krankenhausmanagement. Wiesbaden: Springer Gabler, S. 43–76.

Sipahi, S.; Timor, M. (2010): The analytic hierarchy process and analytic network process: an overview of applications. Management Decision 48 (5), S. 775–808.

Skibski, O. (2011): Steady Marginality: A Uniform Approach to Shapley Value for Games with Externalities. In: Persiano, G. (Hrsg.): Algorithmic Game Theory. 4th International Symposium, SAGT 2011, Amalfi, Italy, October 2011. Proceedings. Berlin, Heidelberg: Springer (Lecture Notes in Computer Science, 6982), S. 130–142.

Skorin-Kapov, D. (1998): Hub network games. Networks 31 (4), S. 293–302.

Slikker, M. (2003): An m-sequencing game with an empty core. Technische Universität Eindhoven. BETA publicatie: working papers 94.

Slikker, M. (2006): Balancedness of multiple machine sequencing games revisited. European Journal of Operational Research, Elsevier 174 (3), S. 1944–1949.

Slikker, M.; van den Nouweland, A. (2001): Social and Economic Networks in Cooperative Game Theory. Boston, MA: Springer (Theory and Decision Library, Series C, Band 27).

Somorowsky, C. (2022): A Collaborative Approach to Financing Supply Chain Investments. Wiesbaden: Springer Gabler.

Sonntag, K.; Schmidt-Rathjens, C. (2005): Anforderungsanalyse und Kompetenzmodelle. In: Gonon, P.; Klauser, F.; Nickolaus, R.; Huisinga R. (Hrsg.): Kompetenz, Kognition und neue Konzepte der beruflichen Bildung. Wiesbaden: Schriftenreihe der Sektion Berufs- und Wirtschaftspädagogik der DGfE. VS Verlag für Sozialwissenschaften, S. 55–66.

Stagl, S. (2004): Valuation for Sustainable Development. The Role of Multicriteria Evaluation. Vierteljahrshefte zur Wirtschaftsforschung / Quarterly Journal of Economic Research. DIW Berlin, German Institute for Economic Research 73 (1), S. 53–62.

Staud, J. (2006): Geschäftsprozessanalyse. Ereignisgesteuerte Prozessketten und objektorientierte Geschäftsprozessmodellierung für Betriebswirtschaftliche Standardsoftware. 3. Auflage. Berlin, Heidelberg: Springer.

Steel, J.; Godderis, L.; Luyten, J. (2018): Methodological Challenges in the Economic Evaluation of Occupational Health and Safety Programmes. International Journal of Environmental Research and Public Health 15 (11), 2696.

Stellingwerf, H. M.; Kanellopoulos, A.; Cruijssen, F. C. A. M.; Bloemhof, J. M. (2019): Fair gain allocation in eco-efficient vendor-managed inventory cooperation. Journal of Cleaner Production 231, S. 746–755.

Straffin, P. D.; Heaney, J. P. (1981): Game theory and the tennessee valley authority. International Journal of Game Theory 10 (1), S. 35–43.

Strangmeier, R.; Fiedler, M. (2011): Lösungskonzepte zur Allokation von Kooperationsvorteilen in der kooperativen Transportdisposition. Diskussionsbeiträge der Fakultät für Wirtschaftswissenschaft. Fernuniversität, Hagen Diskussionsbeitrag Nr. 464.

Strotebeck, F. (2020): Einführung in die Mikroökonomik. Band I: Theoretische Grundlagen. 1. Auflage. Wiesbaden: Springer Gabler.

Suchanek, A. (2020): Kooperation. In: Heidbrink, L.; Lorch, A.; Rauen, V. (Hrsg.): Praktische Wirtschaftsphilosophie. Handbuch Wirtschaftsphilosophie. Wiesbaden: Springer VS, S. 1–14.

Sudhölter, P.; Peleg, B. (1998): Nucleoli as maximizers of collective satisfaction functions. Social Choice and Welfare 15 (3), S. 383–411.

Suijs, J. (2003): Cost allocation in spanning network enterprises with stochastic connection costs. Games and Economic Behavior 42 (1), S. 156–171.

Süssmuth, B.; Komlos, J. (2022): Empirische Ökonomie. Eine Einführung in Methoden und Anwendungen. 2. Auflage. Berlin, Heidelberg: Springer Gabler.

Sydow, J. (2008): Die Evaluationsperspektive in der Netzwerkforschung. In: Aulinger, A. (Hrsg.): Netzwerk-Evaluation. Herausforderungen und Praktiken für Verbundnetzwerke. 1. Auflage. Stuttgart: Kohlhammer Verlag, S. 55–72.

Sydow, J. (2010): Management von Netzwerkorganisationen. Beiträge aus der „Managementforschung". 5. Auflage. Wiesbaden: Gabler.

Sydow, J.; Auschra, C. (2022): Netzwerke, Plattformen und Ökosysteme: Organisationstheoretische Klärungen. Springer. Kölner Zeitschrift für Soziologie und Sozialpsychologie 74 (Suppl. 1), S. 35–57.

The Institute of Electrical and Electronics Engineers (1993): IEEE Recommended Practice for Software Requirements Specifications – IEEE Std 830–1993.

Thommen, J.-P.; Achleitner, A.-K.; Gilbert, D. U.; Hachmeister, D.; Jarchow; S. Kaiser, G. (2023): Allgemeine Betriebswirtschaftslehre. Umfassende Einführung aus managementorientierter Sicht. 10. Auflage. Wiesbaden: Springer Fachmedien Wiesbaden.

Tiemann, M. (2021): Unternehmenskooperationen in disruptiven Zeiten. Erfolgsfaktoren für strategische Allianzen und Innovationsführerschaft. 1. Auflage. Freiburg: Schäffer-Poeschel Verlag.

Tijs, S. H. (1981): Bounds for the core of a game and the t-value. In: Moeschlin, O.; Pallaschke, D. (Hrsg.): Game Theory and Mathematical Economics. North-Holland Publishing Company, S. 123–132.

Tijs, S. H. (1987): An axiomatization of the τ-value. Mathematical Social Sciences, Elsevier 13 (2), S. 177–181.

Tijs, S. H. (2003): Introduction to Game Theory. 1. Auflage. Hindustan Book Agency (Texts and Readings in Mathematics, Band 23).

Tijs, S. H.; Branzei, R.; Moretti, S.; Norde, H. (2006): Obligation rules for minimum cost spanning tree situations and their monotonicity properties. European Journal of Operational Research 175 (1), S. 121–134.

Tijs, S. H.; Driessen, T. S. H. (1986): Game Theory and Cost Allocation Problems. Management Science 32 (8), S. 1015–1028.

Tijs, S. H.; Meca, A.; López, M. A. (2005): Benefit sharing in holding situations. European Journal of Operational Research, Elsevier 162 (1), S. 251–269.

Tijs, S. H.; Otten, G.-J. (1993): Compromise Values in Cooperative Game Theory. TOP: An Official Journal of the Spanish Society of Statistics and Operations Research, Springer, Sociedad de Estadística e Investigación Operativa 1 (1), S. 1–36.

Timmer, J. (2006): The Compromise Value for Cooperative Games with Random Payoffs. Mathematical Methods of Operations Research 64 (1), S. 95–106.

Tokarski, A.; Tokarski, M.; Wójcik, J. (2017): The Possibility Of Using The Business Model Canvas In The Establishment Of An Operator' S Business Plan. Torun Business Review 16 (4), S. 17–31.

Tong, Q.; Zhou, D. (2020): Research on Allocation of Transmission Fixed Cost by Cooperate Game Theory. 2020 IEEE 4th Information Technology, Networking, Electronic and Automation Control Conference (ITNEC). Chongqing, China: IEEE, S. 380–383.

Tremp, H. (2022): Agile objektorientierte Anforderungsanalyse. Planen – Ermitteln – Analysieren – Modellieren – Dokumentieren – Prüfen. 1. Auflage. Wiesbaden: Springer Vieweg.

Vaidya, O. S.; Kumar, S. (2006): Analytic hierarchy process: An overview of applications. European Journal of Operational Research 169 (1), S. 1–29.

Van den Broek, G.; Cavallo, F.; Wehrmann, C. (2010): AALIANCE Ambient Assisted Living Roadmap. Amsterdam: IOS (Ambient Intelligence and Smart Environments, Band 6).

Van den Nouweland, C. G. A. M.; Borm, P. E. M.; van Golstein Brouwers, W.; Groot Bruinderink, R.; Tijs, S. H. (1996): A Game Theoretic Approach to Problems in Telecommunication. Management Science 42 (2), S. 294–303.

Van Huse, C. (2010): Systematische Anforderungsanalyse für Solutions. In: Woisetschläger, D.; Michaelis, M.; Evanschitzky, H.; Eiting, A.; Backhaus, C. (Hrsg.): Marketing von Solutions. Innovative Ansätze und Best Practices. Wiesbaden: Gabler.

Van Husen, C. (2007): Anforderungsanalyse für produktbegleitende Dienstleistungen. Stuttgart, Heimsheim: Jost-Jetter-Verlag (IPA-IAO Bericht, 458).

Vaudt, S. (2022): Sozialökonomie. Eine kritische Einführung. Wiesbaden: Springer VS (Basiswissen Sozialwirtschaft und Sozialmanagement).

Veil, T. (2002): Internes Rechnungswesen zur Unterstützung der Führung in Unternehmensnetzwerken. 1. Auflage. Göttingen: Cuvillier Verlag Göttingen (Göttinger Wirtschaftsinformatik, Band 36).

Veil T.; Hess T. (2000): Ergebnisrechnung für Unternehmensnetzwerke. Working Paper 2000–06. Georg-August-Universität Göttingen. Institut für Wirtschaftsinformatik.

Völker, L. (2012): Automatisierte Wahl von Kommunikationsprotokollen für das heutige und zukünftige Internet. Karlsruhe: Karlsruher Institut für Technologie (KIT) Scientific Publishing.

Völkl, S. (2006): Zwischenbetriebliche Koordination von Losgrößen in Supply Chains. Dissertation. Universität Bayreuth. Rechts- und Wirtschaftswissenschaftliche Fakultät. Lohmar: Eul.

Von Winterfeldt, D.; Fischer, G. W. (1975): Multi-Attribute Utility Theory: Models and Assessment Procedures. In: Wendt, D.; Vlek, C. (Hrsg.): Utility, Probability, and Human Decision Making. Dordrecht, Springer (Theory and Decision Library, vol 11), S. 47–85.

Wall, F. (2008): Die IT als Enabler guter Entscheidungen: Potenziale und verhaltensbedingte Risiken aus Sicht des Controllings. Zeitschrift Controlling & Management 52 (S1), S. 82–88.

Wątróbski, J. (2016): An Ontology Supporting Multiple-Criteria Decision Analysis Method Selection. In: Czarnowski, I.; Caballero, A. M.; Howlett, R. J.; Jain, L. C. (Hrsg.): Intelligent Decision Technologies 2016. KES-IDT 2016. Cham: Springer (Smart Innovation, Systems and Technologies, Band 56), S. 89–99.

Weichbold, M. (2019): Pretest. In: Baur, N.; Blasius, J. (Hrsg.): Handbuch Methoden der empirischen Sozialforschung. 3. Auflage. Wiesbaden: Springer VS, S. 443–451.

Wenger, W. (2010): Multikriterielle Tourenplanung. Wiesbaden: Gabler (Produktion und Logistik).

Wiese, H. (2002): Entscheidungs- und Spieltheorie. Berlin: Springer.

Wiese, H. (2005): Die Shapley-Lösung. WiSt – Wirtschaftswissenschaftliches Studium 34 (4), S. 207–212.

Wiese, H. (2015): Kooperative Spieltheorie. 1. Auflage. München: De Gruyter Oldenbourg.

Wildmann, L. (2014): Einführung in die Volkswirtschaftslehre, Mikroökonomie und Wettbewerbspolitik. Module der Volkswirtschaftslehre. Band 1. 3. Auflage. Berlin: De Gruyter/ Oldenbourg.

Will, A.; Raptis, G. (2022): Erfolgsfaktoren und Hemmnisse für die Akzeptanz von Ambient Assisted Living: Ein systematisches Literatur-Review. In: Weber, K.; Haug, S.; Lauer, N.; Meussling-Sentpali, A.; Mohr, C.; Pfingsten, A.; Raptis, G.; Bahr, G. (Hrsg) (2022): Digitale Technik für ambulante Pflege und Therapie. Herausforderungen, Lösungen, Anwendungen und Forschungsperspektiven. Bielefeld: transcript (Regensburger Beiträge zur Digitalisierung des Gesundheitswesens, Band 1), S. 245–286.

Winter, S. (2014): Management von Lieferanteninnovationen. Eine gestaltungsorientierte Untersuchung über das Einbringen und die Bewertung. Wiesbaden: Springer Gabler.

Wirsam, J.; Rosalez Diaz, B. (2020): Deutsche Gründer- und Innovationsstudie 2020. DGIS. Gründerszene (Hrsg.).

Wirtz, B. W.; Pistoia, A.; Ullrich, S.; Göttel, V. (2016): Business Models: Origin, Development and Future Research Perspectives. Long Range Planning 49 (1), S. 36–54.

Wißler, W. (1997): Unternehmenssteuerung durch Gemeinkostenzuteilung. Eine spieltheoretische Untersuchung. Wiesbaden: Deutscher Universitätsverlag Springer Fachmedien (Gabler Edition Wissenschaft).

Woeckener, B. (2019): Volkswirtschaftslehre. Eine Einführung. 3. Auflage. Berlin, Heidelberg: Springer Gabler.

Wohlgemuth, O. (2002): Management netzwerkartiger Kooperationen. Instrumente für die unternehmensübergreifende Steuerung. 1. Auflage. Wiesbaden: Deutscher Universitätsverlag Springer Fachmedien (Gabler Edition Wissenschaft).

Wohlgemuth, O.; Hess, T. (1999): Erfolgsbestimmung in Kooperationen: Entwicklungsstand und Perspektiven. Arbeitsbericht der Abteilung Wirtschaftsinformatik Nr. 6. Universität Göttingen.

Wölfle, M. (2014): Mikroökonomik. Im Bachelor-Studium. Berlin, Heidelberg: Springer Gabler.

Yen, J.; Yan, Y.; Contreras, J.; Ma, P.-C.; Wu, F. F. (2000): Multi-agent approach to the planning of power transmission expansion. Decision Support Systems 28 (3), S. 279–290.

Yin, R. K. (2014): Case Study Research Design and Methods. 4. Auflage. SAGE Publications.

Yoon, K. (1987): A Reconciliation Among Discrete Compromise Solutions. The Journal of the Operational Research Society 38 (3), S. 277–286.

Young, H. P. (1985a): Methods and Principles of Cost Allocation. In: Young, H. P. (Hrsg.): Cost Allocation: Methods, Principles, Applications. Amsterdam: North-Holland, S. 3–29.

Young, H. P. (1985b): Monotonic Solutions of Cooperative Games. International Journal of Game Theory 14 (2), S. 65–72.

Young, H. P. (1994): Cost allocation. Handbook of Game Theory with Economic Applications, In: Aumann, R. J.; Hart, S. (Hrsg.), Handbook of Game Theory with Economic Applications. Volume 2, Elsevier, S. 1193–1235.

Young, H. P. (Hrsg.) (1985c): Cost allocation. Methods, Principles, Applications. Amsterdam: North-Holland.

Young, H. P., Okada, N.; Hashimoto, T. (1982): Cost allocation in water resources development. Water Resources Research 18 (3), S. 463–475.

Zangemeister, C. (1976): Nutzwertanalyse in der Systemtechnik: Eine Methodik zur multidimensionalen Bewertung und Auswahl von Projektalternativen. München: Wittemann.

Zdrowomyslaw, N.; Kairies, K. (1992a): Der Gewinn – Ein Begriff mit vielen Ausprägungen. Kostenrechnungspraxis. Zeitschrift für Controlling, 36 (5), S. 255–261.

Zdrowomyslaw, N.; Kairies, K. (1992b): Der Gewinn – eine zentrale, aber nicht eindeutig bestimmbare Wertgröße in marktwirtschaftlichen Systemen. Bremen: MEMO. Zirkular der Arbeitsgruppe Alternative Wirtschaftspolitik 19, S. 44–64.

Zelewski, S. (1987): Der tau-Wert: Ein spieltheoretischer Ansatz zur fairen Preisbildung aus kostenrechnerischer Perspektive. Arbeitsbericht des Industrieseminars der Universität zu Köln, Nr. 9.

Zelewski, S. (1988): Ein spieltheoretischer Ansatz zur „fairen", kostenorientierten Preisbildung bei Energieversorgungsunternehmen. Zeitschrift für öffentliche und gemeinwirtschaftliche Unternehmen ZögU 11 (2), S. 155–169.

Zelewski, S. (2009): Faire Verteilung von Effizienzgewinnen in Supply-Webs. Ein spieltheoretischer Ansatz auf der Basis des τ-Werts. Berlin: Logos-Verlag.

Zelewski, S. (2018): Fair Distribution of Cooperation Gains in Supply Chains: A Justification Program from an Economic Point of View. In: Mueller, D.; Trost, R. (Hrsg.): Game Theory in Management Accounting. Implementing Incentives and Fairness. Cham: Springer (Contributions to Management Science), S. 211–234.

Zelewski, S.; Heeb, T. (2018): Characteristics of the τ-Value and the χ-Value. In: Mueller, D.; Trost, R. (Hrsg.): Game Theory in Management Accounting. Implementing Incentives and Fairness. Cham: Springer (Contributions to Management Science), S. 379–400.

Zelewski, S.; Peters, M. L. (2010): Fair Distribution of Efficiency Gains in Supply Networks from a Cooperative Game Theory Point of View. International Journal of Information Systems and Supply Chain Management 3 (2), S. 1–24.

Zelewski, S.; Peters, M. L. (2012): Fair Distribution of Efficiency Gains in Supply Networks from a Cooperative Game Theory Point of View. In: Wang, J. (Hrsg.): Information Technologies, Methods, and Techniques of Supply Chain Management. Hershey, S. 149–171.

Ziefle, M. (2021): Ambient Assisted Living. Potenzial und Herausforderungen aus sozialwissenschaftlicher Perspektive. In: Marx, M.; Rossaint, R.; Marx, N. (Hrsg.): Telemedizin. Grundlagen und praktische Anwendung in stationären und ambulanten Einrichtungen. 1. Auflage. Berlin, Heidelberg: Springer, S. 451–466.

Zimmermann, H.-J.; Gutsche, L. (1991): Multi-Criteria Analyse. Einführung in die Theorie der Entscheidungen bei Mehrfachzielsetzungen. 1. Auflage. Berlin, Heidelberg: Springer.

Zuckarelli, J. L. (2023): Mikroökonomik. Endlich verständlich erklärt. Wiesbaden: Springer Gabler.

GPSR Compliance

The European Union's (EU) General Product Safety Regulation (GPSR) is a set of rules that requires consumer products to be safe and our obligations to ensure this.

If you have any concerns about our products, you can contact us on ProductSafety@springernature.com

In case Publisher is established outside the EU, the EU authorized representative is:

Springer Nature Customer Service Center GmbH
Europaplatz 3
69115 Heidelberg, Germany

Batch number: 08001827

Printed by Printforce, the Netherlands